荊楚文庫

（乾隆）天門縣志

（清）胡翼修
（清）章鑣纂

荊楚文庫編纂出版委員會
湖北人民出版社

荊楚文庫

〔乾隆〕天門縣志

QIANLONG TIANMEN XIANZHI

圖書在版編目（CIP）數據

〔乾隆〕天門縣志 /〔清〕胡翼修；〔清〕章鑣纂.
—武漢：湖北人民出版社，2023.12
ISBN 978-7-216-10738-9
Ⅰ. ①乾…
Ⅱ. ①胡… ②章…
Ⅲ. ①天門—地方志—清代
Ⅳ. ①K296.34
中國國家版本館 CIP 數據核字（2023）第 218289 號

責任編輯：陳　典
整體設計：范漢成　曾顯惠　思　蒙
美術編輯：董　昀
責任校對：范承勇
責任印製：肖迎軍
出版發行：湖北人民出版社（中國・武漢）
地址：武漢市雄楚大道 268 號
電話：(027)87679656　郵政編碼：430070
録排：武漢鑫偉創圖文設計有限公司
印刷：湖北新華印務有限公司
開本：787mm×1092mm　　1/16
印張：22.25
字數：310 千字
版次：2023 年 12 月第 1 版　2023 年 12 月第 1 次印刷
定價：120.00 元

ISBN 978-7-216-10738-9

《荆楚文庫·方志編》編纂組

組　　長：劉偉成　陽海清（執行）

副 組 長：劉傑民（執行）王濤　謝春枝　郝敏　嚴繼東

參編人員（以姓氏筆畫爲序）：

王　濤　李云超　宋澤宇　范志毅　郝　敏　柳　巍　馬盛南

陳建勛　夏漢群　梅　琳　陽海清　彭余焕　彭筱溦　楊愛華

雷　静　劉水清　劉偉成　劉傑民　謝春枝　戴　波　嚴繼東

編　　審：周　榮

顧　　問：沈乃文　李國慶　吴　格

出版説明

湖北乃九省通衢，北學南學交會融通之地，文明昌盛，歷代文獻豐厚。守望傳統，編纂荆楚文獻，湖北淵源有自。清同治年間設立官書局，以整理鄉邦文獻爲旨趣。光緒年間張之洞督鄂後，以崇文書局推進典籍集成，湖北鄉賢身體力行之，編纂《湖北文徵》，集元明清三代湖北先哲遺作，收兩千七百餘作者文八千餘篇，洋洋六百萬言。盧氏兄弟輯録湖北先賢之作而成《湖北先正遺書》。至當代，武漢多所大學、圖書館在鄉邦典籍整理方面亦多所用力。爲傳承和弘揚優秀傳統文化，湖北省委、省政府決定編纂大型歷史文獻叢書《荆楚文庫》。

《荆楚文庫》以『搶救、保護、整理、出版』湖北文獻爲宗旨，分三編集藏。

甲、文獻編。收録歷代鄂籍人士著述，長期寓居湖北人士著述，省外人士探究湖北著述。包括傳世文獻、出土文獻和民間文獻。

乙、方志編。收録歷代省志、府縣志等。

丙、研究編。收録今人研究評述荆楚人物、史地、風物的學術著作和工具書及圖册。

文獻編、方志編録籍以一九四九年爲下限。

研究編簡體横排，文獻編繁體横排，方志編影印或點校出版。

《荆楚文庫》編纂出版委員會

二〇一五年十一月

前言

《（乾隆）天門縣志》十二卷，清胡翼修，清章鑣纂，民國十一年（一九二二）石印本。內封題『乾隆乙酉初版 天門縣志』；內封背面有『民國十一年十一月天門縣署重印』牌記。

胡翼，字筠亭，安徽歙縣人，清乾隆七年（一七四二）舉人，乾隆二十一年（一七五六）任天門知縣。章鑣，字勵堂，號知文，浙江會稽（今紹興）人，乾隆七年進士，乾隆十六年（一七五一）任應城知縣，罷官後，僑居應城，曾主講天門書院、應城書院。

天門故名景陵，清雍正四年（一七二六）更名，其沿革請參《（康熙七年）景陵縣志》前言。南宋嘉定年間林英發創修《景陵志》十四卷，《宋史·藝文志》《（道光）天門縣志·藝文志》《湖北通志·藝文志》存目，是爲景陵創志之始，惜已散佚。明成化、嘉靖、天啓三朝相繼續修，經易代兵禍，其書皆不存。現存最早縣志爲清康熙七年（一六六八）縣令李馨所修，康熙三十一年（一六九二）縣令錢永踵修，各有版本流傳。胡翼蒞任，念邑志自康熙李志後已七十餘年未有新修，新事層見迭出，重修新志已刻不容緩，又恰逢乾隆二十九（一七六四）清廷詔修《一統志》，乃延浙籍寓鄂名士章鑣、本縣明經熊士倓、程文選等議修縣志，章學誠（字實齋，號少岩，章鑣之子，清代史學家、思想家，方志學奠基人）亦隨父前往參與修志，呈《修志十議》統籌佈局。緣前志『或失差別，或失謹嚴，錢散絲棼』，纂修人員遂廣搜書籍，遍訪群賢，考獻徵文，存舊增新，『另勒一編而續之以後七十年之事』，乾隆三十年（一七六五）志成付梓。是志修志姓氏雖未列『章學誠』之名，但據胡適考證，此志編纂雖署名章鑣，實際大多爲章學誠所作；又核《章氏遺書》中的《湖北通志檢存稿》中有《天門程氏傳》《天門譚氏傳》，爲程氏家族十九人、譚氏家族十八人立傳，《湖北通志未成稿》人物傳所列有沈倫、胡懷、胡恆、王封國等人；以上人物皆可在是志人物傳中找到，且文辭頗爲一致，是爲佐證。

全書力仿史體，體例獨具特色：『於邑中應志之事則爲考』、『於邑中應志之人則爲表』、『於邑中碩德膚功、嘉言懿行、忠孝節義之大，方技雜流之細則爲傳』。表分五門（封建秩官辟舉古科目合表、官師表、科貢表、武選表、封蔭表）；

傳分十四門（循良列傳、儒林列傳、忠義列傳、孝友列傳、宦蹟列傳、卓行列傳、文苑列傳、隱逸列傳、賓耆列傳、尚義列傳、節烈列傳、方技列傳、流寓列傳、仙釋列傳），『其不盡者附之餘編』。卷首收新舊各序、明邑舉人蕭副《縣志總論》、凡例五十二條、章學誠《修志十議》、修志姓氏、目録、十二圖説。

是志較前康熙李志創制甚多。首先，在理論上擁有比較全面的修志綱領《修志十議》，是爲章學誠專爲天門修志所作，並於文中提出了『乘二便、盡三長、去五難，除八忌，而立四體，以歸四要』的修志綱領，具體論述爲『十議』（一議職掌、二議考證、三議徵信、四議徵文、五議列傳、六議書法、七議援引、八議載制、九議標題、十議外編）。文末另有學誠自《跋》，稱閱者若取此文與《答甄秀才論修志》二文對考，對方志編纂『庶幾小有裨補』。其次，在志書内容上，對前志多有增補和訂正。如輿圖由康熙李志的三幅增至十二幅，且附有『説』，圖文并茂，清晰明了；山川據實記載，前志失載者按迹補入，增記河流十九條，附會者如天門山、火門山據實訂正，不屬縣域者如漾水、臼水則删除；新增禮儀考，詳載上任、朝賀、祭祀等各種禮儀制度及部頒各祀典祝版。最後，在體例及名目上，棄用『志』名，應學誠《修志十議》所倡，依史體變名易目，采用了圖、考、表、傳、餘編等體裁，使全書名目清晰，便於查檢。

是志爲章學誠方志理論與修志實踐的第一次合璧，歷來頗受讚譽：張之洞稱其爲『切用雅贍有法者』；梁啓超讚其『超群絶倫』，宜爲方志界『最適之模範』，并認爲『方志學之成立，實自實齋始也』；《續修四庫全書總目提要》讚其『雖以他郡人修志，尚無扞格不入之弊』。皆給予高度肯定。

據《中國地方志聯合目録》，是志國圖、上海、湖北等館有藏，本次影印所據底本爲湖北藏本，該藏本版面清晰，字迹工整，整體書品甚佳。另有清乾隆三十年刻本，科院、故宮、復旦等館有藏；抄本，南京、湖北有藏。（彭余焕）

目録

天門縣志

夏逢時題簽

乾隆乙酉初版

天門縣志

民國十二年十一月
天門縣署重印

序

乾隆二十一年翼自東湖量移天門至三十年蓋九載於茲矣蘇子瞻曰天下者器也天子者有此器者也必使工人習知其器而器亦習知其手手器相信不相疑故所爲而成此言其大矣竊謂方州之小其爲上之人操是器以奏其爲之成可不用其知之習哉夫天下有甚盛之心極美之意奮然以爲爲百姓而行之行之而不效且非惟不效若南行而脂車北行而盪舟也則非其宜也失其便也李肇云有鵃之地必有犀牛有沙虱水弩之處必有鸂鶒此言有物

爲毒必有所以解是毒者天地之道也龍門之人善遊寒食拜必於河濵此言利之所在必有害也天地之道也是故審於其利可以興審於其害可以除審其創之可使回審其萃之無使偵其必取全局而籌之合百年而計之而又昔年沮洳今屬良田趋時之利大矣哉此不可以陳本拘也故曰志不可不脩也以今

聖天子車書一統式闢黄輿亘古未有凡在郡邑各脩志乘以備太平之盛典天門志不脩已七十年湯滤散佚不待言即索善本觀之其於六掾之掌三途之登

三德六行之書者舊先賢之傳或失差別或失謹嚴錢散絲棼未貫未櫛於是以今年春廣搜諸籍採訪羣賢徵文考獻時聘年友會稽章君鑣邑明經熊子士俠程子文選共為商搉另勒一編而續之以後七十年之事非欲示異期於核也於邑中應

序　三

志之事則為考考分門八於邑中應志之人則為表表分門五於邑中碩德膚功嘉言懿行忠孝節義之大方技襍流之細則為傳傳分門十有四其不盡者附之餘編共二十五卷而志成矣夫繪者必傳人意思所在以為生動之天倪於志邑亦然天

門習尚勤儉有唐魏之風勤儉之人可與習禮可與為善此其意思之所在也可以為治也醫者之治病先問人之所苦然後用藥故曰用藥如用人明不可茍且也於志邑亦然天門澤國所苦在水患墳防堤障尤在經理之必先相機度勢未雨綢繆

序　四

毋使攻刼之劑誤越參者之補此其患之宜先弭者也所以為政也此手之所以習知其器而器亦習知其手者也翼不勝拳拳焉雖然目之明者能見百步之外而不能見其眥況翼之愚敢保其無遺漏也哉續而補之又以俟後之君子是為序

乾隆乙酉清和之月穀旦
文林郎知天門縣事加一級又
卓異加一級紀錄四次古歙胡
翼鈞亭氏書於枕琴書屋

序

情不本性則名實隱未嘗無名
也實去久之名不根將焉附人
謂宦途曰登場事吾君而敢假
耶曰汎海行吾道而敢畏耶嗚
呼有其假与畏之心而管絃舞
面目非道路長風波起其譎語
奉職無忝立身有本與予弗取
也職所當為之事如寒暑之御
於春秋飲食之服於朝暮可則
戰戰歧中有譽毀驅廹哉譽毀
驅廹不有而真性情出矣竭忠
孝尤天理之性耶天都胡君同
事楚北三年矣方予初入鄂君
借劇江夏會城東睢把手如逢
故人其議論刑獄識斷人情物

序

理甚愜予心而肺腑直寫真氣
盎溢尤有針芥之投予甚悵相
知之晚而君又屢登薦剡不日
且超擢以去未能同事一方以
政事相勗殊爲悵悵無何 上臺
以天门水决民念舊侯乃歸君
故封因淂公事相容迓而凡予
意中所欲興舉於其邑之事檄

未至而報已來意方萌而致旋
奏乃歎其心之保民以事君者直
如飲食饑寒之無需於人詔人
語而一真相見爲益信矣邑乘
不脩已七十年君以爲邑之利
弊歲時遞更文獻之攷政事之
所出也刋今
聖天子黄興武闢萬國同風郡邑志

序

乘正當獻之金馬石渠以備採
輯爲一統太平之盛典於是廣
搜博采存舊增新勒爲一编问
序於余之惟事核文簡體例謹
嚴爲輯乘之要一爲披閱君已先
予得之矣李光弼代郭汾陽之
軍而營壘旗幟幸衆一新然亦
如其人爲而精神意象見之矣

往時婁敬因虞將軍引見漢高
虞欲被以華鮮敬不可曰是矯
常也嗟乎夫是之謂真性情不
可強飾而治效見矣
乾隆三十年歲次乙酉端陽前
五日
中憲大夫知湖北安陸府事加
三級紀錄十次覺羅敦福撰

邑邱令宜修志序　明嘉靖庚申

古者列國必有史今之縣邑猶古封建之國也志即史之流也宜去秋涖邑稽故考閱喟然歎曰文獻無徵何此郛之曠典耶時方急民瘼蠲弊布宜蓋有志於志而未之逮彌一載兹冬退食稍閒廼訪舊志於遺逸參州志之因革沿文竊義分部就編天開於子而長宿列故志星野地闢於丑而流峙形故志山川人生於寅而氣習殊故志風俗三才既判王制聿興故次建置次城堤次署宇次學校次祀戎次版籍治法亦云備矣有治法必有治

人故秩官繼之有治人必有治化故人物繼之人文既盛則吾道明而異端歸故寺觀終焉而災祥勝景古蹟村里封域溝塗倉院驛鎮鋪坊社塾廟祠壇局戶口田賦貢課方物守令丞簿制科薦辟論秀書升千百夫長椽曹散員封贈蔭襲名宦鄉賢孝節隱逸各以其類相附如綱舉而目張領挈而衣振雖不敢裔流古史庶幾以備考稽而觀風采俗不病於文獻之無徵也然歷時未久採訪未周則掛一漏萬容或不免知我罪我將在斯乎志成禮莆陽蘇君應科暨邑庠魏貫程宗敬何器二三子校焉遂鋟諸梓用識篇端紀歲月時

署令李馨重修縣志序　康熙戊申

今之邑乘猶古之國史也古者太史各以其國之風土陳於天子天子得考其貞淫奢儉而移易之是以侯度謹民俗美秦變封建為郡縣此義遂廢史稱漢蕭何收關中圖籍乃知祖龍焚書輿圖版籍尚存也自漢唐來郡邑間有志志亦祖經準史其記載如晉乘其垂戒如楚檮其備天子之觀風問俗守令之功罪賞罰則又如詩如春秋故曰今之邑乘猶古國史也其謂之志者有二義志識也

方識是事而已分野形勝欲其悉也建置沿革欲其詳也山川土田欲其核也人民戶口欲其周也學校人物欲其傳也物產賦役欲其覈也人心風俗欲其通也抑又志者正其心之所之也悉形勝則志捍禦詳沿革則志張弛該土田則志墾闢周戶口則志生聚傳人物則志栽培覈賦役則志度支通風俗則志表正是故有識記之精而後行心志之正管子作內政國僑鑄刑書博洽亦以致治非心志之正無徒貴識記之精景邑昔無志附見沔陽志中有志自姜公綰昉也嗣是因河決而補

修者一因舛訛而校正者一兹又因勝國離亂
大清定鼎以前邑城屢被兵燹版籍未免殘缺各
上憲念此典風化所係檄諭查修乃命邑庠吳子
泰重加訂正閱二載志成適余視篆因徵序於余
余自分無二酉之學忝附三都之賦而義不可辭
遂舉志之二義告之盖吾儒讀書懷古無不以匡
濟為志一登仕籍遂易初心拚鸞鳳而效鷹鸇急
繭絲而忽保障即日取邑乘閲之無式版之懷亦
非父毋斯民之志也矧景邑困憊凋殘何堪摧折
哉故自委署來嘗於退食暇展閱斯志即思形勝

何以捍禦沿革何以張弛土田何以墾闢户口何
以生聚人物何以栽培賦役何以度支風俗何以
表正未嘗敢以五日京兆有違恤我後之意不揣
鉛刀思効盤錯無他誠見匡濟民物者司牧之志
即闔邑之民望司牧者之志抑亦
聖天子設官分職之志也余今日亦惟以不負己志者
期無負民志以上負
聖天子之志云爾如云方識是事而已則精於考稽詳
於辨博具子長孟堅之筆抒太冲平子之着以邑
乘而仿國史上佐觀風問俗之治者吳子庶幾其

不忝與志凡十卷八十條綱舉目張吳子之纂修
備矣余又奚容以覆瓿而取僭乂誚耶雖然索求
立傳求賄曲筆古今通慨若寧簡毋繁寧嚴毋濫
用筆如化工肖物無愧古人信史是又所望於吳
子矣是為序

錢令永續修縣志序畧康熙壬申

康熙二十二年歲次甲子
勑禮部察催各省通志以備纂修
大清一統志煌哉甚盛典也是時楚志繼豫陝而進不
佞永莅景已四年爰撿邑志踳駁蕪穢欲加修治

顧簿領之餘鞭長莫及遲之又久乃商畧凡例若
干條屬戴子祁次第加讐視其重大有關於政化
者詳之時至事起者續之無係有無得失者刋落
之輕重有序體制不紊雖不逮於升菴之南詔青
藤之越州抑亦可以成書矣學校為教化之首田
賦為民生之基詳之慎之弗敢後也城郭倉庾隄
防驛津為官守之責詳之慎之弗敢遺也他如星
占災祥山川古蹟祀典封建佛宫道院人物藝文
固不宜掛漏而蒐羅往籍詢咨方隅可紀則紀可
載則載何多求焉余因之有感矣永之莅景其始

至也勞來還定安集之不暇既而生息之又久而休養之飲冰茹蘗荏苒蹉跎亦不自覺留滯兹土遂至十有三年之久也嗟日月之易邁憐齒髮之早衰仰愧無以答君恩頫或可以告無罪於羣黎乎於是書之成反覆低回而不能已云

縣志總論

明邑舉人蕭副

嘗謂居鄉者當論其勢尚友者當思其人吾楚分星則為翼軫分野則為荊州竟陵雖當時下邑實在古之鄖國也其在漢也則為雲杜縣其在隋唐也則皆為郡治其在元也舊為軍衛逮我高皇平荊之後立指揮以守其地所以強武備也天下甫定即改軍衛以立縣所以備文事也其封疆西據荊襄南臨漢沔東連川貴北枕隨郢則固有以甲三楚之諸邑矣自其形勢言之以阻山為貴也是故五華鎮其北青山鎮其西見龍鎮其南巾戍鎮其東而天門龍穴古城直陽諸山又屹然挺秀於四方若夫諸葛嶺則孔明之所築也東岡嶺則陸羽之所居也蠟止林則隱相之所憩也珍珠坡則富商之所留也此雖古人之遺跡亦足以壯竟陵之重鎮而究其所由成則果發跡於恒山而為黃蓬山之根本也又以帶河為貴也是故義河遶其南回河遶其北馬溪遶其西板港遶其東而東湖西湖蓮池諸水又煥然凝聚於左右若夫漢水則注於沔也馬腸則注於潛也牛蹄則入於漢也橫林則播于江也此皆神禹之大績實足以壯竟陵

之襟帶而夲其所自始則又發源於嶓冢而為丙
穴之淵源也城垣所以固疆域也在古則有雲杜
城梁時之所築也而築於今者則有張與陳之賢
牧馬或肇造於始或再造於茲於是城墉言而
勢奠矣宮室所以聳觀瞻也在古則有望仙樓嗇
薇軒宋晏殊張耒之所建也而建於今者則有顧
與姜之諸宰馬或仕學堂或旌善亭於是宮室翼
翼而觀美矣自其風俗言之土隙而廣地卑而潦
以漁罟耕耨為業而少積聚以激昂侈靡為務而
喜健訟耕尚鹵莽乃廣種而薄收婚略禮文每多

贅而少娶疾病則斂費相恤死喪則歌舞雜哀重
巫鬼敬淫祠風俗固本如此然名賢之集曰人自
温良化作蠶桑之俗陸羽自傳曰風俗之美無出
吾國況今聖天子布作人之化賢邑宰疏恩澤之
利雖閭有狡猾亦將漸化而遷也流俗不於是革
乎自其人物言之劉君鄉漢之裔也張興世宋之
傑也張緻著集滄浪而為温公純仁之友黃回握
符建牙而成提師千里之功子文樹相楚之勳陸
羽有茶經之著欣泰欣時遊園賦詩而起褚淵之
異淵道從道聯名金榜而有雙桂之坊今則李璟

總兵戎而建平定之績黃鍾奉聖諭而平崇慶之
變李運使有廉介自守之節廖司教有方正高潔
之守何圯諭合江而有東湖先生之號楊清宰貴
溪而有生平耿介之稱魯文恪奉使安南而斂蹤
金珠胡士美位致參政而躬承顧命人物之盛如
此方今京師優作養之恩士子懷待聘之珍雖環
楚諸郡皆將遠拜下風矣人文不於是責乎自其
良牧言之劉宋以來有夏侯恭叔焉惠政致連理
之瑞有白景亮焉濬河膺宮袍之褒有張榮焉全
兵犯境力戰而死有裴果焉才能決斷申理屈滯

馴至我朝位士惟能齊七政者有若張天麟楊季
安姜綰陳良玉等建築城堞協力保障修葺庠宮
勸課農桑而為之後者皆良宰也數五教者有翁
善習善蔡德器虞載劉翹等正身率物貴義賤利
為文典則温恭雅飭而繼其後者皆良師也自其
節義言之男則宋有陳嘉言焉罵賊而沉水死者
八人有張徽焉屢劄郡符而忠不忘君有張廸焉
累官諫議不愧争臣風烈有祝松焉死守長水孤
城女則元有翟氏焉張楚材之妻也有王氏焉吳
伯瑋之妻也夫卒守節終身至正間俱表其門我

朝忠義接踵難罄厚於父子之倫者有吕中馬母死廬墓號哭三年以辟舉授職人無不悦此固天下之孝子而後此者其忠君愛父之心蓋有無間於彼此者矣篤於夫婦之義者有王氏馬夫死無子守節獨居邑令奏而未果人甚惜之此亦當時之闕典也而繼此者其氷壺秋月之節蓋有無分於貴賤者矣自其地勢言之地居澤中土惟塗泥上者無川澤之利下者無堤防之固故江溢則没東南郢溢則没西北郢江俱溢則連沔湖洞庭滙為巨壑淺者為棧深者為巢飄風怒雨長波巨濤

烟火斷絶哀號相聞況溺死者動以千數不特漂没田廬而已也地勢之下如此而安土重遷民無渙散則恤典不可不下也自其賦役言之田惟汙萊民力疲敝歲時多水澇之災轉輸無朝夕之暇夏則斂夏税秋則斂秋糧有州存以備用有兑軍以輸者有存留以給軍需有南糧以解京師絲錢軍器不時分派藥餌歷紙歲以取盈且差派之輕重不量戶口之多寡服公事者仍用其家有殘疾者不免於役豈獨饑寒廹身而已哉賦役之重如此而循分供職民鮮流離則蠲免不可不議也又

自其土產言之有魚鱉鱠鯉也有嘉禾香稻也有櫟木樗薪也有葭葦脩竹也有豆麻菽苴也有荷蓮芡葯也有蔓菁金橘也有粗縷麤萊也有山桑紫笋也有蝦鱔蚌菰也物雖非美而亦竟陵之土宜也又自其勝景言之曰道院迎仙也曰書臺出相也曰鳳竹晴烟也曰龍池春漲也曰夢野秋蟾也曰天門夕照也曰三澨漁歌也曰五華樵唱也曰梵刹晨鐘也曰笑城暮雨也名各不一亦竟陵之奇觀也合而言之形勝固美矣而所以擴充之者存乎人創制固美矣而所以繼述之者存乎後

風俗固淳矣而所以化導之者存乎德人物固盛矣而所以鼓舞之者存乎上良牧固多矣而後焉者當思所以宣上德而達下情節義固衆矣而上焉者當思所以表其賢而激其忠地勢雖下矣當思所以維持之方賦役雖重矣當思所以賑貸之計土產雖微當思所以開養民之源景物雖佳當思所以計久安之策予僻處竟陵所見者如此而已觀風者尚採而録之無徒曰子誠齊人也

天門縣志凡例

一邑志創自明成化時知縣姜綰繼修之者嘉靖時
知縣邱宜天啟時知縣任贊化也明季兵燹版籍
散失而民間猶存遺本自康熙戊申署縣李馨增
修壬申知縣錢永重修則前志盡湮矣今但據李
錢二志存其名實芟節蕪訛未嘗漫加去取也
一志乘序論前志義不可削但篇帙冗贅難備載今
各錄主修一則姜序久軼餘或從前文或稍節之
要以不失其實
一古曰圖經言圖之重也凡疆域城廨古蹟形勝披

圖瞭然如見版宇必不可少而前志未備今補冠
卷首庶幾開卷遇之云
一志在款目清晰門類釐别使人了了如數家常前
志殊覺未妥今倣史體撮其大綱有三曰考為類
八曰表為類五曰傳為類十有四細目分列各類
類不欲繁目不容借乃覺犁然有當
一邑治為縣為郡為州各有世代查縣名經五易不
核其實何以稽古特列沿革表清注之使閱者了
然表按諸史考訂非敢臆度
一八考首地理而星野止分類於其中見邑乘不敢
同國史也
一山川改易今古滄桑志以紀實但據現在志之前
志失載如團山鳳凰小紅犀牛吾寶老鸛諸山悉
按蹟補入其傳會者如天門火門本二山而云忌
火改天則正之其名存而所在已失者如三澨魚
陂實在境内不詳所在則附後至漾水在梁州归
口屬鍾祥不敢牽附
一古蹟相傳現存者登之附會悠繆者不列至金雞
八十二塚原非塋域舊載塚墓今移入古跡若魯
周鍾譚流風餘韻雖荒臺頹榭猶堪憑弔亦自别

墅移附以永後來景仰至宋時所建煙雨寶香諸
樓閣今雖無考仍存其名以備稽
一民風土俗宜誌治生常業習尚好惡以及歲時循
舉故事可以識勤惰可以别美惡可以辨澆淳特
詳載之以補舊志之闕
一凡古人堪不朽者志其墓以重之其誌表碑銘辭
繁且事實已見本傳不復重出登見若或載或否
又不一類故悉不錄學使鍾惺墓誌以譚解元文
友朋至情真樸不浮有關倫義堪為後進法程也
一建置之在官者既詳書始末其修建祠宇及津梁

隄防出紳士捐修必誌其名姓示勸若募衆共成者事雖專美但列首士暨理諸人餘不具列

一祠廟備載祀典通行其淫祠不經及雖非淫祀而出處失考如西廟白起廟第附其說於餘編以備稽疑至山川水火之神利用民生四境奉祀者不應彙入梵刹道院之中悉附祠廟

一保甲最為安靖地方要政編立已久舊設保正違行未能盡善乾隆二十九年巽奉 文編查酌量各鄉另設正保一名延訪篤實淳正者俾其清理村鎮管束舊保於人戶移來遷去給簿按季登填

優以禮貌語詳碑記

一戶口田賦原委次第須條分晝一散總清確若零星互注不惟閱者瞀亂即會計亦殊未當茲遵賦役全書彙編歸清

一起運欵項解司解道者本縣只解總數細項雖具全書奏銷實未備列故從畧

一存支請領欵項係本縣支給自應有散有總故從詳

一養濟院支給孤貧口糧衣布係存留項下開銷故附賦役積貯後

一育嬰堂雖未動錢糧然紳民捐募銀田息錢租稞俱係報 上存貯支給故亦附積貯後

一鄉飲酒禮教悌大典所存銀兩雖解司庫動支而禮文不可不備故特詳之

一學校為政化根本祀典不可不詳祭器祭品樂律樂舞舊皆未備謹遵
欽定典章補入

一隄防為東南民命攸關區畫不善潰決汎濫閭閻無寧宇矣故水利特為一考備悉原委利害詳定修築條規此邑之大利大害所在自當精考而善

籌之

一安不忘危邑之災變水患亦所宜志若勝國前之氛祲冦盜並不容畧而不書所以備稽考也

一邑本人文之藪名作如林卷載則帙幅難容掛漏萬又未免偏而不廣況志以紀事文藝之有名者自在天壤不以區區志載為奇茲將有關國計民生風土人物者附見各類之後或錄餘編之中其餘詩文傳記概不登錄以正體裁

一史有藝文志從來止載著述名目志家乃濫入詩文亦變例也茲分經史子集雜著五類凡前志所

載雖未選局呈閱仍存其名附於各類至後起著
纂必目見乃登不經論定者亦從寬酌附
一封建如晉之竟陵郡實郢州石城地與竟陵縣名
同而地實非故不列郡於表唐之竟陵郡即陞竟
陵縣爲郡郡即縣之地也故復列郡於表非故與
舊志牴牾
一舊志明職官縣丞止載五人今列四十六人主簿
止載二人今列四十一人教諭止載二十一人今
列四十八人訓導止載十六人今列五十四人典
史止載二人今列二十人悉從府志補入則前志

天門縣志　卷首　凡例　五

失考者多矣
一舊例副榜爲備卷必入監考習方准貢今副榜與
恩拔歲同爲四目故列於舉人後
一貢士由庠生援例者省府志及舊志皆一類統列
茲分表於恩拔歲貢下庶傳其實
一監生前志自明代迄康熙壬申載一百二十餘人
遍稽諸志多不列表而中有出仕掾職且顯達者
此士人進身之階義不容畧但七十餘年來援例
之生不下數千續之不勝其載且必有遺漏之譏
祇將出仕者次列科貢下凡未仕者俱不表義例

差允
一明代邑無武秩聞無甲科而行伍出身掾吏起選
者較多經緯分表款式殊參差不合茲分類直列
總曰武選而封贈恩廕倣之
一秩官備列之表其中循良克稱者別爲立傳若卓
有治聲而善政失詳難以空言傳述但本前志撮
其大要注於表非故有所優劣也
一邑中人物前志惟分科貢忠孝不立儒林文苑卓
行耆年各門凡屬士民一切歸之隱逸無以昭三
尊三不朽之實謹依通志門類酌定分別曰宦蹟

天門縣志　卷首　凡例　六

曰儒林曰忠義曰孝友曰卓行曰文苑曰賓耆曰
隱逸曰尚義曰節烈曰方伎曰流寓曰仙釋合循
良總列十四傳
一宦蹟舊志新增必審其如何興除有益國計民生
如何廉明實能剔蠹理枉如何振興教化如何修
舉廢墜方列之傳若年久無稽及虛呈無實又訪
察無可信者亦祇約畧其生平撮敘數字於表中
而不作傳
一論人必首其重如宦蹟中有入忠孝傳者第附其
宦蹟於忠孝傳中宦蹟不重列

一儒林為人才根本理解不明則行誼皆舛是非通
經積學灼見道原身力行之為後進楷模者見實
有發明通邑允無異議者未敢濫列也
一忠義之氣歷久不磨義士新增明末三人王日章
魯宮魯宣傳記墓表炳然邑西乃舊志失載茲特
補列之
一孝友為生人大節其道難言然有全德有一節同
居孝友之目純行綦難必求全德無忝以風世未
易多覯苟能篤愛倫常實有可徵亦附錄焉
一卓行必公直廉介廣惠樂義皎然不欺毅然不撓

斯足當之但力挽頹波有能一節自好如還遺金
賙鬻子濟困扶危之類錄之亦足以示勸
一文根於行原本性情上也博洽淹雅次也議論通
暢吟咏自得又次也要皆有著述可見者方入
一文苑原取文章特達若篤志不倦寢食佔畢亦間
收一二以勸勤學
一隱逸之士胸中自得不求聞達或閉戶著述或娛
情山林非蹭蹬仕路改轍易慮者比抑或有託而
逃甘老泉石則又其異者外此不登
一尚義之流喜捐樂施雖家本饒裕然捫錢汗出不
能去手者比比皆然當錄之以勵鄙俗至貧而好
義則又其難矣
一節烈最關勸懲天邑女性貞淑頗識大義婦人多
矢從一聘女亦能不貳前志統列茲分節婦烈婦
孝婦孝女烈女貞女編次廣風勵也
一錄節例重微顯闡幽編戶女子一念樸誠終身不
渝或極之困苦顛沛而卒完所守較之名門富室
素明禮義成於有籍者更為可嘉前志所載不免
重富貴而輕貧賤茲廣加搜採詳為徵核志之俾
不湮沒

一節以孝親撫子為大有竭力孝養誨子成材者必
特標之其情苦而事核者傳之餘悉從略從同非
率為軒輊
一節婦例以青年守義歷滿三十年為合或年例稍
有未符而不幸死者孝行苦節實有可錄亦得備
列其年例未滿人又現存或僻鄉搜采未備且以
俟將來至已經表揚列入祠中而歲遠衰微無人
呈送者但列其名俟考
一新增人物設匭堂上徧諭甲保挨傳各姓子孫或
戚友族隣自投事由仍倩鄉村賢拈採訪酌定為

類單開姓氏復廣延四境公直紳士以次核實無差乃傳其事而志之

一舊載人物不免寬收恕取以示善善欲長之意故每虛詞褒美全無實徵茲令各後裔指陳立傳其無人指陳者義不可削仍依類列之

一懿行嘉言與年俱進然人必蓋棺論定未路一隳前節恐盡玷也故生者例不立傳茍有可紀止以數語紀其實附於傳末

一孝子已經表揚者八人其節略多未送核或傳或不傳於欵目不合茲但類列其名冠於傳首建坊

已昭耳目事不備於傳中固自無嫌也

一藝文之有關於邑者俱附各類其未盡附者仍歸餘編至登臨詩賦邑中名士人有家藏茲不登錄若前此邑令著作在前志者仍節錄之勿使久而湮滅

一雜記凡志乘俱備此格或存稽考或示勸懲或屬異聞要必近道若全涉怪誕概不敢錄

古歙胡翼鎬亭氏謹識

修志十議

呈天門胡明府

據文史通義增入

章學誠

修志有二便地近則易覈時近則迹真有三長識足以斷凡例明足以決去取公足以絕請託有五難清晰天度難考衷古界難調劑衆議難廣徵藏書難預杜是非難有八忌忌條理混雜忌詳略失體忌偏尚文辭忌粧點名勝忌擅翻舊案忌浮記功績忌泥古不變忌貪載傳奇有四體

皇恩慶典宜作紀官師科甲宜作譜典籍法制宜作考名宦人物宜作傳有四要要簡要嚴要覈要雅今擬乘二便盡三長去五難除八忌而立四體以歸四要請略

議其所以然者為十條先陳事宜後定凡例庶乎畫宮於堵之意云一議職掌提調專主決斷是非總裁專主筆削文辭投牒者敘而不議參閱者議而不斷庶各不相侵事有專責二議考證邑志雖小體例無所不備考核不厭精詳折衷務祈盡善所有應用之書自省府鄰境諸志而外如廿二史三楚文獻錄一統志

聖祖仁皇帝御纂方輿路程圖

大清會典賦役全書之屬俱須加意採訪他若邑紳所撰野乘私記文編稗史家譜圖牒之類凡可資搜討者亦須出示徵收博觀約取其六曹案牘律令文移有關

政教典故風土利弊者概令錄出副本一體送館以憑詳慎銓次庶能鉅細無遺永垂信史三議徵信邑志尤重人物取舍貴辨真僞凡舊志人物列傳例應有政無削新志人物一憑本家子孫列狀投櫃核實無虛送館立傳此俱無可議者但所送行狀務有可記之實詳悉開列以備采擇方准收錄如開送名宦必詳曾任何職實與何利實除何弊實於何事有益國計民生乃爲合例如但云清廉勤慎慈惠嚴明全無實徵但作計薦考語體者概不收受又如卓行亦必開列行如何卓文苑亦必開列著有何書見推士林儒林亦必核其有功何

經何等著作有關名教孝友亦必開明於何事見其能孝能友品雖毋論庸奇偏全要有真迹便易採訪否則行皆曾史學皆程朱文皆馬班品皆夷惠魚魚鹿鹿何以辨真僞哉至前志所收人物果有遺漏或生平大節裁不盡詳亦准其與新收人物一例開送核實增補四議徵文人物之次藝文爲要近世志藝文者類輯詩文記序其體直如文選而一邑著述目錄作者源流始末俱無稽考非志體也今擬更定凡例一倣班志劉略標分部彙刪蕪擷秀跋其端委自勒一考可爲他日館閣校讐取材斯則有裨文獻耳但藝文入志例取蓋棺論定現存之人雖有著作例不入志此條

御纂續考館成法不同近日志乘掇拾詩文可取一時題咏廣登尺幅者也

本朝前代學士文人果有卓然成家可垂不朽之業無論經史子集方技雜流釋門道藏圖畫譜牒帖括訓詁均得淨錄副本投櫃送館以憑核纂然所送之書須屬共見共聞即未刻行亦必論定成集者方准收錄倘係抄撮稿本畸零篇頁及從無序跋論定之書概不入編庶乎循名責實之意惟舊志原有目錄而藏書至今散逸者仍準入志而於目錄之下注一亡字以别之五議

傳例史傳之作例取蓋棺論定不爲生人立傳歷考兩漢以下如非有先生李赤諸傳皆以傳爲遊戲圬者橐駝之作則借傳爲議論至何蕃方山等傳則又作貽贈序文之用沿至宋人遂多爲生人作傳其實非史法也邑志列傳全用史例凡現存之人例不入傳惟婦人守節已邀

旌典或雖未

旌奬而年例已符操守粹白者統得破格錄入蓋婦人從一而終既無他志其一生責任已畢可無更俟沒身而此等單寒之家不必盡如文苑卓行之出入縉紳或

在窮鄉僻壤子孫困於無力以及偶格成例今日不予表章恐後此修志不免遺漏故搜求至汲汲也至去任之官苟一時政績卓然可傳與論交推更無擬議者雖未經沒身論定於法亦得立傳蓋志為此縣而作為宰有功此縣則甘棠可留雖或緣故被劾及鄉論未詳妥得沒其現施事迹且其人已去即無諛頌之嫌而隔越方州亦無遙訪其人存否之例惟其人現居本縣或見陞本省上官及有統轄者仍不立傳所以遠迎合之嫌杜是非之議耳其例得立傳人物投遞行狀務取生平大節合史例者詳慎開載纖瑣飣餖凡屬浮文俱宜刊去其有事涉怪誕義非懲創或託神鬼或稱奇夢者雖

有所憑亦不收錄庶免鬼魘羊鳴之誚六議書法典故作考人物作傳二體去取均須斷制盡善有體有要乃屬不刊之書可為後人取法如考體但重政教典禮民風土俗而浮誇形勝坿會景物者在所當略其有古蹟勝概確乎可憑名人題詠卓然可紀者亦從小書分注之例酌量坿入正考之下所以釐正史體別於稗乘耳蓋宇體譬之治室廳堂甲第謂之府宅可也若依巖之構跨水之亭謂之別業可謂之正寢則不可玉麈縧縧謂之仙服可謂之紳笏則不可此乃郡縣志乘與卧遊

清福諸編之分別也列傳亦以名宦鄉賢忠孝節義儒林卓行為重文苑方技有長可見者次之如職官而無可紀之蹟科目而無可著之業於法均不得立傳蓋志屬信史非如憲綱冊籍一以爵秩衣冠為序者也其不應立傳者官師另立歷任年譜邑紳另有科甲年譜年經月緯之下但注姓名不得更有浮辭填入即其中有應立傳者亦不必更於譜內注明有傳字樣以昭畫一若如近日通行之例則紀官師者既有職官志以載受事年月又有名宦志以載歷任政績而於他事有見於生祠碑頌政績序記者又收入藝文志記邑紳者既有

科目志又有人物志亦分及第年分與一生行業為兩志而其行業有見於志銘傳誄者則又收入藝文志一人之事疊見三四門類於是或於此處注傳見某卷於彼處註詳見某志字樣紛錯事實倒亂體裁煩碎莫此為甚今日修志尤當首為釐定一破俗例者也七議援引史志引用成文期明事實非尚文辭苟於事實有關即胥吏文移亦所採錄況上此者乎苟於事實無關雖班揚述作亦所不取況下此者乎但舊志藝文所錄文辭今悉散隸本人本事之下則篇次繁簡不倫收入考傳方幅之內其勢不無刪潤如恐嫌似勦襲則於本文

之上仍標作者姓名以明其所自而已至標題之法一倣史漢之例史漢引用周秦諸子凡尋常刪改字句更不識別直標其辭曰三字須起惟大有刪改不更仍其篇幅者始用其略曰二字别之若賈長沙諸疏是也今所援引一皆倣此然諸文體中各有應得援引之處獨詩賦一體應用之處甚少惟地理考内名勝條中分注之下可載少許以證靈跡他若抒寫性靈風雲月露之作果係佳搆自應别具行稿或入專主選文之書不應攙入史志之内方為得體且古來十五國風十二國語並行不悖未聞可以合為一書則志中盛選詩詞亦俗

例之不可不亟改者倘風俗篇中有必須徵引歌謠之處又不在其例是又即左國引諺徵謠之義也八議裁制取藝文應載一切文辭各歸本人本事俱無可議惟應載傳志行狀諸體今俱刪去仍取其文載入列傳則有難處者三焉一則法所不應立傳與傳所不應盡載者當日碑銘傳述或因文辭為重不無濫收二則志中列傳方幅無多而原傳或有洋洋大篇全錄原文則繁簡不倫刪去事蹟則名怨取譏三則取用成文綴入本考本傳原屬文中援引之體故可標作者姓名及其辭曰三字以歸徵引之體今若即取舊傳裁為新傳則一體連編未便更著作者姓名譬班史作司馬遷傳全用史記自序則以遷之自序云爾一句標清賓主蓋史公自序原非本傳故得以此句識别之耳若孝武以前紀傳全用史記成文者更不識别則以紀即此紀傳即此傳贊即此贊其體更不容標司馬遷曰字樣也今若遽同此例則近來少見此種體裁必有勦襲雷同之誚此三端者决無他法可處惟有大書分注之例可以兩存蓋取彼舊傳就今志義例裁為新傳而於法所應刪之事未便遽刪者亦與作為雙行小字併作者姓氏及刪潤之故一體附注本文之下庶幾舊志徵實之文不盡

刋落而新志謹嚴之體又不相妨矣其原文不甚散漫尚合謹嚴之例者一仍其舊以見本非好為更張也九議標題近行志乘去取失倫蕪陋不足觀采者不特

即其標題先已不得史法也如採典故而作考則天文地理禮儀食貨數大端本足以該一切細目而今人每好分析於是天文則分星野占侯為兩志於地理又分疆域山川為數篇連編累牘動分幾十門類夫史漢八書十志之例具在曷嘗作如是之繁碎哉如訪人物而立傳則名宦鄉賢儒林卓行數端本不足以該古今人類而今人每好合併於是得一逸才不問其行

業如何超卓而先擬其有何色目可歸得一全才不問其學行如何兼至而先擬其歸何門類為重抵牾牽強以類括之夫歷史合傳獨傳之文具在曷嘗必首標其色目哉所以然者良由典故證據諸文不隸本考而隸藝文志則事無原委不得不散著焉以藏其苟簡之羞行狀碑版諸文不隸本傳而隸藝文志則人無全傳不得不強合焉以足其題目之數故志體壞於標題不得史法標題壞於藝文不合史例而藝文不合史例之原則又原於創修郡縣志時誤倣名山圖志之廣載詩文也夫志州縣與志名山不同彼以形勝景物為主描摩

宛肖為工崖巔之碑壁陰之記以及雷電鬼怪之跡洞天符檢之文與夫今古名流遊覽登眺之作收無孑遺即徵奧博蓋原無所用史法也若夫州縣志乘即當時一國之書民人社稷政教典故所用甚廣豈可與彼一例而有明以來相沿不改故州縣志乘雖有彼善於此而卒鮮卓然獨斷裁定史例可垂法式者今日尤當一破夙習以還正史體裁者也十議外編廿一史中紀表志傳四體而外晉書有載記五代史有坿錄遼史有國語解至

本朝纂修明史亦於年表之外又有圖式所用雖各不同要皆例以義起期於無遺無濫者也邑志猥并錯雜使同稗野小說固非正體若遽以國史簡嚴之例處之又非廣收以備約取之意凡事屬瑣屑而不可或遺者如一產三男人壽百歲神仙蹤蹟科第盛事一切新奇可喜之傳雖非史體所重亦難遽議刊落當於正傳之後用襍著體零星紀錄或名外編或名雜記另成一體使纖夥餖飣先有門路可歸正以釐清正載之體裁也謠歌諺語巷說街談苟有可觀皆用此律

甲申冬杪天門胡明府議修縣志因作此篇以坿商搉其論筆削義例大意與舊答甄秀才前後兩書相

出入而此議前五條則先事之事宜有彼書所不及者若彼書所條此議亦不盡入則此乃就事論事而餘意推廣於纂修之外者所未遑也至論俗例拘牽之病此較前書為暢而藝文一志反覆論之特詳是又歷考俗例受病之原皆不出此故欲為是拔本塞源之論而斷行新定義例初非好為更張耳閱者取二書而互考焉從事編纂之中庶幾小有裨補云自跋

章氏譜載

章鑛字勵堂會稽進士宰應城愛民恤士仕學兼優書法遒勁邑中尚有珍藏者卸事後邑人聘留主講

暑夜作大帷篝燈課讀造就多知名士著作甚富天門聘修縣志子學誠字實齋會稽進士國子監典簿守其家法著有文史通義人多宗之應城縣志

重修天門縣志姓氏

主修

天門縣知縣胡翼　鈞亭安徽歙縣人壬戌明通

協修

天門縣縣丞韓悅曾　江蘇長洲人

天門縣學教諭余從龍　黄岡舉人

天門縣學訓導黃義渠　江陵貢生

編纂

原任應城縣知縣章鑣　勵堂浙江會稽人壬戌進士

分編

恩貢生熊士俊　邑人

癸酉科副貢生程文選　邑人

考輯

壬申科舉人王文燦　邑人

己卯科舉人胡必達　邑人

壬午科舉人高如嶠　邑人

壬午科舉人胡惟仁　邑人

戊子科武舉王榮璉　邑人

貢生許綬　邑人

監生熊汝翔　邑人

監　生譚潤世邑人
監　生張日容邑人
採訪
壬申科舉人蕭中琪邑人
丙子科舉人凃如耀邑人
貢　生劉尚德邑人
貢　生吳祖綱邑人
廩　生鄒曾輝邑人
生　員凃其濟邑人
候選州同戴大愷邑人

監　生陳大睿邑人
監　生羅開運邑人
武　生甘大智邑人
校正
生　員李三緘邑人
生　員程體彰邑人
生　員張景銘邑人
生　員柯　珍邑人
督梓
天門縣典史章繼祖順天大興人

乾鎮巡檢丁日隆順天宛平人
繪圖
江夏縣人朱士倬
邑人倪純祖
收掌
禮房書吏陳榮華

天門縣志目錄

圖說總序

原夫述作比於雅頌大業美其馨香陸士衡之論丹青也故圖與書並垂五經九經有畫宋詒邊州皆爲木圖寫其山川道路藏於内府此則志乘圖畫梓本所昉也天門澤國湖繞河環城郭之聚墳防之保原隰之數村落之結堠表之聯絡勝地之接引涖茲土者按本而稽恍逢舊遊以區別利弊而布之政如指諸掌蓋在斯矣

縣疆域圖

疆域圖 二

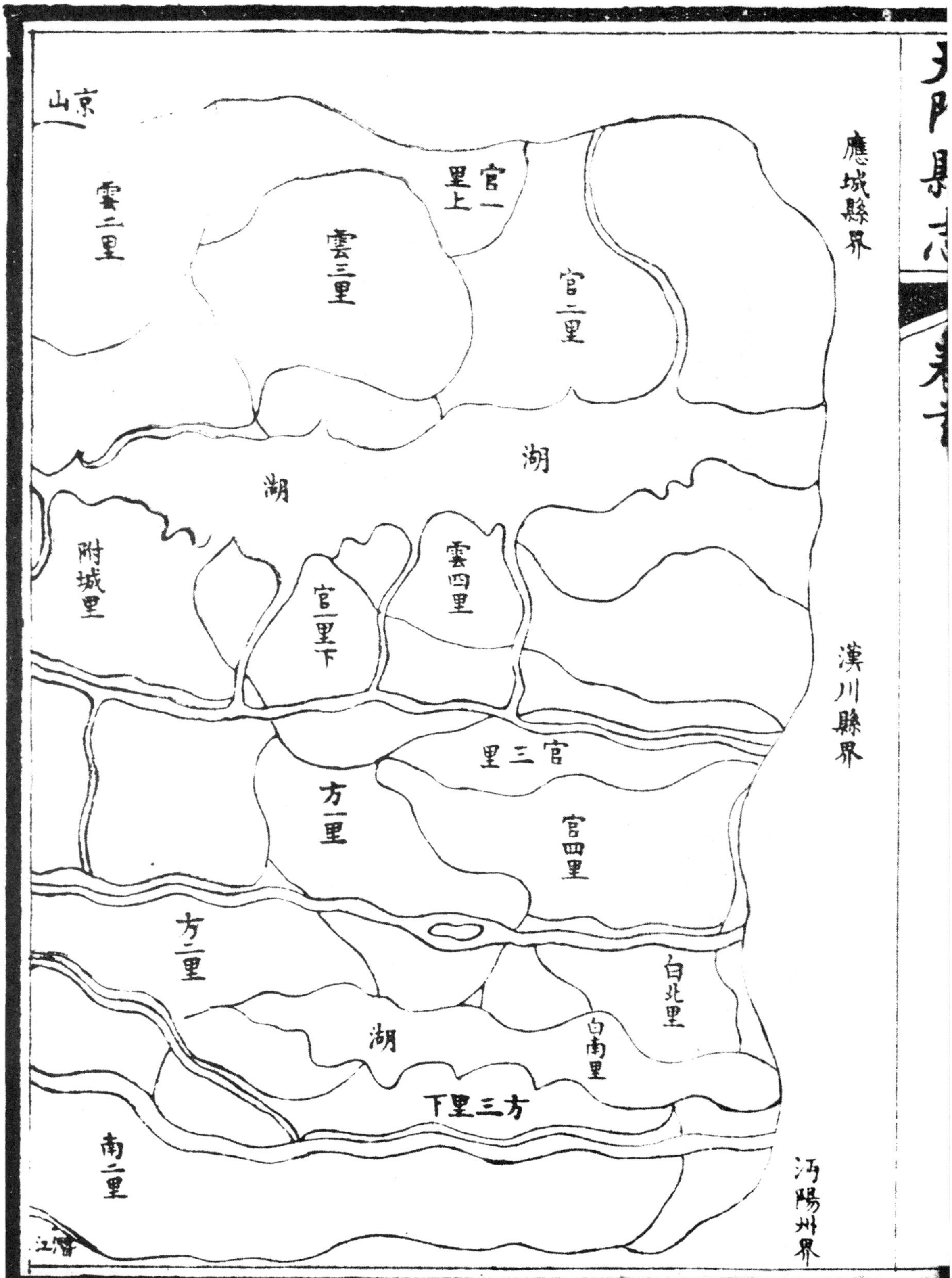
京山
雲二里
官一里上
雲三里
官二里
應城縣界
湖
湖
附城里
官一里下
雲四里
漢川縣界
官三里
方一里
官四里
方二里
白北里
白南里
湖
方三里下
南二里
沔陽州界
潛江

天門縣志 卷首

疆域圖

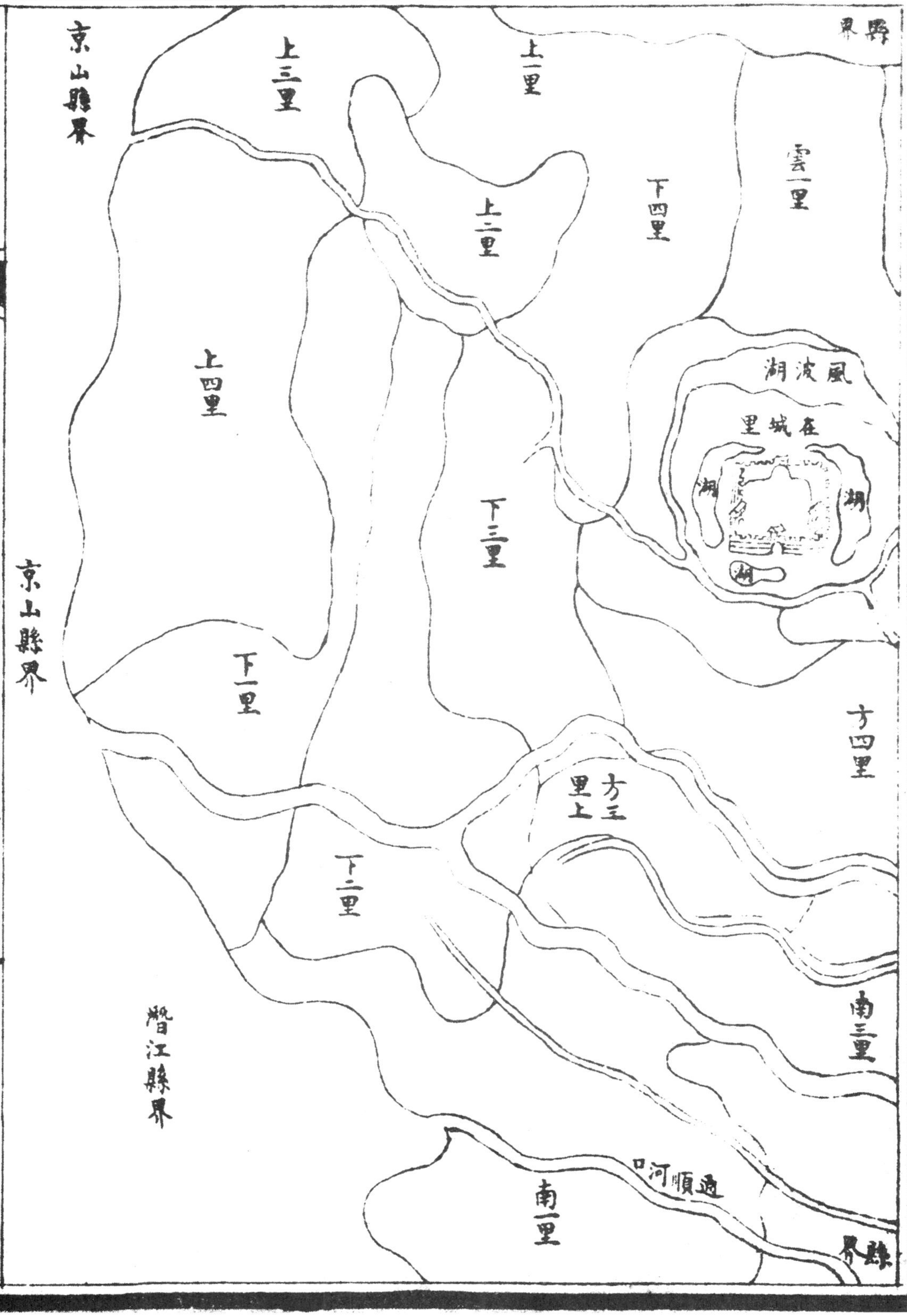

京山縣界
上三里
上一里
野界
雲一里
下四里
上二里
上四里
風波湖
在城里
湖
湖
湖
下三里
京山縣界
下一里
方四里
方三里上
下二里
南三里
潛江縣界
通順河口
南一里
縣界

三

邑編戶里凡二十五統以上下雲官方南六村分團三百六十其廣袤橫縱今猶昔也川疏縢接牙錯繡分稽賦役於此嚴保甲於此聯親睦於此吏此土者覽觀於堂上何沃何瘠何蕪何枯何良何莠時一行鄉而徵之民隱其可燭乎

圖疆域

縣城垣圖

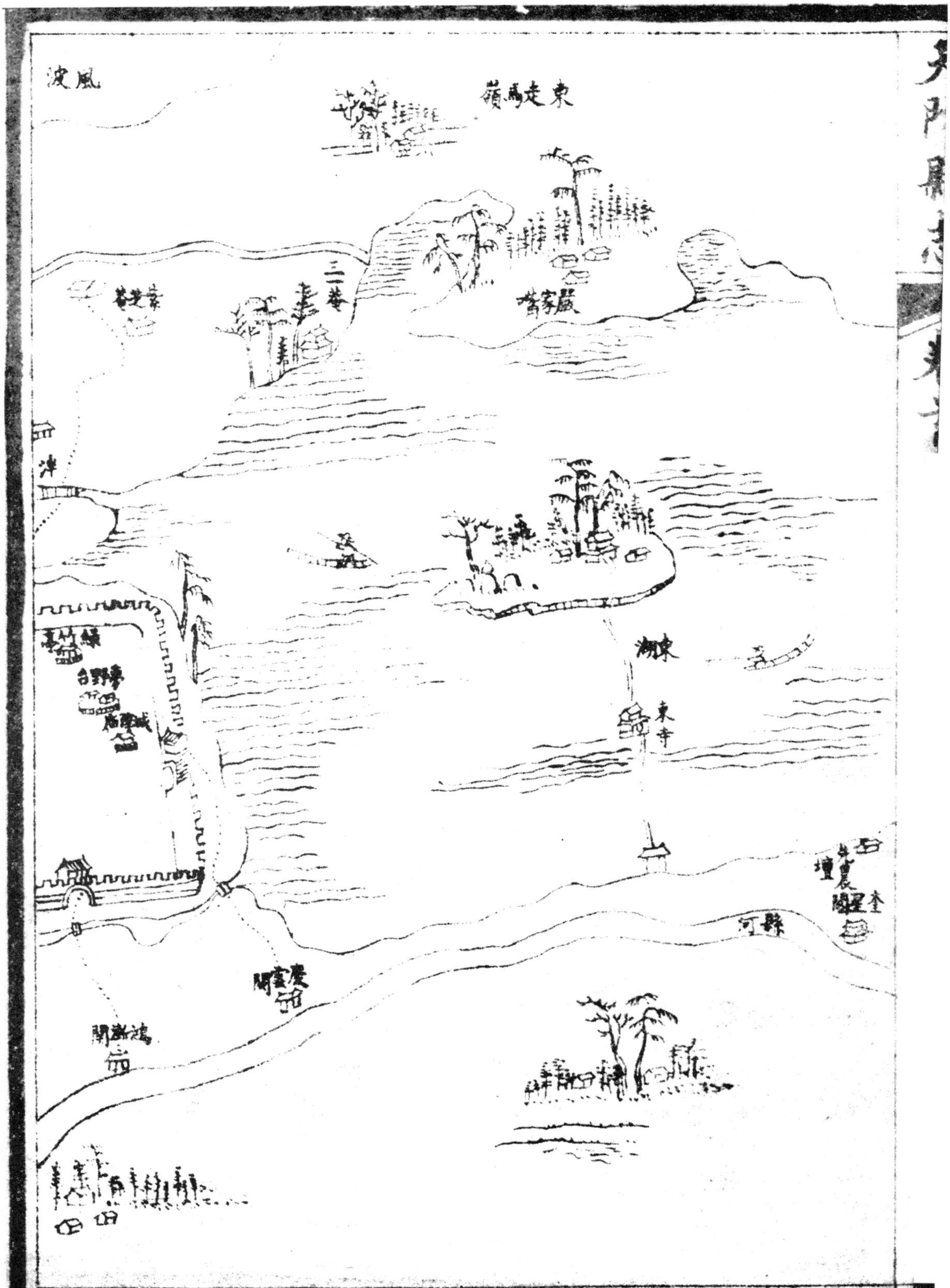
風波
東走馬嶺
嚴家嘴
泮
綠竹亭
城隍廟
東湖
東寺
先農壇
奎星閣
縣河
慶雲閣
鴻漸關

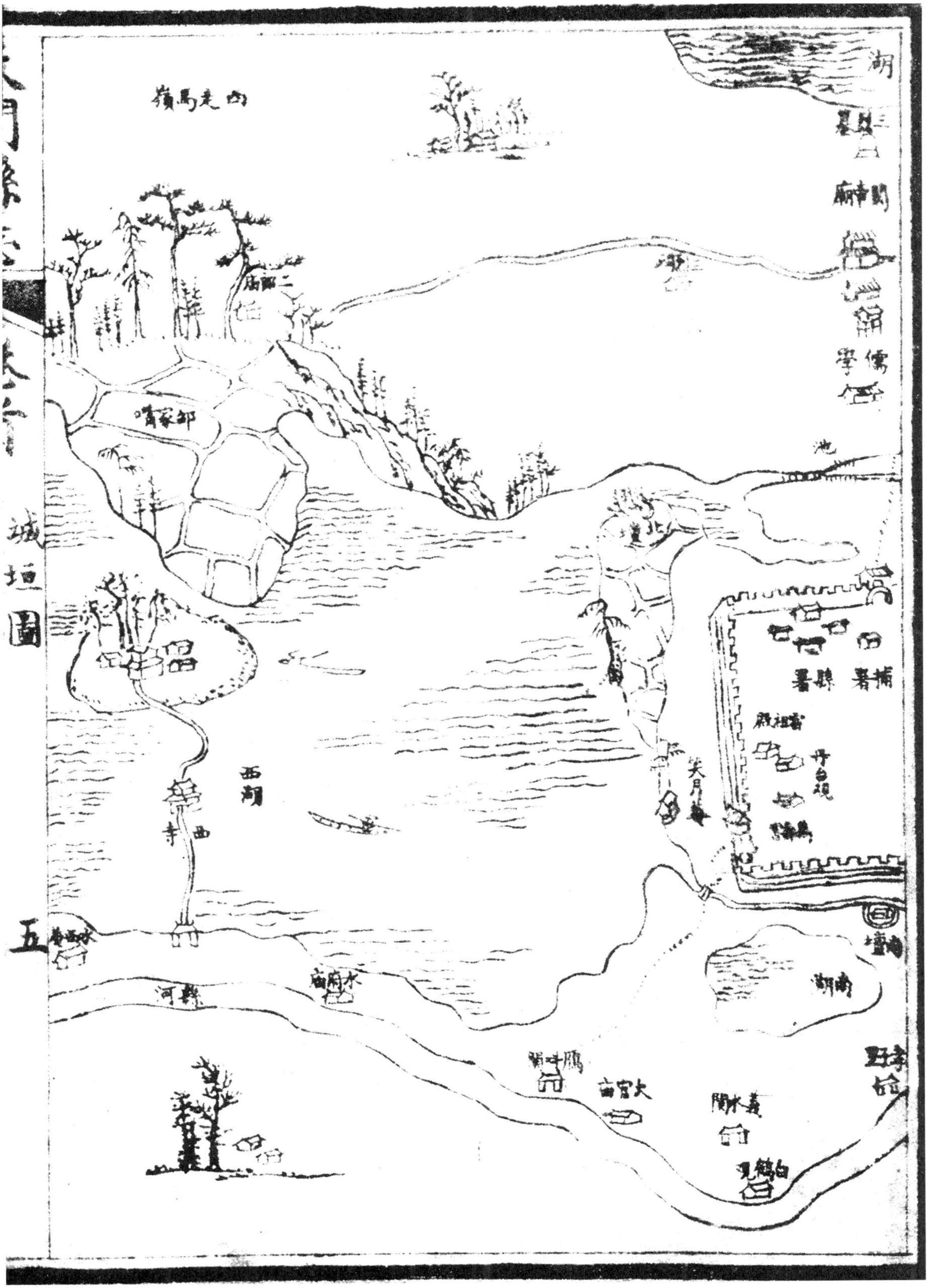
城垣圖
五
湖
關帝廟
儒學
二郎廟
鄧家嘴
北壇
捕署
縣署
西湖
西寺
水府廟
南壇
南湖
大官廟
義水閘
白鶴觀

縣治發脉三尖壺山渡風波湖來東西南三湖作品字迎之左右走馬嶺衛於後其南又有西江義河環襟繞帶形勢最勝其城基自北徙南明成化十一年乙未知縣張繼宗也城面易土而磚明正德九年甲戌知縣陳良玉也水國虞决防恃在春築雖無事豈敢忘保障哉

圖城垣

文廟圖

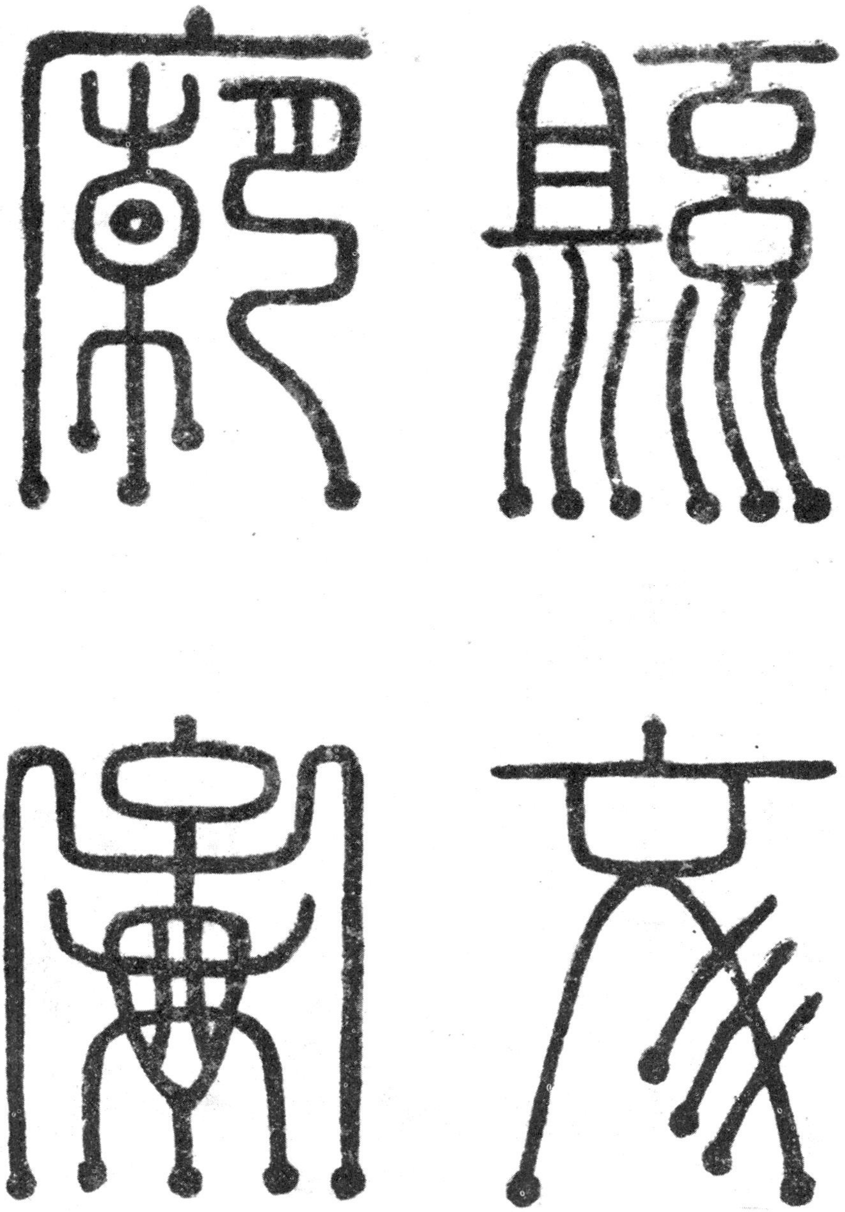

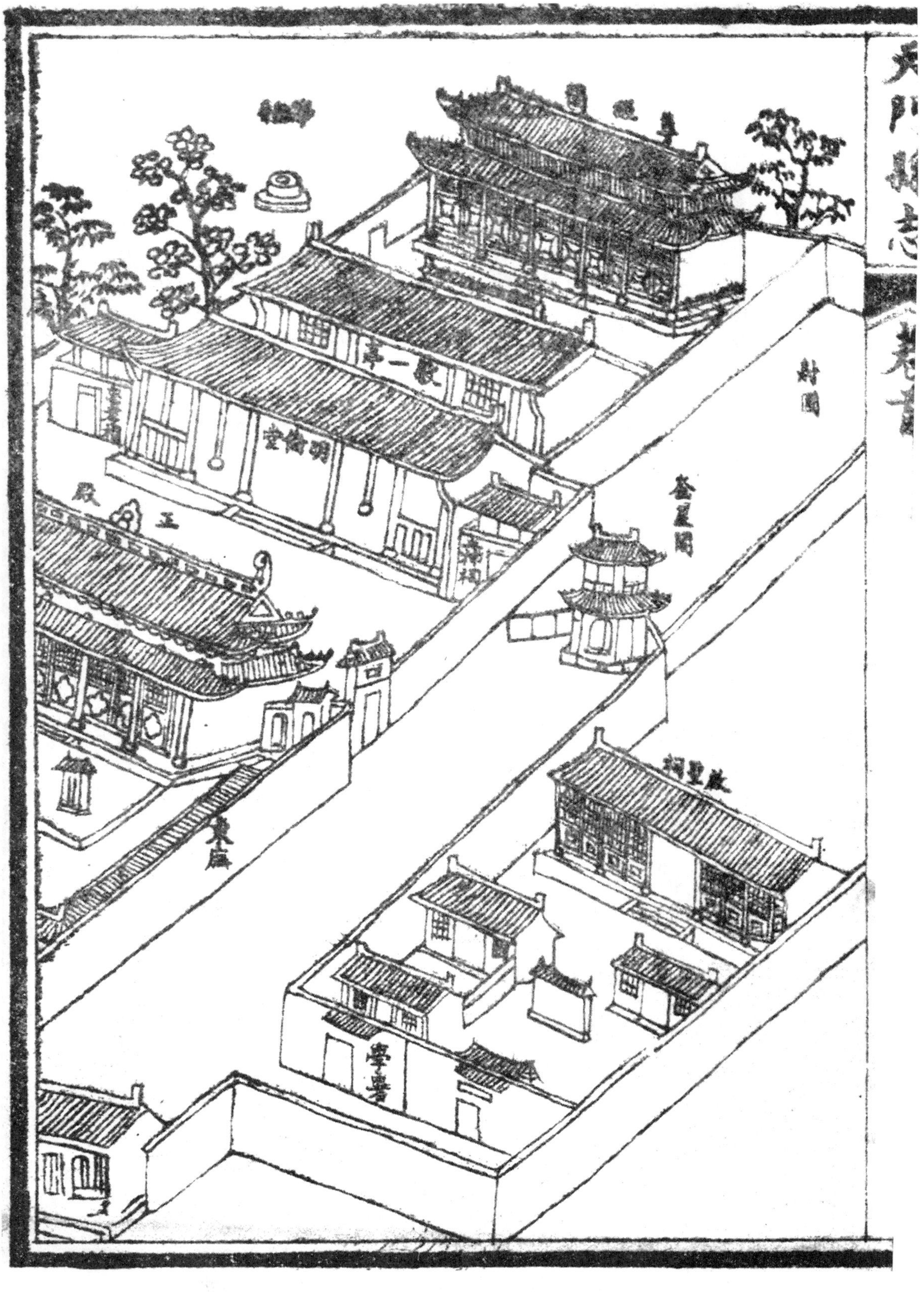
敬一亭
明倫堂
射圃
奎星閣
啟聖祠
學署

文廟圖

七

邑文廟徃在城内西南隅嘉靖中柯僉事喬
移置今址學宫之在城外者亦罕矣兩湖映
泮水之清兩嶺夾尊經而秀起山川佳氣於
是焉都昔人品題有天下文章之目其在斯
乎夫四科之升先德行後文學學古人之文
尤學古人之行是在有司得其意左右之耳

圖文廟

官廨圖

八

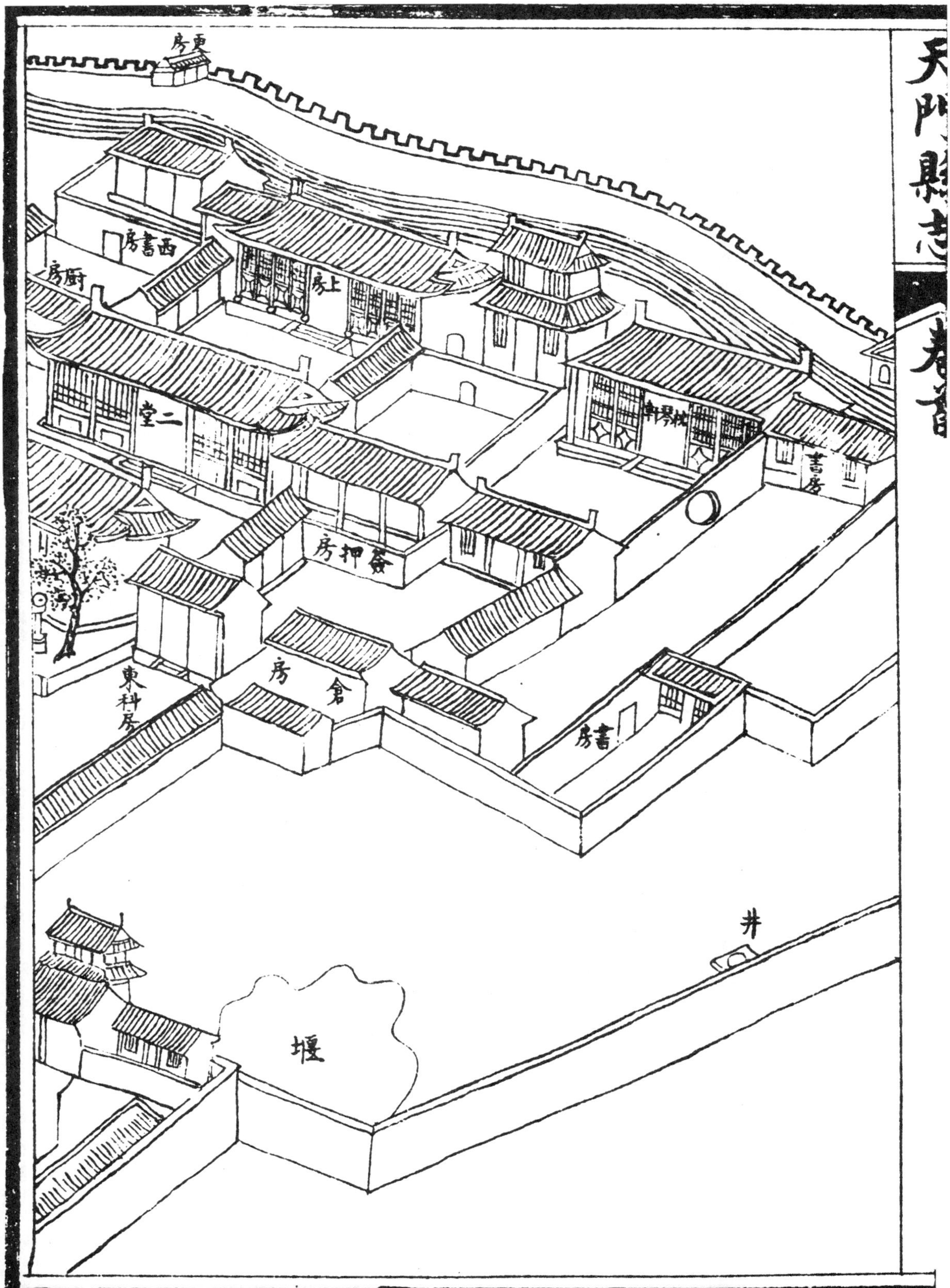
天門縣志
卷首
更房
西書房
廚房
上房
二堂
枕琴軒
書房
簽押房
東科房
倉房
書房
井
壇

天門縣志　卷首　官廨圖　九

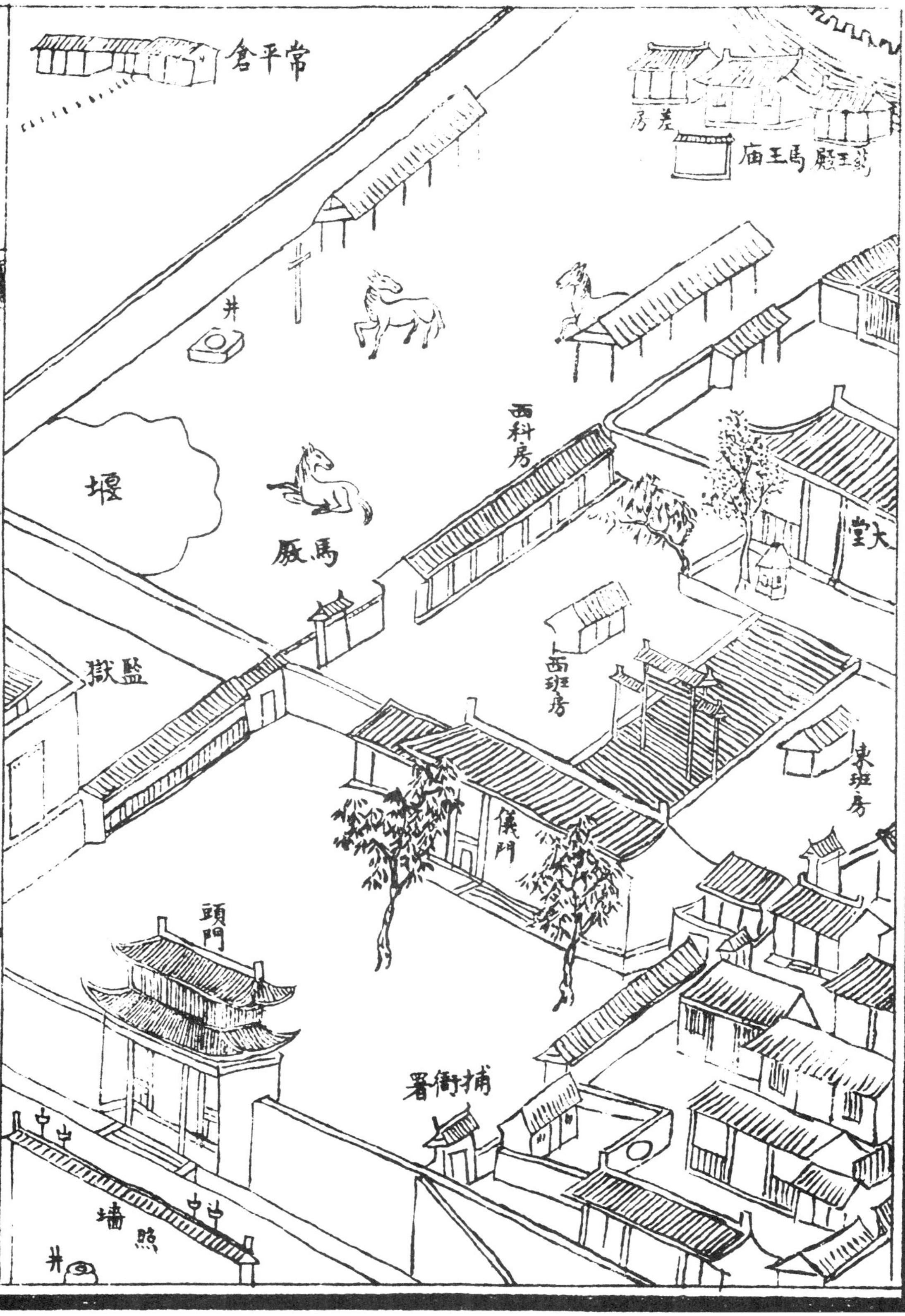

迎三湖以築城迎三井以建署城之内外如相應然其東垣下井久廢民屋中翼乙酉理出之浚使復舊外庫三楹貯入官器物又露臺左右序每聽斷俾立仗者無雨立皆翼建也凡黝堊丹青以肅威儀高明爽塏以觀發政重門洞開其直如矢則翼翼與邑之人共指青天白日云圖官廨

堤垸圖

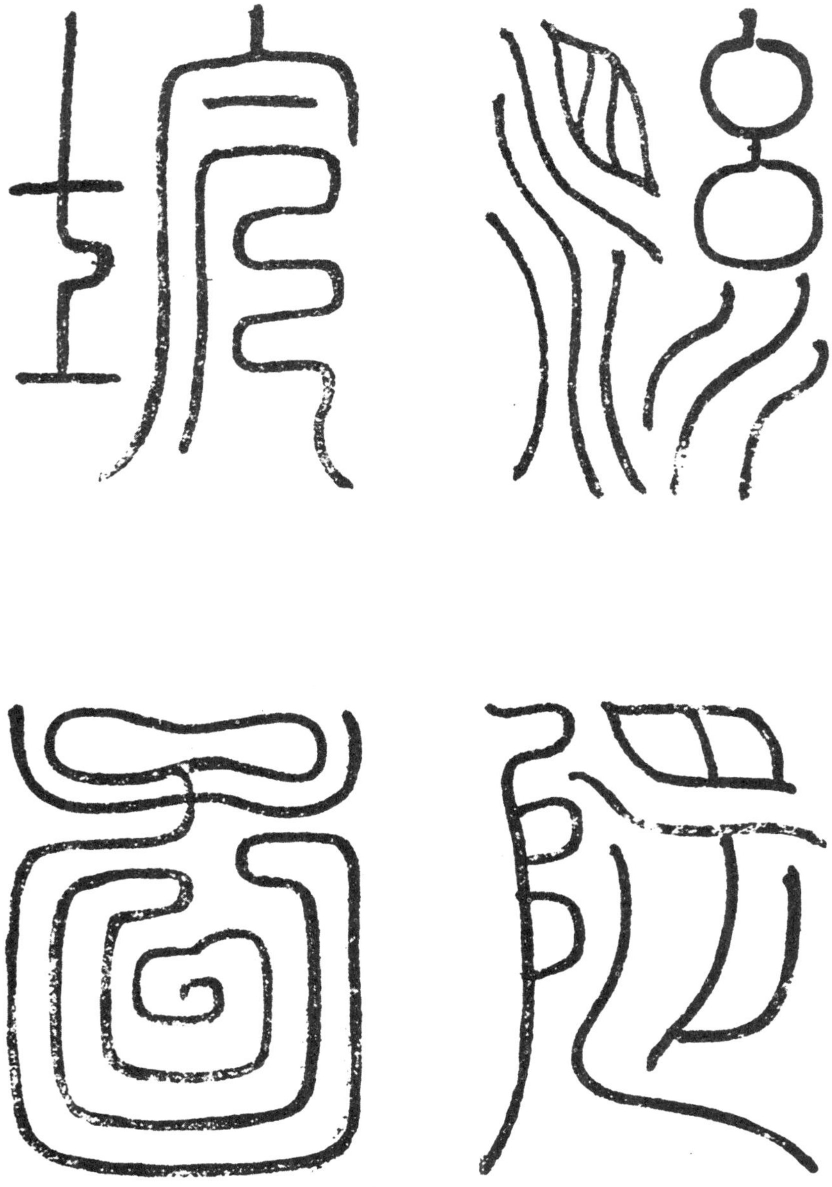

十

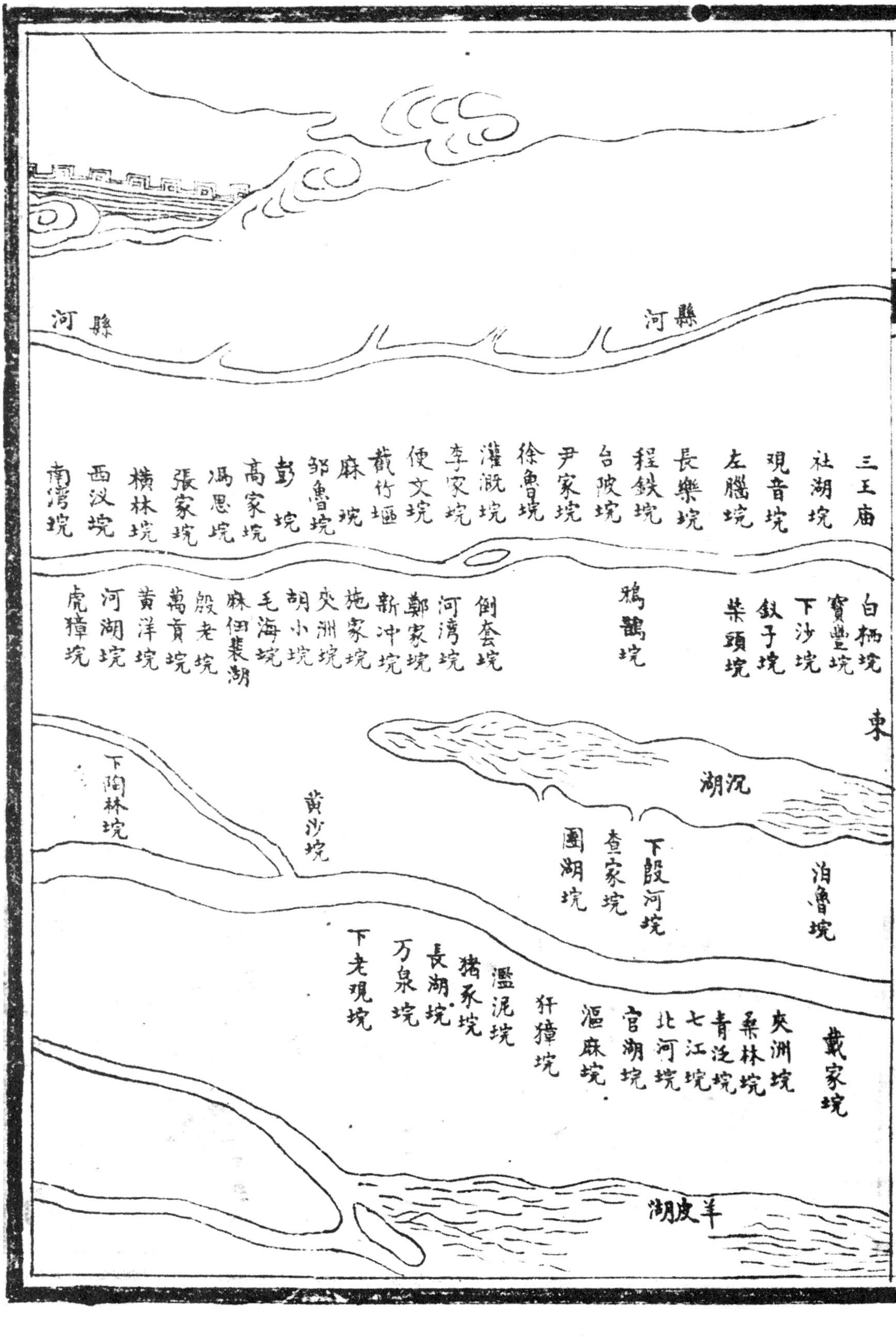
縣河
縣河
三王庙
社湖垸
觀音垸
左臘垸
長樂垸
程鉄垸
台陂垸
尹家垸
徐魯垸
灌漑垸
李家垸
便文垸
截竹堰
麻垸
鄒魯垸
彭垸
高家垸
馮思垸
張家垸
横林垸
西汊垸
南灣垸
白栖垸
寶豐垸
下沙垸
釵子垸
柴頭垸
鴉鵲垸
倒套垸
河灣垸
鄭家垸
新冲垸
施家垸
夾洲垸
胡小垸
毛海垸
麻伍裴湖
殷老垸
萬貢垸
黄洋垸
河湖垸
虎獐垸
東
沉湖
泊魯垸
下段河垸
查家垸
團湖垸
黄沙垸
下陶林垸
戴家垸
夾洲垸
桑林垸
青泛垸
七江垸
北河垸
官湖垸
漚麻垸
犴獐垸
濫泥垸
猪豕垸
長湖垸
万泉垸
下老觀垸
羊皮湖

天門縣志　卷首　堤垸圖　十一

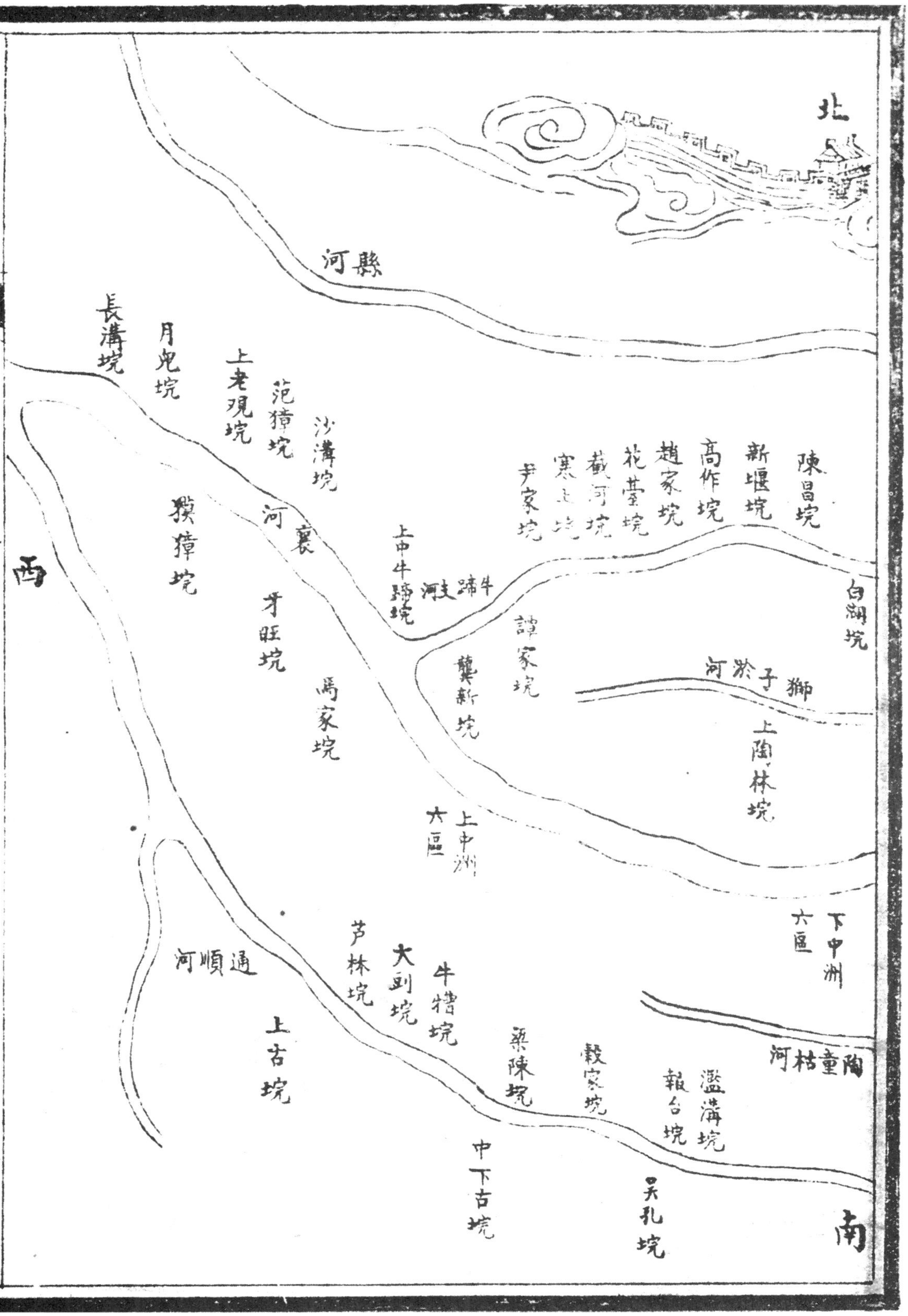

火耕水耨之區黍稌之利溥矣畛塍萬頃取灌於河取洩於河成良田矣所謂川澤之饒魚稻之利指為陸澤雲門也然利溥者害大垸倚堤以用河而河且決堤以壞垸倘遇洎堤之水如弩之衝蟻漏一穿垸則釜而人為魚矣自五月雨甚人有戒心至八月乃慶無事故堤工歲修始於仲秋成於仲春井疆歷歷惟堤是賴先其險以為式然後可傳衆力故曰凡事豫則立圖隄垸

縣塘鋪圖

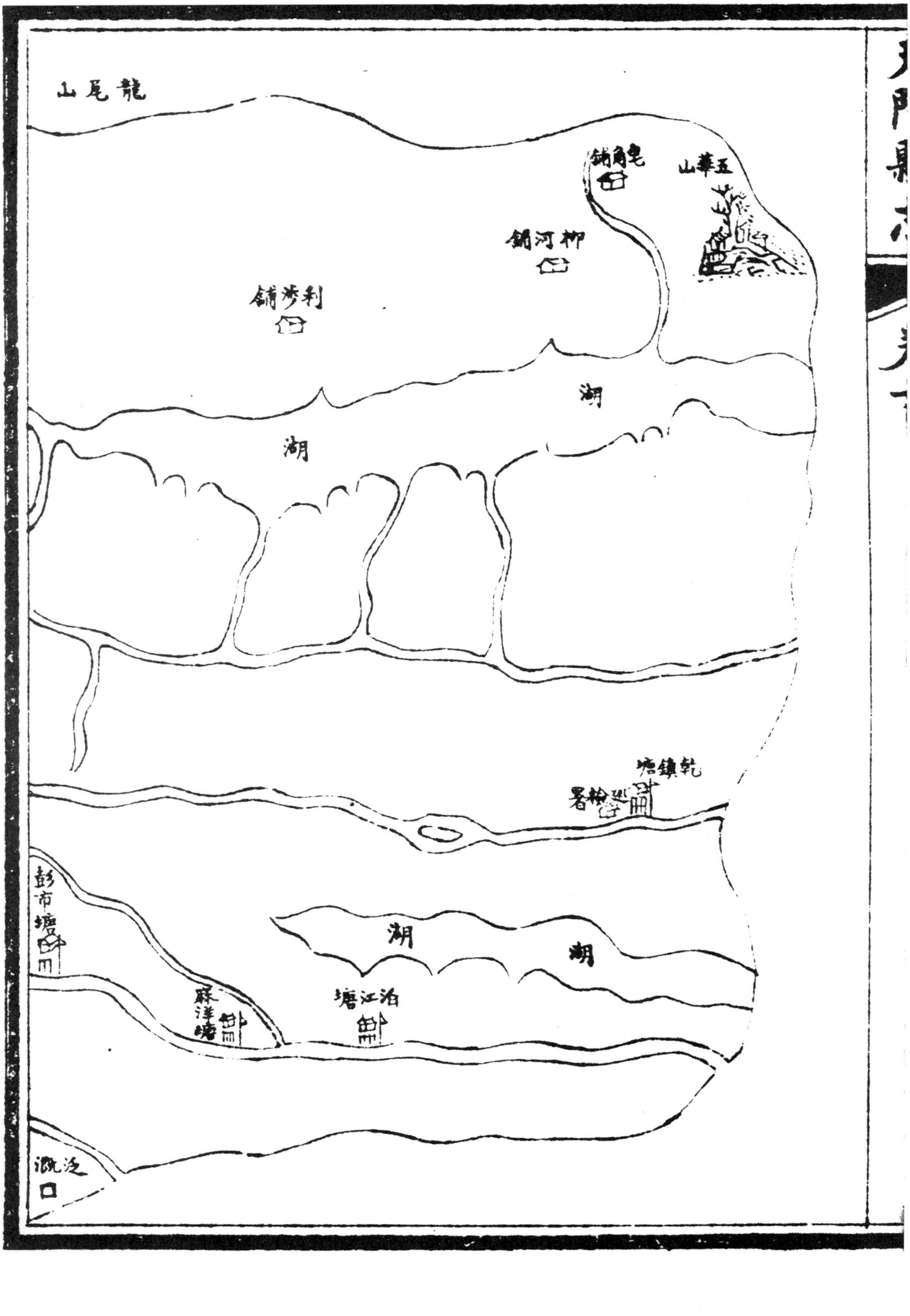
龍尾山
皂角鋪
五華山
柳河鋪
利涉鋪
湖
湖
乾鎮塘
巡檢署
彭市塘
湖
湖
泊江塘
麻洋塘

塘鋪圖

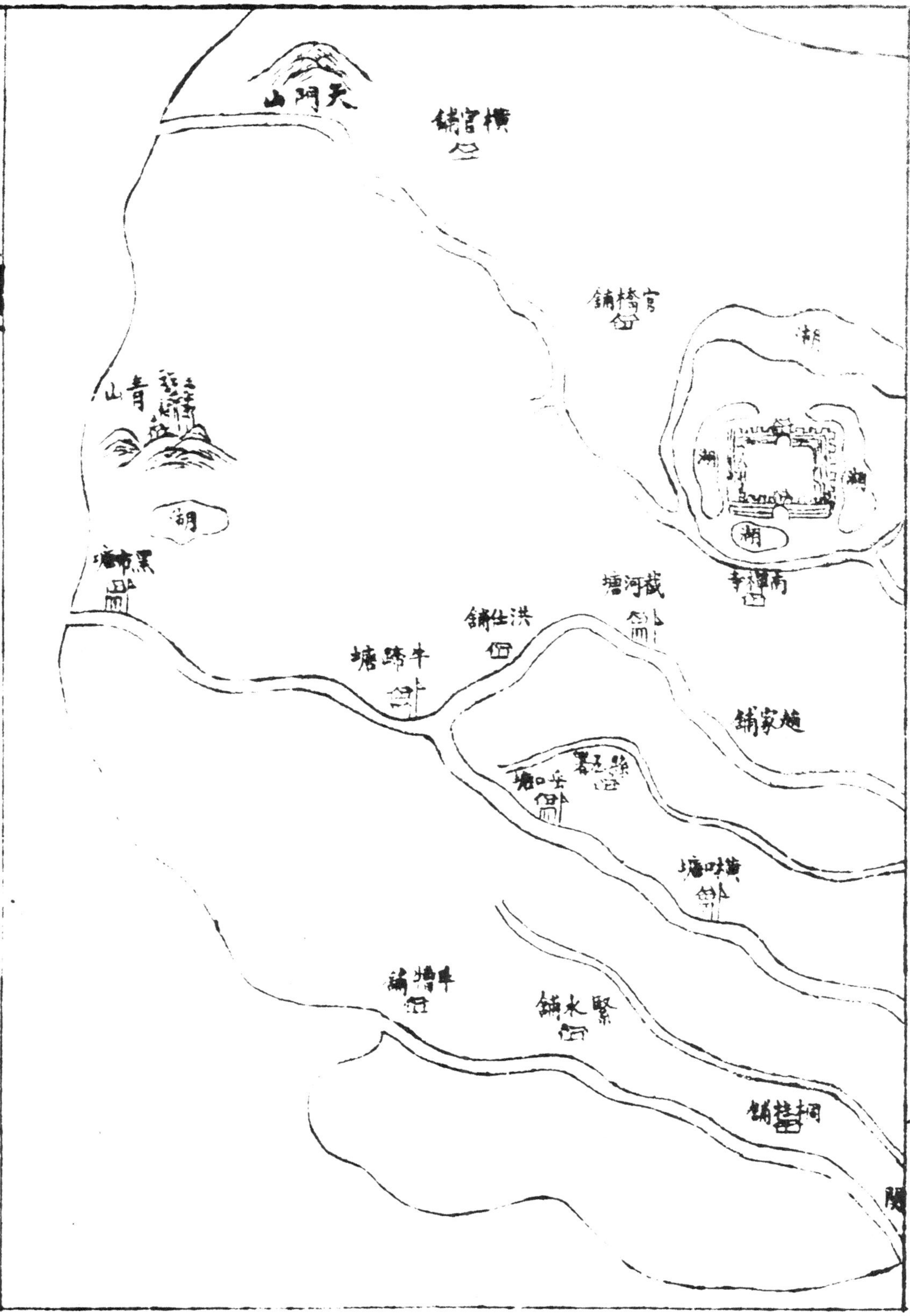

堠以候内烽以候外郵舍以出命入
命邑於水陸通途設九塘十鋪程其
遠近相其疏密均其勞逸當矣方今
天下昇平狼烟不舉羽檄無驚顧惕
未雨而綢繆以副
聖天
天子安益求安之意長使耕恬春野犬
靜霜橋可無備耶圖塘鋪

岳口鎮圖

岳口
襄河
下三灣
滄浪亭

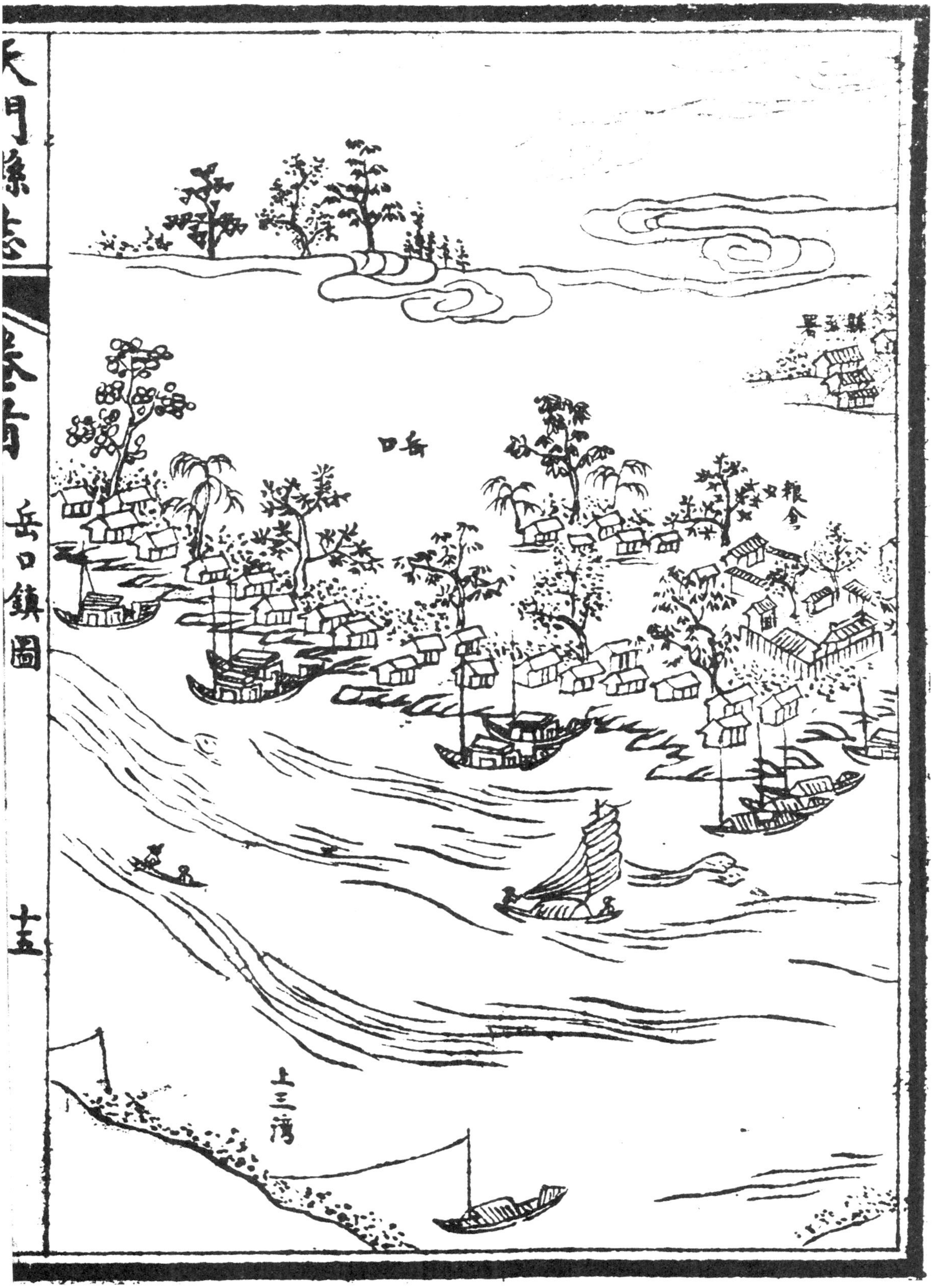
卷首
岳口鎮圖
十五
縣丞署
岳口
糧倉
上三灣

倉厫以貯秋賦岳口臨襄河便舟載康熙時移建於此其地接關洛襄郢下流據鄂會湖湘之上途當衡要行商坐賈交易之所聚三灣三街檣林立人肩摩蓋饒庶哉設貳尹署於此資彈壓也而對河水木明瑟樓榭掩映曰滄浪亭雖非漁父所歌處亦頗有臨流勝槩云圖

岳口鎮

西塔寺圖

陸羽泉
西湖

西塔寺圖
十七
西塔寺

西塔寺由支道林駐錫稱道場厥後積公杈陸鴻漸於鴈橋名賢生長之區動人懷古思香畤岌峇湖水潆洄荷氣夕涼漁謳月引昔人云山水風月文章非此不副三才也夫人苟自振拔一節之所有雖數千年猶與光景俱留况其大者乎圖西塔寺

天門山圖

天門縣志 卷首

天門縣志　卷首

天門山圖

十九

天門山即龍尾山首也兩峰雙峙而揷天如棖楔然故曰天門或曰本封內山張江陵當國割半畀京山爲所親也今

憲皇帝以之名邑宜歸我故封火門山又在天門山北不可牽合青山石伐以爲礎爲危灰之以爲塓塗最良近山之人仰食於山資其利伐石而材之焚石而堊之以當畊惟石之生不竭故業之凡物必於其所聚也山得其類故錯起惟人何可無類微熓漸千載下又孰知所謂鄒夫子哉圖天門山

五華山圖

天門縣志
皂市鎮
長汀河

五華山圖　二十一

縣東北七十里有山焉是曰五華峰不峻坡不廣而秀出塵表千棟櫛比囂譁沸來見樓臺縹緲起烟雲際紅塵清風一陟降耳并之如望海中蜃氣上有伏羲廟有古城堞曰風城古風國也長汀河經其南而壤接川應賈人多四方來者易藏奸須加之意圖五華山

松石湖圖

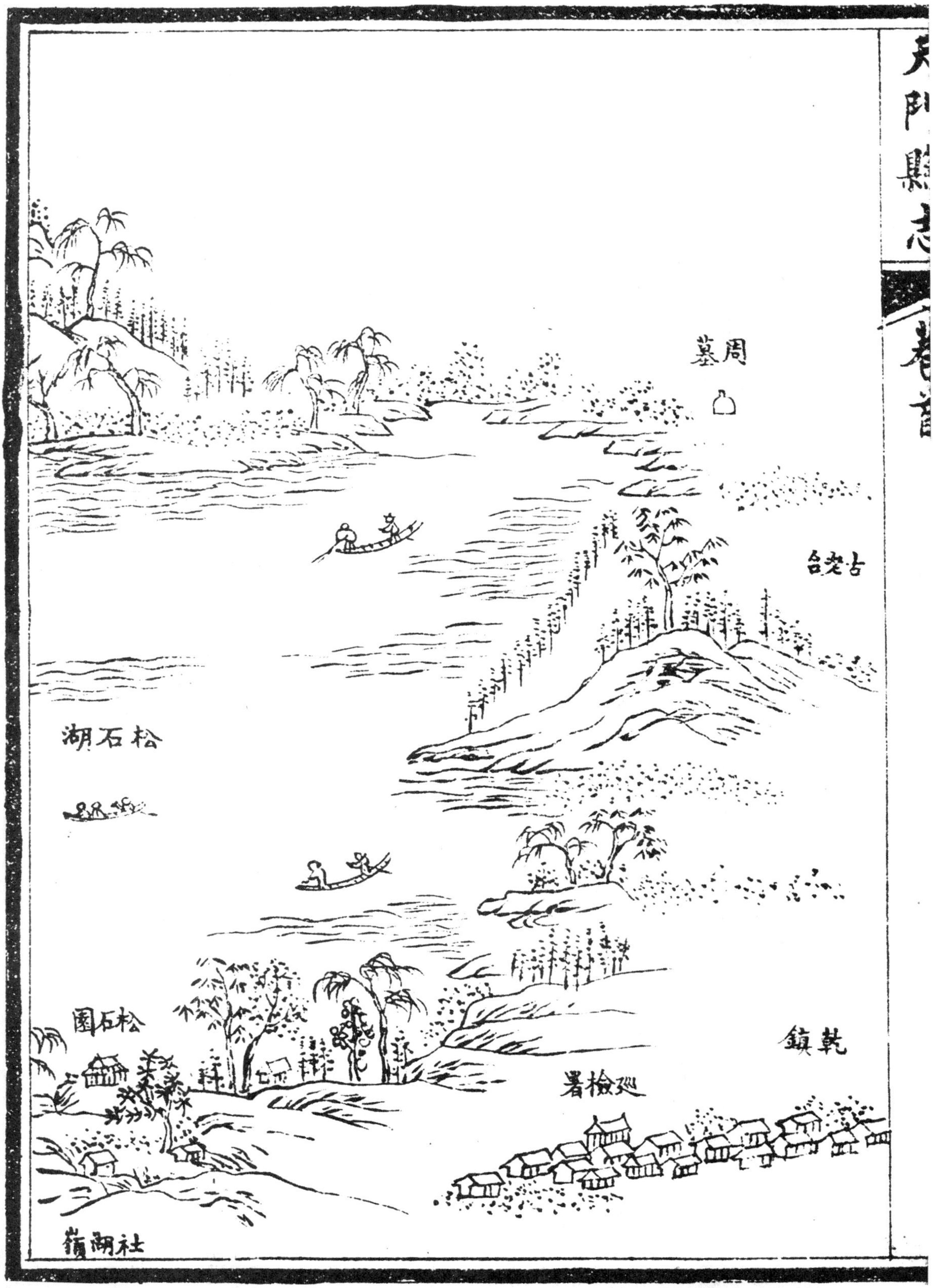
天門縣志
卷首
周墓
古老台
松石湖
松石園
乾鎮
巡檢署
社湖嶺

天門縣志　卷首　松石湖圖　二十三

東鄉有村曰乾鎮民居櫛比貿易彩集蓋縣四鎮之一也設巡檢署在此俗以成市處曰鎮北行可二里許有湖周四十里水澄如鏡日影中子魚螺蛤畢見湖岸阜起似土山西北尤隆聳榆柳綠中桃花作姿掩蔽茆屋真作圖畫觀也陳司徒所學別業臨湖曰松石園取此周少保嘉謨墓在焉夫山水包樸叢莽中往往經好事遊賞而出如超然凌虛醉翁不可勝數以翼籟書碌碌且遠不逮古人但以前喆風流猶有存者固不忍盡廢荒烟蔓草中也圖松石湖

蓮臺寺圖

斷堤墟
後殿
東嶽廟
四堰

天門縣志　卷首　蓮臺寺圖　二十五

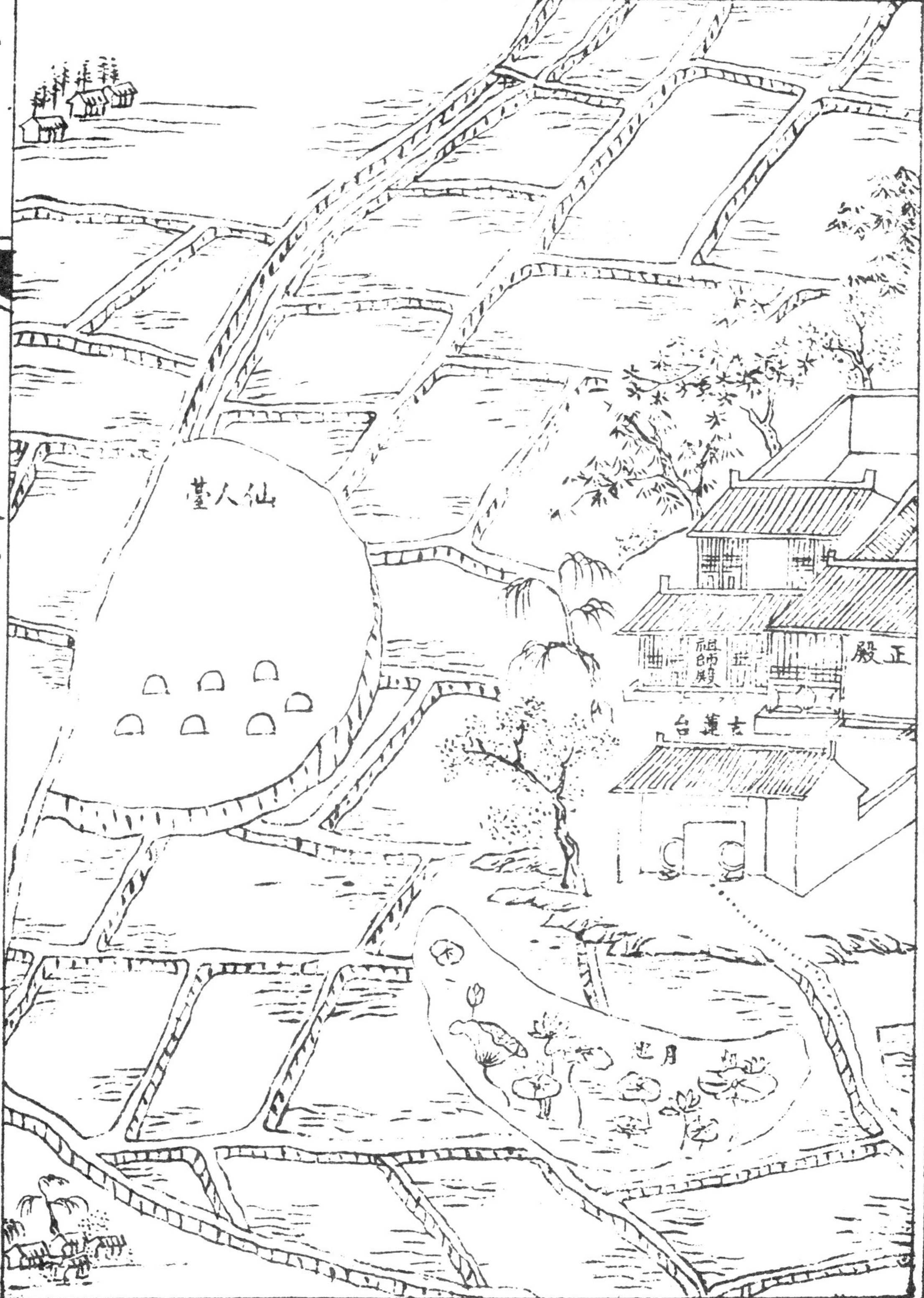

邑之勝概歲月積久則古意湮而人心懷舊亦以栖其綿遠之襟謝其朝三暮四之慕也城南蓮臺寺在隰田中敦邱自結古木森如碧城環長甽俯寬池蓮花色白又有白黿曝池中小阜上蹣跚行右仙人臺有七星沙拳然突起剎建自隋十八阿羅漢唐人所裝顧盼徙倚赫然欲動隰田常積潦成湖基隨水上下不没也要之可千年不滅者其迹必靈

圖蓮臺寺

天門縣志卷之一

地理考

觀周官所謂四方之書楚語所謂九丘之記知禹貢職方山經王會所取於千百國記載蓋詳也邑於黃輿中猶千畝平原指一撥耳顧考極以正朝夕設險必依山川其間聲音剛柔水土風氣亦各有開設暨訖方諸國史所臚列殆具體而微則覽其山川觀其封樹得其形勝之所在千百年來遺迹之所留建置嘉名之所錫實有憬然於度地居民者矣考地理

沿革

天門古竟陵地陵至此竟也名最久廖鳴吾楚紀黃帝得風后於竟陵周末始見史傳史記赧王三十七年秦使白起攻楚拔郢燒彝陵遂東至竟陵幅員殊廣蓋并數同今之鍾祥京山沔陽漢川應城皆其境地秦置縣後分置殊區稱名互異故沿革不詳徵事多舛是用先表其名庶以攷實

表

世	總部	郡府州	縣藩國
皇古			風國治竟陵
唐虞	荊州		
夏商	荊州		
周	荊州		鄖國治竟陵
東周	楚地		竟陵
秦	南郡		竟陵縣
漢	荊州	江夏郡分南郡東北部置	竟陵縣
晉	荊州	江夏郡移治安陸縣	竟陵縣
東晉		竟陵郡分江夏西部置治石城	竟陵縣又分縣東部地置南新市縣交今應城京山境　分縣東南部置霄城縣交今漢川沔陽境　分縣東北部置雲杜縣交今京山境
宋		竟陵郡	竟陵縣
齊		竟陵郡	竟陵縣
梁		竟陵郡	竟陵縣
		沔陽郡分縣南部地置時又置建安郡領霄城縣	竟陵縣
西魏		沔陽郡	霄城縣併霄城縣入竟陵縣治遂易名曰霄城
後周		復州治建興廢沔陽郡	竟陵縣因改竟陵郡曰石城郡兼置郢州
隋文帝		復州治竟陵尋還州治	竟陵縣

煬帝大業元年		沔陽郡廢復州	竟陵縣
唐	山南東道	復州治竟陵廢沔陽郡	竟陵縣
明皇天寶二年		竟陵郡州治	
肅宗乾元元年		復州治竟陵以下同	
寶應元年		竟陵郡	竟陵縣
五代梁		竟陵郡	竟陵縣
後唐		同上	同上
晉		景陵郡	景陵縣
漢		復州	同上
周		同上	景陵縣
宋	荊湖北路		
神宗熙寧六年		安州今德安府廢復州	景陵縣
哲宗元祐元年		復州治景陵	景陵縣
理宗端平　年		復州移西陽鎮今沔陽州治	
元	荊湖北道宣慰司	復州	景陵縣
世祖至元十二年		復州路	
		沔陽府	
明	湖廣布政使司	沔陽府屬河南	景陵衛
洪武三年			
洪武九年	荊西道	沔陽州改降為州	景陵縣
嘉靖十年		承天府安陸州陞	景陵縣

天啓元年		承天府	景陵縣直隸郡
國朝	湖廣布政使司	安陸府	景陵縣
順治	荊南道		
康熙			
雍正三年	湖廣湖北布政		
四年	使司安襄鄖道		天門縣

攷

皇古傳風氏國太昊裔所封（元和郡縣志復州竟陵縣本古風城城在邑東北皂市五華山上有伏羲廟）唐虞夏商無稽要皆荊州域也（禹貢漢水三澨可徵詳見山川）周為鄖子國（皐陶後）春秋始見經傳實治竟陵（左氏楚子敗於吳自郢涉雎濟漢入於鄖中水經注巾楊水西有竟陵大城古鄖國詳古蹟）楚滅之遂為楚地秦混一區宇置縣統於南郡漢分置江夏郡縣隨隸（後漢書注江夏故城在安州雲夢東南六十里非今江夏縣治也）晉復分置竟陵郡領縣六曰長壽（今鍾祥）曰新陽（今京山）曰竟陵曰新市（今邑東北皂市）曰霄城（今邑東南交沔陽漢川境）曰雲杜（今皂市東北交京山境）則區與城分矣（邑李青房南新市懷古詩注漢光武起兵於新市即此其地有風城霄城雲杜諸城按三城不應相去太近蓋漢水故道未湮其北為陵其南皆藪澤不可城分境而治聚城而處固自無嫌明一統志沔陽漢之竟陵縣地京山東晉雲杜新市二縣境是可徵也故並列之表居其地者稱其名邑人未可通稱耳）宋齊因之梁置沔陽郡於縣地而別置建安郡領

霄城則竟陵壤地漸縮不屬治石城之竟陵郡矣西魏以霄城治竟陵後周改沔郡為復州霄城仍曰竟陵因改郡為石城則後此稱竟陵郡者非石城地矣隋初移州治縣尋還舊所廢州置郡仍稱沔陽唐又治縣為復州還改郡曰竟陵厥後為州為郡悉在縣治五代晉郡縣俱改景陵竟陵之名自是無稱焉漢周郡仍為州宋廢之縣屬安州元祐復置端平徙鎮縣俱隸元為復州路旋改沔陽府領如故溯晉以來分置多端名隸無常古云竟陵者終未易斯土也明初為衛府屬河南尋調衛荆州而縣仍舊治後又還府為州仍領縣世宗以藩邸故升安陸州為承天府縣隨州隸（元改郢州為安陸府隸河南洪武中還改為州）天啓時知縣程請於上直隸本府國朝承天仍改安陸縣無易雍正丙午易今名因縣西有天門山也

右本舊志及各朝史明一統志參証

疆域 附村里圍

邑之壤地明初始定相沿至今四境里道可歷指也而編户村里牙穿繡錯亦備誌焉

四至

東至漢川縣界城隍臺七十里

西至京山縣界小河口九十里

南至沔陽州界到河驛九十里

北至京山縣界淥水堰六十里

八到

東到漢川縣一百八十里

西到安陸府二百四十里

南到沔陽州一百八十里

北到京山縣一百里

東南到漢陽府三百里

東北到應城縣一百二十里

西南到潛江縣九十里

西北到安陸府二百二十里

上至　京三千三百六十里　下至省會三百十里

村里圍

村統里里統圍邑之編户然也城内外坊廂四郊六村為里二十有五圍凡三百有六十

城内坊曰在城里　城外廂曰附城里

西北上自湖村四里曰馬溪（今上一）曰巾港（今上二）曰青

山（今上三在上一之西）曰洲上（今上四在上三之南）

西南下白湖村四里曰永和（今下一）曰永豐（今下二在上四下一之東）曰泰寧（今下三在下二之東）曰安和（今下四在上二之東）

東北雲潭村四里曰東流（今雲一在下四之東）曰諸流（今雲二在雲一之東）曰霄城（今雲三在雲二之東）曰仁和（今雲四在雲三東南）

東官城村四里曰興仁（今官一上在雲三之北官一下在雲四之南）曰三才（今官二在雲三之東）曰白雲（今官三在官一下之南）曰仁平（今官四在官三之南）

南方樂村四里曰永平（今方一在官四之西）曰安平（今方二在方一西南）曰泰平（今方三上在方二之西方三下在方二之東）曰和平（今方四在方一之西）

南南黃村三里曰泗港（今南一在南二之西）曰崇進（今南二在南三之南）曰獅子（今南三在方二方三之南南一南二之北）

外有上帳（南北）漬馬（南北）葫蘆（東西）白雲（南北）風波（上下）及楚區官庄十二里係徵漁租之地即在二十五里之內

在城里九團東　走　永　豐　月　光　西　走　西　龍　西湖堤　長堰堤　南禪寺　張官畈

附城里六團陳家岡　大板港　汪家湖　楊林口　沱子口　陽家渡

上一里六團石　河　土　門　崔　嶺　雷　畈　塚子臺　張泗港

上二里九團上白竹　下白竹　彭　灣　魏　灣　漁薪河　代　嘴　申　臺　徐　嘴　鴛鴦湖

上三里十二團魯　港　三蘇　河　毛　河　小紅山　方嶺　杜　橋　青　東　青　西　關　廟

上四里八團諸通口　白泛湖　俔　嶺　大佃垸　竹臺　徐　林　龍　泉　拐　橋

下一里八團長　溝　孫　塲　老觀垸　田塲廟　陳　潭　多多垸　牙旺垸

下二里十二團馬家垸　漁泛洚　連漁灣　緊水埠　上牛蹄　下牛蹄　二龔新垸　洋　潭　沙　溝　務　沉　上週河

下三里七團截　河　牛匠口　杜子溝　洪積垸　洪仕鋪　下週河　菜子湖

下四里九團徐馬灣　黃土潭　官橋鋪　石　廟　風水垸　丁吳垸　三汊河　陶蠻臺　橫觀鋪

雲一里六圍磚廟　龍王臺　十八里　利涉

九鎮廟

雲二里四圍花臺　柳河　興隆殿　郭壋

雲三里八圍聖水寺　文東　二郎廟　土廟

文南　文西　文北　文中

雲四里五圍董嘴　霞嘴　黃龍河　沿湖口

蒿臺

官一里六圍笑城畈　七姑嶺　官陂　金帶河

大有垸　程家垸

官二里十圍皂市　長傳嶺　養馬嘴　馬公埠

岐山廟四岐　代岐　董

官三里八圍華嚴湖　蔣家垸　松石湖　拖船

三王廟　古老臺

官四里八圍社湖　觀音堂　盧溝　左腦

李港　東崗嶺　長城垸　新堰堤

方一里五圍鬧車墩　新沖河　倒套垸　鵝鵲垸

馬灣子

方二里十圍燒烟口　郭賢湖　老佛嶺　毛湖

裴麻垸　上盧埠　殷老垸　喬水湖

趙老湖　泮讀湖

方三里十九圍小堤　馬昌垸　黃洋河　上泊江

老食垸　老獅　朱家潭　白米公半

白水湖　北黃沙　譚家垸　河湖垸

陶市　上殷河二　中殷河　下殷河

園湖垸　牛頭埠

方四里十五圍趙家垸　西汊口　徐家嶺　上堰汊

斷堤坡　橫林口　八卦觀　張家臺

馮思垸　唐家嶺　楊仙口　六合垸

楊恬垸　汪二口　陳昌垸

南一里十三圍三灣三　中洲垸二　使牛湖　盧林湖

牛槽垸二　大封垸　上古垸　下古垸

南二里十一圍吳孔垸　穀梁垸　仵家場　田灣

黃牛港　下白螺　豬矢垸　青泛垸

蒲湖　瀾泥垸　南金坑

南三里十三圍傅灣　阧口　白沙潭　張灣

車湘渡　吽湖　獅子腦　陶林垸

紅花灘　黃沙二　北金坑　漚洋河

星野

周官保章氏以星土辨九州之地蓋一野之壤必覆昭昭之天理自不誣也但必指昭昭以定一野則

泥誕難徵況星與野有迥不相及者乎如吳揚在南而斗牛在北宮魯徐在東而奎婁在西度故一行精氣之說原不必銖黍析合也今但準時憲學所測述諸說之同以定所麗之概

周禮及諸史天文志鶉尾屬荊州時憲學自張十八度至軫十二度為鶉尾分星翼軫史記翼二十二星軫合長沙二轄七星於辰巳於分野楚此主全楚言也

晉天文志南陽南郡江夏屬翼南陽入翼六度南郡入翼十度江夏入翼十二度此言翼主楚北也

載考翼宿全度漢永元銅儀及宋元豐所測俱十九度漢洛下閎唐一行及宋皇祐崇寧測驗俱十八度元至元測驗十八度七十五分明西洋法測驗黃道十七度赤道二十度二十八分蓋西法分周天為三百六十度歸餘無奇零以中氣過宮為躔次恒星有歲差皆所以精測驗若論分星則主定在不主中氣當以十八度大為是若其度之里數考靈曜云周天一度應地二千九百三十二里則計翼之度數應轄地五萬餘里失之誕唐一行大衍法以三百五十一里八十步為一度說差近至明末時憲學推極高低謂率二百五十里為一度南北如此東西亦然推算無差至今準之確乎可信以此徵皇明通紀云正德二年慶雲見翼十三度餘應興邸之兆則天門當在十三四度間至晉宋二志北斗魁第二星璿主楚又宋志上台下星主荊揚天市西垣第二星主楚女宿下十六星中一星主楚又晉志畢北五車東南一星主楚以及史天官書吳楚之疆候在熒惑占於鳥衡諸說大抵皆精氣相屬隨運為占又不可以分野論矣

山川

邑無崇山峻嶺在封內者一成再成著名蹟焉而澤國沃饒利在水害即伏之西東諸派自北來與縣河會高下勢然論水道者宜詳南禹跡久湮今古殊趨據境現在挈經流綴旁流其餘湖汊陂堰迹或存或亡名有傳有不傳依類次書自近至遠俾閱者有考焉

白螺山　縣城內西南隅地勢隱隱隆起自丹臺觀迤邐而南居人稱是白螺云以掘處多螺殼故名

青山　縣西四十里脈發京邑大石山自西而南歷大紅山小紅山東轉數里若隱若現突起五峯北峯黑石南峯青石西南山麓寺曰普濟唐時勅建

有破寵禪跡詳仙釋傳正西頂有青山寺寺有甃
兒井一勺之水大旱不竭有古杏高可十餘丈前
有小山義士彭大翮故居名木魚山岡巒聯絡總
曰青山舊皆藪澤蒼翠滿望故也樓山一名青峰
志載青峰足下圖竟陵出鼎元疑即此
知縣姜綰詩三年兩度青山過景物依然鳥自啼路入天門隔南北水生巾港沒東西已看刀劍賣為犢誰謂絃歌笑割鷄行遍綠郊歸馬晚好峰如畫白雲低
小紅山　縣西五十里土赤故名一稱笑紅山形如
笑也
天子岡　去紅山里許昔傳漢光武憩此一云宋太祖

犀牛山　在紅山東形如牛
老鸛山　在紅山前昔山樹巢鸛有沙彌取鸛卵熟
釜中其師見使歸之巢雛出僧咤視卵有草纓殼
取草咬之不知所終
吾寶山　在老鸛山前昔有隱者居山曰山吾寶也
故名
天門山　縣西北五十里交京山境即龍尾山之首
兩峰峙天其中如門故名
火門山　去天門山里許差小兩兩相對傳漢光武
兵度此夜黑舉火因名唐陸羽負書從鄒夫子墅

即此舊以俗忌大字改名誤
走馬嶺　縣北門外有東西二嶺相傳晉支道林走
馬處
龍穴山　縣東北六十里今曰龍尾石脊蜿蜒如龍
約數里旁有龍穴坡一作陂又石室二曰前觀後觀
去石堰不遠
五華山　縣東北七十里脈自京邑大洪山經大月
靈泉二山邐迤至此以其矗中而枝麓四布如花
五出故名北巒遠而嶔崎屏羅黛列南浦近而澄
徹月吐烟含上有羲農廟舊云周九百丈高十五

丈
四顧臺　高數十丈逆轉與五華遙對上有古廟下
濱水砂礫凝結如石衝激無損
團山　縣北七十里山北屬京山多石材四方購取
者不絕其南有七姑嶺
鳳凰山　又名鳳凰臺縣東門內
見龍山　縣城外東南其山蜿蜒如龍環拱縣治
知縣姜綰記　見龍山去縣治四百餘步其山脉
自東來環於縣之南縣地卑人依山以居歲久比
屋週遭目下而視如無山然甲辰春譙樓成登樓

南顧山形始見乃以縣西隙地徙居人通山以路陟而遊焉立而四顧凡縣内峙者山流者水滙而瀦者澤與湖牆廻而棟接者臺榭廬舍錯錯然自中目之所至心亦隨之四境猶一家百里猶一人也父老聞之欣然相率来觀請以見龍名之夫起於東環於南蔽於古顯於今見龍之象也易曰見龍在田利見大人面是山而令邑人者能以德及人而為人所利見則遊焉而民悦否則以為邑而從事遊樂夫何使我至此極也然則謂之見龍者非徒誇形勝美遊觀也

東岡　縣東南七十里夾松石華嚴二湖陸羽嘗居此號竟陵子又號東岡子邑祭酒魯鐸世家焉有詩

諸葛嶺　縣南二十里世傳孔明屯兵處（縣北亦有嶺曰諸葛因廟得名）

巾戌山　水經注晉元熙二年竟陵郡中巾水戌山得銅鐘七口即此

縣河　北納鍾祥京山諸水自南河東逕永隆河至觀音湖口入縣界繞青山之麓過三汊歷縣治南而東連紅花港南折縈紆凡二百餘里達陳鮮口交漢川縣界過三臺湖出濵口至漢口入於江

截河口（一曰小河口）　縣西門外今淤猶通其半

西江　縣西門外由姜家河至截河口是其處

姜家河　縣西三里縣河迤北分而西流逕西龍坑東折入縣北風波湖

黄土潭河　縣西十五里南分縣河由中背迤西逕鐵李港至曹家灣東南舊通截河其西流歷汪家蘇家諸口高橋等處春夏水漲舟通舴艋俱漢水故道所經

周（一作倜）河　縣西南有上中下之名即漢水故道北

會縣河中連菜子老鸛岳港龍潛等湖自操家口泗港塞後今一望平田矣

三汊河　縣西二十里中為縣河北巾揚二水南黑流渡水合注於此故名按黑流渡一支康熙年間知縣潘經世塞

曹家河口　縣西五十里青山南岸縣河支分歷周河合黑流渡水仍會縣河為三汊之一水大漲時可通舟楫

毛河　縣西五十五里源發鳳凰頂西兩山夾岸中有小大二龍泉湧出其水南流經百谷塌沿龍尾

山抵晉搬口

義河　縣南門外西自截河口中歷龍潭灣東至剅口橋舊紅花港口是其處舊傳宋太祖微時渡此舟人不受錢後蠲其漁稞因名

紅花港河　縣東一里百穀菴南西連河水東出楊林溝還入河今出口入口皆淤

清風河　縣東門外二里魁星閣對岸春夏水漲合羅家湖今亦漸淤

楊林口河　縣東五里水漲東流逕徐家渡北合風波湖東合汪家湖

板港河　縣東二十里有大小二名

金家溝河　縣東南三十里小板河分流其外為便河

八子臘河　縣東三十里北分縣河歷窰頭逕黃龍河出沿湖口達回河

白湖口河　縣東四十里今口已淤內為白湖

淨潭河　縣東七十里南逕蔣家場合華嚴湖

牛蹄支河　縣西南三十五里襄河分支自漁泛洚下對岸北經截河歷新堰橫林便河諸口至田二河交漢川界出脉旺嘴仍會襄河

窯河　縣西南以譚鵲灣著鵲灣廬其南舊志河北有寒土嶺

留駕河　縣南今地名羊耳灣漢昭烈敗於長坂趨漢津與關某船會得濟留駕於此因名今淤其南為諸葛嶺

陶溪河今曰潭　縣東南三十里乃支河中流隨地異名

便河　縣東南三十五里在新冲河北岸元知府白景亮開通縣河民便之因名時掘土得石有白公溝三字咸異之今塞

新冲河　縣東南四十里隆慶二年淤

馬灣河　縣東南四十五里舊係馬灣灘挺入中流南岸河灣倒套兩垸屢受潰決乾隆二十六年湯中丞聘勘開俾水直流垸堤有益

獅子河　縣南四十里襄水於牛蹄口下分小支北流東過東嶽廟為車湘河又東為馬腸河殷家河抵鯿魚嘴仍會襄河今入口已塞

襄河　漢水也源出嶓冢歷襄陽均州滄浪水而來故稱襄河逕內方山荊門境至泗港潛江境東北流過三澨會縣河東至大別入江明季泗港堵塞此河獨受漢水東至官吉口入縣界至多祥河一曰拖搶河

交沔陽州界中間所歷爲黑流渡漁泛涔牛蹄口
岳家口横口彭市河鶴江諸處凡百餘里
陶董河　縣西南四十里襄河分支經漁泛涔南入
通順河明隆慶年淤
通順河　縣南六十里襄河在潛江張截港上五里
南分流爲潛江縣至排沙渡東分名通順河入縣
界經沔陽芊皮湖出仙桃鎮仍會襄河
石家河　或疑即巾水也源出京山在縣西北二十
五里舊云三澨之一俟考
馬溪河　或疑即楊水也源出京山在石家河西五

里
巾港河　縣西北三十里石家馬溪二河合流曰巾
港南流入三汊口
巾水　水經注水出縣東一百九十里西逕巾城下
置巾水戍又西逕竟陵縣北西逕揚水謂之巾口
水
揚水　水經注龍陂水逕郢城南東北流謂之揚水
揚水又北逕竟陵縣西又北納巾吐柘柘水即下
揚水也揚水北注於沔謂之揚口中夏口也
按水經沔水又東南與揚口合酈注云揚水又北

注於沔則揚水在沔之南矣其上流逕郢城南東
北又北逕縣西以今求之則固在沔北也何由踰
沔而南又北注於沔耶北字疑誤若所謂巾水出
縣東一百九十里曰出則是溯其源非在境内也
蓋山形終古不易水道千年屢變故考水者必據
山乃今問巾戍山迄無定在又何從得二水故道
乎姑從舊志附録石家馬溪二河之後諗博雅者
雲潭河　縣北三十里入風波湖
柳家河　縣東北四十里源出滦水堰南流逕尹家
背西祠廟入風波湖出湖口過月光垸横堤頭諶

家橋達楊林口西與縣河東與汪家湖會
皂市河　縣東北七十里本名長汀河源出京山割
流河歷佘家灣楊子灘數折至罐子窑凡百三十
里以上不可通舟而下爲皂市河南流十五里逕白湖俗名
韓家湖又十里過蒿臺湖西會汪家湖東會楊桑湖
漲接波交渺瀰無際爲回河一曰會河口出札營口西
南與縣河合流東南達陳鮮口交漢川縣界
西湖　縣西城外廣次東湖中有洲曰覆釜唐浮屠
積公與陸羽所居積公迎槃建塔故名西塔湖中
菡萏迎風菱蒲送雨漁舟唱晚農棹翻晝勝與東

湖埒

茱子湖　縣西二十五里接龍𣶏湖及岳港湖並老鸛湖今俱淤

青山湖　縣西三十里近青山

北湖　縣北城外舊曰官池東西通湖水水起渰城知縣邱宜募民築其爲宅中爲上官道不相通矣

風波湖　縣北十里其湖有安定黄林納柳家河達楊林口入縣河即古大小十八里渡

石堰渠　縣北十餘里在磚橋側

石堰口　縣北四十里流自五華南通汪家湖西北通柳家雲潭石家等河唐咸通中刺史董元素開

東湖　縣東城外廣袤三里中有洲洲建東禪寺寺前長堤接東門河街中有橋覆以亭殿閣隱起水竹縈紆廬雉叠影烟火稠密望之爲邑勝處邑梧州守沈倫夜泛有一拳刹影着煙蒙四處蒼茫未有中之句

七里河　疑即縣東七里泛

汪家湖　縣東三十里通蒿臺湖

蒿臺湖　縣東四十里達回河入縣河

白湖　縣東四十里

灌溉堰　縣東四十里牛蹄支河有灌溉坑因堰名

楊桑湖　縣東五十里在蒿臺湖東南

松石湖　縣東七十里司徒陳所學松石園在馬北有華嚴湖其澄澈如鏡泛舟如入嚴陵瀨

沉湖（一作澄）　縣東九十里在乾灘鎮南岸廣數十里交沔陽境

上帳下帳二湖　在縣東南現淤爲田

白雲三汊　縣東南八十里有泛曰百步曰蘇家有湖曰白湖有河曰拖搶入於漢

南湖　縣南城外廣次西湖與城濠通湖爲邑人倪姓佃水稞種荷築埂漸成淤塞於縣治東西二湖水道大有關礙乾隆乙酉知縣胡翼濬復舊觀濠東有小湖名延家湖邑教授延鶴讀書其中

羅家湖　縣南十五里

澧馬潭　縣南三十里有陡湖河湖雙湖石泉瀾泥三角龔家諸湖陳家濠栢家灣老鸛埸其水皆達於漢其地多淤爲田

三澨　源自安陸達於縣書曰過三澨是也今鍾祥磨石山發源東南流者名澨水左傳句澨漳澨雍澨皆水邊地也按邑儒林鄒元芝博通古今自號

三澨漁叟作記引康成劉澄說歸竟陵界大抵不離郢上下漢濱間者近是今之

甘魚陂　水經注竟陵旁有甘魚陂左傳昭十二年公子黑肱為令尹次於魚陂者是也按杜預注竟陵縣北有甘魚陂又玉海曰戰國多以水攻故楚守甘魚之口今其地不知所在

形勝附別墅

形由天造勝則人半之邑屆夢澤之南為襄漢下流昔云襟帶隨郢腹背吳楚地窪而卑水漾而瀦賽廣澤廟序古形匯今形也至東盡滄浪張允之頌則又失孜矣禹貢滄浪在今均州北枕郡隨南襟潛漢鄢郢距西湞沔帶東今四境固良哉其曰環城皆水因湖為濠朱昂語邑治之美信推吾國文峰近峙左右嶺堰羅拱遠邨螃蠏之似不誣也古今傳曰形若螃蠏若景之勝者舊傳有十半已無稽然前賢題咏錄一亦足想見其概即名園亭墅或存或廢附識之地以人傳耳

十景前賢多有題詠不能全載錄知縣姜綰詩

道院迎仙

雲樹尋常隱石壇一壺懸處境偏寬樓邊黃鶴隨風落袖裏青蛇射斗寒孺子有情將履進樵夫無

意著棋殘公餘亦欲尋真去但恐偷生心未安

書堂出相

庭草深深映綠槐和羹何日試鹽梅詩書醉飽天民樂禮樂分明王佐才紅藥空圖金帶兆紫薇未伴玉堂開席珍自是平生志却笑踰垣亦固哉

鳳竹晴烟

數畝庭篘傲渭侯煙光閑鎖四時秋深籠翡翠嬌無語淡浸琅玕潤欲流素練不沾湘女淚輕縑常東此君頭清風莫動枝難老留與清時鳳鳥遊

龍池春漲

一鑑開來自古今蜿蜒欲化水繞深鷺行却向綠楊立蛙鼓亦隨青草沉泛泛舡浮天上葉迢迢江接地中襟禹門三汲平如許容易飛騰去作霖

夢野秋蟾

秋來景物總凋零好月良宵夢野亭夜染水光寒不濕飈堆雪色淡無形浪傳仙桂枝長秀可信嫦娥藥最靈千古一般清意味醉眠中有幾人醒

天門夕照

山如閶闔啟乾方一道斜陽鎖八荒煙罩餘光驚背紫水涵落影鴨頭黃休論三舍隨戈退為惜分

陰運甓忙凋悵金烏闢不住焚膏猶待出扶桑

三澨漁歌

迢迢三澨帶孤城添却漁歌畫不成欸乃聲中山亦綠滄浪曲裏水猶清吹開柳葉遊魚聽飛過蘆花宿鷺驚棹倚白蘋鈎莫下滿蓑明月一舟横

五華樵唱

丁丁響歌伐柯希漫倚東風唱翠微高遏行雲迴北去暗隨孤鶴向南飛傳來谷口如相和落盡梅花尚未歸莫道楚邦薪似桂還宜弛擔問漁磯

梵刹晨鐘

五夜銅壺滴未乾梵鐘聲已出雲端敲殘半壁蟾光澹開盡千門曙色寒僧衍釋談窺象教人催行李據征鞍心驚最爲叨官守念著蒼生卧不安

笑城暮雨

笑語寥寥城尚存幾番風雨送黄昏柳垂還似旌旗動蛙鬧猶疑鼙鼓喧流水有聲歸別澗斷雲無意逼孤村輸贏事往憑誰計薜荔横斜爲鎖門

別墅

松石園　陳司徒別業在縣東南六十里李太泌記畧云園有書院曰覲賢齋曰永言窩曰燕息草堂曰怡雲亭曰綏予曰凈植庵曰常樂軒曰既右坊曰寶樹曰長林豐年有橋曰雲門曰省穫而概之以松石或取勝於泉石湖山或取景於煙雨風月或取事於耕釣樵牧或以睦宗族或以訓子孫或以樂友朋要其深旨殊不在是蓋其王父母瑩於園西南而太公夫人藏距百餘步所謂既右綏予永言者三致意焉

冲漠館　徐中丞別業在南城内自詠十絶録其四占得城垣半畝宮泠泠松竹四時風何人解得煙蘿意便是雲山一萬叢　百年蹤跡付烟霞三逕松風兩部蛙倚杖柴門無底事書囊藥鼎是生涯　玉林煙薄槿籬空香逕參差待晚風紅翠滿庭明月到自疑身在蘂珠宮　滉漾新泓碧玉寒白榆初墜五雲端鱸魚正美無由得斬取龍孫作釣竿

香稻園　吳副使別業在北城外一里譚鵠灣誌文云香稻園公所營也其中綠篠幽石水榭煙路皆公平日耽玩徙倚之地今宅兆其中

紅濕亭　譚鵠灣搆在縣南二十五里寒河南自爲記其侍母上紅濕亭詩云侍母渾忘身健無以身作杖任母扶母坐亭中愛流水水然是母與是子賢母多識古行藏手指荆花勉諸郎

西莊　王給諫別業内有甌香亭在邑西二里吳贄詩徑委媚樹姿抽空綠可溼曠然臨高臺亭亭似插島遠岫雲外積河流階下抱年尼光飲盡真如衆緣掃

浮園　吳驥別業其外父熊一楨所贈胡承諾詩云萬羨西江水高風陸羽居名園東野外芳樹草堂餘宿莽閒雲徑寒花引釣車此中懸日月更有子雲書

融泉　胡承諾所居在縣東七里泛公始搆叢園移家馬自題詩云遠遊涉巖阿近栖宜水樹緬懷石户農果協滄洲趣荆柴支廢墟人煙啟初聚

曲沼留回矚逗阡引疏步林敧岸半虧澗淺人徑渡風細有停雲山曉無罥霧習習幽蘭篇喈喈北風句常抱觀願心永絕觸藩摧持此卯遊席擬跡比奋晉

秋莊　朱泰寧所居在縣東楊林河下種竹繞屋嘉魚鮮筍秋田菜畦不待賈而足

寶林　鍾快所居在五華山下四壁自繪桐竹業上惟圖書數種蕭然物外

煙海園　鄒荻翁所搆在義河南與白鶴觀對峙自為記約數千言詳本集中

朗吟閣　李維楨同弟標建在縣北長汀河干距五華里許青浮前浦翠聳旁山

桑棗亭　劉植建在隱秀軒東植別京山王太史吉人詩云桑棗亭畔薔薇露嫩蕊好賦三秋句鉤棘多恐礙天真遠可七步邇十步行行大呌王子喬願我化月君化樹化樹與山志去住化月與樹長鎔鑄

瀼東園　李少衆別業在東城下臨湖

枕流園　謝侍御搆在城北隅上為陸舟亭下臨重湖殊有佳致吳文企贈聯云快矣水天閣苑居然陸地仙舟

小山亭　劉中允別業在邑西南隅倚城

漁圃　龔銓部別業在南湖

快閣　胡太僕別業在義河干

西園　胡勉齋別業縣署西偏池亭齋閣竹徑蘿陰烏語花馥饒有山林之致

古蹟

愛古者舊山故宅光景流連輒低佪欲絕乃至古印鼎文鳴槃躍鐵蝕斷蘚殘終日摩抄非癖也畢望有心能無遙集邑舊典多湮矣其幸傳者精靈托之竹素可不珍與

風城　縣北五華山上古風氏國伏羲後封此

古城　縣北門外疑即古雲杜城舊云雲杜城在縣西北巾口地接巾口城古竟陵大城也

直陽市城　縣東九十里有遺隍接壤漢川田二河

不知何代所築今尚有城郭遺蹟

古竟陵城　水經注古鄖國也鄖公辛所治今石家河有城基傳是遺址

魯公城　在縣西南下白湖村本土臺相傳魯肅屯兵處按吳遣魯肅至荊州行至夏口聞曹操向荊州兼道至南郡或取路由此

笑城　縣東北六十里世傳宋將畢再遇與金兵對壘繫羊擊鼓夜遁金兵覺不及追因大笑故名按宋史本傳再遇為京東招討使多在淮泗齊魯間未嘗至竟陵或本霄城音訛耳

文學泉一名陸子井　縣北門外西北隅官池内口逕七尺深近百尺中有斷碑廢柱字刻文公乃真陸井陸曾以文學徵故以名按井湮没年久嘉靖庚子僉事柯喬博求無踪搆茶亭寺西并甃井刊茶經寓懷陸意後知縣邱宜築城掘得之擬搆亭其上未果今跡又湮矣宋王禹偁守黄州過縣遊此詩云甃石封苔百尺深如今嘗味少如音涓涓泉底中宵月留得先生一片心

陸井　西塔寺右即柯公所甃非真井

又陸羽井　在天門山北山半有墜石丈許中開如獅口深不及尺水常停不溢不竭無霰可尋味甘

而不寒内沉綠蘚外斑石花傳為陸子讀書此地取水烹茶處井下石有數竅其一圓而細陸子置蓋處也

土鍋　在天門山上大丈許登者笑語而上則下竅然登後開言則翁然有聲傳陸子煎茶處草木不生

白龍池　縣西四十里青山峽中左為大池右為小池

萬人泉一曰萬人井　南薫門内二十步口徑七尺五寸可飲萬人今湮其址猶有井口巷

玉真泉　縣北六十里玉真觀前

覆釜洲　在西湖中以形名陸子故居也西塔寺在焉

珍珠坡　縣西五里中有珠相傳販珠者覆舟於此頗著靈異鄉人祀之

金鷄塚　縣西十里高十餘丈傳有金鷄鬬其上黄巢破復郡欲發之蛇蝎蜂蠆競起遂止

八十塚　古疑塚也縣東北七十里諸流村地名長河接應城界又縣東有銅塚在漢川界亦古疑塚

夢野臺　縣治東南城隍廟側高而平宋景祐中刺

史王琪亭其上有記晏殊宋祁吳育蘇紳石延年皆有詩不傳傳張耒詩高聳巨梅壓城闌平視如將七澤春幾度春光招宋玉碧闌干外獨招魂明祭酒魯鐸於此建書院後太守王曰然購得之園入宅内自是登眺者寡矣

指揮臺　在夢野臺側李廷琛世家此

已有園　夢野臺旁魯鐸别業其中諸勝詳自記今廢自記敝廬之東隣有地焉由委巷隆然深入城中平地視之高丈許上有古臺又高丈許曰夢野志謂登望可盡雲夢之野故名臺東下平地稍南漸下而瀦水予緣為購治為休養所嘗屢數楹臺西兒輩及族子弟讀書其中李西涯翁題曰夢野臺書院東平地植花木以其色與閙之後先相間蓋終歲未有一日不見花者又瀦水築岸為池池頗曲以磬名之林中向池為草亭吳東湖扁

曰芳秀芳言花木秀言池水也池中有洲如鳬而鳬亦嘗棲止名鳬洲作草堂其上堂名因之堂西紅梅下覆釣石傚李賀詩意名紅雪磯洲南有磯樹門曰午陰貴其蔭也洲北小洲曰中臺樹冬青梧梓夾桃李杏下鑿平石可據而坐且奕也又北復為小池界以甬而橋其中橋東西分種紅白蓮將漁大池登草堂則小舟東西通馬舟貯以屋水立池東西隔古臺之東狗地勢為闌行松竹間凡數折而下迤邐出池上菰蒲蘋蓼芙蓉楊柳魚鳬水蟲色色不種蓄而有日未下春臺周竹樹便復敝虧池水皆陰翹首西望不得徑路忽不知其非山林也予病廢幸從聖明得殘息歸就水土雖未即愈已可無憂怖每風日晴美扶杖起行樂時復陟降倦則倚樹而立藉草而坐閒聞好鳥語取琴弄滕上和之或從童樂遊池上月至則泛舟緣鳬洲泊蓮渚烹鮮舟中為碧筒自飲兒輩楚聲歌遠遊佐馬醉輒就草高卧歸不歸皆得臨池宜蔬近畦宜魚客卒至不待謀諸婦也書院東設垣鑰入則童子反扃馬人莫敢呼呼亦不聞故池臺林亭各自一區總名曰已有園匾則吾友景前溪所題

也吾材類樗而今復病是加之朽也樗而朽益無所用之無用則無所屬無所屬吾其屬吾矣園吾屬吾園始為吾有也苟樂物能吾扶孰使吾不樂

東莊　東湖之東亦鐸別業也土人稱為蓮北莊自作二律附一　窓外羣峯遠更佳吾廬自可號山家飛來好鳥尋常語移種新蔬次第花木客每因求石蜜販夫頻送到溪茶不妨兼有漁翁樂秋水東湖一釣槎

花臺　縣北三十里週五丈高丈二尺築不詳人代知縣姜縮詩云為尋春信過花臺獨有寒梅帶雪開一段暗香良可愛何時移向上林栽

撒花臺　在縣東南六里廣百餘丈嘗有異花墜其上土人云址在古城堤外鄭家花園旁

鴻軒　縣北門外古城內宋張耒謫居時所構種薔薇於堂下後倅黃州臨別題曰單車又向黃州去風月相望一嘆嗟又云他年若問鴻軒人堂下薔薇應解語

洗墨池　青錢亭五華山伏羲祠旁唐進士李翺讀書處又別有洗墨池在儒學西偏明教諭李翺因姓名同故鑿今失其處

采真園　周少保別業在縣東六十里乾鎮河南面滏湖茂林脩竹池島亭榭綽有幽致後胡泌詩末云曾駐河干尋勝蹟萋萋芳草亂啼鵑不勝詰人云亡之感矣

隱秀軒　五華山伏羲祠下鍾惺讀書處又構懷歸堂與諸子弟嘯咏其中百數十年矣殘林散霧剩篠流煙聲響在有無閒土人猶能迹其遺址

古蓮臺　縣南二十五里澤田中歸然隆起有叢木圍香界曰古蓮臺基廣十餘畝環流面池池產白蓮岸臨小阜一白龜恒憩其上四距里許絕人烟每霖滂水泛終不沒臺寺建自隋羅漢皆唐塑相顧生動西塔寺取傚焉寺後皂角一株中空容十許人樹皮留仙迹藜杖芒鞋宛然枝葉蔭百餘圍值鄉比結子准所售數不爽雍正初忽自焚僧乃

踣之士人讀書此中真别有天地也

浮石臺　縣東七十里華嚴湖中涸不加高漲不受没波光蕩漾若浮壁然

剪石臺　縣南二十五里寒河之南譚鵠灣得姬剪剪攜來二石築臺置之土人視其汗乾以卜晴雨旁有蓑檐柳菴紅濕亭簡遠堂諸勝名賢多著題詠今松竹森疎尚餘高秀憑眺低徊生餘慕焉

雲夢城　水經注縣有雲夢城按漢延禧元年桓帝幸竟陵過雲夢臨沔水又邔夫人棄子文夢中傳為本縣事故邑東北有子文廟夢野臺記一目盡

雲夢之野則酈注不誣應在東北特年久無考

境會亭　在縣南宋祥符中創鼓角樓掘石視之唐賓使君境會亭遺址今跡久廢或云即縣迎賓館又别有境會亭在三一庵旁吳文企守湖歸建按湖洲有境會亭唐人造茶處其中有金沙泉恒無水造茶時郡守陳牲祭之水始大發茶入貢即涸文企歸因建此又故志載煙雨樓望仙樓寶香閣雲章閣宣化堂讀書堂皆宋時建今俱無考附志

市鎮

日中為市致民聚貨其來尚矣農粟女布百工技藝懋遷有無民生所關大要在人烟聚處其巨者通行商兼坐賈立質劑邑中亦無多焉

皂角市　縣東七十里

柳家河　縣東北四十里

乾灘市　縣東南六十里巡檢衙署在焉

便河市　縣東南三十里

陶溪市　縣南三十里

彭市河　縣南五十五里

横林口　縣南二十五里

横口市　縣南四十里

新堰市　縣南二十里

岳口市　縣南四十里縣丞衙署設此荆門營把總駐劄巡防

漁泛市　縣西南四十五里

黑流市　縣西南七十里

灰埠市　縣西四十里

漁薪市　縣西三十里

徐馬市　縣西二十二里

截河市　縣西南二十五里

揚湏市　縣北六十里

石廟市　縣西北二十五里

石河市　縣西北二十五里

舊載直陽雲潭長汀小河禹溪湯港諸市今廢

知縣姜縉皂市亭記云景陵市有五曰乾灘石家椰家楊湏惟皂角為盛乾灘地濱襄河來往人稀石家與京山接壤彷彿乾灘椰河比石家稍盛楊湏生理鮮少尤下於椰家皂角扼楊湏椰家之衝有水道自東南流入襄河迤邐達於大江通商賈南仰縣治北連應城東跨漢川西控京山如德安孝感雲夢中高不與河通者亦肩載馬服孚此以懋遷有無然壟斷之所法網易疎縉下車獨留意焉審量衡立市里人情以立禮義以興市人為亭購碑請紀因言其畧以見皂角為竟陵之津會權衡為治道之先務云

風俗

光武始詔南陽撰作風俗州里之以風俗見者始此論者謂楚之水法出奔不歇俗蔓而寡東洪而病成政宜輯此亦約千百里之概言之若班固之稱陸羽之美或道温良或言淳簡亦各有取爾也應劭曰含血之屬象天氣地形水泉草木而生今迅湍之勢隄而障之渟蓄瀠洄尸子之四德列子之九淵涵英濡秀於是乎在剏變沙海而膏腴由來有日矣豈以瘠犄規模視同疇昔哉

邑在前代田少澤多北界自京山至縣郭約剌剌而下謂山田東西南强半藪澤荻葦彌望凡不啻其十之三謂湖地舊志引班固地理云蠃蛤常足又云民食魚稻是也自漢道堙塞葦荻漸闢加以屢潰於生其畝廣其畎清耕耨為恒業矣

村落惟依高阜而居多星布棋錯族處者仍不相遠桑柘影處廬舍出焉村或百餘家或數十家吉慶則醵飲相賀疾喪則歛貲相䘏猶有古風

為士者多附郭其居鄉者士必兼農十家之村必聞洛誦聲但志進取者專攻制舉不求益於經史古文志東修者不務通解惟沾沾於章句末學求潛心性命博洽今古坐言起行如邑諸先輩之實學

未易多覯願諸生勿忘前型

為農者無論山農澤農家必兼織山田宜旱稻湖地宜晚秫尤廣植木棉貧民力致糞草富民貲購粃餅至賃傭之值當栽插鋤鏟時甚昂多悉力爭倩舊志云耕尚鹵莽誣也農隙即率婦子晝夜勤紡績在昔機杼不過十室而三今則十室而九矣故安土重遷無遠商行賈而百工技能之末農不能兼織者皆習為之利用不必盡問諸市也

禮以冠為首敬宗祖重成人所以納於軌物俾知率德謹行也邑士大夫家間有行者亦千室二三

勿論庶民矣始於苟且終致驕慢善俗者尚思有以振之

婚娶舊稱畧禮文而多贅亦自土田汗萊時云然今皆做六禮遺意定聘先使媒往來通問乃具財幣或羊酒往訂庚帖曰拜允女家亦或致冠履品物於壻曰回庚將娶先歲之冬致幣帛衣飾果盒之類於女曰送節女家回壻如回庚儀請期用財幣閱時復具財物布帛果盒曰過禮先親迎期具髻珥衣飾羊豕魚酒果盒曰催妝俗名上頭女家回壻冠履品物並備奩具遣使張陳壻室親迎前日

壻家設席為子命字告祖安座賓朋陪飲曰坐十弟兄女家亦為女加笄告祖安座女賓陪飲曰坐十姊妹屆期盛設鼓樂燈綵儀仗或以綵帛飾轎同媒往迎女家弟姪諸戚同隨至壻家曰送親翌日婦見舅姑贄用茶果帨履亦適贄於尊行或致果餅於戚隣三日設席延女賓安座曰陪新婦婦然後入廚是日壻亦往謁婦翁曰回門具庭實與否各從其意但禮用昏而俗以侈靡耀觀多用白晝禮不舉樂而俗鼓吹喧闐或累日夕甚有粥產飾觀踰分備儀者則惟士夫家能力正之耳

喪寧戚勿易俗但以財力為率勿論得為不得為但廣費錢布牢牲具饌縞素遍里為盡心然富者成服後塗人亦與纏白而貧者即期功亦不能持服章士夫家猶有能循制守禮者但葬多惑形家言筮年占月或經歲停柩於庭或久厝淺土於外屆葬題主祀土書旌不拘典禮必乞請縉紳以榮其親抑亦報德罔極之哀忱乎至開靈時陳設牲牢親朋齊集爭為輓章哀帳以弔或三日五日七日仍張筵致帛謝弔客發引前夕延相禮四人導引行禮謂之唐祭如古虞祭儀次日鼓樂導從靈輀

至墓所祀土封棺畢即迎神主歸家供案上設奠謂之安靈細民家親朋遇喪事或醵錢倩歌者擊鼓賽歌謂之坐夜猶是輓唱之遺又自亡日起朝夕奠外每逢七日必特設奠戚黨亦屆七伸奠至四十九日止愚民或延僧道誦經富者更建齋醮數日謂之超度

祭則士夫家有宗祠者每歲冬至必祭族姓咸集祭酒以宗子若歲首拜墓者松楸禁樵牧寒食上塚具牲醴酒食焚香楮掛旛施鞭爆或有用鼓樂者及初秋七日具酒饌安座迎始祖及五代以下祖

考神靈於堂晨昏焚香奠茶至十三日或中元日
復設饌用紙封楮錢上書祖考妣姓名祭畢焚化
謂之送神此則通行勿替亦薦新穀之遺也
俗重報賽每團結爲會延黄冠俗道擊鼓迎神歲輪
一人主其事祭水火土穀春祈名青苗福秋報名
秋福猶存古意至按方社印當年歲分行化王神
紙牌用米穀插供逐家大門内張燈結綵謂之平
安醮或二日三日五日至七日止復以紙糊龍船
沿門遍收米穀將牌納船内送化水際謂之收瘟
攝毒又延僧道修生齋七齋設壇於家誦經禮懺

編竹爲箱盛紙錠楮錢或七九日生曰抄庫死曰
寄簣僧道射利之門莫此爲最又朝山多至數十
人會衆起程沿途經聲號佛或至均州武當黄陂
木蘭近則京山勝境自元旦起三月止若老嫗少
婦羣聚匍匐境内寺觀燒香俱用僧道隨申疏文
若此屢奉例禁未能盡革孟堅謂信巫重鬼良然
正月元旦雞鳴作飯供神男子燃燈燭奉香出門行
禮謂之出天方入則長幼叙拜賀正里鄰相過慶
禧途遇必揖市無列肆室戒掃除至初三日子夜
燃燭於大門内將除夕所貼各處紙錢收焚復各
理職業諺云燒了門神紙各人尋生理
是日出行時用瓦缾取淨水盛滿稱其斤兩供神
前逐日量輕重以卜十二月晴雨日主一月亦頗
奇驗
元宵前數日俗例張燈無論村市俱有羣少年飾
男女粧或唱採茶或唱花歌歷親隣家各以意作
態又粧演雜劇故事裝飾獅子跳舞又各家造餈
餌曰元宵果女孩輩迎紫姑卜問豐歉燃炬照田
間聲徹遠近謂之趕毛狗燃燭插於園内謂之照
土蠶

仲春十五日爲花朝幼女穿耳以晴雨卜歲之豐歉
驚蟄節晚兒童輩敲鑼鼓木梆歌唱謂之趕蝦蟆
三月三日爲上巳猶倣祓禊遺事出遊水際聽蛙聲
卜歲上晝鳴上鄉熟下晝鳴下鄉熟終日鳴上下
俱熟終日無聲則歲歉
清明除掃墓外或男女挈榼郊遊謂之踏青兒童
羣作紙鳶之戲
孟夏八日僧家作俗佛會農人以風占穀價謠曰南
風吹佛面有收也不賤北風吹佛背無收也不貴
五月五日採百草懸艾蒲於門角黍滷卵互相饋送

或畫張真人馭虎符貼室中以雄黃硃砂入酒飲之用艾蒲雄黃酒徧洒屋壁床下辟蛇蝎以其汁塗小兒耳鼻辟百毒婦女以蒲作虎形並艾葉戴於首又捕蟾蜍以墨入於腹中俟乾取出塗腫毒有驗是日競渡楚俗皆同至十五日名大端陽食角黍飲蒲酒同前

季夏六日各家晒衣物並鍼灸收諸藥

七月中元具饌合家同食曰過月半寺觀作盂蘭會鐘鳴達旦謂之度幽魂農家是晚具香紙煮鷄卵操至田畔祝土神

八月中秋親友饋瓜餅夜聚家人飲月之謂之賞月

九日讌會賞菊飲茱萸酒辟惡

孟冬十六日古謂寒波今訛為寒婆俗云此日寒婆打柴晴一日仙家有柴燒主一冬多雨雪陰一日仙家無柴燒主一冬多晴明

十一月稱冬月以冬至故也冬至後九日為一九疊至九九謂之數九

嘉平八日為臘以盎貯水曰臘水可經三時不壞夏月取用解暑民間問名具節多用是日

二十四日為小年晚具茶果祀竈神剪草和米豆歲於旁曰馬料謂之送竈亦或於二十三日晚

二十五日掃庭戶塵垢曰打揚塵棄大道上謂之送窮亦或於正月晦日

除夜釘桃符更春聯以栢枝插紙錢於戶楣除室巷穢草斷梗積大門外燃之曰烟堆午時閉門設饌祀祖先家神後家人聚食曰團年飯子弟向家長拜慶曰辭年擊鼓鳴鑼曰鬧歲門扇器具均用紙錢貼掛曰神紙復以茶果祀竈曰接竈與送竈俱有疏文悔愆祈福初更後羣聚設飲曰團年酒達旦不寐曰守歲以錢繫小兒身曰壓歲飯兼

數日之炊曰宿歲飯夜靜注水於釜置瓢水上祝神以手指撥杓向東一轉俟定隨杓所指之方潛往側聽人家內語言以卜來歲水旱或事為休咎謂之聽卜屢驗不爽

俗謂人歲十干一匝曰整生先期親友族隣多有饋送富者張樂設筵延賓為父母上壽親朋祝壽子弟必隨拜答謝餘亦設饌禮賓互相酬答

凡初生男子多用鷄卵染紅宴賀客亦遍致於親友族隣謂之送紅蛋受者亦致鷄米魚蛋於產婦謂之送湯餅至小兒週歲時又製衣帽靴履銀佛金

錢之類相慶仍張筵禮賓且或演劇屢日

舊時宦室强盛卑賤皆循禮守分邇來人勤歲稔培塿漸增室宇服飾昔多質樸今則大厦連雲羅綺徧體無分貴賤男婦競尚奢麗讌會舊用五簋今則常讌亦味窮水陸

俗之敝者土氣磽薄人性剽疾賤不服貴書役以侮慢貴客為得計佃豎以悖肆田主為能幹又或習尚虞詐甘鬪健訟狡獪專為無情之詞自誇訟師以鳴得意囂凌紛雜每不可排解

夫風風也俗續也正韻上所化曰風下所習曰俗黃

庭堅言不俗人夫豈無之子曰十室之邑必有忠信要以善類多則蘭室化蓬旃崖變草矣天門務本力作呰窳偷生者無之其亦易與為善也歟

塚墓附漏澤園

明知縣邱宜曰周武追封於比干漢高置守於信陵所以表賢也邑人戴祁曰盛德芳蹤播在典册雖白鶴不歸馬鬣猶在百世下尚宜禁止樵牧豈但興墟墓之哀哉

李運使慶墓在縣北諸葛嶺方伯何喬新銘附以輓詩

魯祭酒鐸墓在縣東沿湖口有地曰蠟林鐸卜得之易名止林諭賜祭葬距三里許為劉中允必達墓

李指揮廷琛墓在縣東北岾潭埠

程知州鴻墓在縣東北天設堰魯彭誌銘

徐贈公麟墓在縣東段家嘴宗伯李維楨表司徒曾省吾誌銘

徐中丞成位墓在段家嘴祔麟墓宗伯李維楨表方伯蔡復一誌銘

周少保嘉謨墓在縣東松石湖諭賜祭葬有碑

陳司徒所學墓在松石湖

鍾贈公一貫墓在頭墩西張家灣有碑

鍾贈公一理墓在鴛鴦坡

鍾贈公山墓在皂市西蘇家山

鍾學使惺墓在縣東北笑城南魯家畈邑少保周嘉謨題曰鍾靈毓秀已無存惟墓前碑乃弟快所書現存譚元春誌銘退谷先生者吾友鍾學使伯敬先生也退谷既葬其弟曰快者謂元春知獨深可不須狀而銘又地下人偏嗜其文字不宜舍所嗜乞他人銘元春唯唯居數月其嗣孩夏復以母黃宜人之命申爲元春返其幣而哭使予不為文則已使予而尚為文也舍是奚述馬雖然退谷異人也不奪其形影精光使必傳於世徒絮絮然為誌墓之言彼其詩文譔述雖傳矣而形影精光終不能行於天地之間則是誌墓者之罪也元春伏思累日夜至不寐達旦退谷初在

神宗時官行人思有用於當世與一二同官講求時務厭呻吟不從病起元黄水火終日賠讀以為吾若居給事御史務求實用不競末節小名愛戀身家如雞鶩之爭食婦女之簡柙庶不令主上厭極大創禍流縉紳然其要惟在讀書讀書而後實忠實孝實用出矣先機蚤見已若知有嘉廟之末年與今上之神聖者是其人真可大用曾有忌其才高者阸之使不得至臺者後遂偃仰郎署銜文閩海終不能大有所表見而僅以詩文為當時師法亦可惜也退谷羸寢力不能勝布褐性深靖如一泓定水披其帷如含冰霜不與世俗人交接或時對面同生起若無覿仕宦遨飲無酬酢主賓如不相屬人以是多忌之而專積思於書史齋頭亦致法書名畫瓶几布設不數日繙閱功深塵堆硯表卷帙正倒參差常從塵硯中磨墨一方頭眼入於紙筆作書生家紙格細字居官垂老無一日閒恨世人聞見汩沒字文難破故潛思遐覽深入超出綴古今之命脈開人我之眼界故其所著書出賢者通志而鈍夫長根雖甚讐怨者意欲投之於廁而不能禁其不行萬歷甲寅乙卯間取古人詩與元春商定分硃藍筆各以意棄取鋤莠除礫笑哭由我雖古人不之顧世所傳詩歸是也幾以此得禍者數矣小儒輩傺傺媛媛刻為書破之退谷笑謂我曰是何見之晚也吾輩自此書外自有可傳後者正不須護之使人不妬我輩護此書而必欲其興與世之妬此書而必欲其廢廣隘深淺相去幾何予深高其言退谷改南時僦秦淮一水閣閉門讀史筆其所見題曰史懷孤衷靜影常借歌管往來陶寫文心每遊人午夜樺回曲倦酒盡兩岸寂不聞聲而猶有一燈熒熒守筆墨不收者窺窗視之則嗒然退谷也東南人士以為真好學者退谷一人耳所至名山大川必遊遊必足目淵渺極升降縈繚之美使巴蜀歷三峽入東魯一觀日出較閣士陟武彝東南之久客如家吳越之一遊忘返山川豫待人士歡迎其詩文未嘗不勇進而勤徙也年四十八九念人生不常讀書不讀內典貿貿而老一妾庸人耳乃研精楞嚴眠食藩溷皆執卷熟思著如說十卷病臥猶沾沾念之曰使吾數年視息人閒猶得細窺妙莊嚴路也退谷簡易如楊子雲劉孝標一流人散車羸服挾雙僮出不治

威儀嘗遊虎邱遭兩公子見侮於途醉狀傾作挽掀裳躡勢同行谷怒欲毆之退谷急止之曰此惡少也吾趨避之耳明日傳刺有兩書生求見肅衣冠書幣恭謹以文來質稱弟子者退谷出身相見則向人也爲細閱其文不復言兩人慚無措退谷雖嚴冷然待友接士一以誠厚爲人惟恐其知會答當路書至半停筆思曰彼方有何士為一言之久之思得一人喜而書汩汩然若有所詩屬者其後所薦人多雖黄退谷彼特未知前書中語耳使以書中語告之慚當何如也性喜擇士凡一見而知其人卒以成名者甚衆遇有真賞雖其人在千里之外心憶口追常如隔鄰人有佳文妙餞日自尋味以潤澤其胸臆不問所逢貴賤皆執其裾而詳告之故往往才人成就歡悅無量但以愛人慧巧不肖者因而呈身濫入文遊詢對齮齕皆叢於此亦可為士大夫不慎之戒矣退谷內行過人凡大父以下先世貽家孝愛為生艱難事皆迴環於心未嘗一日忘生嗣父母恩養教誨言之哽咽不能竟其訓弟姪相依孤寡盈前歡笑痛苦一往無緒然居喪作詩文遊山水不盡拘乎禮俗哀樂奇到非俗儒所能測也予嘗記其一事生父訓導公以受禮部郎中封去昆陵退谷亦秩滿遷閩中督學侍親還家舟泊九江歲除明晨服吉賀正訓導公素嚴急中繼室之言不聽上舟退谷衣冠立岸上良久長年厮役錯愕不知所謂已而上舟跪拜訓導公咄咄促之起問嫗安在則猶牀上臥退谷復衣冠拜牀下曰太夫人安否謹再拜賀太夫人卒後侍童為予道如是予爾時聞之歎仰而已退谷為諸生十二年常不利癸卯舉孝廉至庚戌始為龔陵雷公檢討所深賞中第千七人成進士為行人者八年中間使四川山東及典貴州乙卯鄉試者凡三差擬部者二年改授工部主事上疏願改南曹部持不覆者又二年授南禮部儀制司主事轉祠祭司郎中者又一年陞福建提學僉事考校興化延平福州三府者一年尋丁父憂去職大計中人言服闋居家者凡三年而退谷卒生於萬歷甲戌七月二十七日沒以天啓六年六月二十一日葬以天啓柒年丁卯十月十二日塋去皂市十里笑城之南所著書有隱秀軒全集評閱諸書俱行於世退谷諱惺字伯敬先世江西永豐人

正德中始徙竟陵之皂市曾祖諱弘仲祖諱山最
有隱德山生二子長即公嗣父諱一理號裕齋公
嗣母陳宜人次即公生父諱一貫號魯菴公武進
縣訓導生母馮宜人皆以公貴拜大夫宜人妻黃
氏亦封宜人妾廣陵女吳氏以過悲繼公死黃宜
人所生子肆夏年十四為諸生穎邁早卒嗣子陔
夏亦諸生娶謝氏有孫矣母弟四人懷早卒悛諸
生詩文甚奇先退谷卒悌又先悛卒獨五弟快在
耳快真樸長齋事佛通書畫事予如兄姪二人昭
夏納夏昭夏亦諸生元春既已為誌憶昔年退谷
之作魏長公銘也曰彼死者之墓之誌烏知夫誰
手予戲謂退谷有如我一旦填溝壑所謂君雖恨
於臣無可奈何也當時戲言耳豈意一片幽石真
落予手乎悲夫何以銘銘曰餐幽獵秀無終極冰
性霜毫真罕匿得意靜書不再飾海嶽如從君受
職驅烟排霧待拂拭紛紛餘子不相識强來君前
談法式鞭笞鳳麟加裁抑爾曹蠢蠢徒失色勤農
堯湯費稼穡汗流至踵没湜籍大勇猛人歸蓮域
厭多聞障宣慈力海印放光只頃刻
發棺求之不可得茫茫衣履我銘側

譚解元元春墓在縣西白竹臺其祖湘涯塋側與父
晚立弟元聲元禮元亮同祔贈君晚立墓銘子元
春自志贈君元亮墓銘大學士李霨志

吳兵備文企墓在縣北香稻園譚元春志銘

程安陽令一壁墓在縣南馬家垸堤側

程水部飛雲墓在縣東北八十塚旁司寇徐乾學志
銘

程廣文宗簡墓在縣東胡家場東首太史王鳴玉志
銘

譚處士孫蓮墓在縣西魯家巷

郭公太源墓郭中丞一裕始祖在石堰口山前

郭贈公維梁墓在郭家壋

郭贈公之盛墓暨子贈公玉麟墓在團山建有中丞
祖祠　誥封文碑三座

詩人劉荻江浦墓在東園大亨祠旁

任氏三烈墓在縣北五里磚橋側分巡荆西道新安
余一龍撰墓碑文

郭烈婦墓在乾灘鎮街北櫻桃

王烈女墓在西湖堤旁

明知縣林雲龍祖母党氏墓在青山觀北有塋田付
寺僧祭掃

烈士王日章墓在王家嶺

漏澤園

月令二月掩骼埋胔澤枯骨也貧喪旅櫬寄骸無所
露拋荒野烏鳶俯啄青蠅作弔不更足傷乎漏澤
之園所由置也

一在縣東一里約地數畝分守道方公置

一在縣南斷堤坡地四畝零載米八升有零徵銀壹
錢二分零知縣張特進置糧係官完歷任踵行勿
替

一走馬嶺三畝石家河三畝夏方熙置
一燒烟方家灣三畝張其鵠置
一岳口錢公堤下五畝陳善旻置
一猫兒溝七十三畝陶鑾臺三十畝吳宗彥置
一南獅團二畝五分陳善任置
一漁薪河十三畝二分謝名芳置
一馬家垸八畝綢鋪嘴十二畝廖先詔置
一官三里蔣團一畝四分風下里蔣團一畝九分蔣
元灝置
一楊林口地二畝許麟置

白骨堂
一雍正十年知縣張特進倡建於西城外笑月菴旁
給資俾僧覆南徧收枯骨置堂中歲以中元節後
瘞於漏澤園
一乾隆十年知縣戴源亨倡建於岳鎮襄河南岸滄
浪亭旁糾邑庠陳大畧熊國選等為掩骼會題辭
云悲夫窶客無歸貧人藁葬幸得藏骸漏澤園者
生無白馬之榮死獨青蠅作弔舊鬼新鬼破塚纍
纍鄉魂旅魂遺骨森森歸坏土而難保百年痛幽
堂之未寧厚夜雨洗沙頹烟荒草蔓踐來敗蹻畊

去荒犂狼籍平原者正復不少余甫涖茲土惻然
憐之捐俸為倡吏糾同志歛資生息作掩骼之會
俾專人檢點棺露者加土骸暴者收埋水衝蝕者
徙其樹更葬之例以每歲會中公舉料理即以息
金開支輪流部署期於久遠非同具文從此淒風
冷月慘雨愁雲可無怨魄遊魂永奠天荒地老矣
論曰班固志地理自星野沿革風俗物產悉臚之
後賢因之若輯乘者樂觀其　況星野所亭即行
水土古蹟叢語不外山川堡墅之聚散旗亭貫區
之居積烟火萬家雜犬四境靡不因地阞以有情

此條風俗者不得遺也天門負山環水而居其川
勁疾其湖縈紆其利多木棉其稻糯多於私其人
白皙而智水性漂而不留故鮮蓄積富人而勤儉
習本業嘗讀管子地員呂覽有始　形瑰奇
惶惑而州郡之志指畫瞭然盡於尺幅譬之登高
眺迥約畧元黃目窮千里則羣書之地理也身居
半畝之宮西清東序北垞南榮無不可名以名之
數以記之求其所以而位置之則邑乘之地理也
附之以白楊古碣漏澤園白骨堂亦禮魂國殤之
意云

天門縣志卷之二

建置考

取於民和以為固雖彈丸不易斯義也乃若如礪如帶以為表裏通池峻隅以為藩籬思次介次以通質劑巷閈廛閭以衛民居伏宿烏堠以達符檄郵亭唐肆以通往來廩囷厫廥以廣積貯巨梁小彴以時潦溢乘木舟虛以濟津渡凡以為民也而風雨享於壇幽之以事神者訟獄在廳事明之即以出治也如是則一切興設不可不明其義考建置

萬壽宮在西城內丹臺觀之陽乾隆二十六年知縣臣胡翼倡紳士商民鼎建上為正殿東西兩廡仿朝房中甃黃道南為戲臺臺外三門仿禁門臣翼恭撰記曰　萬壽徽經崧呼徽史華祝徵子海澨地尾尊親之思咸就瞻雲日矧臣子分職方州各華其四境懽欣以答一人者耶邑祝釐所往在城西南琳宮為慶節朝賀冠裳輻輳地而地取肅清以將至敬若平時人迹不屏啟閟不肅非所以見尊嚴致敬謹昭不違咫尺之義乃選基搆宇爰命匠人指劃規模堂如殿陛巍煥而峻儼乎穆穆雍雍之在上也東西分建兩廡文武按班仿待漏也唐甓其中戒越武也榭以歌舞以鳴豫也朱門中雉有觀如闕止和鸞也經始仲夏朔日觀成孟冬吉日翼倡之士大夫和之商賈相之庶民子來材之直視市工之直視肆傭之直視家咸忭舞以集事鑰有莞者非其時無敢出入時乾隆二十六年十一月穀旦臣翼恭記

又江西商民公建萬壽宮於岳鎮上埸朔望祝釐置田十一畝二分

城池

邑無險隘可設惟恃城池鞏固時際昇平以壯觀瞻鎮四境一民志勇夫重閈有備無患也昔云巾水西者古城也今治北所稱古城實舊衛所明初指揮李廷璟知縣張天麟因衛所稍南更築後圮於水成化乙未知縣張繼宗築土城環湖為隍正德甲戌知縣陳良玉甃以甓城始固為門四南薰北拱東陽西成皆自題譙樓各三間祭酒魯鐸有記嗣多圮築嘉靖癸卯南城圮知縣李仲僎修萬歷癸未西城圮知縣陳席珍修辛卯東北城圮知縣林雲龍修天啓癸亥知縣程維楪重修有詳文崇

正甲戌知縣陳六奇倍加修築中允劉必達有書

乙酉樓燬於賊

皇清順治甲午年知縣甯鳴玉修補東北二百餘丈建四城樓康熙癸亥水圮數十丈知縣錢永重修且葺譙樓四諸記附後

魯鐸修城記　竟陵地最廣衍足牲鮮絲卉稻粱之利自古四方有事所爭趨也舊有城衛洪武己巳水決城壞嗣是屢遭盜刼陳侯下車之明年適河北大盜起詔有司不得無城侯慨然爲永久計屬父老語之父老欣然乃召商賈曰城爲汝蓋藏也

出貲以助吾築召丁壯曰城實汝保障也分力以助吾築皆應曰惟命侯自捐俸及僚屬所捐各若干富民以緡錢至丁壯以畚鍤至樵荻爲薪烈石爲炭者以舟車至侯悉籍登記既而闕隄涸湖復舊築爲城址窐於縣周凡百一十有二烟縷四合上糾爲雲霧者數月百爾云具人匠既集負者蟻升築者鱗集聲則衡從適均灌則燥濕得所萬手繽紛歌謠隱耳知事事而不知勞也侯旦暮臨視有慰無亟蓋若父兄率子弟治其垣墉室廬者也戒事於九年秋以十年八月告成所需白金爲兩

者三千六百七十八民所赴工積五十一萬二千九百四十有二城高二丈有奇厚加於高者五尺週廻六百八十五丈四門高二丈四尺其深倍之門內各爲屋三楹於旁以居門者闕城內外各丈許又增築外隄伺不虞也復於南樓置鐘鼓以警昏曉城成襟湖帶河儼天設隍塹鄉邑民大和會陟降諦觀舉手加額蓋不啻家室成而婦子相慶也夫天下事避害防患以爲民者莫如爲城其勞費鮮弗病且怨者竟陵城廢百三十年侯至纔三載而大功成於朞年非其賢遠於人有如是者乎

程維撰修城議詳　看得城垣之設以外捍內固至嚴重也而竟陵斗大區周遭不彀十雉匝重湖而繞之疑亦天險矣第浮浮一島水汎風浪掃城根日蝕月嚙今其東北一帶白波穴城而入幾似長梁而又上頹下圮內坍外塌一夫可憑而越也獨西北厫縣治與新廒相倚稍不敝然女墻腰腹之屬摧缺甚矣轉至西邊僅存磚皮址崩者數處中間土薄壞損多爲居民竊塊直轉南角而止南方縉紳家面墻鱗次人自經營尚無大壞總之埤口則皆削沒腰墻則皆殘毀踵足則皆剝損曾不值

塞上一傾堡四樓粗具觀耳西樓椽柱孤撐不蔽風雨太平無事之日已覺荒磧蕭條今四郊蠕動而茲霸國之餘民斬木揭竿之遺孽苦活派苦徵逋宜有睊睊者將何恃而不恐屢奉修理憲檄奈邑無分毫公帑而頹垣難問矣適當清理皇册年分民有投契者錙銖所積些少羨積凡此實在正額之外實不在溢額之中可用以修城者也又前入覲時此縣舊規有夫馬津送本縣革前項不役此雖節嗇無幾亦可以修城也又縣每年編修城銀支用粉飾徒縻物力而未支者歲欠如故此正

可以修城者也估算城工約可二百餘此三項已過一百五十復加節省儘可結局本縣遭此四顧無策時難作巧婦之炊枉抱愚公之願偶幸此一非剜肉醫瘡二非折籬補壁遂不禁其手口之並作但舉事動衆伏奉憲批方可堅久玩之羣情定一時之則例桑土綢繆竟邑世世賴之矣

劉必達上按臺修城書

敝邑城垣褊小素稱澤國水患頻仍城圮池淤久際承平戈彫甲朽突闖賊警四顧無策今幸新任陳父母繕城修築衆論僉同咸以先年修築永鎮觀修築板橋灣及東西護城兩堤悉從均攤事克有濟夫當此賦重時加派似不可行然實有至情焉糧在殷實什一而在細户者什九且城卑難守大家世族咸思奔徙而險固足恃寒門單族亦必重遷此大小所以同願也狡賊所至用偵最密本地宵壬伺隙援引譬根本固而枝節聯是一邑有金湯則四野無駭散矣從來城治大事凡有築建本邑不足猶借派隣封豈一境内外敢分畛域且恒人衛性命急於顧財貨而保妻子深於赴公事況積錙成鉅所出無幾而縷金鑄鼎所全實多此加派所不俟上聞而自下

陳也往例可效不為創非常之原與情允孚不啻下流水之令舉事有名若弗美而其實大有益於地方者此類是已某等不識忌諱同集士民合詞上請懇祈台臺老公祖俯採狂瞽酌議均攤立賜施行則竟城邑幸甚士民幸甚

署廨

敷政出治親聽民隱和以達其情莊以肅其志堂階不整瞻視何尊則署廨要矣明初改衛治為縣治邑令張天麟創其始代莅者葺於繼至崇正末為賊所燬

皇清順治丙戌年知縣魏人傑議修越六年壬辰甯鳴玉乃大成之中為正堂高築重基題曰親民康熙庚申知縣錢永重修懸
御書清慎勤匾額於上後為內堂又後為內署署東小樓康熙年知縣李念慈建樓東枕琴軒軒東書房及西書房皆踞北城內堂東為僉押房為幕廳西進為廚房正堂東為東科又東庫房乾隆甲申知縣胡翼改建堂前捲廳舊用竹席順治辛丑知縣劉毓賓易以瓦又前露臺旁二柏知縣錢永所植也臺下東西班房（東民壯　西皂隷）舊偏甬道乾隆廿二年知縣胡翼拓修班房左右六科（東承發次吏戶禮次架閣庫次民科　西兵刑工）及署內頹屋低宇俱折修整齊之節愛坊立甬道中上書戒石銘雍正年知縣周珙加修坊前為儀門門內東為縣丞署（康熙年丞駐岳鎮署廢）西為馬廄內有馬王藥王二廟儀門東土地祠又東靈官祠乾隆二十五年知縣胡翼捐葺西進為犴狴門前左右為東西笼收置民漁各課康熙六年郡守張崇德築兩笼前頭門舊名譙樓康熙年知縣潘經世高築改建凡兩門及房屋墻垣乾隆二十八年知縣胡翼俱捐葺整飭門外屏墻墻內舊患停潦

知縣胡翼疏溝甃石出入永便衙署內有二池三井池一在丞署東隅一在馬房西隅井一在屏墻外一在馬房西一在丞署東如品字乃形勢攸關東井久被民居佔塞乾隆三十年三月知縣胡翼查勘清出浚之復舊

典史廨在頭門內東偏西面知縣錢永重建門內四進南向中為堂堂東土地祠前為拜廳典史章繼祖建後為內堂西書房又後為內署東廚房署後小樓堂前二門門內東班房西進書役科廨內外典史章繼祖俱加修葺

縣丞廨在邑南岳鎮木廠街四進門堂科室如制康熙已丑移鎮岳口暫駐護國寺乾隆十三年知縣李泰來領帑建修

廵檢廨在乾灘鎮堂署如制

城守營房在城內丹臺觀旁乾隆十三年知縣李泰來領帑建修

收糧公館在岳鎮糧倉前址卑傾頹知縣胡翼於乾隆二十九年捐俸築基重修

壇壝（典祀詳禮儀考）

社稷壇在邑北祝英臺東乾隆十三年知縣李泰來

領帑鼎建

風雲雷雨山川城隍壇在南城外白馬廟東雍正八年知縣張特進捐建

先農壇在邑東永豐垸瓦房一所雍正五年署縣張廷慶領帑建乾隆二十八年知縣胡翼捐俸重修

厲壇在北門外瓦房一所乾隆二十五年知縣胡翼倡捐率里民徐澤野何次金劉儀廷陳德宗吳心一田振三王于明等鼎建

廟祠

傳稱法勞勤事禦災捍患則祀之非是族也不在祀典是不惟享典祀者必稽其實凡四境所建有關風教祠宇皆不得混淆仙佛中矣

武廟在縣北古城岡岡舊有鍾秀樓明嘉靖中建後知縣李仲僎改建關廟於樓後萬歷己酉邑宦徐成位重修改題樓曰聚義毘陵唐太常鶴徵記乾隆十八年知縣李飛雲捐倡募修有引里民焦惟全等修竣置田拾畝陸分有碑四境崇奉廟宇計十有一所不贅詳若岳鎮之護國寺萬歷八年張姓建後復建文昌閣春秋閣西商公建太平寺士民公建旁有岳江書院板港之忠義庵皆是

城隍廟在縣治東南隅明初指揮李廷琛建後知縣張繼宗姜綰周端次第加修萬歷辛卯圮於漫壬辰邑庠吳貴捐修宗伯李維楨有記康熙乙丑吳序葺修辛巳改建廟門景福樓乾隆甲戌吳體祖重修癸未署知縣湯廷芳建廟前瓦坊東西二座乙酉知縣胡翼捐倡募邑人公修有引

諸葛廟舊在縣北上白湖村正德間知州徐咸修建嘉靖庚申知縣邱宜重修崇正壬申知縣楊一儁以祀遠塑像聚義樓中康熙四年知縣陶襄重修慈谿王治皞有記又縣西北有廟邑學授陳應善捐建基伍畝零田二十四畝

羲農廟在五華山上舊志二帝各廟先儒胡寅有記歲久缺祀康熙戊申縉紳毛一駿等請於郡守張崇德復祀今合祀一廟

文昌閣在邑治東一里前臨義河程廿五孫彩雲等公建閣內供觀音像邑紳程大復修題有觀自在額

魁星閣在文昌閣東乾隆庚午知縣李廷益邑部郎譚襄世率紳士置基田一畝五分鼎建甲戌知縣李飛雲捐俸五十兩率紳士王榮璉崔光諫許綬

譚潤世李文儀張聯翮等增甃四圍軟岸高厚鞏固

永府廟在縣西湖堤康熙壬戌知縣錢永修四鄉凡六所

子文廟在縣東官城村成化中知縣姜綰重建有記今廢祀東北凡四所

劉先主廟在留駕河今廢

東嶽廟（即第一山）在岳鎮北三里崇正二年周少保嘉謨同熊時中建基六畝田四十畝四鄉凡二十一所

馬王廟在縣署馬廄內邑南漁泛涔亦有廟

陸羽祠在西塔寺中萬歷癸巳周忝議芸建李宗伯維楨記泰昌庚申芸子命重修復記康熙癸亥知縣錢永捐修

新安書院在岳鎮祀　朱文公乾隆二十八年徽商公建

劉郡守祠在皂市公諱禹謨字平甫隆慶戊辰進士仁慈平恕聰明廉潔嘗臨縣清丈田畝歸沔侵地兼濬便河請蠲五華新派租銀一百一十七兩永免其差康熙四年市民重修舊祠改建公館後燬今監生邱怡祖等捐募復建

劉邑侯祠在古城關廟旁邑宦徐成位記康熙年里人焦惟全等重修

徐中丞祠在古城內興利除弊里人德之建祠以志不忘

鍾譚合祠在天王堂通衢祀邑先喆鍾惺譚元春祠基係鍾氏故宅元春弟元方拓地建祠僉事吳之紀題坊曰天下文章學諭吳景祉題門曰仰徑知縣甯鳴玉親致祭元春子籍作詩以謝之乾隆十一年鍾如紱譚澤霖等重修春秋遣尉致祭勿替

三烈祠在學宮後祀明訓導任高妻李氏兩女瑞哥

留哥也事詳傳中（知縣楊一儁祠文中允劉必達祠記見餘編）乾隆二十五年知縣胡翼捐葺

節義祠在城內四牌坊南雍正四年知縣吳文煊領帑建修春秋遣尉致祭

啓鶴徵重建關廟記　竟陵北郭有城城南有祠祀漢壽亭侯關公上有樓名曰鍾秀為公陟降之所夫公神遍海宇荊楚尤所經畧而繼之以死則後雖千百年而精靈有獨注焉嘉靖甲辰諸生擇地遷儒學以近祠址為勝遂即祠前建學因祠公於學陰僅一甲子而祠樓日圮邑廉訪使徐君惟得

忽感異夢起糾里人徙祠學宮坎方擴舊堂而大之後建新殿左右有廡前有門中有甬道門外有坊坊外有屏又撤鍾秀樓更作飛閣祠昭烈與張桓侯趙順平於上更名衆義蓋推公所忠愛者為之也公乃時降其神於惟得所且憑人以言其旨明潔高簡非俗所能道戊申秋謂邑將有災咒水二甕俾惟得藏之既而瘧痢大作飲者輒愈惟得神之祀饗者益虔而勿替也走二十里索記於余余不敢辭云云

知縣李飛雲募修引　壬申之秋余奉調天門恭謁

文廟後隨謁

武聖於北古城岡遥望廟貌非不巍然而周視左右棟宇朽壞墻垣崩裂喟然曰是何代之建歟何年之修歟既閱縣志乃知廟舊在南城上明嘉靖間僉憲柯公移建於此而邑令李復改修萬歷中邑廉訪使徐成位糾衆重修至廟左有劉公繼禮祠則萬歷年士民沾令德惠公建以志不忘而僧智蓮募修北禪寺即在其後焉此皆班班可考也夫以

神之嚴氣正性塞天地而配道義累代各隆祀典我

朝更極尊崇薄海内外莫不建祠供奉今天邑古蹟依然而月移歲易棟朽垣崩亦何以肅觀瞻而妥

神靈乎總因香火乏資寺僧星散以致剩瓦殘椽視為野鹿又何論劉公神主之没爲烏有耶余每於朔望祗謁殊為怵惕擬即捐修清俸莫支適鄉耆士庶焦惟全等以示禁折毀復劉公神主並願募金修理為請甚為嘉悦願首捐以爲倡惟諸紳士商民報稱急公諒有同志所捐銀兩悉登印簿仍照前乙丑年闔邑紳士督修

文廟事例妥議請練公正數人董理其事以杜浮冒工竣繕册對簿查核竝見　廟貌重整古蹟復昭直

與儒學殿宇後先輝映不特守土之責藉以稍寬而尊崇之願亦於是稍慰矣

宗伯李維楨城隍廟記　邑故澤國也四面皆水而城隍廟最為卑濕河伯射嚙棟折榱崩歲壬辰邑吳君慨然欲新之廼出橐金若干暴衣露蓋親執杪為植不逾歲而廟成范金為像祝鼉者無虚日又以其餘力就廟旁累土為閣凌睥睨而上綺疏週遭與湖波相掩映於是過而遊憩者爭嘖嘖吳君好施矣今夫世所稱多貲富人非乏也下者挈瓶而守錐刀之末兢兢剜股而藏之無肯費其半

寂落其一毛矣其雄傑者又蠶食漁奪即有舉寔施勝因之説者且謂覺言欺人嗌天而詬耳今吳君富而能施且羞伐其德至舉歸先訓真不背本哉

知縣胡翼捐修引　城隍奠定境土保康士民例載建廟頒祀為闔邑共崇之正神也余乾隆丙子奉調茲土細閲縣志乃知廟為邑方伯子吳貴所建宗伯李本寧記叙甚詳余每朔望謁廟見其廟宇不無圮頹僉謂吳姓獨建歷來修理盡吳氏一姓余曰非也凡廟可以一姓獨私山主惟城隍以社

稷為重即前此一姓千金不惜遷卑濕就顯敞創此不世之善緣亦未必教子孫千古視為一姓之私業而任其一姓千古獨修也有志有記詳言之矣但當不忘先人之美耳惟我士民亦當體朝廷例定建廟頒祀之盛典公同協力以維新吳氏子孫或為紳或為庶出而領袖余亦願捐俸助爰書數言以倡厥首

王治韓重修武侯祠記　竟陵城北二里許有蜿蜒隆起者土人曰此古城也中有樓崇祀漢昭烈帝關壯繆張桓侯像旁列趙順平侯樓下祀諸葛武侯過祠謁之見經築庀作則秀水陶君溎任捐修也夫荊州古稱用武地昭烈以帝室之胄與關張虎臣角逐中原其勞績多著荊楚廟貌祀之禮也武侯躬耕南陽一出草廬翻然入蜀關隴之間盈戰壘焉乃竟陵祠必及之我以是知武侯不限時地而通也地居僻陋時方割據隆中所以許先帝者鞠躬盡瘁泣血陳師剏再世捐生不追翠華者哉生前魚水相歡死後魂魄如在不猶同堂籌策對吳會而嗚弓顧漳流而衷甲乎而俎豆江瀆幾成無首子房之廟長頹無忌之墳不祀俾懷古者

無情於廟食其何以動觀感而長風烈哉陶君是役宜竟陵人士所樂得而觀成也

胡寅伏羲廟記　古祭法有報無祈德莫盛五帝而庖羲為首蓋三千歲於茲矣竟陵廟祀未詳厥始聖德所建萬姓依被則何可不祀耶論古者當折衷於仲尼繫易歷序制器利用者稱羲農黃帝堯舜馬遷列本紀豈無見易稱庖羲歟

知縣姜綰記　縣志載令尹子文廟在官城村之華池歲久頹圮饗祀遂廢綰來知縣事復構堂而奠馬夫春秋人物中衷惟子文為楚令尹吾夫子許

其忠嗚呼若子文者其類波中砥柱者乎使後世聞風興起是亦有功於名教也廟祀可已乎哉乃歌以祀曰滍之流兮百折而東公之心兮三巳而忠東流歸海兮中心起千載之風

周命陸羽祠記　庚申春夢入西寺有唐處士陸鴻漸神閒而貌癯裒衣博帶衣被不類今時予不即前陸肅而揖予幣以茶自手出能發妙香枯喉生靈徹公賜且有請也予述先子建祠狀酬對皆有神韻霏霏元著談鋒乍暢蓋建祠在癸巳春今二十八年矣寺僧不戢遊履紛雜古瓦餂而蒼鼠吊

青燐熾而哀湍訴昔稱蘭楫今歌黍離逸流快士過而不顧是予之罪也遂鳩木石又增益寺前地建禪堂三閱月而成日設伊蒲桑門之供以飯僧六時清磬梵唱不絕令人心冷而骨肅予嘗夜往寶月乍臨樹影在地風水鏜鎝魚龍來聽清梵起於天末如風振羣籥幽鳥悅人林谷皆響舊觀庶幾如之矣

徐成位劉邑侯祠記　吾邑為澤國土田斥鹵民物抗敝天錫劉侯乃起凋瘵直指薦剡冠楚令尹而太夫人春秋且八十侯泫然曰椎牛考鐘鼓不如菽水之逮其親也即日上書乞歸養四民震駭裹糧分輩詣臺使挽留不允侯遂得請行邑人遮道號哭攀轅斷鞅侯亦淚涔涔下長老謂百年未聞也宣言曰侯為吾邑視民如子撫掌股之上也愛士如父訓塾垣之內也導利則時雨溉禾黍也袪患則鷹揚逐鳥雀也如之何而弗祠也世方溷濁侯揭日月筐篚絕庭苞苴不行古懸魚留犢不廉於此矣奸如鬼蜮訟所由棼侯燭照犀然舞文股栗古片言折獄不明於此矣潦春雨霪民艱半菽侯開廪救瘠司計抵傳舍懸書輸將侯捐俸三伯

緡充積逋即溱洧遺愛不仁於此矣襄郢水溢大璫導漾而主曲隄侯奮髯爭之遂沮七邑漁稅例遣中使侵牟萬端侯請付所司轉輸即褫袠直節不烈於此矣予曰此侯誠心所致也當挽轍時有二市魁前此被鞭笞至是亦摩肩雨泣衆歎李平廖立於今復睹嗚乎斯民直道之心我侯純白之誠古今一也如之何弗思而祠也

任氏三烈傳　三烈者竟陵訓導蜀溫江任高之妻女也高以明經司鐸竟陵滿當遷擢江西萬載教諭載家行夕維華嚴湖湖濱界距村水駛下趨獰

嗟之徒殺人取財每竄境外匿偵以脫艷其之官忘其廣文先生淬斧以須宵入艙篋不足胠將辱三烈李氏高妻留哥瑞哥高二女慧而斷知狙獲狼噬詎以人意測爛中眉目意已喻之先機而發璧則完也母女相携躍水死盗心失嘆哀可知已隆慶六年六月三日也哀子養元祖跣捬膺繞湖泣血呼搶三日湍為逆流三屍携手出若紉綴帛聯烈日洪濤中不腐不變色如生天以彰三烈矣嗚呼婦報所天女從其母死者歸全猝而暇也夫非石罩金堅之素於平日者耶乃其子養元可不謂至性過人乎哉故曰節烈孝義萃於一門任氏有焉萬曆二年上其事於朝得旨旌表詔建三烈祠春秋學官祀焉至今勿替云

關坊

慶雲關在東門外義河岸里民李鳳來關柏山等糾衆建立址前寬三弓六寸後寬二弓五寸邑明經張聯登有碑記　舊有巾關在西堤　柘關在東堤　北關在北城外今俱廢

鴈叫關在西門外相傳羣鴈覆陸羽處

鴻漸關在南門外河街知縣楊應和立

義水關在義河岸北知縣錢永立

承恩坊在縣前為周嘉謨立

世荷天恩坊在縣前為陳所學所蘊盛楠立

青瑣聯班坊在縣前為吳文佳周芸立

父子進士坊一在城內中衢為李登李純元立一在皂市為李淑李維楨維標立

登龍坊在縣治東為陶之肖立

綸音疊錫坊在縣治東為陶中立

黃堂坊在縣治東為王曰然立

孝義坊在東門外為戴璧顯立

四牌坊在縣治西為徐鵬徐麟徐成位徐清立

父子科甲坊在縣治西為周芸周命立

司馬坊在縣治西為別如綸立

古隱坊在西城內

青雲接武坊在縣治西為吳文佳文企立

紫誥重綸坊在縣治西為吳鐙吳鈞立

孝子坊在西門外為王淇立

陸公祠坊在西塔寺為陸羽立

司成坊在南門內正街為魯鐸立

北光祿監事坊在南城內為熊恩立

父子司冠繡衣坊在縣治北為謝廷敬謝奇舉立
育賢坊在學東無題
威震華夏坊在北門外　武廟前柯僉事喬立
舊有宣化坊德政坊魯鐸會元坊胡承詔冏卿文
宗坊在縣前書林坊會文坊何讓奪錦坊魏經魏襄
尚義坊何禮鵬程坊吳鈞吳文佳父子都諫坊在縣
治東通遠坊青雲坊迎恩坊徐顯步蟾坊張鼎登雲
坊蕭佐飛騰坊程鴻亞魁坊在南城內外拔俊坊阜民
坊昇俊坊鄧以恭觀光坊在縣治西拱辰坊張淵道從
道雙桂坊郭軒登科坊魏稟戴度丹山起鳳坊在北

城內外胡俊進士坊何慶源經魁坊雷鐸拔俊坊廖
訓冠英坊段諫儀鳳坊魯鐸攀龍坊王喻文明坊
何玘擢科坊周嘉謨宮保天卿坊在中衛黃鐘沖霄
坊鄧勉折桂坊李慶登庸坊徐鵬鳴鳳坊在義河街李
端雲衢坊在下白湖村蔣珪蜚英坊在華嚴湖今俱廢其餘
節孝貞烈等坊附見各傳中不瑣載
保甲
在城保正二名　百甲八名
東方七十九團保正四十八名　百甲三百一十八名
南方八十四團保正五十五名　百甲四百一十九名

西方八十二團保正四十二名　百甲三百二十一名
北方四十四團保正二十八名　百甲二百八十三名
乾隆二十九年知縣胡翼奉到編查保甲　憲檄
敬繹
上諭及各省　大憲原議謹酌其與天門地方情形尤
切者遵奉舉行為量地遠近各設正保一名延訪
老成純正者為之責令專清地方戶口舊設保正
俾其管束刊給應查條欵一本飭令率同保甲實
力稽考給與循環印簿戶口按月登填定限二五
八十月朔繳換俾人戶按季常清優以禮貌現在

各正保亦頗奉行惟謹仍將舉立正保之意勒石
以垂久遠
蓋稂莠弗耡良苗未能遂長
皇上懷保黎元將使理協大同夜戶不閉而鼠蠹傷其
醇俗黠匪害及良民殊失比閭相保相受之意文
視如傷舜愠未解乾隆二十二年
旨下直省督撫俾各就地方情形籌其善策若何設法
稽查以奏三年戶部議下直省風行檄至凛遵於
是相地所宜得其五事如協緝隣境匪盜頒示違
禁條欵設立循環簿本增除遷去移來戶口寺觀

令僧綱道紀清查外來流丐設立丐頭收管總以慎選正保為先謹按周官五家為比五比而上之以至於鄉其時戶接家聯敦龐遂熾封木不逾畛游牝識其家罷士有伍而本俗相保息閭胥族師之道得也天門四封壤山而濱水其接連隣址皆四達無巖岫之曲蘆葦之叢窮里止於路亭旅舍深閉止如窰屋廁溷間有鶴觀人空禪房僧散或者宵人夜集亡命竄過穴壁探囊六博葉子屠牛販私貫酒賣奸無賴朋呼雜坐淫樂酗酶均干法紀悉宜察舉而遼濶曠遠本縣與丞尉監押耳目

恐所未至隸役不可任保甲不可憑茲於各里圖中遴選一齒德並優之人以充正保優予顏面俾任稽查所以責成之者如册夫人待之者重則其自待不敢輕處之以潔則其自處不忍汙選之勿狥衆詞要在本鄉素許取之勿同流俗訪於紳士公評夫保甲鄉書以為庶人充役免冠膝行鞭扑奔走所不辭以致鄙下貪婪熏心故智若既袤而出之優而異之見時與之顏色設坐從容兼使同其儕者受其役使之感激而鼓舞又任專而不紛事簡而得要夫亦何畏何忌而不盡力為之且語有之高明之家鬼瞰其室正保倘不公平攻者方不旋踵彼敢襲其所守哉嗟乎事積久而精神不生斯真意去而弊叢之矣茲當立法之初用是勒之於石一以自覽一以告來者乾隆二十九年二月朔日知縣胡翼記

驛鋪

良法美意事切民生不可旦夕稽文移往來紛繁絡繹孔道所經固宜修備也

乾灘驛舊設驛丞一員康熙五十年裁

驛馬舊四十一匹今裁一匹每匹銀二十四兩帶閏銀四錢每歲

支草料藥餌並馬夫獸醫工食等銀九百一十一兩二錢

縣屬驛路

東至漢川縣一百八十里中抵漢屬田二河七十里

南至潛江縣九十里中抵潛屬馬王廟七十五里

西至京山縣一百里中抵京屬錢家場六十里

北至應城縣一百二十里中抵應屬孫家集八十五里

鋪司兵徭編共肆十六名每名銀六兩帶閏銀一錢共銀二百八

十兩六錢

縣屬鋪路　縣前總鋪兵六名東係驛站大路達省

會向未設鋪

西達本府鋪二由縣二十里至官橋鋪

官橋鋪兵四名二十里至横觀鋪

横觀鋪兵四名二十里接京屬向家鋪

南達荆州府鋪六由縣二十里至趙家鋪

趙家鋪兵四名二十里至洪仕鋪

洪仕鋪兵三名二十里至漁泛鋪

漁泛鋪兵四名十五里至緊水鋪

緊水鋪兵三名二十里至牛槽鋪

牛槽鋪兵三名二十里至桐柱鋪

桐柱鋪兵三名十五里接沔屬南黄鋪

北達德安府鋪三由縣二十里至利涉鋪

利涉鋪兵四名二十里至柳河鋪

柳河鋪兵四名三十里至皂角鋪

皂角鋪兵四名三十里接應屬陳家鋪

塘汛

四通之道商旅所經五方之民良莠不一暮夜村墟雖嚴保甲之令而襄郢上下公行無阻非有稽察盤詰之所廋慝藏奸時或不免則墩堡之修廵哨之密不可忽也

本縣水陸計九所每所塘房三間烟墩三墩望樓一座牌坊一祭俱撥營兵廵防

水汛七座

黑流渡塘上接潛江縣張接港塘十五里下至牛蹄口塘十五里

牛蹄口塘下至岳口塘十五里

岳口塘下至横口塘二十五里

横口塘下至彭市塘十五里

彭市塘下至麻陽塘十五里

麻陽塘下至鶴江塘十里

鶴江塘下接沔陽州仙鎮塘三十里

陸汛二座

東乾灘鎮塘至縣城六十里抵漢川縣田二河十里

西截河塘至縣城二十五里抵潛江縣馬王廟五十里

津渡

亭長津吏自古為然濟有深涉未可褰裳從也一葦之杭其利溥矣

東方縣河渡
揚林渡縣東五里
板港渡縣東十五里
大板港渡縣東二十里
八子腦渡縣東三十里
盧家口渡縣東四十里
淨潭口渡縣東七十里
西方縣河渡
西門渡在保安巷
西龍坑渡縣西十里

黃土潭渡縣西十五里
三汊河渡縣西二十里
徐馬灣渡縣西二十五里
羅家口渡縣西二十七里
彭家灣渡縣西三十里
漁薪河渡縣西三十五里
程長河渡縣西三十八里
灰埠頭渡縣西四十七里
楊家塲渡縣西五十里
觀音湖口渡縣西六十里

南方縣河渡
義河渡在南城外
龍潭灣渡在義水關
北方縣河渡
皂角渡縣北七十里
東方襄河渡
多祥河渡縣東南九十里
西方襄河渡
漁泛漨渡縣西南五十里廖先詔舊設義渡船
黑流渡縣西南六十里康熙二十二年知縣錢永

捐募特建邑水部程飛雲有記
申潭渡縣西南六十里
官吉口渡縣西南六十八里
南方襄河渡
岳口渡縣南四十里
田家灣渡縣南四十里
鄧李灣渡縣南四十五里
潛龍殿渡縣南五十里
雷家塲渡縣南五十五里
阮家口渡縣南五十五里

橫口渡縣南五十五里
彭市河渡縣南六十里
鶴江渡縣南六十五里
縣東支河渡
陶溪潭渡縣東南三十里
盧埠渡縣東南三十里
便河渡縣東南三十五里
馬灣渡縣東南四十五里
乾鎮驛渡縣東南六十里
縣西支河渡

截河渡縣西南二十五里
葉家潭渡縣西南二十五里
洪仕舖渡縣西南三十里
橫堤渡縣西南三十五里
鄒家塲渡縣西南三十五里
牛蹄口渡縣西南三十五里
陳家塲渡縣西南四十里
縣南支河渡
新堰口渡縣南二十里
蔣碑渡縣南二十五里

五龍河渡縣南三十里
橫林口渡縣南三十里
南方通順河渡
深江站渡縣南七十里
毛家塲渡縣南七十里
朱磯寺渡縣南七十里

邑水部程飛雲修黑流渡記　漢水自鄢郢下逕竟邑之西偏為黑流渡又下十里為漁泛涔漁泛涔之有官渡也以荆潛驛路黑流渡少偏居民自以葦筏接濟歲月深久朽腐破敗不任篙楫涉斯渡

者凛凛有羊腸呂峽之恐蓋既濟而後慶再生焉歲庚申吳門錢公來尹是邦下車之始詢疾苦諮利弊無弊不剔有利必興其大者如清逋累詰奸慝除害馬之政擒伏莽之奸賑飢而貸窶以存倚堤而傾潰獲免至於捐貲倅營公署築倉厫修學宮一皆出己所有無絲毫派累於民雖至窮鄉遠地東如柳河之橋西如漁鎮之渡無不竭己力為之至於黑流市之私渡不屬於官者亦且捐倅倡率命帥子洵榮同里耆李三恒等悉力勸募以共觀厥成也嗚呼前此之為竟邑也者頹弊層疊瘡

孔百千其潰敗委靡不可收拾有如昔日之朽舟矣今一載以來百廢修舉煥然改觀即黑流之扁舟亦有如竟邑之重新焉至其買田以給渡子免其需索之擾申詳以禁游兵絶其往來之嚣則又經久無弊之道也

橋梁

澤國水多中環藪淖沮洳方舟莫施行旅稽遲則徒杠輿梁之爲惠大也而在城塹者先焉

東方橋

東橋在東門城外萬曆間邵宗易建

圓通橋在東禪寺前里人樊潤建陶普圓許可立重修

承濟橋在縣東北二里里人何乾生修

汪二口橋在縣東三十里木朽里人陳孚先易石橋

西方橋

西橋在西門外即古鴈橋萬曆間中書朱萬祚鼎建乾隆十一年邑士胡泓重修

義濟橋在縣西十里里人熊國亨建

馬溪河橋在縣西北三十一里里人戴鷺建

南方橋

南橋在南薰門外萬曆年中丞徐成位重建孫光祿丞同氣復修

接官廳橋在縣南三里

梭子橋在縣南三里

羊耳灣橋在縣二十三里里人杜氏修雍正年間邑庠熊士修倡衆增路甃石重修有引　羊耳灣者古留駕河地也其地東走漢河南過彭市北抵縣城西出岳鎮爲往來通衢先時地處窪下水陸中分里者構木橋毁有杜氏夫婦捐募易石行道

便焉中復水洗隄石崩坍杜嫗又出其私橐終始成就之數十餘年功德在人口碑間顧地勢卑則水常聚行旅衆則土不勝高厚之路漸次低薄堅全之橋有時零落其勢然也雍正丙午丁未之交夏雨冬雪繼以春霪橋址存而道盡失徒者褰裳乘者漸車輻轃之地有如畏途吾族長某某偶見有婦人携子而過前無導引旁鮮扶持將恐將懼一高一下蓋其墜於淵者幾希目擊心傷因與族黨某某約鳩工築隄高廣甃石與橋平使水雖聚而土常勝計非多金不能竭過我而籌焉余謂吾

邑固多長者況今嘉穀登場多寡隨施物力不費共杭一葦之便不易於獨插七級之標乎行見橋之成有日矣

北方橋

下磚橋縣北二里里人陶堯賓修木久朽圮乾隆癸未倪盛章易建石橋

上磚橋縣北三里

高家壋橋縣北三十五里里人郭近陳章張居三募修

柳家河橋縣北四十里弘治年間知縣周端建康

熙二十二年知縣錢永重修

街衢

周官匠人營國九經九緯爾雅旅途接經一達二達邑治雖小經緯不可不整而道路以時平治亦要務也

城內直街五

一出署歷青瑣聯班坊為新街抵南橫街

一署東為城隍廟街抵東陽門

一署西由四牌樓歷舊分司署前過古隱坊土地祠抵南城腳

一西起毛柴灣歷天門書院側抵西成門

一由北拱門過烏衣巷天王堂大司成坊十字街抵南薰門

城內橫街三

一由署西轉毛柴灣抵胡氏西園由署東轉抵鍾譚合祠

一對青瑣坊西轉四牌樓歷雙牌樓抵毛柴灣由坊東轉崔兒門過天王堂至城隍廟後街抵城

一出新街西轉過古隱坊前歷丹臺觀趙公祠抵西成門東轉過十字街井口巷抵東陽門

城外直街五

一起古城口由泮池東繞黌牆外抵北拱門

一由南薰門過壙子蹄鴻漸關水巷抵義河

一由南橋西轉過山川壇白馬廟前南出孝子里

一由東陽門向南過東橋歷慶雲關水巷抵義河

一由西成門向南過古鴈橋歷鴈叫關水巷抵西江

城外橫街二

一自東湖堤中歷乾明寺前過慶雲鴻漸義水鴈叫諸關經西塔寺門抵西湖堤

一起到口橋中歷義河西江諸渡抵水西菴餘曲
徑小巷不具載
縣南仕岳鎮通衢舊苦泥淖十豐菴老僧募修石路
未就康熙辛丑嶽商王一元捐修增土面石自龍
潭灣至朱家橋計一十三里乾隆丁丑重修監工
王文炎程宗江行旅稱便
一岳鎮熊家碼頭係庫册中熊方在承丈基地堤外
乾隆二十七年金用霖與熊福九冒爭知縣胡翼
查勘明確熊姓基地止在堤内金姓基灘至界不
符碼頭永遠屬公計長一十六丈上寬三弓四分

中寬三弓一分下寬二弓四分詳府立案合鎮水
火便利

寺觀 附

清淨無為歸空及第二氏之旨主於自善忠孝度世
慈悲救苦二氏之功亦以輔化且琳宮香阜之建
自古有又用點綴山川遺遙人境作勝地之引也

城内

水月菴在城隍廟左邑庠吳貴建
藥王廟在水月菴前
丹臺觀在城西南隅相傳唐劉梓煉丹處其中丹
井現存
玉皇閣在丹臺觀右劉中允必達建康熙丁丑孫
溥邀同闔邑士民重修乾隆丙子曾孫應武加修
雷祖殿在玉皇閣右
趙公祠在丹臺觀西在城鋪户公修置田二十畝

東方

乾明寺在城外東湖中離城二里創自宋以前正
殿明初指揮李廷琛重建後知縣楊李安邑庠熊
文加修崇正末兵燬康熙丙午僧寂聲海雪募修
内藏經閣萬歷壬子僧覺峰募建邑學使鍾惺為

題募疏寺僧公私田共六百八十畝
百穀菴在東堤離城二里餘崇正丙子水決忽雷
雨震動斷槎浮出土人因取為梁建穀神祠置田
三畝
東園禪林在見龍山之西離城三里康熙癸丑僧
行敏募建自置廟基遺齋田一百九十畝
海印菴在東園左離城三里邑士歐陽應徵建施
田十七畝
飛昇觀在縣東石人汊離城三里後有劉梓飛昇
臺

知塵菴在縣東小板港離城十里孝女釋名月清者募里人王兼萬地所建

然燈寺在縣東南三十里陶溪潭北岸嘉靖中邑紳戴度加修康熙辛未度孫糾衆重建有田二十八畝

竹林寺在縣東便河口離城三十里創自唐時成化中楊恬重建

觀音菴在縣東金帶河離城三十里邑明經陳京建

雲杜寺在縣東觀瀾村離城四十里

蓮池寺在縣東河灣垸離城四十里邑人鄭姓建寺田二十畝

泗洲寺在縣東華嚴湖離城四十里相傳釋皎然尋陸羽至此僧置田四十畝

廻龍寺在縣東南離城五十里明馬大賓建旁有百子亭其子伯樂伯顯建施有寺田

七甲菴在縣東松石湖濱離城五十里舊為陳司徒所學別墅

三王廟在縣東松石湖北

龍鎮觀在縣東南乾灘驛離城六十里

白雲寺在縣東南乾灘驛後離城六十五里中有古井相傳通白龍潭水味如蜜

西方

笑月菴在西成門外榆柳平堤芙蕖清鏡以覽西湖最勝康熙年間知縣錢永李廷輔為僧源長建乾隆戊寅歲商王德元瑞熹吳茂楠等增建軒廊亭榭僧自置田三畝六分

西塔寺在城西二里覆釜洲原名龍蓋唐積公化形瘞塔因名知縣楊一儁有記給諫王鳴玉有律堂碑文大雄殿及神像明處士崔瑞寰捐修名不

書梁楊侯嘉之僧祖遺田八百餘畝

水西菴在西塔寺右邑庠吳邦彥建傾圮僧別雲募知縣王紹貞錢永鼎建公置田一百一十畝又各私置田一百六十畝

西廟在縣西離城五里指揮李廷琛建里人朱庚重修置田五畝八分

白竹寺在縣西北離城十五里天啟時譚元春捐解額坊金為閣資毋寘福諸兄弟公置田七十三畝

洪家菴在縣西白竹臺離城十五里邑廩生歐陽

來建

喻家廟在縣西務沉湖康熙初年喻天恩建置田十三畝零

福興菴在縣西二十五里里人萬善之乏嗣建捐僧普蓮承祀

金盆山觀音寺在縣西二十五里唐貞觀間掘地得大士金像頂踏二金盆鎖盆建寺置田百有餘畝邑明經譚籍有碑記

資福寺在縣西舊隨口市離城三十里衆置田八畝

馬溪寺在縣西三十五里有田四十三畝八分

滋水廟在縣西馬溪河離城三十五里

清福菴在縣西漁薪河離城四十里里人徐世望絕嗣皈釋僧名仿哲捐基屋建菴並水陸田堰二十九畝零招徒漢聲住持奉祀其壻熊程功知縣王紹貞給有募疏改建瓦菴菴後贅僧仿哲墻垣

普濟寺在縣西青山離城四十里傳爲破竈墮公道場寺有古桂云漢代物幹約十餘仞中破爲兩翻捲外向枝皆空如管可窺里長著花如常光祿夏時傳有歌

永寧寺在縣西南四十里廖先詔建施田十畝零六分

竹影寺在縣西北四十里有田二十三畝

南方

白馬廟在縣南城外山川壇側離城一里康熙十九年知縣錢永建

白鶴觀在縣南城外義河岸離城一里傳劉梓跨鶴駐此久之冲舉而去

怯塵菴在義河南岸邑中書唐肖鶴建菴前並施義塚

南禪寺在義河南離城三里方伯吳文佳建

十豐菴在縣南十五里邑士吳序建

八卦觀在縣南十五里

蓮臺寺在縣東南二十里有圖說

觀音寺在縣南十八灣離城二十五里萬歷年間楊宗禹建乾隆二十九年裔孫楊公振重修

凌雲寺在縣南寒河西離城二十五里僧雲嶽自建

杯渡寺在縣南三十里邑庠熊程功建基田八畝五分七釐

聖臺寺一名聖寺在縣南三十里池產白蓮實圓而黑夏月無蛙鳴傳是無念禪師遺蹟康熙丙寅里人張氏獨創道場殿閣其先世施田五百陸十三畝

永豐菴在縣南三十里里人譚氏公建

攝菴在縣南三十里里人譚氏公建置田四十畝

禪喜菴在縣南三十五里里人譚氏公建置田二十七畝

迎恩寺在縣南岳口鎮離城四十里

恒沙菴在縣南四十里里人譚氏公建

龍興寺在縣西南黑流渡離城五十里乾隆丙辰舉人彝堂等倡建大魁亭於寺前里人甯同張置

田十七畝

雲巖寺在縣南通順河北離城六十里康熙十一年僧西竺募修置田一百三畝六分

北方

永清菴在縣北門外里人羅諫置田四畝

北禪寺在縣北聚義樓側離城二里僧智蓮募修

紫芝菴在縣北門外邑孝廉周命建僧襄仁重修

曼陀菴在縣北三里背岡面湖叅議李純元建

三一菴在縣東北三里邑宦吳文企建

二郎廟在縣北古城西離城三里洪武年間里人趙昱建崇正己巳武舉曾國先重修乾隆庚申燬邑紳曾時亨等重修後殿住持尼募修前殿並修北郭石路五里許

桐柏寺在縣北四里

衆善寺在縣北五里即前志迴鸞菴

九真廟在縣北二十五里崇正間里人江良相良楨同修

聖水寺在縣北湖中離城三十里

觀音寺在縣北三十里近石堰口邑庠吳貴施有

守田

花臺廟在縣北三十里萬歷中邑庠胡觀光修

龍禪寺在縣東北三十里

青龍菴在縣北笑城畈離城四十里高僧超凡所住

萬臺寺在縣東北五十里衆建僧祖遺田二十二畝

白龍寺在縣北五華山離城七十里建寺不詳所始雍正年間邑士劉愛蓮率衆重葺獨建樓閣

圓通菴在縣北五華山南離城七十里邑宦鍾惺

建基田三十六畝

仙真觀在縣北七十里明成化時建

玉真觀在縣北六十五里皂市鋪西五里前有玉

真泉

崇善寺即程家菴在縣東北朝家場離城六十里

論曰周官缺司空而考工一篇專論造作乃以補

冬官也禹之河渠班之溝洫其事亦自隸冬官矣

至壇廟宮室制度規摹各隨事類而見故未有以

建制專言者其在詩定之方中秩秩斯干以至綿

九章皆言櫛風沐雨之事所以相度而經營者詳

厥始求垂示久遠焉作邑亦百里之國也前此祠

宇碑銘垣解記述足詳創制悉經畫者蓋有端末

今以類相次於後若學校水利事有所重別為專

門不具此

天門縣志卷之三

食貨考

班氏易平準為食貨得八政之要矣夫一邑之地

征司徒會計攸關而其繁簡損益恒與一代盛衰

升降相為終始禹貢荊州田下中賦上下其正供

也羽革金材其物產也浮漢逾沔其通道也數千

餘年月變歲異時地不同我

國家薄賦輕徭既準其常額蠲除復免又視夫豐歉

固已人登樂國而要江漢之浸洪波消長峙谷升

況人戶盈縮或十年而異或數十年而異此有當

於土會之辨物生所宜悉也考食貨

戶口

周官歲登民數會論道式員版重邦本也覘其生

耗以知休戚而權力征故戶口首焉

戶伍萬陸千玖百肆拾有貳（載雍正十年全省通志按大造互有減增惟丁額無異）

人丁原額捌千叁百捌拾陸丁（額徵並加增顏料弓箭等項每丁派銀肆錢捌釐貳毫陸絲伍忽陸塵捌纖一沙渺）康熙五年豁免運夫人丁伍

百伍拾有捌實在柒千捌百貳拾捌丁該徵銀叁

千壹百玖拾伍兩柒錢肆分貳釐叁毫玖絲捌忽

伍微貳塵叁纖陸渺遵奉
恩詔以康熙五十年丁册定為常額又禀同不在額徵
以内之優免丁銀壹百壹拾肆兩捌錢玖分伍釐
捌毫陸絲玖忽捌微伍塵柒纖伍渺伍漠伍茫壹
沙伍灰於雍正七年題准丁隨糧派歸入合省糧
内均攤每實徵糧銀壹兩派丁銀壹錢貳分玖釐陸毫肆絲玖忽柒微貳塵叁纖壹渺叁漠陸茫陸沙肆灰陸澡柒銖肆漠玖燼共該徵銀伍千柒拾伍兩壹錢
壹釐壹毫伍忽陸微肆塵肆纖陸渺玖漠陸茫伍
沙壹灰内除雍正十一年奉　文將雍正七八九
等年各屬陞墾抵減重丁銀壹千貳拾陸兩叁錢

陸分捌釐柒毫玖忽叁微叁塵陸纖柒渺玖漠壹
茫又除乾隆元年欽奉
上諭豁免重丁銀柒百叁拾捌兩玖分肆釐壹毫貳絲
柒忽玖微貳塵陸纖柒渺伍漠叁沙陸灰該徵銀
叁千叁百壹拾兩陸錢叁分捌釐貳毫陸絲捌忽
叁微捌塵壹纖壹渺伍漠伍茫壹沙五灰又雍正
十十二兩年陞墾派丁銀肆錢壹分叁釐玖毫伍
絲柒忽壹塵玖纖柒渺壹漠捌茫乾隆六年奉文自七年起徵
又乾隆捌年陞墾派丁銀捌釐陸毫柒絲陸忽柒
微伍塵肆纖叁漠陸茫乾隆十一年奉文自十二年起徵共

實徵丁錢叁千叁百壹拾壹兩陸分玖毫貳忽壹微
伍塵肆纖玖渺玖茫壹沙伍灰其自康熙五年至
乾隆二十六年拾届編審共增丁貳千貳百伍拾
有貳欽奉
恩詔永不加賦

田賦

自明萬歷九年清丈錢糧作一條鞭民稱為便我
朝因其額數永為定例罷無藝之征除積荒之額深
仁厚澤民樂其所萬世永庥矣兹據現在科徵條
列其實前代畝稅冗派不復詳載

民漁田地原額上中下四則共壹萬捌千壹百肆拾
肆頃貳拾伍畝肆分共額徵秋糧米貳萬壹千壹
百貳拾石叁升柒合叁勺伍抄陸撮玖圭清丈後
撥出漁田伍千壹百肆拾叁頃玖拾玖畝捌分叁
釐貳毫實存
民賦田壹萬叁千頃貳拾伍畝伍分陸釐柒毫陸絲
查漁田摘出藩租伍千伍百壹拾捌石叁斗叁升伍合捌勺壹撮仍照現存額糧每石加派叁斗伍升叁合柒勺壹撮合足原額起科共
秋糧額米貳萬壹千壹百貳拾石叁升柒合叁勺伍
抄陸撮玖圭每石應徵並加增北絹弓箭弦條顏料等項折銀柒錢叁分伍釐陸毫柒

絲玖忽肆微捌塵陸纖玖渺柒漠共徵銀壹萬伍千伍百叁拾柒
兩伍錢柒分捌釐貳毫肆絲貳忽伍微伍塵柒纖
柒渺
一官米每糧壹石帶科陸升捌勺叁抄叁撮陸圭肆粟該米壹千貳百捌
拾肆石捌斗捌合玖勺貳抄照前則例該徵銀玖百
肆拾伍兩貳錢柒釐伍毫柒絲捌微貳塵
一夏稅米每糧壹石帶科壹升玖合肆勺玖抄捌撮柒圭該米肆百壹拾
壹石捌斗壹升叁合肆勺陸抄捌撮照前則例該徵
銀叁伯貳兩玖錢陸分貳釐柒毫貳絲貳忽叁
微叁塵柒纖

一夏稅小麥每糧壹石帶科貳勺捌抄伍撮玖圭捌粒該麥陸石叁升
玖合玖勺叁抄陸撮照前則例該徵銀肆兩肆錢肆
分叁釐肆毫伍絲柒忽壹塵捌纖捌渺
一夏稅絲每糧壹石帶科絲捌分貳釐肆毫壹忽玖微伍塵陸纖該絲壹百
捌觔壹拾貳兩叁錢叁分貳釐肆毫
一桑絲每糧壹石帶科絲壹分捌毫貳絲伍忽柒微叁塵捌纖該絲壹拾肆
觔肆兩陸錢肆分
又雍正十年十一年乾隆六年三次首墾額外田
共陸頃肆拾捌畝玖分捌釐壹毫貳絲叁忽伍
微共科秋糧貳石捌斗肆升叁合肆勺陸抄柒

撮壹圭玖粒壹粟共該條銀貳兩叁錢叁釐叁
毫捌絲陸忽玖微陸塵壹渺貳茫細數詳全書
一加增玖釐畝餉正攢原額並三次首墾陞科實
徵銀陸千叁百捌拾肆兩壹錢柒分玖釐肆毫
玖絲玖忽伍微貳塵叁纖捌渺玖茫
一隨漕原額並三次首墾陞科除免實徵壹千捌
拾肆兩玖分捌釐捌毫叁絲柒忽貳微貳塵捌
纖伍渺捌漠伍茫
一驢腳原額並三次首墾陞科實徵銀柒百肆拾
貳兩叁錢貳分肆釐壹毫玖絲捌忽陸微捌塵

貳纖
一帶派福租原額並陞科壹拾玖兩伍錢叁分叁
釐叁毫伍絲陸忽貳微玖塵叁渺貳漠叁茫
一加增麂皮京攢原額並陞科伍錢肆分陸絲捌
忽伍微叁塵叁纖肆漠叁茫
一優免充餉銀除丁隨糧派壹百壹拾肆兩有零
外實伍百叁拾陸兩捌錢陸分叁釐玖毫叁絲
伍忽陸微肆塵貳纖肆渺肆漠肆茫捌沙伍灰
以上人丁田畝稅糧及新增人丁墾派丁隨墾畝餉
隨漕驢腳帶加優免共實徵銀貳萬捌千捌百柒

拾壹兩玖分陸釐壹毫柒絲柒忽柒微肆塵捌纖
柒渺壹漠陸茫
路更名地租原額田柒千柒百貳拾玖頃叁拾陸畝
玖分貳釐内民糧圖撥田數見前又代丈沔陽實田貳千伍百捌拾伍頃叁拾柒畝捌釐
柒毫陸絲於順治六年奉撥貳百壹拾伍頃壹拾柒畝捌分捌釐肆毫玖絲歸潛江縣又十三年撥
貳百伍拾頃玖拾壹畝貳分壹釐歸沔陽州實存田柒千貳百陸拾叁
頃貳拾柒畝捌分貳釐伍毫壹絲上中下水鄉四則每畝起科不
等該租銀壹萬叁百玖拾壹兩叁錢玖釐陸毫
又雍正十年十一年乾隆六年三次首墾額外田共
貳拾捌頃捌拾柒畝叁分柒釐肆毫柒絲捌忽伍

微該租銀貳拾柒兩玖錢伍分壹釐叁毫壹絲壹
忽壹微共租銀壹萬肆百壹拾玖兩貳錢陸分玖
毫壹絲壹忽壹微
實存餉銀壹千柒百壹拾肆兩伍錢陸分陸釐伍
毫貳絲伍忽又三次首墾額外餉銀肆兩陸錢壹
分壹釐玖毫陸絲陸忽叁微叁塵壹纖伍渺共餉
銀壹千柒百壹拾玖兩壹錢柒分捌釐肆毫玖絲
壹忽叁微叁塵壹纖伍渺
公攤穀折班匠銀伍百叁拾叁兩柒錢陸分貳釐
陸毫

共實徵地租加餉公攤銀壹萬貳千陸百柒拾貳
兩貳錢貳釐貳忽肆微叁塵壹纖伍渺
楚更名地租原額貳百柒拾陸頃肆拾貳畝叁分捌
釐肆毫每畝科穀貳斗伍升額穀陸千玖百壹拾石伍斗玖
升陸合每石折銀肆錢陸分陸釐本色大麥玖拾石無徵
内除坍缺久荒田捌頃捌拾肆畝肆分減除無徵
穀貳百貳拾壹石壹斗順治十七年奉文攤徵
内成熟田壹百肆拾肆頃玖拾貳畝肆分額徵穀
叁千陸百貳拾叁石壹斗
内屯墾田捌拾玖頃叁拾叁畝捌分捌釐肆毫貳

絲奉興屯道踏勘減除虛額無徵穀壹千叁百肆拾石捌斗貳合陸勺叁抄每畝減則科穀
壹斗實徵穀捌百玖拾叁石叁斗捌升捌合肆勺
貳抄
内草葦牧牛田壹拾捌頃伍拾叁畝柒分奉興屯道踏勘
減除虛額無徵穀叁百玖拾柒石陸斗叁升柒合每畝減則科穀叁升伍合肆勺玖抄壹圭壹
粟實徵穀陸拾伍石柒斗捌升捌合
内青草牧牛地壹拾肆頃柒拾柒畝玖分玖釐玖
毫捌絲奉興屯道踏勘減除虛額無徵穀叁百肆拾捌石壹斗捌升陸合玖勺伍抄每
畝減則科穀壹升肆合肆勺貳抄實徵穀貳拾壹石叁斗壹升
叁合

以上原熟屯墾草葦牧牛共田地貳百陸拾柒頃伍拾柒畝玖分捌釐肆毫實徵穀肆千捌百貳拾肆石陸斗捌升玖合肆勺貳抄穀折銀貳千貳百肆拾捌兩叁錢伍釐貳毫陸絲玖忽柒微貳塵內有價重應減銀壹千柒百貳拾兩肆錢柒分壹釐柒毫玖絲貳微叁塵貳纖於康熙三十八年稟同班匠等銀奉文於田畝數內公攤自康熙三十九年爲始

又雍正十年十一年兩次首墾額外草葦牧牛田共壹百伍拾柒畝肆分捌釐伍毫陸絲伍忽柒微捌塵共科穀伍石伍斗捌升玖合壹勺捌抄壹撮玖圭貳粟共折銀貳兩陸錢肆釐伍毫伍

絲捌忽柒微陸塵陸纖叁渺叁漠貳茫

又原額租田陸拾叁頃壹拾捌畝肆分每畝派徵銀貳分柒釐肆毫柒絲陸忽捌微該租銀壹百柒拾叁兩陸錢壹分

以上舊熟新墾併公攤陞科實徵捌百捌拾捌兩捌錢玖分玖釐貳毫玖絲伍忽捌微陸塵叁纖玖渺叁漠貳茫

官庄吏名地租原額叁拾貳頃柒拾捌畝捌釐

額租銀玖拾伍兩叁錢伍分叁釐伍毫

畝餉銀貳拾伍兩叁錢伍分捌釐貳毫貳絲

柒攤夫銀柒錢叁分貳釐伍毫

蔴鐵銀貳兩柒錢壹分玖釐貳毫伍絲壹忽叁微陸塵捌纖捌渺遇閏加銀陸分壹釐捌毫肆絲肆忽捌微捌塵

公攤穀折班匠銀肆兩玖錢肆分柒毫叁絲

共實徵銀壹百貳拾玖兩壹錢肆釐貳毫壹忽叁微陸塵捌纖捌渺

湖洲雜課

門攤銀貳拾叁兩肆錢伍分每兩京撗玖釐該銀貳錢壹分壹釐伍絲

商稅銀貳拾陸兩伍錢伍分京撗銀貳錢叁分捌釐玖毫伍絲二條俱市住鋪户出辦

茶稅銀壹拾貳兩京撗銀壹錢捌釐商人出辦

新增南湖水課銀壹兩伍錢漁户出辦今知縣代完詳見水利考

共陸拾肆兩伍分捌釐

班匠雜差

南京人匠除開除並重名外實在納班叁拾捌名肆名一班該班每名納銀壹兩捌錢遇閏加銀陸錢徵銀貳拾貳兩捌錢解司轉解因匠户缺額無徵康熙三十八年奉文同吏名銀租賦重難完等銀於地丁銀內公攤自康熙三十九年爲始

天門闔縣民吏雜課班匠總共實徵銀肆萬貳千伍百陸拾壹兩叁錢壹釐陸毫柒絲柒忽肆微

壹塵貳纖玖渺肆漠捌茫

起運

一解布政司銀叄萬叄千玖百玖拾貳兩貳錢貳分玖釐肆毫壹絲貳忽貳微肆塵柒渺貳漠伍茫陸厌部寺起運款項詳全書

一解驛鹽道江濟紅船買馬裁貳裁夫銀叄千陸百捌拾兩叄錢貳分伍毫陸絲陸忽捌微貳塵壹纖陸渺陸漠叄茫玖沙肆厌細數詳全書

一解督糧道隨漕驢脚銀壹千捌百貳拾陸兩肆錢貳分叄釐叄絲伍忽玖微壹塵伍渺捌漠伍茫細數詳全書

存留徵銀壹千柒百壹拾壹兩叄錢柒分肆釐肆毫伍絲伍忽伍微伍塵肆纖柒渺伍漠陸茫外起司領補荒銀叄拾叄兩伍錢壹分捌釐柒毫壹絲壹忽柒微陸塵貳漠陸茫起運撥補荒銀伍錢伍分肆釐貳毫陸忽捌微捌塵伍纖貳渺壹漠捌茫共銀壹千柒百肆拾伍兩肆錢肆分柒釐叄毫柒絲肆忽貳微以數解支之數

解府款項

同知俸銀肆拾貳兩伍錢伍分陸釐

本府經歷馬夫壹名銀陸兩

本府照磨馬夫壹名銀陸兩

本府總舖兵壹名銀陸兩壹錢

府學改歸鍾祥縣學膳夫銀壹拾叄兩叄錢叄分叄釐叄毫

解司款項

裁缺通判燈夫銀壹拾貳兩

裁缺司獄司俸銀壹拾玖兩伍錢貳分

裁縣民壯貳名銀壹拾貳兩

裁縣丞壯丁二名銀壹拾貳兩

裁缺燈夫銀貳拾肆兩

時憲書銀捌兩玖錢玖釐肆毫柒絲

科舉銀貳拾肆兩柒錢肆分肆釐貳毫壹絲壹忽伍微

鄉飲銀陸兩

府貢花紅銀壹拾肆兩

縣貢花紅銀柒兩

新舊會試舉人銀壹百貳拾兩

科塲對讀銀捌錢叄分叄釐伍毫

各部寺解費伍拾兩柒錢柒分壹釐伍毫伍絲玖忽肆微

祭祀支款

文廟二祭銀肆拾兩　香燭米銀壹兩伍分
崇聖祠二祭銀柒兩
武廟三祭銀叁拾伍兩柒錢肆分陸釐
山川壇二祭銀拾兩
社稷壇二祭銀拾兩
武侯二祭銀肆兩
名宦鄉賢二祠各二祭銀柒兩
邑厲壇三祭銀壹拾壹兩　菓米銀壹兩貳錢
貳分
任氏三烈祭祀銀貳兩伍錢

官俸役食支款
本縣俸銀肆拾伍兩（按年奉飭照數支解無定額）
門子二名銀壹拾貳兩
皂隸十六名銀玖拾陸兩（內撥給仵作壹拾捌兩）
馬快八名銀肆拾捌兩
民壯十八名銀壹百捌兩
迎送夫皂三名壹拾兩玖錢捌分
禁子八名銀肆拾捌兩
轎傘扇夫七名銀肆拾貳兩
庫子四名銀貳拾肆兩

斗級四名銀貳拾肆兩
仁義司役食銀陸兩
沙鎮巡檢役食銀壹拾貳兩
文泉縣役食銀叁拾陸兩（原通判壯丁銀改）
縣丞俸銀肆拾兩
門子一名銀陸兩
皂隸四名銀貳拾肆兩
馬夫一名銀陸兩
典史俸銀叁拾壹兩伍錢貳分
門子一名銀陸兩

皂隸四名銀貳拾肆兩
馬夫一名銀陸兩
巡檢俸銀叁拾壹兩伍錢貳分
皂隸二名銀壹拾貳兩
弓兵銀陸拾壹兩
教諭俸薪銀壹拾伍兩柒錢陸分
訓導俸薪銀壹拾伍兩柒錢陸分
齋夫六名銀叁拾陸兩
膳夫二名銀壹拾叁兩叁錢叁分叁釐叁毫
叁絲叁忽叁微

門斗五名銀貳拾壹兩陸錢
縣學廪生二十名廪銀肆拾捌兩
均徭雜支
各河渡夫銀伍兩肆錢玖分
各鋪司兵四十六名每名銀陸兩帶閏銀壹錢共銀貳百捌
拾兩陸錢
額載孤貧一十六名每名歲支米叁石陸斗每石折銀伍錢歲支布花銀
叁錢乾隆元年每名增銀肆錢貳分共該銀肆拾兩叁錢貳分
內存留只徵銀叁拾叁兩陸錢餘在司庫領湊小建扣除遇閏加增
存支驛站餉銀壹千叁百伍拾兩肆錢

排夫六十名銀肆百叁拾玖兩貳錢
馬夫二十名銀壹百肆拾肆兩
獸醫一名銀柒兩貳錢
脚馬肆拾匹草料藥餌銀柒百陸拾兩以上四項乾隆
四年奉文小建扣除遇閏加增
領支各欵俱整發請領
先農壇祭祀銀伍兩藉田存穀變價動用其有不敷赴司領湊
常雩祭祀銀伍兩
教諭加品俸銀貳拾肆兩貳錢肆分
訓導加品俸銀貳拾肆兩貳錢肆分

歲貢花紅銀每名捌兩貳錢伍分
加增民壯修械銀壹拾捌兩
加增排夫二十名銀壹百肆拾陸兩肆錢乾隆二十二年
奉文增加此項赴驛道領支
貧苦貞節婦女每名日給銀壹分肆釐
額外孤貧例無定數每名日給銀柒釐
隨徵加壹壹耗羨肆千陸百捌拾壹兩柒錢肆分叁
釐貳毫
內壹分奏費肆百貳拾伍兩陸錢壹分叁釐
內叁分充公銀壹千貳百柒拾陸兩捌錢叁分玖

釐壹毫俱解司
內柒分各養廉銀貳千玖百柒拾玖兩貳錢玖分
壹釐壹毫全數解司本縣應支養廉銀玖百兩
縣丞養廉捌拾兩典史養廉陸拾兩巡檢養廉
陸拾兩按年赴司請領
倉漕
漕糧本色正耗米叁千肆百玖拾叁石柒升
雍正十年十一年乾隆六年額外陞科正耗米
肆斗肆升叁合叁勺壹抄陸撮壹圭肆粒貳粟
增貼米肆百玖拾玖石壹升

雍正十年十一年乾隆六年額外陞科增貼米
陸升叁合叁勺叁抄捌圭柒粒玖粟
肆共米叁千玖百玖拾貳石伍斗捌升陸合陸勺
肆抄柒撮貳粒壹粟原解赴省倉交兑乾隆十年奉文抵兑下江靳水
縣解荆南米
南糧本色正耗米陸千壹百捌拾伍石貳斗伍升
又三次額外陞科正耗米柒斗捌升肆合玖勺
捌抄玖撮伍粟共米陸千壹百捌拾陸石叁升
肆合玖勺捌抄玖撮伍粟另正米壹石納船驗脚米壹斗伍升
額徵並陞科驢脚米柒百肆拾貳石叁斗貳升

肆合壹勺玖抄捌撮陸圭捌粒貳粟奉　文每
石折銀壹兩解道充餉
南漕正耗共米壹萬壹百柒拾捌石陸斗貳升壹
合陸勺叁抄陸撮叁粒雍正元年奉文每石徵耗米壹斗水脚銀壹錢伍分共耗米壹千壹拾柒石捌斗陸升貳合壹
勺零每年除解荆襄穀三倉鼠耗並給旗截貼
米共伍百肆拾叁石貳斗陸升柒合肆勺餘米
市價出售解道充公乾隆二十五年奉　文秋
成以一米二穀如數購買附入常平倉
共水脚銀壹千伍百貳拾陸兩柒錢玖分叁釐

叁毫除實在支用及支解修倉蘆席等項外餘
銀解道充公
南漕倉在縣南岳口鎮康熙六年郡守張崇德建
有記見餘編

雜税

牙税銀原額貳拾貳兩陸錢伍分乾隆八年奉革產業上行一名税銀伍錢十二年缺徵毡貨行税伍錢又二十五年奉文分别繁盛偏僻增税貳拾陸兩貳錢伍分二十七年又准開除瓷器行貳兩實徵銀肆拾伍兩玖錢
當鋪肆拾叁座每座納銀伍兩共徵銀貳百壹拾伍兩開歇不一原無定額

田房税契儘徵儘解原無定額
額銷鹽引每引改子鹽肆拾肆包壹分貳釐每引納税貳分商人交納解司每年行銷行無一定

積貯

周官遺人掌縣都之委積常儲之以待賑廩人掌
九穀以待賙賜後世師之莫不籌備於預我
朝軫念民依治法更備惟在治人善經理之責在良
有司矣
常平倉在衙署西原貯穀陸千石乾隆二十四年奉
文加貯伍千石又奉例南漕耗米餘剩易穀按年

遞增於二十六年增穀捌百捌拾柒石捌斗肆升二十七年增穀玖百肆拾肆石肆升捌合二十八年增穀玖百肆拾陸石陸斗貳升貳合陸勺又奉　文以重農積粟知縣胡翼捐穀捌石共壹萬叁千柒百捌拾陸石伍斗壹升陸勺

捐監倉一所瓦屋三間坐落縣署西毛柴灣常平倉旁乾隆十年知縣戴源亨領帑建修原貯俊秀二十三人捐穀肆千柒百伍拾石陸斗伍升後捐穀奉　文彙入常平積貯六千石總額之内今倉即作常平倉

社倉四鄉各團共壹百壹拾貳所共貯穀陸千貳百伍拾陸石肆斗伍升叁合柒勺貳抄

堤費乾隆二十五年奉　文照沔陽州例每畝派納錢叁文存貯以資潰堤借修次年還補闔縣原額民漁田貳百陸萬貳千柒百柒畝共派錢陸千壹百捌拾捌串壹百貳拾壹文

附

養濟院在縣城毛柴灣瓦房一所雍正十三年署縣張肯堂捐俸建修又普濟堂一所住東門内邑知縣吳昇捐修收養孤貧事宜詳前支款

育嬰堂在縣城四牌坊南雍正十三年署縣張肯堂倡紳士劉奇三程仁劉奇二邵亨等募捐監生涂其淳獨捐貳百兩衆捐壹百貳拾兩置堂房三進泗汊湖田壹拾肆畝伍分存銀貳百伍兩詳准各憲交邑鎮各典商每兩貳分行息又官墾稷壇水田叁畝伍分義民楊云皋捐横官鋪田貳畝其田租息銀官吏董理按月支給乳者每名工食叁百文新收給衣服錢壹百文病故給棺木錢壹百文年底每嬰添置衣服錢叁百文

物產

書云不貴異物賤用物安其土之所宜也邑無深山大澤水陸所產物生無異臚列其實以志民康物阜之盛云

穀類

粘稻　糯稻　芒稻水地所宜種俱繁有蚤晚

大麥　小麥　蕎麥春種者苦秋種者甜

黍稷　芝蔴　粟即梁有赤白黄三色種甚繁

豎豆　蠶豆　小豆有黄白綠黑茶褐色數種

蔬類

大蒜　官葱　韭　芥　菘　萵苣　菠薐

蘿蔔　茼蒿　莧　茄　芹　莙薘　山藥
王瓜　南瓜　絲瓜　冬瓜　西瓜　葫蘆
刀豆　豇豆　扁豆　芫荽　芸薹　甕菜

果類

杏　梅　李　柑　橙　櫻桃　石榴　香櫞
橘　梨　柿　棗　椒　白果　葡萄　木瓜
菱　芡　蓮　藕　栗　棠梨　金橘　茨菰

木類

桑　柘　楊　柳　椿　黃楊　冬青　合歡
柏　榆　楓　檀　楝　烏桕　皂角　黃荊

槐　構　桐　梓　梧　筀竹　水竹　紫竹

花類

牡丹　芍藥　玫瑰　芙蓉　薔薇　十姊妹
玉蘭　山茶　紫荊　蠟梅　梔子　月月紅
木香　桂花　繡毬　海棠　碧桃　迎春柳
水仙　菊花　錦被　鳳仙　粉團　夾竹桃
鷄冠　山丹　水桂　錦葵　玉簪　碎剪羅

草類

車前　虎掌　鳳尾　書帶　綉墩　吉祥草
萱草　射干　豨薟　益母　芭蕉　萬年青
青莎　蕭艾　紫蘇　旱蓮　蘆荻　鋪地錦

藥類

薄荷　菖蒲　半夏　香附　牽牛　桑白皮
瓜蔞　萆麻　枸杞　牛膝　蒼耳　金銀花
青葙　三稜　加皮　蟬蛻　蜂房　穀精草

貨類

棉花　檾麻　枲麻　苧麻　黃蠟　靛
棉布　綿紬　蠶絲　石灰　火石　窯
棉油　菜油　木油　豆油　土菌　絹

禽類

鷄　鴨　鵞　鶯　雉　百舌　布穀　畫眉
鷹　鷂　鳩　雀　鷺　鸜鵒　翡翠　巧婦
鴿　鵓　鵲　鶩　鵪　鶺鴒　淘河　架犂

獸類

牛　馬　犬　豕　羊　驢　毛狗
騾　兎　獺　鼠　貓　獾　野貓

鱗介

鯉　鮎　鯿　鯮　鱖　魛　蠏　龜　蚌蛤
鯽　鰍　鯖　鰱　鱧　鮰　蝦　鼈　螺螄

昆蟲

蟬　蛙　蜂　蝙蝠　促織　蝦蟇

螢　蚓　蝶　蜻蜓　螳螂　蚱蜢

論曰禹貢總秷秸粟米分五等職方利畜與穀辨九州知古之食貨可合見於地理也故古者圖籍不繁而事備楚之饒萬掩所謂土田山林藪澤京陵淳鹵疆潦偃豬原防隰皋衍沃其利溥矣仲長子曰青春至時雨降惰者釜之勤者鍾之言乘時也故桑柘繁則衣履溫暖織紝具則手足不龜道在是矣推而言之墾闢者多鑄錢鏄菽植者多布桔槔故蘊非不遺於渤海之政溝瀆長濬於南陽之績是以食魚鱉而罟網之形可見觀草木而肥磽之勢可知也雖然劉陶有言民可百年無貨不可一朝有饑則耿壽昌之常平一籌為尤切云

天門縣志卷之四

禮儀考

韓起見易象春秋以為周禮在魯此舉巨者言若一朝之制度典章明備即羣國掌故有可見者何必魯

國家三重所頒德車樂御無遠弗屆其蟠際天地者不可窺要經曲所耆詳於會典郡邑盡一之守有可言矣

天威赫濯咫尺不違若朝賀接詔是也馨香芬苾昭格幽明若壇廟社稷是也年豐人壽樂節禮容若鄉飲鞭春是也雍雍肅肅觀者興焉但為邑稽禮非邑所行者不悉書典則所在諮詢必詳考禮儀

上任

凡印官到任先赴城隍廟齋宿屆日朝服乘軒儆蔽彩仗樂部導迎入署至儀門更衣啟門行二跪六叩首禮至廳事加朝服拜印行三跪九叩首禮升座僚屬參拜吏胥博顙堂事畢入署牌示行香恭謁

文廟　武廟城隍廟靈官祠土神祠馬王廟藥王殿

朝賀

漢正會大朝儀唐宋來因監不一
大清會典所載典章明備　堂陛之上百爾胥慶萬國
來朝若郡邑臚
開行禮惟令節慶賀及開讀
詔書而已餘不詳綴
元旦前三日正官率文武僚屬蟒服詣
萬壽宮文東武西以次序地坐班習儀屆期五鼓三嚴
各朝服詣　宮贊唱序班行三跪九叩首禮退班
更蟒服就兩廡列坐乃退後三日坐班如前儀
聖節長至慶賀禮並同

詔書將至先設　龍亭儀仗鼓樂候郊外至則正官率
屬朝服跪迎候仗過隨至
萬壽宮正殿安設樂作贊唱行禮如前跪聽開讀復行
禮如前展讀官南面授　詔正官跪受鼓樂前導
捧回公署

祭祀

祀典致祭明日或定或擇俱係先歲十二月
部頒其不入報銷而會典有定制者附於後
文廟自漢高過魯以太牢祀　孔子厥後郡縣立學始
明帝二仲釋奠始於唐籩豆十二始於宋封謚崇
祀樂舞器數代有損益詳學校考致祀儀注會典
載每歲春秋仲月上丁日祭
先師具主祭官陪祭官及執事人等學官於前三日列
姓名榜送縣用印張貼學宮俱散齋三日致齋一
日先期詣
文廟階下行一跪三叩首禮省牲視滌器至日五嚴陪
設庭燎各官朝服詣　崇聖祠行禮禮同正殿惟藏飲福受胙
樂舞行二跪六叩首禮　訖知縣正獻
先師暨四配教諭訓導分獻東西十哲縣丞典史分獻
東西兩廡武職官陪祭各官俱序立大成門右考

鐘伐鼓贊引導正獻官盥洗引詣階下立樂舞生
魚貫而進典儀唱樂舞生就位執事官各司其事
分獻官陪祭官各就位贊引生贊就位承祭官就
拜位立分獻官隨後立典儀唱闢户迎神唱舉迎
神樂奏咸平之章樂作贊引生贊跪叩興承祭官
陪祭官分獻官俱行三跪九叩首禮興樂止典儀
唱奠帛行初獻禮唱舉初獻樂奏寧平之章樂作
有舞贊引生贊陞壇導承祭官由東階上進殿左
門贊引生贊詣
至聖先師孔子位前承祭官至案前立贊引生贊跪叩

興承祭官行一跪一叩首禮贊引生贊奠帛捧帛
生以帛跪進承祭官接帛拱舉獻畢贊引生贊獻
爵執爵生以爵跪進承祭官接爵拱舉獻畢行一
跪一叩首禮興贊引生贊詣讀祝位承祭官詣讀
祝位立讀祝生至祝案前一跪三叩首捧祝版立
於案左樂止贊引生贊跪承祭官讀祝生分獻官
陪祭各官俱跪贊引生贊讀祝讀畢捧祝至正位
前案上跪安帛匣內三叩首退樂作贊引生贊叩
興承祭官及各官行三叩首禮興贊引生贊詣
復聖顏子位前承祭官就案前立贊引生贊跪叩興

承祭官一跪一叩首興贊引生贊奠帛捧帛生跪
進於案左承祭官接帛拱舉獻案上贊引生贊獻
爵執爵生跪進於案左承祭官接爵拱舉獻案上
行一跪一叩首禮興贊詣
宗聖曾子位前如前儀贊詣
述聖子思子位前如前儀贊詣
亞聖孟子位前如前儀其十哲兩廡分獻官俱照前
儀行禮畢贊引生贊復位承祭官分獻官仍詣
至聖先師位前立樂止典儀唱行亞獻禮唱舉亞獻樂
奏安平之章樂作有舞贊引生贊陞壇獻爵於左

如初獻儀贊引生贊復位承祭官分獻官各復位
立樂止典儀唱行三獻禮唱舉三獻樂奏景平之
章樂作有舞贊引生贊陞壇獻爵於右如亞獻儀
贊引生贊復位承祭官分獻官各復位立樂止典
儀唱飲福受胙贊引生贊詣受福胙位承祭官至
殿內立捧酒胙生二員捧至正位案前拱舉至飲
福胙位右旁跪接福胙生二員在左旁跪贊引生
贊跪承祭官跪贊飲福酒承祭官受爵拱舉授接
爵生贊受福胙承祭官受胙拱舉授接胙生贊引
生贊叩興承祭官三叩首興贊復位承祭官復位

立唱行謝福胙禮贊引生贊跪叩興承祭官分獻
官及陪祭各官俱行三跪九叩首禮興典儀唱徹
饌唱舉徹饌樂奏咸平之章樂作徹訖樂止典儀
唱送神唱舉送神樂奏咸平之章樂作贊引生贊
跪叩興承祭官分獻官及陪祀各官皆行三跪九
叩首禮興樂止典儀唱奉祝帛饌各詣燎位捧祝
官捧帛生至各位前一跪三叩首捧起祝文在前
帛次之捧饌生跪不叩首捧起在後俱送至燎位
承祭官退至西旁立候祝帛饌過仍復位立典儀
唱望燎唱舉燎樂與送神同樂作贊引生贊詣望

燎位導承祭官至燎位立祝帛焚訖樂止贊引生
贊禮畢闔門退其名宦鄉賢即日分祭
武廟祭祀自唐宋明已溥徧六合由侯而王而帝累朝
褒崇彌陟彌上　本朝順治九年
勅封忠義神武關聖大帝歲五月十三日致祭其所在
郡縣春秋二仲祠祀牲用太牢又追崇三代封以
上公皆始雍正三年歲凡三祭祭之前期齋戒省
牲視器祭日先詣後殿行禮衣朝衣等儀一如丁
祭惟於殿內加上香而奏樂樂章無考其祭品用
素帛一篚牛羊豕各一籩豆各十惟五月加時果

五品後殿三壇每壇用帛篚一豕一羊一籩豆各
八
社稷壇按通典顓頊祀共工氏子句龍為社烈山氏
子柱為稷商以后稷代柱後代因之鄭康成謂社
稷乃五土原隰之神而后稷句龍以功配則所主
不同漢以禹代之明又以禹既祀歷代帝王稷亦
祀先農遂罷配享專祀土穀為社稷郡縣志得舉
行祭以春秋上戊至今不易將祭前期齋戒省牲
視滌如儀至日贊引導承祭陪祭官衣朝衣就位
行三跪九叩首禮舉三獻奠帛奠爵讀祝飲福受

胙徹饌送神行禮如儀望燎焚畢揖退其祭品用
元帛二篚羊一豕一鉶一簠二簋二籩四豆四
風雲雷雨山川壇按風師雨師社稷山川祀見周官
宗伯唐天寶中增祀雷師其壇制與石主見歐陽
修跋閩新遷社記明洪武六年詔省府州縣各祭
風雲雷雨境內山川為一壇壇立二主我
朝增祀本縣城隍凡三主（風雲雷雨中山川左城隍右）祭以春秋
二仲上戊儀注祭品視社稷是日先祭風雲壇次
社稷壇祭後學官分祭諸葛三烈忠孝祠典史分
祭文昌馬王節義鍾譚祠（自忠孝祠以下不入報銷）

先農壇祭稷神也雍正四年
上諭以耕耤可通臣下欲令守土之臣皆知稼穡之艱
奉　文各省府州縣於該地方擇東郊潔地照九
卿所耕耤田四畝九分之數建先農壇每歲春奉
部頒期致祭儀注祭品視社稷惟帛用素禮畢更
衣行耕耤禮印官秉耒佐雜捧青箱播種各九推
農夫終畝耕畢回公廨朝服望
闕行三跪九叩首禮以耕耤日期具報
常雩祭按胡安國春秋傳曰諸侯雩於境內山川禮
月令仲夏命有司為民祈祀山川百源乃命百縣

雩祀陳澔曰雩者吁嗟其聲以求雨之祭後世因

今合祭社稷山川先農也乾隆七年奉　文每歲

初夏在先農壇行禮儀注品物視社稷

城隍按八蜡七曰水庸王崇簡曰城隍也文見於易

曰城復於隍其見於史吳赤烏二年建蕪湖城隍

廟北齊書慕容儼鎮郢州禱城隍祠蓋已古矣宋

元以來祠宇浸廣凡成聚成邑皆有祠明洪武二

年命加封爵三年又詔去封號止稱某府州縣城

隍之神州縣印官上任必宿廟齋謁俾與神盟我

朝因之厲祭主焉春秋則祭於風雲雷雨壇之右主

儀注器物各附其類

厲壇按春秋傳曰鬼有所歸乃不為厲祭法王祭太

厲侯祭公厲大夫祭族厲士喪禮疾病禱于厲鄭

注漢時民間皆秋祠厲則此義通於上下矣會典

每歲清明七月望十月朔皆於厲壇祭無祀之鬼

前期詣城隍廟發牒屆期奉神至壇上祀神前羊

一豕一祭如禮壇下列無祀鬼左右羊豕各二用

三石米為飯席地列置香燭酒紙衣襲俱隨時取

給里社鄉厲非州縣所舉行今存者不常有故不

更及

讀法

周官州長黨正族師月吉各率其屬以讀邦法而書

其孝友任卹以待大比是讀法與賓興相為表裏

也刪是代有約法如唐之令式明之大誥歲時月

吉皆講讀如儀

聖諭廣訓十六條每月朔望印官朝服率僚屬紳士耆

約軍民等集公所望

闕行禮講生登臺宣講畢行禮而退

鞭春

迎春祭太皞句芒於東郊見月令後世土牛率事因

之立春先一日縣正朝服率僚屬至東郊外祭芒

神行兩拜禮迎春入城赴各衙報春訖仍至正官

儀門外甬左土牛南向芒神西向各官公宴散至

日黎明各官朝服陳設酒饌祀芒神行三獻禮讀

祝畢各官執綵仗向土牛立長官擊鼓三衆鼓齊

作各官繞土牛三匝環擊之乃退鄉民取以占年

按景祐間頒土牛經於天下以歲之干色為首支色為身納音色為腹立春日干色為角耳尾支色為頭納音色為蹄明仍宋法　國朝因之

賓興

周官大司徒以鄉三物教萬民而賓興之三年大比

興賢興能由來尚矣漢唐以來所謂有司勸駕宣旌其廬儀亦不一明制鄉會試有司資給燕餞有差制科定子午卯酉年揀諸生在錄者縣尹擇七月吉日延赴鹿鳴預宴酒三行花紅鼓樂引導親送之城外優給資斧其捷者布政司樹旗扁旌其廬辰戌丑未年舉人計偕於藩庫領銀給資錢送如儀武生赴鷹揚預宴武舉入京亦如之其新進生員上學縣尹撰吉傳集公堂簪花飲酒訖朝服親引諸生詣

至聖前行三跪九叩首禮畢至明倫堂與兩學交拜然

後諸生謁師執弟子禮

鄉飲

記曰鄉飲酒之禮廢則爭鬭之獄繁矣儀禮所記惟鄉飲之禮達於庶人自周迄茲損益不遠明洪武五年詔禮官定鄉飲頒行學校

本朝因之爲定制歲正月望十月朔於明倫堂行禮印官爲主者年致仕官爲大賓擇齒德俱優者爲僎賓爲介賓爲三賓其餘衆賓無數以教官爲司正以老成生員贊禮讀律先期設賓席於堂北稍西南面主席於阼階上西面介席於西階上東面僎賓席於賓東三賓席於賓西俱南面衆賓六十以上者席於西序僚佐席於東序衆賓五十以下者位堂下西階之西當序俱北上司正及讀律者位堂下阼階南北面西上主之贊者位阼階東西面北上設主及僚佐次於東廊賓介及衆賓次於庠門之外僎次亦在門外設酒樽於堂上東南隅加勺冪用葛巾爵洗於阼階下東南篚一於洗西實以爵觶盥洗在爵洗東設棹案於堂上下各席位前陳豆於上六十者三豆七十者四八十者五九十者六堂下者二主人豆數如賓實以葅醢至

期主人率僚屬司正先至乃使速客賓至主人率僚屬出迎於門外主西面賓以下皆東面三揖三讓而後升堂相向再拜就坐贊禮唱司正揚觶司正詣盥洗位盥洗訖詣爵洗位取觶洗訖升自西階詣樽所酌酒進兩楹之間北面在坐者咸立司正揖賓僎以下俱揖司正舉觶言曰恭維朝廷率由舊章敦崇禮教舉行鄉飲非爲飲食凡我長幼各相勸勉爲臣竭忠爲子盡孝長幼有序兄友弟恭內睦宗族外和鄉里無或廢墜以忝所生讀訖贊禮唱司正飲酒飲畢交揖如初司正復位皆坐

贊禮唱讀律令執事舉律令案於堂中賓主皆拱
立讀者詣案前北面讀曰鄉飲酒禮序長幼論賢
良別姦頑異罪人其座席閒年高有德者居上高
年淳篤者並之以次序齒而列其有曾違條犯法
之人不許干與良善之席主者若不勞別致使貴
賤混淆察知或發覺以違制論奸頑紊亂正席者
全家移出化外讀畢交揖復位贊禮唱供饌執事
者舉饌案至賓前以次舉訖復唱獻賓主降詣盥
詣篚洗爵酌酒至賓前稍卻兩拜賓荅拜又詣僎
前亦如之主人就坐贊禮唱賓酬酒賓起僎從之

降階洗爵酌獻如前儀皆坐執事者於介以下及
衆賓以次酌酒訖贊禮唱飲酒工入升歌鼓瑟歌
鹿鳴飲酒供湯歌四牡及皇皇者華俱飲酒供湯
笙奏南陔白華華黍歌魚麗奏由庚歌嘉魚奏崇
邱歌南山奏由儀於是合樂奏關雎合鵲巢奏葛
覃合采蘩奏卷耳合采蘋飲訖徹饌在坐者皆與
主僚屬居東賓僎以下居西皆再拜贊禮唱送賓
以次下堂分東西行仍三揖出庠門而退

祈禱

禹以五政有愆湯以六事致禱降及司牧蝗可喫身
可焚凡以爲民請也歲滲旱蝗疫有事祈禱先日
齋戒設壇屆辰素服步行或免冠躡蹻或散髮徒
跣赴壇所行香讀祝早晚二次禁屠酤停刑杖旱
以雨日止雨以霽日止疾病以漸起止徹壇酬神
開禁

救護

周官鼓人救日月則詔王鼓諸侯用牲於社伐鼓於
朝退而自責以達天變自後相沿有損益明制欽
天監推算時刻秒忽先期奏聞禮部通行天下各
於所在行禮

本朝因之至期設香案縣堂露臺上設金鼓儀門內
樂人列露臺下設各官拜位於露臺上位俱向日
陰陽生報日初食各官朝服行禮作樂畢執事者
捧鼓至縣正前擊鼓者三衆鼓齊鳴食如分各官
再叩首至報復各官行禮而退月食儀注同

閱武

蓐收天之刑神旌門祭纛校武以應之州縣仿焉霜
降前三日巡捕官率爲捕快及民壯演操至期印
官率僚屬至教場祭旂纛神巡捕官督操如制行
賞罰

部頒各祀典祝版

學宮正殿文

維年月日某官致祭於

至聖先師孔子曰惟先師德隆千聖道冠百王揭日月以常行自生民所未有屬文教昌明之會正禮容樂節之時辟雍鐘鼓咸恪薦於馨香泮水膠庠益致嚴於籩豆茲當春秋仲祇率彝章肅展微忱聿將祀典以　復聖顏子　宗聖曾子　述聖子思子亞聖孟子配尚饗

崇聖祠文

維年月日某官致祭於

肇聖王　裕聖王　詒聖王　昌聖王　啓聖王曰惟王奕葉鍾祥光開聖緒盛德之後積久彌昌凡聲教所覃敷率循源而溯本宜肅明禋之典用申守土之忱茲當春秋仲聿修祀事以　先賢顏氏　先賢曾氏　先賢孔氏　先賢孟孫氏配尚饗

武廟文

維年月日某官致祭於

忠義神武關聖大帝曰惟帝浩氣凌霄丹心貫日扶正統而彰信義威震九州完大節以篤忠貞名高三國神明如在遍廟祀於寰區靈應丕昭薦馨香於歷代屢徵異蹟顯佑羣生恭值嘉辰遵行祀典筵陳籩豆几奠牲醪尚饗

後殿三代文

維年月日某祭於

光昭公　裕昌公　成忠公曰惟公世澤貽庥靈源積慶德能昌後篤生神武之英善則歸親宜享尊崇之報列上公之封爵錫名優隆合三世以肇禋典章明備恭諏吉日祇事薦馨尚饗

社稷壇文

維年月日某官致祭於

社稷之神曰惟神奠安九土粒食萬邦分五色以表封圻育三農而蕃稼穡恭承守土肅展明禋時屆仲春秋敬修祀典庶丸丸松柏鞏盤石於無疆芃芃黍苗佐神倉於不匱尚饗

先農壇文

維年月日某官致祭於

先農之神曰惟神肇興稼植粒我蒸民頌思文之德克配彼天念率育之功常陳時夏茲當東作咸服先疇洪惟九五之尊歲舉三推之典恭膺守土敢

俾勞民謹奉彝章聿修祀事惟願五風十雨嘉祥恒沭於神庥庶幾九穗雙岐上瑞頻書於大有尚

饗

常雩文

維年月日某官致祭於

社稷先農山川之神曰恭膺詔命撫育羣黎仰體

彤庭保赤之誠勤農勸稼俯懷蔀屋資生之本力穡服田令甲爰頒肅舉祈年之典惟實將事用申守土之忱黍稷惟馨尚冀昭明之受賜來年率育庶俾豐稔於蓋藏尚饗

山川壇文

維年月日某官致祭於

風雲雷雨山川城隍之神曰惟神贊襄天澤福祐羣黎佐靈化以流行生成永賴乘氣機而鼓蕩溫肅攸宜磅礡高深長保安貞之吉憑依鞏固實資捍禦之功幸民俗之殷盈仰神明之庇護恭修歲祀正值良辰敬潔豆籩祇陳牲幣尚饗

論曰禮經以吉嘉賓軍凶為五禮崇效卑法監古宜今蓋煌煌也然大禮止於朝廷冠婚通乎民俗其載於令典郡邑得舉行者自壇壝廟墠而外鄉飲賓興之餘亦無幾焉夫民牧之責之重曰民人曰社稷民固邑所由設也若夫馨香俎豆之間陟降興拜之際受釐迓貺所陳詞乃與保障之義爲鄭重然則齋戒以臨之莊敬嚴恪以將事其所以維繫於一邑者斷非玉帛空文以爲能具亦可知矣

天門縣志卷之五

學校考

闕里載於家語成均輯為故事辟雍環流頖宮半壁天下一以仰止矣事採摭於一邑之書耶抑自兩漢以下雖風尚各殊於學校有興無廢有事則於中講明而施行之無事亦聽父老子弟涵濡漸漬觀感自淑而禮法刑政民彝物則胥出焉古循良有窮一經而終身以之者經曰仕而優則學學而優則仕也典型具在今日撫鐘鼓之嶶沭文明之化可以慨然興矣考學校

廟制

邑學創始宋治平中址在城西北隅元末兵燬明洪武三年重建成化中知縣姜綰更新之地卑水侵屢修易圮嘉靖辛丑柯僉事喬徙置北門外即今址應城通政參議余應緒有記

皇清順治己丑年孟冬七日正殿有聲如雷殷紅光燭

天至初九日東南殿角烈焰彌空不可救止署縣崔鹿鳴訓導周文旭捧

至聖木主奉安明倫堂登時兩廡大成門神庫牲庖齋名宦祠俱災春秋祭詣明倫堂行禮者十有一年庚子初冬顧宜指豹文巡部謁　聖瞿然驚嘆出俸倡建諸生蕭聲遠吳琪王曾庠毛儐沈佺等請捐闔學優免銀佐修乃會同學使王發祥郡守馬逢臯司李黃尊光各捐俸命知縣劉毓賓諭訓王命新鄧應星於辛丑夏興工紳士譚元方江自容及義民程堯聖等輸助四閱月告成學使王發祥有序廟制規模宏麗整齊詳序記其踵建踵修者

大成殿乾隆丙寅知縣戴源亨復修有記殿前兩廡康熙中知縣錢永改建廡前大成門又前櫺星門舊楔以木邑中丞徐成位同贈中書唐賡卿者邵宗

易易以石門南泮池池有石闌明嘉靖間知縣李仲僎立至今屢修屢圮前樹龔屏順治庚寅水壞康熙丙午邑宦譚篆倡建生員龔仲升監修左右兩橋舊有泮橋跨池中所稱清河橋也嘉靖中司李袁履肴中橋架東西橋橋下可通舟天啓辛酉知縣程維楧以泮水不宜外洩塞之乾隆丙寅年復開丁卯大比無一售者戊辰年邑庠徐廷藻胡章誠吳廷桂等復塞之科第振起由東橋而上為育賢坊在櫺星門東偏嘉靖中知縣邱宜建二坊東曰育賢西曰拔俊俱廢康熙年東建石坊坊西

為赫門乾隆庚辰年知縣胡翼題賢才第一關門
内甬道北大魁亭嘉靖庚戌知縣夏汝礪立亭西
禮門自門入南瞻殿背北升明倫堂明柯僉事建
康熙辛酉知縣錢永重修有記堂後敬一亭東西
為教諭署各三楹北尊經閣五楹中立
先師至聖遺像石刻左右為神庫康熙乙亥知縣潘經
世重修邑檢討程翅有記學宫内外年久頹毀乾
隆庚辰知縣胡翼捐俸遍加修葺乾隆乙酉知縣
胡翼重修黌宫泮林内外鼎新有記
崇聖祠居大魁亭東制如閣東西即訓導署按祠舊

在兩廡順治辛丑學諭王命新移建今址有記康
熙乙亥重修邑州刺史龔廷颺有記其前立講堂
二進乾隆壬午學訓黄義榘建邑士龔人欽有記
而學之制備矣附祀於宫牆内者名宦鄉賢忠孝
各有祠
余應緒記　先竟陵縣學在城西南隅國初徊宋元
舊址重建嘉靖辛丑雙華柯僉事喬迴邑目擊學
地坎汙墊而殿堂諸舍頹敗欲徙新之學師生以
城北倉基地請僉曰先年有執政經此馬鳴伏不
進掘地得石刻　先聖遺像唐吴道子筆嘆曰數

也學可已乎乃度其廣狹定其崇卑以他地易民
居務宏整其規摸士民輸助不日集千金冬仲始
事五越月工成中為大成殿前大成門又前櫺星
門又前泮池泮池左右兩橋通往來下通舟舟通
東西湖中橋走縣北門殿左右兩廡後明倫堂堂
左右兩齋齋東西為師廨而啓聖名宦鄉賢各分
祠於東西堂後為風雩亭亭左右為號房以便藏
修又購學東隙地三十餘丈為射圃分理其事者
普府倅日孝袁州倅澍揚縣侯應和邑丞周儀主
薄馬堂教諭孫琪訓導袁導典史宋繼稷也其建

敬一亭石闌干以尊聖謨勒　夫子遺像以恒瞻
仰改建　關王廟於鍾秀樓後以塞古城之衙則
李縣侯仲僎繼與其勞代雙華者傅公汝舟凡縣
所飭事尚未得專行者如匾畫社學祖師生試資
之類悉力行之以翼其美仍命李子仲僎袁子導
狀屬應緒以記始末
王發祥序　昔漢高受命召諸儒改制度與禮樂采
叔孫通議定綿蕞禮後世惜之謂有大儒如董仲
舒者生其際必能考古損益昭然成一代之制而
顧權宜僻陋使先王之教不亡於秦亡於漢何不

幸哉竟陵學宮自己丑災後蕩然矣有司上丁釋
奠權宜一時觀者歎焉直指顧公巡邑謁拜瞿然
曰噫是予之責也首出俸以勸來者而郡守馮司
李黃暨學博諸生輩皆相繼經營之惟恐後予維
孔孟之道與二氏異非有生死禍福之説可以恐
懼愚人也又未嘗有瑞祥怪異之事鼓動天下之
耳目也然春秋不言事應而事應具存初竟陵學
宮在城西南隅嘉靖辛丑柯侍御改卜其地今始
其事者亦侍御而歲亦辛丑相去百二十年時十
二戌日日十二戌辰辰十二戌歲歲十二戌紀百

二十日十二之積也天道變於上人事應於下今
日之役豈偶然哉抑吾聞其邑有異人出則泮水
騰湧有聲如雷里人傳為盛事而柯公手植　聖
殿古梅萎數十年矣今歲華葉再榮此蓋有天助
竊謂文章之美科名之盛皆不足當之將有魁奇
特達豐功盛德者出其中乃合乎春秋事應之指
願諸士夫落成而賦其事以予言頌禱之

戴源亨記　邑學宮移北郭布置協宜碑石屹立遺
文可攷也嗣閒有補葺中多頹落余承乏茲土奠
謁後謀之司鐸熊尹二公暨紳士熊奇生劉寅壹
寅恭夏用臨王夢周陳脩王榮陞羅應琦胡泓崔
光謙崔江戴璧年璧顯吳錫何器許續張聯登譚
潤世程大楹陳永定胡嗣馥程明顯等僉議悉協
乃於丙寅仲秋捐俸首倡諸紳士齋宿廡下鳩工
庀材於丁卯春告竣而魁星樓敬一亭櫺星門泮
池石闌先後鼎新學宮於是改觀矣

胡翼記　兩閒中處道與為維後聖人恭己而天下
治前聖人祖述而示之程故夫夫子之道天地之
清寧也夫子之神日月之昌光也日月之容光無
不照故山陬海澨得虔奉

天子之命以祀之然日月之照是四國也有裔靈戴抱
則必觀其所行之次於十二辰中以為適當其地
見日月之發光景尤異於四國之仰之者蓋自古
城馬伏出石碣以見天光
聖像峩峩學宮肇從此天門學宮同四國共守萬年之
命祀而賓與四國異一旦之依憑為有司者敢不
肅穆廟貌以安神靈耶　翼自東海供洒掃來身膺
民社所在以教養為亟皇學宮皆以時修整計自
今治天門九年雖丹漆堊塗共春秋以將事而棟
宇鵝聳日月久長石泐材蠹甓碎簷飄須乘時易

舊增新可益久遠爰蠲薄俸與教諭余從龍訓導黄義棨率勸紳士重加修整自庀材以至落成經其事者孝廉王榮璉王文燦胡必達貢監許緌熊汝翔張日蓉監工則典史章繼祖也而是歲適當大比人曰嶒嶸之氣發於人文桂籍鴻題若河經之上龍門因以霖雨天下以為善頌善禱予曰豈但已哉司馬遷觀車服禮器益低徊留之不能去是時郡縣無 孔廟故遷神往於魯國焉天良之觸發豈必奇才異能之士夫亦人而具之矣故勳曰又從而振德之

聖天子勞來匡直之意在有司以時鼓舞之所不當以故事具文與民日安於無事為休息也美輪美奐舄奕流光作瞻通邑俾人易違心以沐浴於禮樂薰陶之化其有志之士砥礪為君子之修即無知之民由之無小人之過而長為其可封之比戶也是予之厚望也夫

錢永記 自古及今治天下國家皆本於學自成均至泮宮遍於六合矣其所以正人心敦風化俾士子日習其中曉然知綱常名義之所在有以感發其至性而防制其匪彝蓋無不皆然也竟之治北閫隆起東西下行兩湖夾之秀麗映發而儒學移建於此余庚申春出宰是邑行瞻學舍中多頹敗而明倫堂尤甚以兵革未靖羽書旁午不暇歲辛酉前李尹念慈前學博胡子坦暨今蔡子壽生趙子應瑞及邑紳士欣助經營凡瓴甋榱桷甍甓柱礎煥然一新六閱月始竣事方今四海清晏文教昌明遐陬遠徼莫不整飭庠序豈非盛美之事邑雖僻處漢濱而文風蔚起奮為大邦名臣碩儒代有其人予敢不與爾多士振興鼓舞之哉然自

夫子廟堂而下尚有從祭之廡藏書之閣齋講鄉祠賓

位射圃各宜有所當徐圖之

程廸記 邑尊經閣明邑人唐克舉朱萬祚同建萬歷癸丑梁侯從興補修迄今纔百四十年耳竟棟折牆傾草蔓榛莽蠨場碥圃難以名狀每見貝葉曇花珠宮香阜唐宋時建者多巍峩璀璨豈傳燈煮茶家護惜苦心非我心所能彷彿也邑潘侯丙申行蒞自擊欲修以水旱頻仍停止閱四載乃捐俸招兩鐸及紳士商民集事庀材鳩工劉公清史聶公鏞暨邑紳士吳亭江之作巽愴孫王榮璞劉寅壹夏用和崔汜崔浣王榮璉吳天驥熊上林張

世爵吳學懃譚大象徐德晉等或引義勸輸或宿
廡糾督凡閱七月而折者傾者皆巽兀崢嶸朱龕
龍幕儼然遺像恍同親炙設笥貯經蹬潔俱稱重
建　啓聖祠深二丈有奇廣七尺許中龕奉木主
旁二龕列配享凡殿廡門亭以及内外垣牆無不
次第修葺後之人尚相與護惜而綢繆之無為傳
燈煮汞子所竊笑是則公之志也夫
王命新記　邑有學學有廟其正殿祀　先師而别
祠祀　啓聖尊尊親親統祭法也凡廟制初則祔
久則祧未有如　啓聖公為百世不遷之主而享

二丁並舉之祀此推本　先師在天之靈以致孝
享於所生而歷代第從祀於廡次襃矣嘉靖間閣
臣張璁曰豈有子南面父旁列者始另祠崇典禮
廣孝思也某備員學博籩豆固所攸司今新殿式
廓舊祠尚湮爰堂構之復丹雘之亦曰體　先師
在天之靈以致孝享於其所生者而已
龔廷颺記　材之難能任其事之難任其事而能終
其事之尤難邑侯潘公常念尊經閣蕪廢倡捐二
百金三年而未成己亥夏吾友劉子敘存等毅然
以其事為己任閣竣更以所餘金錢增修啓聖祠

前後七月祠閣並竣余爾時以心喪未除未與奔
走之勞然竊嘗從旁徵窺諸君齋宿於廟數月不
一過其門金錢出入必大書特書懸諸國門雖饔
飧之費不以一文取諸公大冬嚴雪飛灑額廡幾
盈寸而諸君同兩司鐸夜半會計絶無倦容至拾
木屑以續燈其勤苦如此嗟乎任天下而盡如此
也可不謂難焉夫尊　聖人必尊　聖人之所自
出此之謂孝敬其事始終無一毫苟且此之謂廉
以諸君出而任國家事當必大有可觀也祠成邑
侯倩余紀其事余觀修祠始末祠制廣狹程太史

書巢於閣中序之詳矣余特有感於一邑一事之
微足見人材之大可為取人之貴以實而因冀當
世之以人事君者維時董其事者吳子矗菴江子
紹元樊子郅章王子全石東華夏子咸萬崔子别
江滑友吳子顒嚴譚子用賓溫子漸逵徐子懋昭
吳子奕州熊子今南張子尊一也康熙庚子長夏
謨並書
龔人欽記　崇聖祠五楹中三楹奉設崇聖神主東
西楹即廣文先生官舍也祠前地頗寬廠繚以宮
墻舊有廨宇荒廢久矣凡師生之講論賓朋遞往

來書役籍簿之影雜紛紛中楹褻神已甚辛巳秋
江陵黄夫子來訓吾邑慼然不安於中踰一載捐
俸建講堂三楹輔以兩廊出入别其門俾神夤獨
尊而祠之户牖榱楹殘圮者一一補潤之啓聖之
靈安矣昔胡文定搆講堂於蕪湖朱文公搆講堂
於白鹿洞搆精舍於武夷第五曲皆自記其事吾
黨登堂稱賀請先生自文以垂久先生曰是區區
者烏足記予爲此懼褻神耳吾黨曰神之永安視
斯舉也又烏可不記是爲記
木主按前代皆塑像明嘉靖九年從禮官議撤塑像

改制木主
皇清因之
正殿
至聖先師孔子正位
木主高二尺三寸七分濶四寸厚七分座高四寸長
七寸厚三寸四分硃地金書
康熙二十三年東巡
御製詩一首
鸞輅來東魯先登夫子堂兩楹陳俎豆數仞見宮墻
道統唐虞接儒宗洙泗長入門撫松柏瞻拜肅冠裳

御製闕里古檜賦
孔子手植檜在杏壇之側金貞祐間無復存矣元至
元三十年再茁故處明弘治間又燬於火今所遺者
不枯不榮屹立霜露而秀色獨異撫摩久之乃作賦
曰維楂枒之靈質實鈞化之所鍾標扶輿之奇特峙
先聖之故宮涵元氣以不朽與至道而俱崇爾其黛
幹蒼蒼孤柯濯濯鶴骨初扶霜鱗未作儼茁軋以方
舒類鴻荒之忽鑿謝縟采於春華完淳風於太樸天
矯拂勃星臨露滴枝無取於樛樛葉全稀於棫棫夕
飈度兮弗驚朝旭烘兮如滌伊閒氣之潛滋惟神爽

之咸集徘徊延卻宛轉斷連蟠屈兮若佾羽之在列
聳削兮若簨簴之特懸則有築以崇封沃以膏壤方
以周闌角以文礫足縮心歡目給神賞蘿煙奪翠松
籟失響於是楷因之而擢穎蓍感之而抽莖爭葳蕤
於絃誦之里齊扶疎於禮樂之庭朝菌慚兮一旦大
椿讓兮千齡上溯貞宰之功遠契無爲之代均雲行
兮雨施等乾始兮坤載時則出混茫之中而居耳目
之外與三才以並植綿歷祀其長存亦有扶桑海表
若木崑巔東瀛西極揭日摩天迹雖誇於神異植非
出於文宣宜瞠乎其後矣邈無得而稱焉康熙二十

四年

御書萬世師表匾額康熙二十五年

御製至聖先師孔子贊序刊碑雍正三年

御書生民未有匾額雍正四年

上諭避孔子聖諱乾隆三年

御書與天地參匾額

御製至聖先師孔子贊并序

葢自三才建而天地不居其功一中傳而聖人代宣其蘊有行道之聖得位以綏猷有明道之聖立言以垂憲此正學所以常明人心所以不泯也粵稽往緒

追遡前徽堯舜禹湯文武達而在上兼君師之寄行道之聖人也孔子不得位窮而在下秉删述之權明道之聖人也行道者勳業炳於一朝明道者教思周於百世堯舜文武之後不有孔子則學術紛淆仁義湮塞斯道之失傳也久矣後之人而欲探二帝三王之心法以為治國平天下之準其奚所取衷焉然則孔子之為萬古一人也審矣朕巡省東國謁祀闕里景企滋深敬摛筆而為之贊曰

清濁有氣剛柔有質聖人參之人極以立行著習察舍道莫由惟皇建極惟后綏猷作君作師垂統萬古曰惟堯舜禹湯文武五百餘歲至聖挺生聲金振玉集厥大成序書删詩定禮正樂既窮象繫亦嚴筆削上紹往緒下示來型道不終晦秩然大經百家紛紜殊途異趣日月無踰羹墻可晤孔子之道惟中與庸此心此理千聖所同孔子之德仁義中正秉彛之好根本天性庶幾夙夜勗哉令圖溯源洙泗景躅唐虞載歷庭除視觀禮器摛毫仰贊心焉遐企百世而上以聖為歸百世而下以聖為師非師夫子惟師於道統天御世惟道為寶泰山巖巖東海泱泱牆高萬仞夫子之堂孰歸其藩孰歸其徑道不遠人克念作聖

御製顏曾思孟贊

顏子贊

聖道早聞天資獨粹約禮博文不遷不貳一善服膺萬德來萃能化而齊其樂一致禮樂四代治法兼備用行舍藏王佐之器

曾子贊

洙泗之傳魯以得之一貫曰唯聖學在茲明德新民止善為期格致誠正均平以推至德要道百行所基纂承統緒修明訓辭

子思子贊

於穆天命道之大原靜養動察庸德庸言以育萬物
以贊乾坤九經三重大法是亭篤恭慎獨成德之門
卷之藏密擴之無垠

孟子贊

哲人既萎楊墨昌熾子輿闢之曰仁曰義性善獨闡
知言養氣道稱堯舜學屏功利煌煌七篇並獨六藝
孔學攸傳禹功作配

東配

復聖顏子　述聖子思子

西配

宗聖曾子　亞聖孟子

木主高一尺五寸闊三寸二分厚六分赤地墨字

東哲

先賢閔子損　冉子雍　端木子賜

仲子由　卜子商　有子若

西哲

先賢冉子耕　宰子予　冉子求

言子偃　顓孫子師　朱子熹

木主高一尺四寸闊二寸六分厚五分赤地墨字

康熙五十一年進朱子次十哲乾隆元年進有子

次十哲

東廡

先賢蘧子瑗　澹臺子滅明

原子憲　南宮子适

商子瞿　漆雕子開

司馬子耕　商子澤

梁子鱣　冉子儒

伯子虔　冉子季

漆雕子徒父　漆雕子哆

公西子赤　任子不齊

公良子儒　公肩子定

鄡子單　罕父子黑

榮子旂　左人子郢

薛子邦　原子亢

廉子潔　叔仲子會

公西子輿　邽子巽

陳子亢　琴子張

步叔子乘　秦子非

顏子噲　顏子何

縣子亶　樂正子克

萬子章　周子敦頤
程子灝　邵子雍
先儒公羊子高　伏子勝
董子仲舒　后子蒼
杜子子春　諸葛子亮
王子通　范子仲淹
歐陽子修　楊子時
羅子從彥　李子侗
呂子祖謙　蔡子沈
陳子淳　王子柏

魏子了翁　趙子復
吳子澄　許子謙
胡子居仁　王子守仁
羅子欽順

西廡

先賢林子放　宓子不齊
公冶子長　公晳子哀
高子柴　樊子須
巫馬子施　顔子辛
曹子卹　公孫子龍

秦子商　顔子高
壤駟子赤　石作子蜀
公夏子首　后子處
奚容子箴　顔子祖
句井子疆　秦子祖
縣子成　公祖子句茲
燕子伋　樂子欬
狄子黑　孔子忠
公西子蒧　顔子之僕
施子之常　申子棖

左子邱明　秦子冉
牧子皮　公都子
公孫子丑　張子載
程子頤
先儒穀梁子赤　高堂子生
孔子安國　毛子萇
鄭子康成　范子甯
韓子愈　胡子瑗
司馬子光　尹子焞
胡子安國　張子栻

陸子九淵　黄子幹
真子德秀　金子履祥
何子基　趙子復　一
陳子澔　許子衡
薛子瑄　陳子獻章
蔡子清　陸子龍其
木主規制同十哲
兩廡從祀始自唐貞觀時明嘉靖九年從祀九十人
其先賢先儒俱遵當時釐定

崇聖祠

雍正元年奉
上諭加封　孔子五代改啟聖祠爲崇聖祠
肇聖王木金父公 位中
裕聖王祁父公 位左
詒聖王防叔公 位右
昌聖王伯夏公 又左
啟聖王叔梁公 又右　俱南向
木主規制同四配

配享

先賢顏氏無繇　孔氏鯉俱西向
曾氏蒧　孟孫氏敖俱東向
先儒周氏輔成　程氏珦
蔡氏元定俱西向　一
張氏廸　朱氏松俱東向
木主規制同十哲

祭典

祭品

雍正三年奉
旨郡縣丁祭牲用太牢乾隆三年奉　部頒定祭品

先師正位

帛一 白色　爵三 白磁　牛一　羊一
豕一　登一 太羹　鉶二 和羹　簠二 黍稷
簋三 稻粱　籩十 形鹽 栗 薧魚 棗 榛 黑餅
鹿脯 芡 菱 白餅　豆十 韭菹 筍菹 芹菹 醓醢
兔醢 魚醢 菁菹 脾析 鹿醢 豚胉　酒罇一

四配各一壇

帛一 白色　爵三 白磁　羊一　豕一
鉶一　簠二　籩八 減黑餅 白餅　豆八 減脾析 豚胉
酒罇一
十哲東西各二壇

帛一白色　爵三白磁　豕一　硎各一
簠各一　簋各一　籩各四見後注　豆各四
豕首一　酒罇一　一
兩廡東西各三壇
帛一白色　爵各四銅　豕三　簠各一
簋各一　籩各四形鹽棗栗鹿脯　豆各四菁菹鹿醢
芹菹兔醢　酒罇一
崇聖祠五壇
爵硎簠簋籩豆牲帛視四配
配位每位一壇
帛及籩豆簠簋視十哲爵用銅牲用豕首豕肉各

一減硎羹
從祀位東西二案
祭品視兩廡銅爵用三牲用豕肉一
禮器
木登一　木硎二　木簠五十八
木簋五十八　磁爵四十二　銅爵百五十
磁酒罇十　竹籩二百三十五　木豆二百三十四
樂器
雍正三年

欽定樂器圖
編鐘一十六　編磬一十六　琴六
瑟六　簫六　笛六　一
排簫二架　塤二　篪四
笙六　應鼓一　搏拊鼓二
柷一　敔一　木笏六
麾幡二　羽籥三十六　旌節二
樂章
部頒樂歌樂六奏樂生五十二人
咸平之曲無舞

大四太　哉工南
至尺林　聖上仲　道四太　德上仲　尊尺林　崇上仲　維工南　持尺林　王上仲　化四太　斯
尺林　民上仲　是合黃　宗四太　典合黃　祀四太　有上仲　常尺林　精工南　純尺林
並四太　隆上仲　神六黃　其工南　來尺林　格上仲　於尺林　昭上仲　聖合黃　容
吠四太
寧平之曲有舞
自四太　生上仲　民尺林　來上仲　誰四太　底合黃　其上仲　盛四太　惟工南
師尺林　神上仲　明四太　度合黃　越上太　前上仲　聖四太　粢上仲　帛四太　俱上仲　成
尺林　禮合黃　容四太　斯尺林　稱上仲　黍四太　稷工南　非六黃　馨尺林　維工南
神尺林　之上仲　聽四太

安平之曲有舞

大太四哉仲上

聖黃合師太四實南工天林尺生仲上德太四作仲上樂太上以仲上崇林尺時仲上祀太四無林尺數仲上清黃合酤南工惟林尺馨仲上嘉林尺牲仲上孔黃合碩太四薦太四羞南工神黃合明林尺庶南工幾林尺昭仲上格太四

景平之曲有舞

百仲上王南工宗林尺師仲上生林尺民仲上物太四軌黃合瞻黃合之南工洋林尺洋仲上神林尺其仲上寧太四止黃合酌太四彼黃合金林尺罍仲上惟南工清林尺且太四旨仲上登仲上獻太四惟林尺三仲上於黃合嘻南工成林尺禮仲上

宣平之曲無舞

犧仲上牲太四在仲上前林尺豆太四籩仲上在黃合列太四以太四享南工以林尺薦仲上既仲上芬林尺既太四潔仲上禮黃合成太四樂仲上備太四人南工和林尺神仲上悅太四祭黃合則太四受仲上福林尺率黃合遵南工無林尺越仲上

祥平之曲無舞

有太四嚴南工學林尺宮仲上四黃合方太四來仲上崇太四恪黃合恭南工祀林尺事仲上威南工儀林尺雝中上顯太四歆仲上格林尺惟南工馨林尺神仲上馭太四還林尺復仲上明黃六禋南工斯林尺畢仲上咸南工膺林尺百仲上福太四

樂舞

部頒樂舞舞六佾舞生三十六人　執麾一人　一執節一人

自 寧平 開翟籥向上起右手於肩垂左手於下蹺左足向前稍前向外開籥舞

生 開翟籥向上起左手於肩垂右手於下蹺右足向前蹈向裏開籥舞

民 合籥向上移右足過左足邊交立合手蹲朝立

來 轉身向東開籥起左手於肩垂右手於膝蹲身上曲足更加右足虛其跟尖着地起辭身向外

高舉籥兩朝

誰 合籥向內拱手出左足兩兩相對蹲東西相向

底 合籥轉身向外拱手出右手正揖稍舞

其 合籥躬身向上揖正揖

戚 合籥轉身向東躬身拱手出右足起平身出左手立

惟 開籥向上起右手於肩垂左手於下出左足兩兩相對自下而上東西相向

師 開籥向上起左手於肩垂右手於下出右足稍前舞舉籥垂翟

神 合籥轉身向東蹈右足惟兩中班十二人轉身俱東西相向

明 開籥以左手平肩右手平胸斜身向上偏面西左足虛其跟足尖着地舉翟三合

度 合籥向上過右足於左交立稍前向外垂身舞

越 合籥向上過左足於右交立蹈向裏垂手

前 合籥向上躬身揖向前合手膝進步雙手合籥

聖合籥向上拱手平身立回身再謙退步側身向外高止衡面向上
粢閒籥向上起右手於肩垂左手於下蹺左足向前正蹲向上
帛開籥向上起左手於肩垂右手於下蹺右足向前稍舞躬身挽手側身向外呈籥耳邊面朝上
具合籥當胸向上揖左手於右正揖
成合籥當胸向上揖手於左隨復中平身拱手立於中起辭身挽手復舉籥正立
禮合籥蹈右足轉身向上兩兩對交籥兩班俱東西平勢執籥
容合籥蹈右足向東正蹲朝上
斯合籥低頭向東揖向外退挽手舉籥向外面朝立
稱合籥轉身向上平立拱手回身正立
黍合籥向上過右足於左

稷合籥向上過左足於右交立正蹲朝上
非合籥低頭揖向上左右垂手兩班上下俱雙垂手東西相向
馨閒翟向上起右手於肩垂左手於膝屈左右足更加左足虛其跟以足尖着足起合手相向立
惟合籥低首揖於右左足隨揖蹈於後左右側身垂手向外開籥垂手舞
神合籥低首揖於左右足隨揖蹈於後右側身垂手向裏垂手舞
之合籥轉身向東北拱手蹺右足尖正揖朝上
聽合籥復身向上拱手蹺右足尖躬而受之躬身朝上拱籥而受之三鼓畢起
大安平開籥向上起左手於肩垂右手於下蹺右足向前左右進步向外垂手舞
哉開籥向上起右手於肩垂左手於下蹺左足向前右向前垂手舞
聖合籥向上過左足於右交立向外落籥面朝上

師開籥向上起右手於肩垂左手於下蹲身曲右足更加左足虛其跟以足尖着地退回身正立
實合籥向上躬身揖於左隨蹺右足尖正蹲
天合籥向上躬身揖於右隨蹺右足尖起身向前轉向外舞
生合籥向上躬身復揖於左隨蹺右足尖向裏舞
德開翟向上起右手於肩垂左手於下蹲身曲右足更加左足虛其跟以足尖着足合手謙進
步向前雙手合籥存謙
作合籥拱手向西出右足兩兩相對自下而上兩班相對舉籥東西立
樂合籥轉身拱手向東出左足上下俱垂手惟兩中班上下十二人俱垂手蹲身東西相向
以合籥翟向東過右足於左交立轉身東西相向立
崇合翟向東微左足虛右足跟斜拱手於上相向上兩班上下以翟相籥

時開籥向上起左手於肩垂右手於下蹺足向前稍前舞蹈兩班上下俱垂手向外舞
祀開籥向上起右手於肩垂左手於下蹺左足向前向裏垂手舞
無合籥蹈右足轉身合手謙進步向前雙手合籥翟
斁合籥向東拱手蹺右足回身再謙兩班上下東西相向合籥立
清躬身向上開籥起手向左蹺右足尖稍前舞向外開籥舞
酤躬身向上開籥雙手向右蹺左足尖向裏舞
惟合籥向上低揖雙手平執籥翟開籥舞
馨開翟起右手於肩垂左手於下蹲身曲右足更加左足虛其跟以足尖着地合籥翟朝上正立
嘉合籥向東拱手出左足側身垂左手兩班俱垂左手向外舞
牲合籥向西揖手出右足躬身正揖

孔閒籥向西起右手於肩垂左手於下蹲身曲其右足更加左足虛其跟以足尖着地雙手舉籥翟躬身

碩閒籥轉身向東起左手於肩垂右手於下蹲身曲左右足虛其跟以足尖着地躬而受之

薦合籥躬身向上揖於左三叩頭舉右手叩頭

羞合籥躬身向上揖於右舉左手叩頭

神合籥躬身向上復揖於右復舉右手叩頭

明合籥復手於中躬身拱手向上拜一鼓畢即起身三揖平身

庶閒翟躬身右手起舞加額左手垂舞於後左足隨手出後足尖着地三舞蹈舉籥向左躬身舞

幾閒翟躬身左手起舞加額右手垂舞於後右足隨手出後足尖着地舉籥向右躬身舞

昭閒翟躬身復以右手起舞加額左手隨舞於後左足隨手出後足尖着地舉籥復向左躬身舞

格合籥拱手下拜舉籥躬身而受之

景平

百向外開籥舞　王向裏開籥舞　宗側身向外落籥面朝上

師朝上正立　生兩班上下兩兩相對交籥　民合手朝上正蹲

物側身向內落籥　軌合籥朝上正立　瞻向外開籥舞

之向裏開籥舞　洋開籥朝上正立　洋合籥

神向外開籥舞　其向裏開籥舞　寧進步向前雙手合籥

止回身東西相向手謙　酌向外開籥舞　彼向裏開籥舞

金開籥朝上正立　罍合籥朝上正立　惟向外垂手舞

清向裏垂手舞　且朝上正揖　旨躬身而受之

登躬身向左合籥舞　獻躬身向右合籥舞　惟躬身復向右合籥舞

三合籥朝上拜一鼓便起身　於側身向外垂手舞　嘻側身向裏垂手舞

成朝上正揖　禮躬身朝南受之三鼓畢起身

鼓聲既嚴旌節前導魚貫而進列行於階下左右相向聽節生唱奏某舞則散而為揖唱舞止則聚而為成凡歌一闋則舞一成奠帛三獻共四成始終共六變起於中而散於中初變在綴之中東西立象尼山毓聖五老降庭再變而為佾數稍前進象筮仕於魯而魯治三變而東西分象歷聘列國而四方化四變稍退後象刪述六經告備於天五變而左右象講論授受傳道於賢六變而復歸於

綴中東西立象廟堂尊享弟子列配出太學志

名宦祠舊在啟聖祠前嘉靖年間知縣邱宜移置大成門東火燬康熙辛酉知縣錢永重建

晉

朱　伺竟陵內史

宋劉宋

夏侯恭叔竟陵縣令

唐

狄仁傑復州刺史　李齊物竟陵守

周　愿竟陵守　崔　許復州守

董元素復州刺史
後唐
郭延魯復州刺史
後漢
王彥超復州刺史
宋
梁延嗣復州防禦　朱　昂復州守
劉師道知復州　于敬之復州刺史
王　圮復州守　唐　介知復州
張　垌知復州　万俟湜知復州

李　森知復州　翟國榮復州副將
施子仁知復州　裴　果知復州
元
白景亮知沔陽
明
楊季安以下知縣　張繼宗
姜　綰　左　輔
周　端　陳良玉
林雲龍　梁從興
劉繼禮　李守廉

翁　善以下諭訓　任　高
楊　鵾　沈惟耀
劉翔舉
皇清
額倫特湖廣總督　郭世隆湖廣總督
楊宗仁湖廣總督　楊素蘊湖北巡撫
陳　詵湖北巡撫　蔣永修湖廣督學
劉顯謨分巡上荊南道

鄉賢祠舊無祠自弘治年間知縣姜綰始建於縣治
西嘉靖年間知縣邱宜移大成門西火燬康熙辛

酉知縣錢永重建

楚
鬬穀於菟
漢
漢濱父老　劉　馬
南宋
張興世
唐
鄒夫子　陸　羽
宋

張地　張徽
張徽
明
胡俊　黃鍾
王以義　李慶
廖訓　王瑜
何玘　郭軒
魯鐸　程鴻
黃澄　魯彰
魯思　楊清

徐麟　吳文佳
謝廷敬　周嘉謨
徐成位　熊寅
陳篆　陳所學
夏良弼　鄒昌言
胡早　程宗簡
鄒學孔　陳魁
吳文企　高啓端
陳暹　鄒法孔
胡承詔　李純元

鍾惺　魏康
盧爲教　黃問
胡順化　劉必達
譚元春　程以勰
譚元方
皇清
胡承諾　程玆時
劉臨孫　程飛雲
胡褒　譚孫蘧
魏運昌　吳驥

忠孝祠在明倫堂西雍正四年知縣吳文煊建
忠臣
宋
陳嘉言　祝松
明
胡懷　胡恒
王應乾　彭大翮
劉振孫
皇清
盧俠　沈倫

孝子

明

呂中　唐寶

蕭珣　魏襄

譚常　景運嘉

江良構　陳甚高

鄒闇孔　余登瀛

龔則敬　胡之驊

皇清

鄒紫　章雲官

王君茂　陳應正

王淇　金有嚴

孟文瑚　黄金甸

文武生徒定額

宋慶歷四年詔天下州縣立學弟子無定員元學生額十五人其盛也至五十八皆受餼於學明洪武十五年定縣學生員二十人給廩膳仍免差徭二丁宣德間增廣員數如正額謂之增廣生正統十二年於廩增廣之外復選俊秀附學肄業謂之附學生嘉靖三十七年始考取武生附儒學

皇清順治之初年定童生入學二十名撥入府學無定額歲科同增廣生員二十名廩生二十名廩生考貢府學歲一人州三歲二人縣兩歲一人武童入學十五名有歲無科

學政

大清臥碑順治九年刻石

朝廷建立學校選取生員免其丁糧厚以廩膳設提學教官以教之各官以禮相待全要養成賢才以供朝廷之用諸生皆當上報國恩下立人品所有教條開列於後

一生員之家父母賢智者子當受教父母愚魯或有非為者子既讀書明理當再三懇告使父母不陷於危亡

一生員立志當學為忠臣清官書記所載忠清事蹟務須互相講究凡利國愛民之事更宜留心

一生員居心忠厚正直讀書方有實用出仕必作良吏若心術邪刻讀書必無成就為官必取禍患行害人之事往往自殺其身常宜思省

一生員不可干求官長交結勢要希圖進身若果心德純全上天知之必加以福

一生員當愛身忍性凡有司衙門不可輕入即有切己之事止許家人代告不許干與他人詞訟他人亦不許牽連生員作証

一爲學當尊敬先生若講說皆須誠心聽受如有未明從容再問毋妄行辦難爲師者亦當盡心教訓勿致怠惰

一軍民一切利病不許生員上書陳言如有一言建白以違制論黜治罪

一生員不許糾黨多人立盟結社把持官府武斷鄉曲所作文字不許妄行刊刻違者聽提調官治罪

御製訓飭士子文 康熙四十二年頒發

國家建立學校原以興行教化作育人材典至渥也朕臨馭以來隆重師儒加意庠序復慎簡學使釐剔弊端務期風教修明賢才蔚起庶幾棫樸作人之意乃比來士習未端儒效罕著雖因内外臣工奉行未能盡善亦由爾諸生積錮以久狃難改易之故也兹特親製訓言再加警飭爾諸生其敬聽之

從來學者先立品行次及文學學術事功原委有序爾諸生幼聞庭訓長列宮墻朝夕誦讀寧無講究必也躬行實踐砥礪廉隅敦孝順以事親秉忠貞以立志窮經考義勿雜荒誕之談取友親師悉化驕盈之氣文章歸於醇雅毋事浮華軌度式於規繩最防蕩軼子衿佻達自昔所譏苟行止有虧雖讀書何益若乃宅心弗淑行己多愆或蜚語流言挾制官長或隱糧包訟出入公門或唆撥奸猾欺孤凌弱或招呼朋類結社要盟乃如之人名教不容鄉黨弗齒縱幸逃褫撲濫竊章縫返之於衷能無愧乎況乎鄉會科名乃掄才大典關係尤鉅士子果有真才實學何患困不逢年顧乃標榜虚名暗通聲氣夤緣詭遇罔顧身家又或改竄鄉貫希圖取進囂凌騰沸網利營私種

種弊情深可痛恨且夫士子出身之始尤貴以正若兹厥初拜獻便已作奸犯科則異時敗檢踰閑何所不至又安望其秉公持正爲國家宣猷樹績膺先後疏附之選哉朕用嘉惠爾等故不禁反覆惓惓兹訓言頒到爾等務共體朕心恪遵明訓一切痛加改省爭自濯磨積行勤學以圖上進國家三年登造束帛弓旌不特爾身有榮即爾祖父亦增光寵矣逢時得志寧俟他求耶乃若視爲具文玩愒勿儆毁方躍冶暴棄自甘則是爾等冥頑無知終不能率教也既負栽培復干咎戾王章俱在朕亦不能爲爾等寬矣自

茲以往內而國學外而直省鄉校凡學臣師長皆有司鐸之責者並宜傳集諸生多方董勸以副朕懷否則職業弗修咎亦難逭勿謂朕言之不預也爾多士尚敬聽之哉

書籍

聖諭廣訓一本

御製朋黨論一本

上諭二十本

欽定周易折中

欽定尚書傳說彙纂

欽定詩經傳說彙纂

欽定春秋傳說彙纂

御纂性理精義

御纂朱子全書

欽定三禮一部

御纂明朝綱目四本

欽定明史一百十二本

欽定四書文一部

學政全書一部

樂器式一本

儀注一本

冊結式一部

學基

舊縣義倉地並易氏地鐵形丈四十三畝二分五釐

按學西地基舊被豪橫侵佔天啟年間知縣程維模任贊化接行親勘始正經界學東舊有射圃圃前地東南三十餘丈賃民居輸租入於學今圃亭俱廢附學使薛綱記云　竟陵射圃在學宮南益分學隙地為之縣尹姜綰銳志復古乃建亭於上其志豈徇目前計哉一日綰率諸生來曰射圃有

亭矣願見紀述勒之堅珉垂諸永久庶古存羊識禮意嗚呼予文豈足存禮哉嘗讀儀禮禮記而知其說古者鄉士大夫之射也必先行鄉飲酒之禮所以明長幼敎和敬也觀所謂拜至拜洗拜既則敬之至也請安請坐旅爵則和之至也和敬之教行長幼之序明身修家齊而國治天下平也孔子曰吾觀於鄉而知王道易易者此也予督學湖湘痛古制不復下車首圖是舉聞西江吳康齋講明是禮以教郡縣子遣兩生從九江學之歸即命有司築亭圃置射器俾諸生朔望肄習之不二年間

亭圃有鞠爲蔬圃者其肄習可知已使得如綰者數十輩分布湖南郡縣亭圃必不蔬圃飲射必不虛文何古禮不可復哉夫古非徒持弓執爵復其儀文焉而已亦惟復其禮樂和敬斯不負古先王之意此又諸生之責也予與綰之望也夫按學宮舊係倪氏祖墓柯僉憲奏請遷學其地倪復捐學東隙壤先朝恩免門差

皇清順治辛丑年貢生倪軨舉人倪志德生員倪寧武倪寧國倪帝賚倪大臣大廷大觀等具呈上憲給牒優免康熙中邑侯錢復取的派賞冊俾世世勿

替

學田

原額田六十六畝一分一釐七毫六絲

一坐落椰家河田一十六畝除完正賦銀六錢六分外每畝額納租銀二錢共納銀三兩二錢

一坐落廖家壋田五十畝一分一釐七毫六絲除完正賦銀二兩九錢一分外每畝額納租銀一錢九分六釐六毫九絲共納銀九兩五錢五分七釐

每年賑極貧生

又花臺湖田八畝五分賞田八畝監生胡德偉輸入除完正賦銀一錢五分六釐外每畝額納租銀三錢八分零五毫共納銀三兩零四分以備

文廟春秋二祭各處香燭修補之資按舊志云學田二段坐張官畈者程一鑑輸入坐申家臺者推官袁履斷入久已無存附記

書院義學附

天門書院　在西城門左前後四進西倚城七楹中奉

先師神位前七楹爲院長偃息所又前講堂又前則塾門也其齋房暨兩廊書室爨所合三十有二霤用

器具質樸無闕乾隆甲戌知縣李飛雲捐廉三百購邑民倪夢葵章大有基址改造寬近十丈深二十丈餘其募捐輸助監理出納各紳士俱詳碑記中記曰竟陵文獻邦獨不立講學書院猷之缺也余始至以爲

皇上樂育人材所在以教養爲先務偏隅僻壤無不興行修辭家絃戶誦以詩書理學之精主持而維係之其風會烝烝翔通邑名區代有奇偉磊砢之士上之作斯道干城經綸負荷下亦不失爲華國之才文章之彥顧可不多方培植而激勸之耶而講

書紛冗徒切於心明年冬乃經營伊始踰春度夏以五月穀日落之其邑之縉紳士以興學右文意請序余惟以學者效也所以學為人也立人之道曰仁與義係以情中不能已繩以分毫不容貸十際五常隨處體驗陸子有言六經註我我註六經豈章句之謂乎歷古講學名山陶鑄明效千載如一日四海如一心內省己外印人形體各殊途無異軌深造自得益其候也魯論之說仁說忠恕孟子之說性說心說養氣諸篇終身誦之不嫌其畧終日語之不厭其詳端則識之緒則擴之過則補

之義則徙之始於事親中於立身終於事君斷斷如也學者若不自撿攝日習剽竊雜念龐心外好熏心甘言誘心尤物戕心智巧相高囂薄相尚責人明而責己昧覥然人世猶空碑耳即工文奚裨焉孔孟心源儒先家法表裏內外本末後先是所與望於正之者書院在西城門左百六十步門對青陽背城面街營堂室三十有奇器具稱是洪敞深邃題曰天門書院明大共也予為之創捐廉俸三百兩縉紳商賈樂輸者別勒之石襄厥成者教諭郝守訓訓導黄之選縣丞邱運亨典史章繼祖鳩工庀材選石陶瓦者視催督賢而勤亮而周不遺餘議則紳士王榮槤王夢周胡泓崔光諫熊汝翔許綬張聯登胡嗣馥等例得附書按天門書院除建宇周銀六百四十五兩外存有闔邑紳士商民等樂捐餘銀一千四百兩現付典商生息以乾隆十九年為始按季送縣與經管開支每年計息銀二百一十兩（每兩以一分五釐起息）脯修膏火及看守人工食俱取給焉事由詳呈各
憲有案刊石垂久

義學　在縣南一里義河邊明知縣姜綰建有記知

縣周璿重修嘉靖中黨於民舊碑存丹臺觀中姜綰記云古者井田法行教在養中自井田壞富連阡陌而淩蔑倫理貧無立錐而不暇治禮義教在養外也綰幸生逢文運寄教養職於竟陵以鄉學未立乃度城南地為學以教之教而非養與無學何異故賦官地壓以輸於學師則月支石米歲給十兩銀子弟貧者給以楮墨使學有定志所以教者小學一書其要在於明倫其本在於敬身月考而歲試之間有俊秀則升於庠以進乎修己治人之道焉若富若貧咸得以學亦庶幾乎義焉耳

平江書院　在縣東南天王堂街坐西面東三楹圍墻四周知縣平江錢永建也舊延塾師講學在此自西成門設天門書院此塾改爲幼童肄業所雖官捐修脯課督亦稍弛矣乾隆二十一年知縣胡翼葺其頹圮歲捐一十二金延學品醇正之生主其席聽邑中無力讀書子弟從受章句不時考課擇選其可造者送天門書院肄業以示鼓舞云

社學散列各村上白村十六學下白村十七學雲潭村十六學官城村十二學方樂村十二學南黄村九學附城廂二學在城坊三學共八十七所成化

十七年知縣姜綰勸民創立擇通文理者爲師即古鄉塾之制也弘治中知縣周端重修嗣後無復議此者康熙年間知縣錢永設三義塾一在縣治東一在漁市一在乾鎮子弟志學者無論貧富聽負笈從馬師則捐俸給之今惟漁市址尚存乃明經陸語新等請於知縣李泰來捐修者

論曰肖其材而成之必於學養而後教政之序也然言治必曰教養可從得所尚已學校者非黼句海宇弦歌里閭爲文飾太平之具使一日不講其於不耕而受之饑不織而受之寒有倍蓰者要使聰明才智收於仁義道德之途而後譎詭倘張不因以滋經籍詩書之弊風趣古已具亦使農工商賈有以識秀民之先即佛老異端更以知域中名教綱常之大得向方矣其於爲治不已綱舉目張哉雖然人才於是焉儲飲射於是焉集選舉於是焉興而全邑之事不已過半也歟

坿録文史通義卷八天門縣志學校考序闕里備家乘矣成均輯故事矣膠庠泮水寰宇同風曷事連編採摭更爲專考抑自兩漢以下政教各有所崇而學校有興無廢拔水築宮拂廡拭履有事則於中講明而施行之無事則父老子弟於以觀遊自淑而禮法刑政民彝物則胥出於是焉則學校固與吏治相爲表裏者也典型俱在璧緒茫然撫鐘鼓而想音徽可以蹶然興矣

天門縣志卷之六

水利考

言水利有四橫溢為災利在防壅塞是懼利在疏天災流行旱澇不時利在蓄與洩防者隄疏者渠蓄則湖堰洩則剅牐也邑本澤國三面距水水高地下多疏徒勞蓄豬亦易力因其勢為利導隄防其首剅牐次之所關匪輕矣考水利

堤垸

澤國多虞其高原沃壤無川澤利亦無蕩析患者縣北一隅耳甫歷數十里厥河惟五郢水自西來環

城而東者縣河也無甚大患漢水自西來貫境而東者襄河其經流牛蹄為巨支通順旁出獅子剅入口已塞下流倒漾而進者也生其間者各畚築自固垸百餘倚堤為命革千里洪波東於狹流肢分脉繞仍合一線不預堅其防田為沼民其魚矣爰書情形於左

縣河堤垸

護城堤郢水入界始經原阜漸下至三龍河會漢水頗為城患城故衛址舊有堤長七八里擁西南東三湖為保障明永樂中大水傾圮宣德間知縣楊

季安乃重築嗣蒞斯土者成化姜綰弘治湯貴周端嘉靖邱宜萬歷劉繼禮代加興修而周端為最祭酒魯鐸紀其事中丞徐成位捐貲募築高厚萬歷丙午民德之迨操口塞萬歷時泗港壅天啟時郢水源近委長易溢易消患遂平矣但漢潰上游西水建瓴而下災變叵測屢決屢築工復不少天啟甲子知縣程維楧加修崇正丙子東堤決知縣陳六奇修

皇清順治己亥年東西南三堤俱潰署縣通判張國楧修康熙元年西堤潰屢築屢決至五年知縣陶襄修二十二年西堤決知縣錢永編船作渡運南岸

土堅築雍正二年東堤決知縣吳文煊築乾隆五年西堤危知縣張特進力救得全邑人立碑防禦安可忽哉

祭酒魯鐸記　景陵古荆州域間乎夢澤襟帶義河三澨在其南沱潛在其西實江漢下流也邑故有隄環東西南三面袤七八里抱三湖其中每夏秋交水盛勢與天際登高而望若浮釜然水懸隄外欲下就城中者幾二丈許隄覆則流屍堪傷瀕湖沃野百餘頃亦千口不食矣且近歲風雨湍急堤善崩水時人人自危必將幼稚匍匐往依陵阜

得無事歸則慶為奇幸弘治戊午周侯下車喟然曰棟宇將焚燕雀猶相樂哉爰自區畫兼勸富民貲募貧民力為浮橋取土義河南倍築之址廣八大面四丈高於面之數得強半焉其袤如故在南湖者受害猶劇增高且厚又於上流障怒湍使南射以殺其勢凡五閱月而畢已未水大至得無虞庚申水甚且久盲風濁濤勢大可憂侯循視不少休七月東南雨堤忽有穴隳水漸急民譁然謀走侯親立穴處召號指畫為楗築之時苦無土侯善諭民捐隙地萬力並作復湛牲幣籲江神日昳風

止水退穴塞蓋精誠所激也水涸復臨視穴處剗中寸築使益高厚望若城郭其規模不止為數百年計者民歌謠之不足相屬請記其事於鐸鐸曰伊尹有言一夫不獲時予之辜西門豹令鄴不用障水史譏其未盡仁智河決瓠子漢武親臨築焉古於民災用心類如是邑四境根本係縣治縣治利害係隄防不有周侯人不獲者豈止一夫今侯仁且智力為捍禦使民得所而不列焉其何以憲來者鐸不得以不敏辭也弘治十四年五月朔記

按三龍河堤圩役督業民歲修西南東三堤保甲催垸民修築遇有大工則合邑按田派土此成例可久者也然城壖尤可虞賴環城湖與濠通消洩易耳乃東西南三湖業民既取魚草之利復築塍圍池栽荷蓄藕借名分界實冀生淤成業不知霖潦變塗泥衝高隍低有妨城堤患更難測知縣胡翼勸導示禁有碑記

東西二湖記　邑為澤國縣治外墳而防者二堤曰東西走馬嶺窪而瀦者二湖曰東西湖居城左右水波琉璃如雙鏡然厥東有茄花剅趨河所謂汊闢流川是也防下田浸則湖洩之旱則湖溉之

田之良良以湖湖不可堙堙則塗泥壅遏水閉不行且涸病在田水溢不受且泛病在田承大者俛民享湖之利漁魚取草蓺蓮芡可也而沼之而築之使需者必納錢湖病田病因以病民可乎夫私徵有禁圍占有禁乾隆九年浙江潘方伯思榘奏准湖泊蕩地不許阻塞水道違者按律問罪又乾隆十一年湖南楊中丞錫紱奏准無論官地民業凡有關水道蓄洩者一概不許報墾有礙他處民田皇皇法令不可干也築堤病湖以石田利在一家而害及萬姓矣乾隆甲申邑人陽冠英與倪國

周互訟予折之曰自今以後湖之利倪氏有之湖之水萬姓有之埂成者悉毀再築者必懲因記之石以告來者

南湖記　水性疏明尸子謂沐浴羣生流通萬物蕩出滓濊者也故欲去障徹蔽不可立界分疆邑南湖官地也倪氏欲利之輸課於官輒割湖而畀分之區隅立防且表之以樹使波瀾不能激推水死而淤生致積潦不行又嗌隍漱址潰決不測環湖居民曰是公私憂也請勘之予謂利在己者不可以病人利在一家者不可以病通國倪氏之據

湖而有也以課也官爲輸之（水課實徵冊載一兩五錢自乾隆三十年爲始倭年官捐永免倪氏輸納）倪氏不得劃湖以病公私矣魚草之利予之可也僉曰善即倪氏亦曰善乾隆乙酉仲春翼因捐工毀埂伐樹閱月餘復湖舊觀觀者如堵乃指謂邑人此縣治開陽展局之所與東西湖通城堞樓臺共空明涵澹相映發其鍾靈毓秀邑之人文係焉俗謠曰萬箭穿中央公私兩茫茫謠固不足憑然而形勢所存匪關淺鮮試一覽之今日勝乎前日勝乎是爲記

永豐垸　在城東北長四里舊無護城堤築此防水萬歷甲午知縣林雲龍修自田家墳起至風口止週二千五百六十七弓至丙子知縣劉繼禮加修編立圩長十名逐年輪守月光垸董家垸兩古堤長五里其外障也下及楊林垸南岸大有垸編圩如之此下各築私垸以防西水不患載又縣西南下白湖村有班隄防京山水傳魯班所築

襄河堤垸

邑爲襄河中腹前百餘年患猶未甚者上有大澤口河分殺其勢下有沔陽湖泊通暢其流也邇來澤口以南河身沙淤沔陽湖地淤築成垸夏秋水漲

來勢寬猛去流壅滯則腹脹爲災堤薄即不堪禦盤曲頂衝之處常易潰決版築迄無寧歲矣區畫之善未有如王觀察槩者茲列各垸利害特載議立條規補所未備於後爲有水利之責者採擇焉

南岸自潛江縣界起

獏獐垸堤長一千二百九十三丈

牙旺垸堤長一千八十三丈

馬家垸堤長九百五十丈

順治戊戌堤決郡守馬逢皐修築並馬公堤碑

上中洲六區堤長二千七百九十丈五尺

康熙丙申决時家嘴漁泛滏下七里前　制憲滿
公丕請帑修築民立碑堤上
下中洲六區堤長二千五百八十二丈
下老觀垸堤長五百五十六丈五尺
石泉垸堤長一百二十二丈
長湖垸堤長四百五十五丈
猪矢垸堤長六百六十丈
瀾泥垸堤長六百二十六丈
犴獐垸堤長五百四十五丈
漚麻垸堤長四百六十七丈五尺

乾隆辛巳癸未兩潰人民疲苦逃散知縣胡翼倡
捐並援例勸諭兩岸垸民協助一時從風慕義遠
近響應不二日得夫三萬餘督築告厥成功
官湖垸堤長二百三十七丈
北河垸堤長三百一十四丈
七江垸堤長二百五十丈五尺
青泛垸堤長二百二十丈五尺
桑林垸堤長三百一十八丈五尺
夾洲垸堤長五百七十丈五尺
戴家垸堤長四百三丈下交沔陽州界計十九垸共
堤長一萬四千五百四十九丈
北岸自潛江縣界起
長溝垸堤長二百一十丈五尺
月兒垸堤長六百二十三丈
上老觀垸堤長七百五十六丈
汜獐垸堤長六百三十八丈五尺
洋潭沙溝垸堤長八百八十丈五尺
乾隆庚申辛酉兩決郡守周人龍炎暑搶築哀民
疲苦勸諭通邑紳民義助四鄉感動樂輸得夫八
萬堤成垸民立碑

牛蹄垸堤上中下共長九百丈下抵支河界
龔新垸堤長一千五百八十丈上頂支河界
上陶林垸六區堤長二千四百七十一丈
康熙壬戌决洪山廟知縣錢永躬親督修盡革陋
規派夫運土備極均平工成士民立碑名堤曰錢
公
下陶林垸堤長二千五百二十丈五尺
黄沙垸堤長二千三百二十一丈五尺
團湖垸堤長六百一十九丈四尺
查家垸堤長二百二十丈

下殷河垸堤六百一十九丈五尺
泊魯垸堤長二千一百七十丈下交沔陽州界計十
四垸共堤長一萬六千五百二十二丈四尺
通順河堤垸　此潛河支流也源寬河身甚狹水泛
苦無所容古垸恒在魚鱉中隄防尤宜力焉
南岸自潛江縣界起
上古垸堤長二千二百四十丈
乾隆二十五年堤決知縣胡翼搶修七日成功
中下古垸堤長二千一百丈
吳孔垸堤長一千五百九十丈下交沔陽州界計三

垸共堤長五千九百三十丈
北岸自潛江縣界起
蘆林垸堤長三百八十丈
大剅垸堤長一千四百十丈
牛槽垸堤長一千六十六丈五尺
梁陳垸堤長六百七十二丈
穀家垸堤長二千三十五丈
報臺濫溝垸堤長七百八十五丈下交沔陽州界計
六垸共堤長五千九百七十八丈五尺
舊自東尾牛槽桐柱三鋪至南黄長三十里皆湖

壎汙下明知縣周端遍築高堤行人便之因名周
公堤邑之人歌美其事曰北黄南黄三十里半是
繁蕪半泥水可憐去歲不堪行今日長堤高㠥㠥
牛蹄支河堤垸
此河源分襄流綿亘百餘里灘挺灣廻頂衝極多
下歸脉旺仍與襄會故夏秋水泛其勢最急坍塌
搶築兩岸各垸無能免者非堅厚講於暇時安保
其安瀾而下哉
南岸自襄河牛蹄口起
龔新垸北堤長一千五百七十三丈五尺上頂襄河

界
譚家垸堤長三千九百七十八丈五尺
是垸堤長二十餘里頂衝者十餘處雍正丙午知
縣吳文煊大舉興修磁築高厚稍得安堵乾隆癸
未知縣胡翼於頂衝坍塌押築堅實嗣此或可長
慶安瀾云
白湖垸堤長六百五十五丈
虎獐垸堤長一千四百八十一丈五尺
河湖垸堤長六百一十七丈
黄洋垸堤長五百四十六丈五尺

萬貢垸堤長九十六丈
雍正年間六載七潰魯觀察之裕捐俸坐督堤成
民以永寧有碑
殷老垸堤長六十丈
麻佃裴湖垸堤長四百一十丈
毛湖垸堤長二百七十二丈
胡小垸堤長七十丈
乾隆七年伏秋堤潰王觀察槩露立經宿傳諭隣
垸受害之民每夫各給穀二升為口糧一時踴躍
助工得夫數萬堤得告成

夾洲垸堤長三百一十五丈五尺
施家垸堤長一百三十八丈五尺
新冲垸堤長四百九十五丈
鄭家垸堤長一千一十丈
河灣垸堤長一千三百九十二丈
倒套垸堤長一千一百五十八丈五尺
乾隆辛巳兩垸堤潰次年屢築屢决癸未復潰民
疲苦逃散知縣胡翼倡捐並勸諭兩岸民協助不
五日獲夫二萬餘堅築成功踰年地慶豐登是人
心之古道猶存而亦恃上有以感動之耳因誌

鴉鵲垸堤長五百五十九丈
乾隆二十五年潰口知縣胡翼搶修十日成功復
潰五日成功
柴頭垸堤長七百三十丈
釵子垸堤長一千一百二十丈
下沙灣堤長七百丈五尺
寶豐垸堤長四百五十丈五尺
白西泛堤長三十二丈抵漢川界止下交漢川界計
二十三垸共堤長一萬七千八百二十四丈五尺
北岸自襄河牛蹄垸起

尹家垸堤長一千八百一十丈五尺
寒土垸堤長七百九十四丈
截河垸堤長二百七十三丈五尺
花臺垸堤長六百三十一丈
乾隆癸未堤潰知縣胡翼搶築成功是年禾苗仍
收十之五分
趙家垸堤長五百一十九丈五尺
高作垸堤長五百四十四丈
新堰垸堤長六百八十八丈五尺
陳昌垸堤長六百八十丈五尺

南灣垸堤長六百三十六丈五尺
西汊垸堤長三百八十九丈五尺
横林垸堤長六百丈五尺
張家臺堤長五百五十七丈五尺
馮思垸堤長一千一百三十八丈
高家垸堤長三百二十丈五尺
鄒魯彭垸堤長六百丈五尺
截築漚麻垸堤長五百一十六丈五尺
便文垸堤長四百七十丈四寸
便河文家兩垸内外原屬一區通力合作久矣文垸業民巧為脱卸於康熙辛巳别築間堤另立官垸不復修臨河部堤便垸田少難支即於次年告成廢垸然垸廢而堤不廢民苦疊訟為有力者把持案延近七十載乾隆己卯知縣胡翼勘議詳允取遵勒碑垂久時有保釐恩深及乎數十年柄鑿之頌
李家港堤長五百五十六丈
灌溉垸堤長九十四丈
徐魯蘇汊垸堤長一百八十二丈五尺
尹家垸堤長二百一十六丈五尺

臺陂垸堤長二百八十三丈五尺
程鎮垸堤長二百六十一丈
長樂垸堤長二百八十三丈五尺
左賸垸堤長一千一十五丈
康熙乙巳決黄家灣知縣吳文煊督修月堤澄清東龕磯築堅實歷今四十年無患
觀音堂堤長二百二十九丈
社湖垸堤長六百六十八丈
三王廟堤長二百四十丈下交漢川縣界計二十八垸共堤長一萬五千五百九十丈
獅子河堤　鯿魚嘴漲水倒漾儘能為災雖不報部亦例應歲修
南岸上陶林垸北四區　北五區　北六區　北七區　白水湖　北黄沙垸
北岸譚家垸南十三區　白湖垸南堤　神堂垸　老倉垸　老獅垸　張家湖　上殷垸　中殷垸
知縣胡翼蔡家横堤碑記　獅河為襄流巨支左大河右牛蹄中分一流值夏秋水泛兩岸堤垸腹背受敵民力不能兩全　國初堙之誠善也龔新垸其巔堤極易潰潰則瀰漫無際奔救不及譚陶

以下直抵沔境百億頃田產千萬家煙火盡付波
臣矣舊有橫堤一道中駕小橋因襲新臨河到塞
藉此洩潦以區區之利遺無窮之害其得失為何
如耶乾隆庚辰予因訟親勘據情形權輕重繪圖
詳允修築高厚計堤九十丈五尺易橋以到潦仍
得洩潰則襲新本垸自開下尾明口消放予民無
患勒碑垂久安瀾永慶百餘里垸民得專力於臨
河部堤矣乾隆三十年仲春穀旦記

節錄王觀察概詳定條規

一估報冊籍宜早歲修工程例應印河各官逐段勘

估老堤原高寬丈尺若干某處應加高厚若干務
於七月二十外造冊八月初十外賫道查核庶便
九月興工不致稽延矣按堤有難阧各分形式其
已合式堅實者宜緩其阧險未及合式者宜急理
應公修須據實估造不得徇私濫報

一均派夫土宜公按田受土計土派夫自有成例但
取土有遠近須相土之遠近酌夫之多寡秉公均
派之按圩役分堤每不論堤身之大小取土之遠
近一例攤派勞逸不均以致低薄者驟難高厚且
奸猾之徒復那移堤段說寄縣夫須酌定丈尺使

公當則人自踴躍

一取用土方宜遠堤脚愈寬愈厚則堤身愈安愈固
凡附近堤邊之土永不許輕取按愚民惜土或田
畝承業不一每多爭論抗工須酌定二十丈外論
令如一若挖取成坑之地但向內坑岸邊取土

一修築工程宜實凡阧險堤塍務要層土層硪或多
用牛工踐踏簽釘試水不漏不許鬆填浮土餘堤
加帮亦不許鏟草見新跡按堤面須外高數寸則
霖雨泥濘所流之土盡歸堤脚不致洗入河流因
而殘缺坍塌又堤之得力全在腰飽滿腰身不滿

脚長徒屬空形面寬仍歸崩圮

一工作之期宜定成例九月興工至來歲二月告竣
須酌定分數每月約做幾分以紓民力其有自願
趕築完工者聽從其便不得故苛

一垸落之界宜分每一垸須用木牌一面上寫某垸
堤長若干丈尺插堤上則各垸工程一目瞭然不
特勤惰易分而堅實與否亦便考察矣按土方交
界處彼此惜力每多溝缺須令上下均停丈尺犬
牙交築自成一片

一柳荻宜堤堤岸修完每資柳荻根蒂盤結更為堅

實須令遍插不可視為泛常也接插柳不徒資盤結實以備搶障但只可植堤內在河外者須盡砍伐每見河岸崩圮多因根濡風搖所致

一土牛宜備防患貴在機先堤工既就須各分遠近丈尺各用土牛堆積堤上以便急需搬取免致臨期無土有費周章馬接土牛宜從堤腰堆積出堤面不必高面須寬三尺高長各一丈以間二丈為率次年接堆如之三年堤面俱寬矣後此培腰撐腳亦易為力

一巡護宜週新築難免剥落雨淋尤多坍損務須勤

視補苴如獾洞鼠穴立刻挖填至屆汛期河員吏督率巡警方保無虞

一包攬之棍徒宜究各處堤工每有一種土棍自恃豪強句結無賴衿蠹攬充堤總從中包折侵蝕以致工不堅實應嚴察拏究

一胥役之勒索宜禁堤工雖官責而差遣書役按籍查催勢不能免但勤慎奉公者少借事需索者實多須嚴加約束時時加訪查不得疎忽按民修民堤查催只須傳差數名往來巡警若每垸委一坐差終歲傳食垸中且生端苛索深為民累

一管堤之書識宜剔修堤估計丈尺繕造冊文原需書識經理然使冗役太多保無弊蠹叢生應遴選老成精書算者視所部院分多則二人少則一人充當則蠹弊清而民累可除

一陋規宜永禁修堤原係保民善政水利員役每多需索小民何克堪此歷奉　各憲查禁現無違犯而法久玩生弊難永絕應逐一指出勒石縣署門首刊榜鄉村集鎮永行禁革

一大工宜實派凡屬有田業戶均宜按畝出夫乃有紳衿恃符阻抗應將家屬枷示罰令倍出夫工更

有奸狡花戶或不照派應役或以老弱塞責老弱應以二折一違派應倍罰重懲則民心服而工易集

一月修宜預挽頂衝之堤日見汕刷徒苦民力無益伏秋汛後週視堤岸倘有極險難保之處立即確核估報照例辦理

疏濬

古治水之法先於疏濬而疏濬之宜全審時勢居今言疏河難矣但襄河支流自牛蹄口入至脉旺嘴出上寬下狹壅滯為災故兩岸堤垸有六年七潰

者有三年四潰者有兩年二潰者一年兩潰者餘垸僂指無一得免非殺其勢患正未有已也擬於河口設堤以遏其衝上岸突出下岸續抱則勢緩而流平前邑士劉芝曾呈請道憲蒙允未果行有心久之措以公冗未遑時又將入 覲願以俟後之良牧

蓄洩

旱乾水溢全資人事修救不預為謀井掘臨渴呼待濡首晚矣縣北陵阪蓄恃堰塘縣南隰地蓄恃湖豬夫湖豬必資剅閘春霖連綿不敢蓄蓄則積潦無麥繼以旱恃引河水灌救又虞漲泊於外且憂

霖猛於中呼吸性命所關匯細正須防護修整垸俱有剅誌其大者

東湖河剅　舊在湖北正德九年徙至東南或謂元辰水不宜直出且瀕義河恐非久計

剅背大剅　地屬沔陽在仙桃鎮下二十里前明周少保創立洩七十二垸及沉湖之水年久廢壞雍正間知縣張特進領帑復修

通順河剅　在北岸大剅垸縣丞邱運亨督民建修

蔣碑渡剅　在譚家垸下區內外二座剅堤四丈係闔垸公修

論曰水利為一邑大政其得失勤弛
國賦民生係焉風俗之美惡人心之存亡禮義學校之興廢胥於是乎在前志畧而未詳比者衝潰流離歲以不登屢蒙
恩恤翼蒿目民瘼當水涸興工檄飭河員經理吏身戴星月來往經畫隄防加增高厚茲詳載其情形及條規為善後計水獲安瀾田保豐腴庶有日也

天門縣志卷之七

五行考

自古清寧奠定萬物殫生雲卿星景益其盛哉然聖人御世水旱沴眚所不能無羽翟干戈亦互為用是在應之者足以轉其機而已故珠斗驗於司天璧儀觀於合朔或書懷襄亦志焦原而蚩尤涿鹿何必不在觀化之年一以著元符一以志警誡也自援神括地一切緯書攟拾荒謬失其謹嚴誕已班范所錄祇准劉向洪範之傳分類比附證合人事其庶無附會與郡邑僻小守土之職不修或

以名災沴而豈與於太史之書故牽合支離有不必焉考五行

祥異

南宋元嘉三十七年二月壬辰白鼍見竟陵刺史南譙王義宣以獻孝建元年竟陵木產連理其上有光時稱邑令夏侯恭叔德政所感

唐長慶四年復州漢水溢決

宋太平興國五年七月復州江漲防決壞民舍紹興三年二月復州水淳熙三年夏復州旱冬大饑八年七月復州不雨至於十一月明年五月不雨至於七月十五年荆江溢復州水

明洪武二十年城北倪俊池產瑞蓮次年魯鐸舉鄉試弘治十四年倪俊池復產瑞蓮次年魯鐸以第一人捷禮闈正德三十九年城北楊楚贇池產瑞蓮一本二花者三後吳文佳周芸謝廷敬同舉於鄉先後成進士天啟元年二月若有物自東來蜿蜒學宮樹杪泮池水湧丈餘紅光燭天其底似金獅像經日不散次年劉必達以第一人捷禮闈

皇清順治十一年黃鶴集萬臺湖二白鶴前導之是年程飛雲領解額乾隆二十九年邑西丁吳垸民池

內產並蒂蓮一枝

明洪武二十二年己巳水決城壞成化十年夏大水城內乘舟弘治六年冬大雪恒寒十三年大水正德三年邑有犬生角魯鐸曰兵象也已賊起十一二年大水民大饑嘉靖六年六月大水壞民田廬戊辰迅風大雨雹人畜多死七年夏旱河竭民乏食八年秋七月漢溢九年秋大水八月丁丑有星如月自東南流於西北有聲如雷二十年蝗飛蔽天二十三年大饑三十三年旱民饑三十四年十二月十二日夜子時地震有聲萬歷十一年水浸

城不没者三版十九年大水入城二十年龍抗堤决水没城大荒二十一年水入城三十年六月訛傳宫選民間婚嫁殆盡三十一年地震有聲如雷三十六年夏荆南水溢入城襄漢倒流四十年大水彗星見四十五年大旱蝗蔽野泰昌元年彗見東方白氣竟天冬大雪恒寒天啟元年元旦日暈冬大雷雪五年春雨無麥崇正二年漢水溢三年元旦日暈生珥夏地震房屋皆折七年春復震冬旱草木花九年六月丙子夜有星如斗赤芒耀十大許自西南流向東聲如雷八月大水決東堤入

城冬十二月賊犯西關廂十二年秋太白晝見冬彗出是年城東堤有氣如羊羶歷四五年不散後賊踞邑拒官兵屠數千人於堤上十三年春大風霾雨沙晝不見人秋旱饑銅塚民為亂旋捕殺之十四年春正月黃霧四塞日青無光夏旱蝗冬十月癸卯朔日食無光晝不見人大雨如注十五年春大饑是年夏龍潭灣居民牝騾產駒旋俱斃十六年春正月三日城門流血如注越六日闖賊渡河踞城官民不守如入無人之境

皇清順治元年大兵未至闖賊猶踞邑冬多雨雪凍餒載道除日夜大雨霹靂二年春大饑民多死賊棄城南奔焚掠空四野秋冬大疫苦饑六年學宫大成殿有聲如雷旋火起東南角殿廡俱焚七年春地震八年冬十月朔日食是夜雨雷九年旱自春三月至七月不雨冬饑十三年三月夜烈風城内墜石壓居民數家十五年漢溢堤決壞城康熙元年八月漢溢舟行城上二年夏四月居民生豕一身二首八蹄六月水決入城三年水入城四年六月水決入城十五年秋大水決西堤入城二十二年八月水決西堤入城四十五年大水民饑繼以

疫五十五年大水雍正二年大水入城雍正四年六月大霖雨水溢遍地行舟五年同乾隆元年漢水溢大霖没原八年春大雪深數尺徑没旬餘十四年虎入城復自城出傷數人十八年江溢壅漢為災二十一年大旱自六月不雨至十二月二十五年漢溢數月冬大饑民採樹皮為食是年虎至邑南陶林垸傷八九人二十九年四月十三日天氣晴明有烏龍自截河北繞西向東去地丈餘復北轉直上頭角爪甲俱現觀者如堵

兵事

秦昭襄八年使白起攻楚拔郢燒彝陵遂東至竟陵
漢新莽時荆州饑饉更相侵奪竟陵三老起兵於郡
界新市人王匡王鳳為渠帥與馬武王常成丹共
起兵雲杜綠林中荆州牧討之匡等迎擊大破其
軍攻拔竟陵
後漢建安十三年九月長坂之敗左將軍備斜趨漢
津至竟陵留駕河與關某船會得濟沔
晉太安二年夏五月張昌作亂荆江揚豫徐五州多
為所據荆州刺史劉宏以南蠻長史陶侃為大都
護秋七月攻昌於竟陵大破之昌走衆降

宋開禧二年金兵圍襄陽德安遊騎迫竟邑荆湖宣
撫使吳獵遣將軍張榮來援戰不利死之城陷學
諭陳嘉言亦死之獵募死士復景邑命其將王宗
康死守調大軍分道夾擊金兵遂解圍去端平三
年蒙古忒不解攻荆襄諸處知復州施子仁死之
咸淳八年復州副將翟國榮及元兵戰瀾泥湖翟
死之十年官軍及元將伯顏戰於風波湖
明洪武乙亥五月平章常遇春攻安陸克之復調江
西左丞鄧愈為湖廣平章將兵駐湖廣別分兵集
沔景過寇之奔軼景泰二年盜入城肆劫縣庫弘
治四年盜劫庫砍獄取劇盜以去正德四年盜自
獄出因擁邱仁楊清為首嘯聚於麻洋湖泊屠掠
鄉村擄婦女劫丁壯為徒晝時闗抉取所恐及庫
實邑人大恐凡數月布政使陳鎬副將蔣昇等率
兵遂擒戮之崇正九年縣大水入城盜越獄出拒
殺官兵尋捕擒得之十六年闖賊陷承天遣偽將
郝堯兩營破竟邑設偽知縣張耒同偽都尉馬賊
偽掌旅徐賊鎮守
大清順治元年正月前荆西觀察章曠奉前直指黃樹
中丞王揚基檄文使發兵恢復承天先取景邑調

江西撫州東鄉援師合土兵萬餘命前遊擊李充
申等將之復調京鄉勇合本邑土兵亦萬餘命原
任荆州刺史董碩儒京山人督之李與邑太學胡來
俊由東路入戰楊林口敗績李死之胡僅以身免
董由西路入戰於萬人坂敗績亦死之自是之後
賊勢益張焚殺姦擄徧四野男婦死者約數萬二
年二月靖遠大將軍英王師至賊望風先靡時左
良玉屯武昌聞之蔽江南下賊衆躡後徐馬二賊
遁去劇寇劉懸才假偽營劄官糾水賊千艘亂湖
泊璫鄉官周世慶嘯聚擄掠慘同闖寇佟大司馬

養和羅督師繡錦移兵殲之次年復勦捕餘孽自是乃蕩平康熙四十七年岳鎮奸民金超凡等聚謀不逞夜大肆焚刼市民擾亂次年知縣梁禹灝統民壯捕獲詳報梟超凡等七人因移縣丞設千總以鎮之

論曰大順取之民和上瑞惟期人壽至木妖蟲孽人訛物異休咎各以類應聖人在上一消長閒耳求其至切而關民瘼者水旱兵為重觀於史傳及舊志所採秦漢以來數千餘年時被兵禍每發最憯蓋楚豫接壤又為巴蜀要衝固四戰之地也近自李闖蹂躪後

國朝一為綏靖風鶴無驚人享承平之福矣而一隅之天災氣沴大率水多於旱蓋濱澤之區沮洳漲淤猝遇潦雨則陂堰湖防皆有衝決之虞是未雨綢繆不可不先事而圖也

坿錄文史通義卷八天門縣志五行考序

堯水湯旱聖世不能無災回星反火外物豈能為異然而石鷁必書螟蝗謹志者將以修人事答天變也自援神鉤命符讖荒唐遂失謹嚴而班范所錄一准劉向洪範之傳連類比坿證合人事雖存鑒戒未始無坿會矣夫天人之際聖人謹焉春秋二百四十二年五行災祥雜出不一聖人第謹書之而不與斤斤規合若者應何事若者應何人非不能也蓋徵應常變之理存其概足以警人心而章合其事必至一有不合或反疑災變之不足畏毋乃欲謹而反急歟草木變異蟲獸禍孽史家患隸五類列按五事余以為祥異固有為而作亦有不必盡然難以坿合者故據事直書不分門類不注徵應一以年月為次人事有相關者雜見他篇可自得焉

天門縣志卷之八

藝文考

嗚呼藝文一考非第志文之盛且以慨其衰也有志之士負其胸中之奇多繫於功名驅因衣食不得見其文章勿論已即有以身遯而抒華國之篇類唐窮愁卧閒邱壑而思不朽之壽是宵覃思殫精上者衛道次者匡時次者徵學咸有其畢生之神明與斷簡殘篇相出没不數世而飽蠧餐填鼠穴又與劫火災風倏歸於盡可勝慨哉幸而輶軒採拾柱下存之或大雅搜羅好歸稽古然漢史所錄隋志亡之隋志所錄唐書逸之崇文總目中興書目文淵閣目上下千年大率稱是豈造物忌才歟抑所撰精粹不稱固不足傳久遠歟而兩漢下百家叢雜其無當於石渠天祿之留又具有存者則中亦有幸有不幸焉天門藝文不載書目而本傳所見生平著書今亦不少概見遠之千百年近之數十年此散逸亡者當又何如耶此余之所以慨焉為之太息也爰分列其門五曰經史子集雜著勒為一卷考藝文

五部著述

經部

胡　早　尚書膝前問業

李匡之　參雅二十六卷

夏時佳　義文秘旨

龔則敬　易輿　詩經雅言

王　萌　易注解頤六卷

鄒元芝　易學古今正義　書學章句讀

禮記聖學經義　詩學章句誦

春秋經學本義　易見　書信

詩蔽　禮約　春秋不贊

熊　湄　荅門人劉洵禮問

譚孫遠　小學習　敬室語録

馬汝楫　孝經通義

譚一泰　左傳精選

蕭有曹　周易發蒙

蔣天驥　周禮注解

黄　桂　初學便覽

史部

陸　羽　江表四姓譜八卷　南北人物志十卷

吳興歷官志三卷　湖州刺史記一卷

程宗簡 纂錄姓氏全譜
鍾惺 史懷 評選左史漢書
章達 傳史
夏時傳 朝制見聞畧 大宫丞紀事
李匡之 文廟從祀録一卷
陸語新 綱目片言

子部
陸羽 君臣契三卷
胡承諾 繹志十九卷
譚元春 遇莊

秦嘉系 海昌初政録
王萌 楚詞評注三卷

集部
張徽 滄浪集
魯鐸 蓮北稿 使交集 東廂西廂稿
己有園集 梧桐小稿
魯彭 離騷賦 鴈門小橋稿
吳文佳 白雲遐思集
徐成位 沖漠館集
李維楨 太泌山房集

毛一駿 拙守堂稿
譚元禮 黃葉軒詩
吳驤 浮園詩稿
龔奭 秋水堂文集 漁圃詩集
李思孝 雪柏堂草
魏澤 泣血歌
沈倫 秋心草 西來堂草
胡承諾 青玉軒集 菊佳軒集 頤志堂集
黃閎 獨坐亭詩文集
譚元亮 靈谷詩 夔選集 秋江吟

夏時傳 光祿稿 剪江閣遺草
鄢韶 來歸二吹 怍菴輟草
張公謂 蓬蒿園詩
夏時仁 水樹園詩集
程以驥 兒戲草 北遊草
王萌 棐溪詩集五卷
夏士伊 冷淡生涯
黃于庥 巖莊詩草
程鉉時 嘉禾堂集 扶柳堂集
李匡之 霞漱軒詩集

陳所學 松石園集 會心草
程宗簡 全楚大觀賦
吳文企 絜菴懟錄 讀書大義耳鳴集
鍾 惺 古唐詩歸 隱秀軒詩文集
隱秀軒遺稿
謝廷讚 藍田詩集
魏士前 陪郎集 晉陽集 紫芝集 蜀遊集
北歸集 戊己啓編
胡順化 南北遊草
章 達 清華集

黃 問 五瀉軒古文集 醉樂軒詩
劉必達 天如詩文集
胡 恒 古懽堂詩集
王鳴玉 補山齋集 朝隱堂集 西莊合刻
劉 漸 小鴻集 沛上吟 粵人吟
譚元春 簡遠堂集 嶽歸堂集 湖霜草
虎井詩 鵠灣古文 鵠灣遺集
朱泰寧 蟄菴集
徐同氣 跋陸羽茶經
吳 贄 閱覽樓詩集 盧屈山人稿

劉臨孫 弋傭草 甜雪集 響石軒詩
程 都 笑讀軒集
譚 桓 槐蔭堂集
龔仲鵠 閑餘草
馬前融 皇蒲詩集
鄒 枚 荻翁文集
沈 佺 燕臺小紀
鄒 山 初言 白松記 懷歸賦
譚 篆 灌村詩集 西枝館詩 高話園詩集
程飛雲 郢渚新詩 竟陵風俗論

盧 俠 石濤館詩集
彭上騰 迷軒文集
李 樸 見山堂集 射雉記
王鳴琦 浮攏詩集
袁 儉
魏運昌 平江叙述
胡 褒 竹畦詩
吳 泰 大成殿賦
程大夏 書種堂四部辨體一百卷
王甘澍 怡萱堂詩集

程大濩　會心亭詩
徐尊顯　飲蘭軒集　越遊草　湘中草
程方廣　他傳樂集
倪師宗　畬安堂詩集
戴祁　南堂詩集
鄒約　北道隨筆
張廸正　麓影軒詩集
譚之炎　竹爽軒詩
夏元旦　螺川詩集
戴琮　東皐詩

王价修　東村詩存　耕餘小草
唐建中　耕織圖詩　梅花三十詠　牡丹百詠
長安街踏燈詞
陳棟　聽園詩文集
沈曜　詩法分類
夏元觀　留齋詩集
龔松年　太平吟　讀易樓文集
熊奇生　檢心堂詩古文集　西江偶吟
米公袖石
龔巽颺　華遊草

譚卜世　聽涼軒稿　燕來詩稿　秦嶺詩
李璿　嶺雲詩集
李元　畸園蒙草詩集
熊文焕　晚食軒詩

雜著

陸羽　源解三十卷　茶經三卷　占夢三卷
鍾惺　酒雅　楞嚴如說
鄒學孔　傳家瑣語
夏時傳　禿子傳
夏時佳　金丹指述

王萌　石鼓音義一卷
胡承諾　讀書說
李匡之　閣帖析疑　石鼓古文廣義　蠡廩編
沈佺　叢書秘笈
歐陽鼎　韻會政事
彭上騰　粵西雜錄
王遠　家禮輯畧
胡宏度　閣帖辨誤　放滯草八卷
沈應魁　霍岑詩稿
歐陽曜　太平策

鍾快　臥遊詩文集

胡泌　西園詩草

王在逵　閨範大成

熊宗望　聽真堂詩

論曰作志家藝文一變古法類萃詩文而不載書目意以裨於邑事者事以旁證而益詳文以兼收而大備也試推言之昭明以後唐文苑宋文鑑元文類皆兼綜一代而輯之凡以輔正史廣見聞昭文章也第十五國風十二國語各為成書理無可雜若倣國語而修志亦當另倣國風而輯詩茲郡

邑志祖史史體尚謹嚴與選事貴博採異今一用古法以歸史裁惟詩文關邑利弊者各見本條下愛固不忍割例亦不可紊也

附録文史通義卷八天門縣志藝文考序藝文論附嗚呼藝文一考非第志文之戚且以慨其衰也有志之士負其胸中之奇至於抵捂掎摭不得已而見之於文傷已乃其所謂文者往往瑞數十年螢燈雪案若雨淒風所以刻肝腎耗心血而鄭重以出者曾不數世而一脈拓落存沒人間冷露飄風同歸於盡可勝慨哉幸而輶軒載筆得以傳示來茲然漢史所録隋志闕亡者若而人隋志所録唐書殘逸者若干家崇文總目中興書目文淵閣目上下千年大率稱是豈造物忌才精華欲祕歟抑所撰述精采不稱不足傳久遠歟而兩漢以下百家叢脞雅俗雜糅猥鄙瑣屑之談亦具有存者則其中亦自有幸不幸焉景陵舊志藝文不載書目故前人著作未盡搜羅而本傳附録生平著書今亦不少概見然則書考所採更閱三數十年其散逸遺亡視今又何如耶此余之所以重為譜家惜也今採摭諸家勒為一考厥類有四曰經曰史曰子曰集其別有三曰傳世曰藏家俱分隸四部曰亡逸別自為類附篇末

論曰近志藝文一變古法類萃詩文而不載書目非無意也文章彙次甲乙成編其有裨於史事者事以旁證而易詳文以兼收而大備故昭明以後唐有文苑宋有文鑒元有文類括代總選雅俗互陳凡以輔正史廣見聞昭文章也第十五國風十二國語固宜各有成書理無可雜近世多倣國語而修邑志不聞倣國風而彙輯一邑詩文以為專集此其所以愛不忍刪率抵捂一變藝文成法歟夫史體尚謹嚴選事貴博採以此詩文攔入志乘已覺繁多而以選例推之則又方嫌其少然則二者自宜各為成書交相裨佐明矣至著作部目所關至鉅未宜輕議刊置故今一用古法以歸史裁其文之尤不忍刪者暫隸附録苟踵事增華更彙成書以裨志之不逮嗚呼庶有聞風而嗣輯者歟

天門縣志卷之九

表凡五

古者鑄金之款識并以紀功樹石之陰陽且用垂久皆祖三代之制文德書鼎彝武事刻鐘鼓征伐之勳表兵鉞云乃若一經一緯譜其人其事而歲月考之自龍門十表孟堅八表始其後所至題名共事亦題名此廳壁題名慈恩寺浮圖題名之所仿也後世登科記同官錄因之夫王陽孝子王尊忠臣同地也徵辟賢良射策高第甲乙諸科同進身也天子推恩於上下國恩家慶流芳無窮也武夫致此於腹心皆不遺夫干城好仇之選也而躋九階之末拜一命之榮同此矣集而次之以便稽考分為五表

封建秩官辟舉古科目合表

班固古今人表汎取雜收或以與漢無與譏之若封建盟於帶礪秩官治在版章登選比於弓旌其名義與邑不容沒也而食邑者世殊建官者稱繁應徵召古科者就邑中止數人殊難等倫門雜品多亦班表之意而取切天門非汎也表諸門

封建　唐虞夏商無考而前志所載漢晉以下封郡者係石城地茲亦不錄

周

鬭辛春秋周敬王時楚滅鄖封大夫鬭辛為鄖公

漢

劉隆世祖建武三年封為侯國

劉平明帝永平中封竟陵侯

劉貞劉平子嗣封竟陵侯

劉禹劉貞子嗣封竟陵侯

劉嘉劉禹子嗣封竟陵侯

晉

桓宣孝武時建元元年封竟陵男後封公

趙倫義熙十四年封霄城侯

劉宋

蕭道成元嘉年封竟陵公元徽末年封竟陵侯

劉道邈封竟陵公食邑千戶

劉義宣元嘉元年封竟陵侯

薛淵元徽末封竟陵侯

吳嘉遷孝武帝封竟陵侯

吳喜明帝時封竟陵縣侯

薛珍元徽時封竟陵縣侯

梁

曹景宗武帝時封竟陵縣侯　劉懷珍封霄城侯
范雲天監元年以佐命功封霄城侯
北齊
杜伽封竟陵公
後周
稽胡武城十年封竟陵公
楊惠封竟陵縣公
隋
楊瓚封竟陵侯

秩官

自晋以後唐以前郡守不錄非竟陵地也其秩官第分各朝仍從類序不從時先後

晋
朱　伺内史有傳
劉宋
殷道鸞内史　劉道濟内史
臧　質内史　薛安都内史
夏侯恭叔竟陵令
隋
裴　寬復州守　李信則復州刺史
王懷珍竟陵令
唐
盧　虔復州守　崔　訏復州守
李齊物竟陵守　崔國輔竟陵守
李　復竟陵守　周　愿竟陵守
狄仁傑復州刺史有傳　姜公輔復州刺史
董元素復州刺史　陳　璠長史
于延陵復州司馬
五代
劉　玘復州刺史　鮑　唐復州刺史
郭延魯復州刺史　鄭　肇復州刺史
姚　顗復州司馬　吳　巒復州防禦使

王彥超復州刺史　裴　果有傳
宋
朱　昂有傳　魏　丕知復州
劉師道有傳　陳堯咨知復州
李　渕復州刺史　張適道復州守
李夷吾竟陵守　岑　靖復州刺史
于敬之知復州　韋　勉復州刺史
鄭儒復復州刺史　王　琪有傳
唐　介有傳　万俟湜有傳
李　皎前志缺　杜　瑶前志缺

張　埛復州刺史　李　森復州刺史
李　宏復州刺史　何文度復州刺史
焦維正復州刺史　王友直復州刺史
施子仁復州刺史有傳　王知新復州刺史
楊邦憲復州刺史　鄭　武竟陵令
梁廷嗣防禦使　陳　現防禦使
岳　飛防禦使　趙保忠通判
唐淑問通判　丁　諷通判
高文虎團練使　鄭剛中團練使
呂文復團練使　翟國榮團練使有傳

張　榮將領有傳　王益柔監酒稅
楊文仲教授有傳　施師懸教授
陳嘉言學諭　謝　悰主簿
元
傅　珪學諭　忽都不花監縣
白景亮復州刺史

辟舉

宋
陳嘉言有傳
元
陳伯淵
明
張谷琇任山西按察司僉事　孟　文溧水縣河泊陞户部主事
張　勲任河南登封縣主簿　彭希齡任本縣訓導
呂　中有傳　李允中任四川璸雷縣主簿

進士

唐
劉虛白
宋
張　徽　張　徹七持使節八綰郡符公而清忠而節

張　廸官諫議有古諍臣風
祝　松有傳
元
黄　翔
張淵道秘書監都事與弟從道俱優文學
張從道通城縣達魯花赤

官師表

周官縣師州長由來久矣秦置縣萬户以上為令減萬户為長漢因之皆有丞尉佐理職教摩自隋唐至宋浸備至明而大備表官師

天門縣志　卷之九　官師　七

明	
年號	洪武年序無考；宣德；正統
知縣	張天麟有傳；嚴貞有傳；宋序直隸通州人；任英陝西鳳翔人；方杲安徽和州人；楊季安有傳；孫瓊浙江建德人；顧行有傳；吳傑河南祥符人
縣丞	王邦英江西安福人由經明行修任後陞監利縣知縣；宋廷鳳；姚壽；宋文盛；孔章；章敬；梁寅
主簿	喬著山東冠縣人重修文廟；顧定
教諭	康孔高；朱李立；上官尹江西南城縣舉人終湖廣按察副使；張鑑；翁善浙江烏程縣舉人捐修學宇；陶濱舉人；時申舉人；曹珍江西湖口縣舉人
訓導二員裁一員	彭希齡本縣人由儒士任；熊子維江西豐城人；黃希度；鞠躬；周夔；余繼樞；邱希正舉人；蕭淇安徽太和縣人儒士；唐魁
典史	陳顯浙江山陰人

天門縣志　卷之九　官師　八

明	
年號	景泰；天順；成化十六年；弘治
知縣	梅魁山東臨清監生；魏庸安徽鳳陽監生；陳預江蘇吳縣舉人；嚴奎應江西吉水縣貢生；賴英江西安福監生；秦敬江蘇吳縣監生；張繼宗有傳；姜綰有傳；田俊山東冠縣監生；湯貴江西永豐舉人修護城堤；經邦浙江仁和縣監生；周端有傳
縣丞	蘇啟；魏欽；楊芳；諶寬；耿寶；謝玠江蘇江陰人還鄉日橐無餘資；曹恕；許文；杜倫；嚴輔
主簿	張欽；黃陳文；郭惠；馬昇；萬濟；古制；晉大經四川瀘州人；白儼；孫昌；何甄；黃璇；李暕
教諭	姚綿舉人；劉璿江西豐城舉人；曾瓚江西泰和舉人；習善江西新淦縣舉人正身率教；孫垣舉人；張昱；周講
訓導	馬達浙江山陰縣舉人；偰宥；譚昊安徽青陽貢生；陳源江西永豐貢士；張欽江西進賢貢生；張濬；彭桓江西信豐縣貢生；胡誠安徽巢縣貢生
典史	熊祉江西建昌人

正德	左輔有傳	曹瓚	李賨	李翺廣東番禺縣舉人	高震	
十三年	徐環安徽望江縣舉人	艾琳	胡洪			劉忠
	陳良王有傳	曹澤	杜傑		劉翺江西安福縣貢生	
	來亨有傳	羅藍	張儒	蔡德器浙江黃岩縣舉人純心篤行		
	李東廣東番禺縣舉人修堤防壁校遷知興國州	楊潮	譚良貴	曾學	虞載江蘇泰州貢生	
嘉靖二年	周中四川眉州舉人	陳時謨	周諳	羅時裕	梁倫	林浩
五年	朱相四川南充縣舉人		楊金		常吉	
八年	張珩四川漢州舉人	黃應龍	張鑛		劉鵬江西萬安縣貢生	
十年	江宇江西南豐縣監生	范擴	徐彪	龍雲舉人	任倫	
十二年	張賀福建福州舉人	林希旦	孫蕙		林茂春	
					楊紹興	
十四年	封祖裔雲南滇陽舉人轉工部主事				周嘉遇	
		吳愛	王永吉	孫琪陝西長安縣貢生正性方介士習以端		章瑛
十七年	高第雲南廣東衛舉人					
		羅一元	楊良			
十九年	張確江西安義監生		馬堂	袁導江西泰和縣舉人		宋繼稷
二十年	楊應和福建長樂	周儀			游仁四川峨嵋縣貢生	

	縣舉人有協運儒學功	羅長慶	馮魁			
二十四年	李仲僎直隸饒陽人桂林籍舉人修敬一亭石閣				景才四川茂州貢生	
				黃天柏		管瑄
二十八年	夏汝礪廣西融縣舉人建大魁亭	李陽春	陳景星		李暘	
三十年	黃子靜安徽歙縣監生	袁沛	甯聰	聶汝恭	于鏷	鍾天倫
三十二年	況國奇江西泰新縣舉人清白嚴肅執性不回			盧大元		李相
三十四年	李廷綬直隸懷安舉人		張俸		鄒魯	
三十八年	李大尉雲南石屏州舉人	朱魁		王一桂		余泰山
三十八年	邱宜有傳		程世強		張翮	
					楊鍾元	
		婁守	戚坤			余儒林
失年考	周龍爵雲南舉人			任融和		
失年考	魏洋河南許州人	胡宗仁		陳一夔	張維翰	黃天栻
			呂一言		朱卿	
隆慶三年	方渠江西弋陽縣舉人	劉鶚		陳鳳鳴	任高四川溫江縣貢生	楊璽

六年	羅應鶴安徽歙縣進士		董應兆	劉宗韜	張一經	
萬曆二年	李濂四川合州人	曾啟明			趙文縉	王梧
四年	羅繼韓江西南昌縣舉人	潘士集	王應元	王良臣舉人	李大慶	
七年	陳大統浙江會稽人				趙承恩	郭資朝
					胡明化	
十年	陳席珍		萬賁	陳文熙舉人	黃鏡	金鉞
十四年	程子諫有傳				尹尚章	舒日暖
		吳儒	嚴啟芳	鄧鎰	梁應光	

十七年	應廷良	杜榮浙江慈谿人	鮑域	李鎰舉人	唐鑄	劉世臣
十九年	林雲龍福建晉江縣舉人清正愛民	周從政		蕭廷敞	趙獻可	
		胡仕弘	楊應會	賈文範舉人		徐仁
二十三年	童梓安徽懷寧縣舉人	王休徵	喻仁數	韓士材	張體遜	
二十六年	朱隮卿江西廬林縣舉人				葉印孔	孫茂通
二十七年	周戴仁廣西平樂縣舉人	吳夢乾以後無攷	鄧于汀後無考至崇正年裁	劉懷德	黃模	左一周後無考
二十九年	趙天民江蘇江寧縣舉人				曹景洛	
三十年	梁從興有傳			馬鳴陽廣西全州	符尚卿	

三十四年	朱有年貢士			人正直愛士	龔希禹	
三十五年	劉繼禮有傳			陸懷贄江陵縣貢生興文課賙寒畯		
三十八年	李守廉四川綿州舉人重士愛民以清白聞					
四十二年	王光裕四川廣安進士			吳讚黃岡人嚴毅自持	劉翔舉	
四十五年	朱淯福建舉人					
四十六年	李良卿貢生					
四十七年	程維楧有傳					
天啟五年	任贊化有傳			杜祝進黃岡人	許立應城縣貢生	

				游文聚江夏縣貢生修邑志		
				沈惟耀孝感縣貢生		
崇正二年	楊一儁有傳	殷逢世陝西漢中人		楊鵾武陵縣舉人嚴正有守		
八年	陳六奇江蘇上元縣舉人	吳拱辰安徽休寧縣孝行准貢		趙之英麻城縣舉人		
十一年	奚士龍江蘇華亭縣進士			胡勳武昌縣舉人仁孝溫和		

	知縣	縣丞	教諭	訓導	典史	巡檢
十四年	吳第 福建晉江進士			金城 江夏縣舉人		
國朝順治四年	魏人傑 山東曲阜縣舉人	黃泰貞 浙江山陰縣吏員				
五年	張念祖 山西安平貢生	趙學解 陝西臨潼縣貢生				
六年	汪滙 江蘇上元進士 清銳英特卒於任邑人惜之	張惟誠 直隸景州人貢生	吳景祉 興國州舉人沉潛有學	周文旭 漢陽縣貢生	胡利成 安徽太平人	陳情 浙江紹興人吏員
八年	甯鳴玉 有傳	朱新業 山東濟南人貢生	李國寧 漢陽縣舉人			
十三年						
十四年				鄒龍星 嘉魚縣貢生	劉前用 浙江分水人	李文煌 浙江山陰人吏員
十五年	項玉筍 浙江秀水舉人					
十六年	任鴻業 山西大同舉人		王命新 岳州府九谿衛貢生倡修學宮		金華國 浙江山陰人	劉章 江蘇揚州府吏員
十七年	劉毓賓 直隸玉田舉人	謝家衎 浙江鄞縣貢生				

	知縣	縣丞	教諭	訓導	典史	巡檢
十八年		苑芝 杏山人貢生				
康熙三年	陶襄 浙江秀水舉人			易體震 宜都縣貢生		
七年	顏象龍 江西安福縣進士					沈朝謨 直隸武靖縣吏員
九年	王紹貞 有傳	王甡 河南寶豐縣監生				
十二年	魯可變 有傳					
十三年		楊盈 浙江山陰吏員	徐東映 蘄水縣舉人			
十六年	李念慈 陝西涇陽進士著有谷口山房集三十二卷					
十七年		李允發 山東諸城人吏員		趙應瑞 江夏縣人貢生		
十八年			操之盛 黃岡縣舉人			
十九年	錢永 有傳		胡坦 舉人		高正耀 四川邵陽人吏員	
二十一年		汪源 安徽黟縣舉人	蔡壽生 攸縣舉人			
二十二年					黃淮 浙江山陰人吏員	林成建 福建侯官人吏員
二十四年		劉以濬 四川閬中人拔貢生		張正芳 江夏人貢生	張維城 直隸東光人吏員	
二十九年				王錫隆 通城縣貢	雷君義	張世英 浙江人吏

				生	人吏員	員
三十一年	李廷輔鑲紅旗漢軍監生					
三十二年		董光祚鑲白旗漢軍監生		龔承勳興國州貢生		
三十六年					汪之龍浙江嘉興人吏員	
三十九年			楊傳孝感縣舉人			
四十三年	武介穀山西太原人舉人					王悅諫河南中牟人吏員
四十四年			翁擇善黃陂縣舉人			
四十五年					唐鳳鳴陝西岐山人典吏	
四十六年	梁再灝四川雙流人舉人					
四十七年		徐元宗山東曹縣監生		聶鏞漢川人貢生		
四十九年					金宏江南合肥人吏員	
五十年	潘經世正藍旗漢軍監生					
五十一年					馬廷禧直隸河間縣吏員	
五十二年		劉泰陝西蘭州人監生				
五十四年						黃炫山西陽曲人吏員
五十七年			劉清史監利縣舉人			
五十八年						章文禖順天大興人吏員
六十一年	吳文煊江南休寧縣進士	張維寧江蘇丹徒縣生員	容獻漢川縣舉人			
雍正元年			黃之卓黃梅縣舉			

			人			
二年				王其積監利縣貢生	何雲鵬順天昌平州吏員	
五年	張拔山東平陰縣舉人試用	任應辰山西汾陽縣生員				
六年	張特進有傳					
七年					權弘毅陝西寶雞縣吏員	
九年	張淑河南尉氏縣生員					閆繼宗直隸安肅縣典史
十年			熊啟灝蘄水縣舉人			
十一年				黃灝起雲夢縣貢生		
十三年	高人傑陝西興平縣舉人由廣濟縣調					
乾隆元年	周珙四川涪州舉人由巴東縣調	朱元象江蘇上元縣監生				董三策順天大興縣內閣供事
二年				鄒正宗漢川縣貢生		
三年						章射安浙江會稽縣典史
四年						翁耀宗浙江慈谿縣人內閣供事
六年	張曾毅江蘇吳縣貢生由長樂縣調			王憲謨江陵縣貢生		
七年					朱近彤順天大興縣吏員	
八年					姜嗣鳳順天大興縣吏員	諸光瑞浙江餘姚縣典史

年						
九年	戴源亨浙江嘉興縣進士由嘉魚縣調	邱運亨福建南靖縣人由德安府經歷調補				
十年						
十一年				尹桂世嘉魚縣貢生	姚世璋浙江錢塘縣典吏	傅成一浙江山陰縣典吏
十二年	李泰來江蘇無錫進士由南漳縣調		陳釗江陵縣舉人			
十三年					汪世鈔江蘇上元縣典吏	
十五年	李廷孟江蘇吳縣拔貢由應山縣調理張姓冤獄民稱之					
十六年	李瑋廣東嘉應州舉人			黃之選江陵縣貢生		
十七年	李飛雲有傳					
十八年			郝守訓雲夢縣舉人		章繼祖順天大興縣吏員	
二十一年	胡翼安徽歙縣舉人江蘇贛榆縣教諭陞東湖縣知縣調					姜俊順天固安縣典吏
二十五年			余從龍黃岡縣舉人	丁大綸應城縣貢生		
二十六年		林炳文山西鳳臺縣監生由黃陂縣丞調		黃義渠江陵縣廪生		
二十八年		韓悅曾江蘇長洲縣監生由蒲圻縣丞調				李清成江蘇武進人吏員
二十九年						丁日隆江蘇吳江人順天宛平籍監生

科貢表

選舉之制歷代各殊而進士鄉貢義沿周官隋唐宋元格制漸備古意亦浸失矣人才之盛莫過有明竟陵實雲蒸霞蔚焉甲乙兩科明經四目俊秀起家分著於表見人文之盛云表科貢

明	洪武	甲子科	丁卯科	建文 壬午科	永樂 甲申科	乙酉科
進士					胡浚行人司正仕至江西布政司參議	
舉人		史文琮巫山縣訓	程昭懷遠縣教諭仕至戶科給事中	胡俊		何讓戶部主事
貢生恩拔歲	吳國珍萊州同知 秦伯卿工部員外	王謙重慶知府	蕭鈺雙流縣教諭 劉謙光州訓 陶琛順州判官 羅鍾仕至浙江布政司參政 劉冕	王正隆 王興	吳良 張凱	胡昌工科給事中
例職						

戊子科
何慶源 靈璧知縣
雷鐸 大昌知縣
姜勉 定遠知縣
廖珩 奉新主簿
顏以義 廣信同知
劉謙 徐州訓導

辛卯科
黃鍾 武定知州奉諭來傳至州安仄側有政聲卒於官
向儒 福州同知
危誠 井陘知縣
邵善 溫州知事

丁酉科
何禮
鄧以恭
李愷 蓬州判官
焦裕 東安縣丞

宣德丙午科
徐顯
李端 登州衛經歷仕至平陽府知府
李慶 有傳

己酉科
王以義 仕至南國子助教
李伯英
王常 赴選聞親病歸居喪毀卒
魏敦 淮安府訓陞河州衛教授

乙卯科
蔣珪 合州訓陞合江諭
胡本清 西充訓

正統
程泰亨 長安縣丞
魯俊 雙流知縣
雷震 太和知縣
李岩
陳哲
張佐 北流知縣

景泰庚午科
廖訓 汝州訓導歷德化新寧鄢陵訓年九十三致仕
楊春 龍江鹽場批驗大使
鄧淵

癸酉科
蕭佐 楚雄府判陞蘇州府同知
黃恕 營州衛經歷陞涪州判

天順
張鼎
何璨 榮寧訓
李斐 南康照磨
蔣瑛 南溪主簿
何聰 保寧府知事
汪濟 臨江教諭

成化
郭儀 嘉興照磨
羅恂 彰德教授
陳詔 湖南廣達經歷

丁酉科
王瑜 廣元教諭
李彧
鄧誠 大足縣丞
譚澄
程倫
邵達
殷文翼 魚臺主簿郡苦協濟上疏奏減
譚大綬 崇仁主簿

庚子科
何圮 合江教諭博學能文
郭軒 有傳
李瑛 萬縣訓
陶敬 壽張訓
朱華
延贊 銅梁縣丞
蕭璉 合江主簿
鄒英 定遠主簿
熊德 鴻臚序班
王容 經歷

丙午科		段諫 綦江諭	江俊 王府教授	熊恩 光禄監事
弘治		魯鐸	楊清 貴溪知縣，操履耿介 曾賢 河南按察司照磨 向文 思明府照磨 魏達 凃平 危啟 李實 聶誠 漳州照磨	楊梅 河池州吏目 熊惠 鴻臚署丞 程一鑑 署丞
壬戌科	魯鐸 有傳		謝禮 張琇 蕭塄 順德訓導	戴唐 縣丞
正德癸酉科		徐鵬 馬湖推官，遷判撫州，卻餽金，辨冤獄，尋守維摩州致仕 程鴻 有傳	劉中 程翔 朱臣 冕順主簿 徐爵 宜興縣丞 鄧衙 建始主簿 但玉 鄢陵訓導 王化 尋甸府經歷	彭鏜 縣丞 胡春和 經歷
丙子科		汪儼 亳州知州 張本潔 海寧知州		

己卯科		魯彭 有傳	何鎬 滎陽訓導 黃澄	王鶴 兵馬司
嘉靖		魯嘉 有傳	鄒轂 江山 延欽 貴州按察司經歷，志操端方，政聲丕著	戴元愷 兵馬司副，舉大賓
辛卯科		魯思 有傳 譚述 建昌推官，捐俸作千金陂，民便之，升邵武判，保定致仕	汪廷鳳 恬退安貧，二十年不仕 蕭瑜 蕭福	徐忭 武英殿中書
癸卯科		魏粟 太平知縣 戴度	孫儀 陶應奎 謝高 定遠縣訓導 王朝著 樂安縣丞 鍾文朝	李維楫 文華殿中書 朱萬祚 文華殿中書
丙午科		李淑 京山學 魏寅 鄭傳	陳諮 蕭錄 內江教諭 汪僑 大庾主簿 廷萬善 汪位 遼府教授	謝慶舉 文華殿中書 唐堯舉 武英殿中書屢

天門縣志　卷之九　科貢

庚戌科　壬子科　乙卯科　戊午科　辛酉科　甲子科

李淑 仕至廣西右布政

蕭副
陶之肖 有傳
江洲
趙嘉賓 順天中式
王輅 武昌府學
朱高 任西充、資陽知縣，麻哈知州
劉世臣 有傳
吳文佳
謝廷敬
李維楨 京山學
周芸

楊楚賢 鳳陽衛經歷，舉大賓
徐鰲 懷寧訓導，陞金臺教諭
張一中
呂文啓
陳尚賓
魏亨
胡鳳瑞 蒲江訓導
徐麟 有傳
譚銓
譚金
倪志朋 亳州訓導
魏典
黃恒
許希顏
熊佳 仕至興文知縣
魏貫 修邑志
陳尚質 夔州府教授
魏廉 階州教諭

戴良士 武英殿中書
熊景辰 江西按察司經歷
陶詔 雲南布政司理問
徐惕 武英殿中書
徐尊生 福建布政司經歷
以上例監已仕二十五人
程一騄 任鴻臚鳴贊

二十三

天門縣志　卷之九　科貢

乙丑科　隆慶丁卯科　戊辰科　辛未科　萬曆癸酉科　丙子科　己卯科

吳文佳 有傳
周芸 有傳
謝廷敬 有傳
徐成位 有傳
李維楨 有傳
周嘉謨 有傳

周嘉謨
徐成位
李登 解元
熊寅
王曰然 有傳
李維標 京山學
李維柱 京山學，夔州同知
胡懋忠
陳所學
夏良弼 有傳
李維極 南京博士

何器 有傳
徐卒
劉恩
陳表 荊州訓導，陞梓潼教諭
劉錠 有傳
徐意 應城學授，蒲臺縣知縣
朱亨 嘉定主簿
何夢夔 歷涿州訓導、保定諭、商城諭
魯述
曾紘業
鄒昌言 有傳
胡旱 有傳
張禮

周以孚 破產施濟
別永懷 署枝江縣
李營道 任汝寧府通判
章泰聞 任廣西延州衛經歷
王應乾 有傳
毛一騏 隨營監軍
以上准貢六人

二十四

庚辰科
壬午科
丙戌科
戊子科
辛卯科

李登 有傳
胡懋忠 固始知縣
陳所學 有傳
李維標 國子監典簿

藍應斗 桐鄉知縣
鄢應鷹 國子監正禮部司務
彭萬里 有傳
熊作霖 經元鄢陵教諭
朱一龍
董歷
高則騰 渠縣知縣
蕭鳴世 字來儀由奉節改遵義令隨征楊一龍有功陞濟寧州卽致仕
吳文企 經元
魯信 仕至太平知府以河功陞
秦光祚 蘄水教諭
陳所緼 仕至贛州同知
曾曰唯 武平知縣改興寧致仕

程宗簡 有傳
陳範 大冶教諭
史嘉謨 德安府訓
田種 沔陽訓導
延鶴 潼關衛教授年九十三
閔廷訓 岳州訓導
鄒學孔 有傳
江有元
蕭應元 池州府教授
高啟瑞 楚雄府教授篤孝事母
劉守化
陳所前 有傳

蕭咏
張九霄
王祖洪
周文秀
熊子清
徐誠一
李溥
譚溥 成化四年輸米給六品冠帶八人爲義官
張璽
蕭瑞
譚大綸 奉例納七品散官三人

壬辰科
乙未科
丁酉科
戊戌科
庚子科
癸卯科
甲辰科
丙午科
己酉科

朱一龍 有傳
熊寅 有傳
董歷 富順知縣
吳文企 有傳
胡承詔 有傳

謝廷讚 沔陽學盧龍知縣太原府同知
周命
夏敬承 有傳
胡承詔
李純元
熊一棟
鍾惺
謝奇舉 有傳
別如綸 仕至懷慶知府
彭健候
蕭岫 富陽知縣
江良搆 有傳
徐自化

劉守儀
戴賡
程雲翼 河池州同

倪志朋
蕭鋡
張珙
張玘
陶卓 授楚府引禮五人
蕭必祥
譚冕
譚遴
張宇一
沈吉
蕭偉 授署正六人
熊懋

庚戌科
鍾惺 有傳
李純元 有傳
魏士前 有傳
石汝璧
魏士前
盧爲敎 富陽知縣
陶之亮
羅鳴遠
章達 永昌推官
鍾一貫 有傳
陶之常
朱儒
沈若濱

壬子科
江有光 貢生北闈中式 蘄州學正
黃閌 有傳
王鳴玉
江有光
羅應泰 字吉孚 黃陂訓導
朱士龍
胡順化 慶陽府同知
蕭璉
何傳

乙卯科
沈應魁 廣德知州
劉必達
胡恒 有傳
劉漸 有傳
江文潤 什邡知縣
黃夔
給冠帶七人

戊午科
胡懷 有傳
熊開元 嘉魚籍
張文邃 峽江知縣未任

天啟辛酉科
龔奭
陳盛楠 靈璧知縣
羅士淳 有傳
倪朝賓 崇義知縣
楊利奉
譚元春
陳盛穰 永安知縣

壬戌科
劉必達 有傳
王鳴玉 有傳
戴一麟
程以驄 有傳

甲子科
譚元方 有傳
夏時仁 副榜
周侃
魯景貞 監利訓導
汪光榮

乙丑科
熊開元 有傳
譚元春 解元有傳
吳國彥 恩貢兗平訓導
王俔 漢川學天長知縣

丁卯科
詹在前 新都知縣
張三楚 灌縣知縣
王時揚 長州訓
徐同氣 有傳
吳贊 辛酉丁卯副榜恩貢

崇正庚午科
彭白琰 沔陽學
別仲茂 經元武昌縣諭 通城諭
毛一駿 有傳
譚元禮
吳驥 有傳
伍捷 沔陽學
朱泰寧 丁卯副榜恩貢
程一騏 恩貢福寧州同
譚元聲
陳綱
譚元亮 有傳
劉仲達 南陽府教授
夏夢祖 南雍恩貢
鄢應元
曾其傳 拔貢
劉觀海

辛未科
龔奭 有傳
譚元禮 有傳

癸酉科
舉人：藍絅　李思孝　彭維錀沔陽學　沈倫　劉試位沔陽學　胡承諾有傳　劉必壽有傳　程先達任國朝平陽知府
貢士：夏時傳有傳　鄒應譽　黃閱任國朝上虞縣知縣兵部職方司主事　劉肖孫任國朝遂安知縣　譚笥南雍恩貢有傳

丙子科

丁丑科
進士：藍絅有傳

己卯科

天門縣志　卷之九　科貢　二十九

壬午科
舉人：馬世威任國朝辰州府教授　陳朝時與弟朝暉甚有文名　張自怡
貢士：王轂有傳　胡來俊蔭擬廬州推官行事詳其叔承諾傳

皇清　進士　舉人副榜明通附　貢士恩拔歲　學貢　監仕

順治

丙戌科
舉人：程鉉時南豐知縣　程壁
貢士：樊翼聖恩　王嗣美　周珏拔漢川常寧訓　蕭貞明恩沔陽學　龔仲鵠拔貢
學貢：徐堂寧羌郡丞　吳宗彥

戊子科
舉人：盧佚　蕭維楧　胡公寅漢川學永定衛教　劉臨孫　譚桓有傳　程達時興寧諭　蕭貢沔陽學遠安諭
貢士：譚籍恩　陳棟拔常州府通判治郡有聲　鄒華　熊啟艮拔臨潁知縣學洛政優　魏鉉齡　別策光山知縣　馬前融拔
學貢：饒于瓊山陽縣丞　劉魯孫由郡附貢徵博學宏詞國史館擢用聞母病馳歸母卒廬墓哀毀亦繼亡
監仕：王望利津縣丞

天門縣志　卷之九　科貢　三十

己丑科
進士：沈倫有傳　蕭維楧棗強知縣

辛卯科
舉人：陳朝暉　汪以淳漢陽府學　戴汝爲桂陽諭　劉渾孫　鄒山玉山令多惠政　葉暹漢川學
貢士：易贊化恩興山學江都縣丞　鄢晉拔歸州學　陳摩棕漢川學武昌訓　沈佺恩　鄭民表恩荊州學　周文旭漢陽學歸化知縣　周文昱漢陽府學蒲圻訓導
監仕：陸雲馬龍州吏目陞廬州府照磨

壬辰科	陳朝暉會魁　程一壁有傳　劉渾孫有傳　劉臨孫有傳
	譚篆
	張璐漢川學　王世亨武邑知縣陞滄州知州

甲午科	
	程飛雲解元　歐陽鼎亞元　周澤長漢陽府教授　涂雲步江夏學有傳
	胡㤝青城知縣　梁天敉　秦祈文漢陽學穀城訓陞宿松縣丞　周以宗常德府訓　程為式長沙訓

丁酉科	
	陳應善鍾祥學有傳　龔仲鵠北闈舉人桂東縣教諭　程相時　彭上騰　金岱　胡鼎生　鄒寀嘉魚教諭學海福隆子八人世比肩氏
	謝夔舉沔陽學長州訓　梁貢沔陽學　秦嘉系京山學海寧知縣　李樸有傳　王鳴琦拔璧壁知縣

戊戌科	汪以淳漢陽學吏部文選司主事
	萬年春　楊為樞攸縣諭

天門縣志　卷之九　科貢

己亥恩科	譚篆有傳　胡鼎生有傳　彭上騰興安知縣　歐陽鼎萬泉知縣　程飛雲有傳
	馬前周崇陽訓　程世遴　王驥拔　倪韐府學

庚子科	盧俁有傳
	徐蔚副榜　夏儉副榜有傳
	胡旦生

康熙	
	魏運昌拔府學有傳
	程大濩有傳

癸卯科	
	沈坦之有傳　江琇生茶陵諭
	周常度府學　曾興道

丙午科	
	鄭時宜沔陽學神木縣知縣補增城　胡公傑漢川學　徐則論咸縣知縣惜士愛民清潔自守　江琳生鍾祥學
	胡褒拔有傳　程大夏拔應城縣　蕭聲溥考知縣赴選卒　王聖府學沅州訓　鄢韶興山學　譚筠靜修蒿隱　蕭賡雲
	吳鼎彥湖南安化教諭學家產置學田百餘畝以贍貧士事載安化縣志

己酉科

程世法 經元有傳
別楣 京山學
龔銓 鍾祥學有傳
周志德 嘉魚學巴陵諭
劉自弘 郴州學正
胡鳴皋 江夏籍
魏昌 邵陽諭
陶士蒸

蕭規賢
徐尊顯 有傳
周亦登 府學
魯賓
萬鏧清
貫岑
魯奇勳 府學
盧充尊
蕭聲達
程雅 有傳

胡泌
涂嗣徽 城步諭
徐尊爵

庚戌科

胡鳴皋 有傳

壬子科

別楣 寶坻知縣在任清慎移病歸杜門著述工行草

帥士貞 府學
周寅暘 漢陽州學
程大夏 北闈經元
馬翰如 通山學
副榜 陳泝
程犍 江陵學
陳崐 府學新寧諭

蕭聲遠 漢陽學選通山訓未任卒
馬策
黃裳 武昌訓陞奉議
李密 歸州學新安訓陞安陸諭致歸壽九十終
鄢旹 歸州學
秦淮
吳昇

譚之畐 麻陽諭

戊午科

己未科

程大夏 有傳

周文啓 漢陽府學長州麻陽諭

魏廣齡 漢川學
蕭資

歐陽迺

辛酉科

譚之蘭 經元
程轂

盧鉞
譚簾

吳昜

壬戌科

周寅暘 臨潼知縣

周揮夢 有傳

程方廣 有傳
方珍秀

譚孫通

甲子科

熊源 耒陽諭學優才贍工詩詞善行草

魏旭

劉溥

丁卯科

楊之任 本姓鄒監利學
魏必顯

譚之蘭
王伋 長陽學

羅如松

庚午科

何自懋 有傳

歐陽暉

張廸正 道州博學晉教屢擢州篆卒官

癸酉科

夏元起 經元
陸士雲 有傳
陶梓 本姓張
程世需 江陵學

周子邁 荊州學
朱大全
戴振 恩有傳

胡廷焜 彝陵州訓

□午科
丁丑科
周士璵有傳
己卯科
庚辰科
廖琬

蕭祖詒沔陽學官至德慶府授
廖琬
戴培翰京山學有傳
周士璵沔陽學
龔廷颺
徐景祖

劉瀾武昌府學
崔世殿
譚孫邁有傳
蕭棣
孫之麟鄖陽學

董範
歐陽炳有傳
程大復有傳

壬午科
龔廷颺有傳
乙酉科
丙戌科
黃裝

吳士元潛江學
危士科沔陽學榜姓王
謝聖寵通城諭
黃裝咸寧學
羅紱雲夢諭學官工詩振興士類
盧兆熊沔陽學榜姓韓

譚之闇
吳亭

胡椿齡
羅綬有傳
吳琅

戊子科
己丑科
程翅有傳
辛卯科

彭濱漢陽學
盧志熙德清知縣
史琯
戴志仁副榜
鄒鳳儀枝江學榜姓黃
張繼詠
邱文正樂平知縣
蕭友曹有傳

陳志道
龔松年有傳
王天度漢陽學

程方蕙有傳
溫夢洛漢陽學
胡宏度有傳
羅應琯

吳岳彥翰林院孔目

癸巳二月恩科
癸巳八月恩科
唐建中有傳

徐尊如副榜
曾元邁經元
唐建中
程咸臨沔陽學
熊奇生漢川學榜姓劉有傳
馬汝楫
李元副榜

熊奇生恩
熊際昌恩有傳
李志遴恩遠安學
夏元旦漢陽學諭
戴起俊潛江學訢訓
譚封榮歸州學

羅應琦鄖陽訓
陳京

郭一裕初任山西平陸縣知縣仕至山東巡撫兼提督調雲南巡撫加兵部侍郎以河南按察使司按察使致仕

甲午科
乙未科　張繼詠有傳
丁酉科

鄒勝啟嘉魚學
吳昇商水知縣
副榜姚榮璞
龔賡颺有傳經魁
周璋
高籓
周鵬溟荊門學
吳盼沅陵教諭

聶芝江陵學
高時健長陽學有傳
劉寅亮
吳亮

溫朝相均州訓
張廸恂
史宏恭
張其鵠

戊戌科　曾元邁有傳
庚子科　周璋有傳

副榜譚用縉
吳亭
熊灼
譚一經有傳
金宏籍
龔鍵颺
程子易樸誠好學

謝鉉
譚之嵩

徐之珏有傳
譚一豫
歐陽嵩

雍正癸卯恩科

副榜蕭昌煜
周薪材有傳
汪如潮府學
高藻有傳
謝名揚安陸諭
吳鵬起
副榜謝泰
副榜高菘

江之永公安訓
鄒本泗
邱遠府學
譚賢
楊道沛府學
邱達宜都訓
夏用咸拔
曾道亨拔

張繼良
程于良
徐德晉衡州府訓

龔遵颺刑部學習
龔人望高唐州判

甲辰補正科
甲辰科　龔健颺有傳
丙午科　曾道亨

毛允言有傳
曾道亨
別琬榜姓黃
邵如崙
彭正光
副榜吳鰲
副榜范三傑
周道尊亞元有傳

劉寅壹竹山訓
姜致遠南漳訓
黃玉樹京山學泉
湖訓
劉星巴東訓

胡文炳有傳
徐德恒
李士榮漢陽訓義調族里居官勤課詳三府志

己酉科

胡其升 經元丁未明通授應城諭陞長沙授
譚襄世 經元有傳
夏用咸 北闈有傳
吳音 保定知縣改安陸諭
謝咸 府學
龔巽飈
楊榮桂
副榜龔學海 北闈

崔氾 優貢有傳
鄭尚時
夏元楷 荊門州學
張經衷 拔試用河南禹州州判
蕭景祖 遠安學
譚卜世 拔

張繼載
陳怡
劉上進
張聯翩

壬子科

馬夢硯
熊文趾
李用三 有傳
曾時亨 浙江鹽課大使
譚申世 有傳
熊嶸 宜城諭
譚卜世 北闈
副榜熊度

傅大英 咸寧訓
孫汝翼 選武昌訓未任
夏用臨 有傳
倪昇
吳之隆 蘄州訓

癸丑科

謝咸

熊世正 拔

乙卯科

陳大經 經元
胡鳴珂
聶朝勳 黃岡諭
白選 東湖諭
熊世正 有傳
副榜別體和

黃珀 拔德州州判
蔣開任

徐德昇 浙江寧海縣丞陞歸安縣知縣

乾隆丙辰科

譚卜世 有傳

李正榮 恩

丙辰恩科

龔學海 經元

張一倫

丁巳恩科

龔學海 經元授庶吉士歷擢至內閣侍讀學士現任湖南岳常澧道
邵如喬
別琬 宜昌教授

胡文蔚
聶萱 有傳
副榜王紹濂

朱明德 鄖陽學

何噐
艾繹

戊午科

劉諳
龔光海

甘選

己未科 胡鳴珂 平陰知縣調萊陽辛
龔大儒
程明履 東湖諭
王价修 有傳
許綬

辛酉科
陳上襄
鄒肖耀 拔

壬戌科 陳大經 有傳
譚大有 有傳
張之敬
董飛休 拔博洽能文

甲子科
陳芝芳
甘大元
周道立 有傳
劉悅 安陸訓補歸州訓

劉上遠 直隸布政使司經歷
劉宇春 貧而好學事母以孝聞
倪昚 篤志力學
羅元度 恩
劉行道
魏明寰 副榜
姜遂揆

庚午科
伍杰
王南枝 竹谿諭
熊鉞
王文燦
甘大成 府學

壬申恩科
蕭中琪
陸語新 有傳
程西銘

癸酉科
謝蘭
劉煜 恩
徐倫理
程文選 副榜
張聯登
熊鑴 遂昌知縣

丙子科
劉顧恭 經元
甘大鵬
王國賓
劉慶遇 恩潛江學
熊元鼎
鄒遴高 府學有傳
周道行
吳永升
謝琬
王運 府學
王國均
金光銓 漢川諭
楊應隆 府學
艾芳洙 婁縣縣丞
涂如耀
徐時亮

丁丑科 劉顧恭 庶吉士
溫立仁

己卯科
胡必達
張經襄 府學
郭傳哲
張問政 府學
龔文海
鍾如紱
董飛寧
胡庠 恩府學

庚辰恩科
楊燦
熊士僕 恩
戴悅 鄖西縣訓
徐樂儒
石一貫 府學

	壬午科				乙酉科	
	胡惟仁	李崇德	高如嶠	嚴大成		
金慶豐	朱道宏		李之翰拔		魏雲峰	熊敦素附優生
程行超廣濟縣訓			吳聖弼			

武選表

昇平不弛武備故與文教並修城圉險隘防詰以時武秩所由設矣若夫七畧三韜以備用宴有鷹揚鶴列魚麗以從軍勳歸玉帳皆所以保萬全也而掾曹吏事一命酬庸亭長丞薄以分贊繁劇並以附之表武選

武秩

皇清　荆門營分防天門駐劄邑城岳鎮二處

康熙三十年	千總王選本省行伍
四十年	把總康國泰本省行伍
三十六年	把總趙國才本省行伍
四十一年	千總曹輔武昌府行伍

四十六年	把總哈騰鳳本省行伍
五十年	千總鍾士魁本省行伍
五十三年	把總楊秉翰荆州武舉
五十七年	把總鄧申甫武昌行伍
五十九年	千總唐鍾崙貴州行伍
雍正元年	把總趙大經本省行伍
五年	千總任國棟河南行伍
七年	千總劉國正本州行伍
八年	把總甯　全本州添防行伍
十三年	把總王應龍本州行伍
四十八年	千總王　彥本省行伍
五十一年	千總李正明本州行伍
五十六年	千總哈　煥本州行伍
五十八年	千總周作新荆州武舉
三年	把總彭以道常德行伍
六年	千總夏元勳澧州行伍
八年	把總呂士章荆州行伍
十年	把總王　英本州行伍
	把總任正國本州添防行伍

乾隆元年	千總任正國陞補
六年	把總吳　吉安陸行伍
十一年	把總袁　廣本州行伍
十四年	把總高起鵬本州行伍
十五年	把總段　舜荆州行伍
十七年	把總曹洪臣本省行伍
十九年	把總伍廷魁本州行伍
二十一年	把總熊　連本州行伍
二十二年	把總吳　文安陸行伍
	把總王克忠本州添防行伍
	把總曹開國本州添防行伍
	把總伍廷魁本州添防行伍
	把總王　偉本州添防行伍
	把總夏春鳴本州添防行伍
	把總韋士才本州添防行伍
	千總甯以忠本州添防行伍
二十九年	把總伍廷梅本州添防行伍

武科

明武舉

科分失考　劉登龍 高州府守備　劉植 香山澳都司

曾國光　孟奇

程一滸　史鑑 授府皇陵千總

皇清進士

康熙甲辰科　趙雙璧 京衛籍癸卯科武舉

乙丑科　唐時模 通城學壬子科武舉授江蘇蕭縣守備

丙戌科　吳天柱 丙子科武舉

乾隆丁巳恩科　歐陽臨 丙辰恩科武舉授貴州安順府守備陞凱里營都司復陞遊擊

武舉

順治丁酉科　劉斌　易贊和 京衛籍授揚州衛千總

史嘉相 公安學

康熙癸卯科　吳東忠 江夏籍　趙雙璧 見前進士

郭宏勳

丙午科　張韜

己酉科　劉鐸　孫賢 陝西寧夏衛千總

壬子科　唐時模 見前進士

戊午科　唐時楷 通城籍　彭亮祖

劉煒　彭篆

辛酉科　韋成貞　彭志尚

丁卯科　張明詩

庚午科　范一韓　尹崴

楊廷賴

丙子科　金宏綬　吳天柱 見前進士

己卯科　黃文爍　蕭榮

熊吉士

壬午科　劉梅　廖士瑛

乙酉科　劉三俊

戊子科　孟乃武 解元　王榮璉

崔沱

癸巳恩科　李闓　張大舍

庚子科　余天準　劉闌

雍正己酉科　戴逢年 揀發江南隨幫衛千總病未赴

辛

壬子科　戴萬年 授淮安府大河衛前幫領運千總病告致

乾隆丙辰恩科　歐陽臨 見前進士

辛酉科 張之勳 揀發漕運興武二幫在衛試事

回堂吉欽

戊寅恩科 黃鉞

己卯科 蔣兆鰲 何大江

庚辰恩科 劉景瀛 何其峻

壬午科 何其英

武勳

宋 劉張興世 有傳 黃回 有傳

明 房勝 封富昌伯子孫世襲指揮

李廷琛 有傳 陳隆 杭州前衛

何真 蘇州衛 史宣 沔陽衛

王膺 瞿唐衛 郭洪 宣府衛

熊琦 沔陽衛 以上俱指揮 凃連擢 由都司仕至後軍都督

王勇 康州衛 李順 山海衛

吳原彪 丹山衛 王儒 潞州衛

杜秉 延安衛 黃安 鳳陽衛

王寧 沔陽衛 王貴 瞿塘衛

李榮 武城衛 以上俱千戶 張行寬 固原千總運餉有功咨送部院

羅士汲 分巡荊西道中軍守備 中軍守備

劉興祖 廣寧衛右所 熊一標 臨洮府河州衛把總

何友昊 武右衛前所 崔剛 金州守禦所

穆興 武寧衛守禦所 銘德 鎮南衛左所

董壽 九江衛 劉清 夷陵守禦所

黎貴 南豹韜衛中所 鄭必文 寧夏中所

張英 沔陽左所 劉太 常德後所

何興隆 北羽林前衛 袁文德 南金吾左衛

譚榮 雲南守禦所 李泰 北武德衛

宋興乙 廣東衛 劉恕 平山衛所

黃顯清 西安右衛 王勇 廣信守禦所

石瑄 西安中所 宋興詔 漢中衛左所

邱秀 沔陽衛 劉興 常德衛

鄧旺 南虎賁左衛 陳添祜 南神策陽春守禦所

仵彥明 虎賁左衛所 以上俱百戶

皇清 唐正龍 以平閩賊功授陝西興安州左營遊擊食一品俸

譚棟 以平閩賊功授福建汀州守備陞江南東海營都司

熊光前 以平吳逆功劄授參將實授衛州府防守遊擊

吏選

明 陳魁 徐州經歷陞嘉定判 何文翰 赤水衛經歷陞獨山同知

閔清 温州衛知事陞德州判

吳鏜 經歷

鄭洪 寧倉大使

石光榮 松潘倉副使

王榮望 直隸保安州吏目

關應鵬 雲南元謀縣典史

劉宗聖 吏目

龔宏化 巡檢

于承慶 懷遠縣主簿

程其意 經歷

程仁 留守右衛經歷

楊楚貴 縣丞

謝景瑞 南營繕所正

張大綱 縣丞

溫知新 浙江寧波府經歷

沈建中 浙江寧波府鹽課大使

汪朝俊 典史

楊其美 四川尖山關巡檢

于瑾 遼東錦州衛倉大使

易可久 吏目

胡以貢 典史

郭希選 縣丞

皇清

羅士沭 崇德縣丞陞河州衛經歷

傅文元 揚州府稅課大使

李時亮 揀署沅陵縣丞提補湘陰縣丞

金宏哲 撫州府經歷

封廕表

上之總司台鼎下之分職方州善則歸親慶能垂後以顯父母流澤子孫孝慈之大也而國恩隆重以慰臣工而責報効者亦推錫之至矣承先啓後何以上答 君王可勿念乎表封廕

封贈

明

誥封奉政大夫南儀制司郎中李旺 慶父

勅封文林郎翰林院編修魯仕賢 鐸父

勅封文林郎馬湖府推官徐清 鵬父

勅贈奉政大夫袁州府同知陶中 之肖父

誥贈通議大夫南禮部侍郎李淑 維楨父

誥封通奉大夫布政使司右布政吳鈞 文佳父

誥贈奉訓大夫北刑部員外謝孔仁 廷敬父

誥贈資政大夫北吏部尚書周侃 嘉謨曾祖

周曰春 嘉謨祖 周惇 嘉謨父 贈同上

勅封文林郎崇寧縣知縣鄒昌言 學孔父

誥贈中憲大夫嚴州府知府徐麟 咸位父

誥贈中憲大夫臨洮府知府王薦 曰然父

誥贈通議大夫北戶部左侍郎陳守康 所學祖

陳篆 所學父 贈同上

誥贈奉訓大夫吏部驗封司員外朱之屏 一龍父

誥贈中憲大夫湖州府知府吳鏜 文企父

勅贈文林郎興寧縣知縣曾奎 曰唯父

勅封文林郎盧龍縣知縣謝希文 廷讚父

勅贈文林郎河南道御史夏正功 敬承父

勅贈承德郎工部屯田司主事李登 純元父

誥贈中議大夫南太僕寺卿胡賀 承詔祖
誥贈奉政大夫南禮部祠祭司郎中鍾一理 惺嗣父
胡早 承詔父 贈同上
鍾一貫 惺生父 贈同上
誥封文林郎崇義縣知縣倪愈亨 朝賓父
勑贈文林郎陝西巡按監察御史謝廷敬 奇舉父
誥封朝議大夫潁州道叅議魏應瑞 士前父
勑贈承德郎翰林院侍講劉豫 必達父
誥封朝議大夫隴右道叅議王道宏 鳴玉父
勑贈文林郎桃源縣知縣龔則遂 輿父

誥贈中憲大夫柳州府知府譚晚立 元方父
勑封中書舍人唐賡 堯舉父

皇清
勑贈徵仕郎翰林院檢討譚元亮 篆父
勑贈文林郎弋陽縣知縣劉必向 臨孫嗣父
劉必恢 臨孫生父 贈同上
勑贈文林郎獲鹿縣知縣程士傑 飛雲父
勑封承德郎戶部廣西清吏司主事程飛雲 大夏父
誥贈奉政大夫戶部郎中龔仲升 銓父
勑贈文林郎太平縣知縣徐尊顯 德昇父
勑贈修職郎安陸縣教諭李滲 密父

勑贈修職郎長陽縣教諭譚孫邁 一豫父
勑贈文林郎常德府教授蕭芳 祖詒父
勑贈文林郎東安縣知縣周以祺 士璵父
貤贈承德郎戶部山東司主事譚之藺 卜世祖
譚一泰 卜世父 贈同上
勑贈文林郎翰林院編修曾應舜 元邁父
勑贈修職郎衡山縣教諭熊純 奇生父
勑贈文林郎翰林院檢討程鉉時 翅父
勑贈文林郎侯官縣知縣龔寬 廷颺嗣父
勑封文林郎侯官縣知縣
誥贈中憲大夫光祿寺少卿龔松年 廷颺生父 學海祖

誥贈中憲大夫光祿寺少卿龔健颺 學海父
勑贈修職佐郎蒲圻縣訓導高相 時健父
貤贈文林郎宜昌府教授別植 琬祖
別洪章 琬父 贈同上
誥封奉直大夫刑部右司員外譚一豫 襄世父
勑贈修職郎長陽縣教諭馬世珠 夢硯父
勑封文林郎商水縣知縣吳之隆 昇父
貤贈文林郎分宜縣知縣陳廷錦 大經祖
陳志儀 大經父 贈同上
貤贈文林郎萊陽縣知縣胡達 鳴珂祖

胡芳綠鳴珂父贈同上

誥贈通奉大夫雲南巡撫郭維梁一裕曾祖

郭之盛一裕祖郭玉麟一裕父贈俱同上

敕封修職郎宜城縣教諭熊志道世正父

敕贈修職佐郎漢陽縣訓導李啓士榮父

敕封修職佐郎安陸縣訓導劉寅恭悅父

敕封修職郎沅陵縣教諭文林郎保定縣知縣吳勳盼音父

誥贈懷遠將軍蕭縣守備唐朝奎時模父

誥贈昭武大夫凱里營都司歐陽經臨祖

歐陽棟臨父贈同上

敕封修職郎劉維辟子上選遵例捐

敕贈修職郎艾萬年子士俊遵例捐

恩廕

明

周璽廕入太學仕至工部郎中

周璧廕入太學仕至戶部郎中俱嘉謨子

周重慶廕入太學仕至刑部郎中

周方慶廕授中書科中書舍人

周世慶廕入太學仕至戶部郎中順治初授湖廣

驛鹽道殉於賊俱嘉謨孫

陳爾爍廕入太學所學孫

胡來俊廕入太學擬授廬州推官未命止承詔子

皇清

盧志遜廕授河南嵩縣知縣陞信陽知州鋏子

崔杏元廕監生汜子

天門縣志卷之十

循良列傳

古有遺愛宦途非逆旅也然身其事者一飯不忘君恩其以實惠哉召之棠寵之江祜之碑寇之栢今猶可挹矣抑前人之芳躅後武之所踵也詎惟此邦之人所思慕歟志循良

朱伺字仲文安陸人少為吳牙門將以功封亭侯隨陶侃討杜弢有功夏口之戰伺用鐵面自衛以弩射殺大帥數人賊箭中其頸氣色不變加廣威將軍領竟陵内史及王敦弟廙代侃敉荆州遣伺歸

楊口壘為杜曾所圍説之降伺曰吾年六十餘不能與卿作賊吾死當歸南乃還甑山

夏侯恭叔譙國人孝建元年為竟陵令惠化大行木生連理上有光如燭人謂善政所致

裴果字戎昭河東聞喜人保定五年官復州刺史嚴猛能斷挫抑豪右申理屈滯歷牧數州皆稱職

狄仁傑字懷英太原人舉明經中宗時刺豫州初寧相張光輔討越王侍功多暴索仁傑拒之光輔怒還奏傑不遜左授復州刺史民愛仰之為立生祠

郭廷魯沁州綿上人以廉平自勵時刺史皆武夫恃功縱害獨廷魯刺復州與其父鐃在沁州俱以善政聞

宋昂字季之潭州人宋端拱二年以轉運使直秘閣出守復州表求謝事不許在州多紀述昂富文學有清節後為工部侍郎與弟協皆致政歸時人以比二疏

劉師道字損之開封東明人真宗時知復州敏於吏事所至有聲吏民畏愛之

王琪字子玉四川成都人宋景祐時守復州治效顯著稱為循吏民毆佃客死吏論如律琪疑之留未

決已而新制下聽减死邑人稱其平允

唐介字子方荆南人舉進士宋仁宗朝以言屢貶改知復州後召入對帝曰卿被謫來書問未嘗至京師可謂不易所守介頓首謝言事無避如前其子淑問後亦判復州

万俟湜宋徽宗大觀中刺復州公勤清約有善政州人稱之曰前有王琪後有万俟

施子仁宋理宗端平中知復州時元將忒木解攻荆襄諸處隨守張龜壽荆門守朱楊祖郢守喬士安皆委郡去惟子仁固守城陷死之

翟國榮咸淳八年九月為復州副將禦元兵戰於瀾泥湖兵敗死之十月贈復州團練使立廟於州官其二子

張榮荆湖宣撫使吳獵將開禧二年將兵援竟陵金人再侵竟陵榮死之

楊文仲字時發眉州彭山人宋寶祐元年進士調授復州明伊洛之學轉運使印應飛辟入幕剖明婺婦冤獄悉從其議薦於荆湖宣撫使趙葵署佐分司姚希德江萬里薦之至國子祭酒

張天麟荆門人洪武丙辰任與指揮李廷琛修築城堞協力保障有功於民子孫因家焉

嚴貞秀水人洪武中任廉介有為愛民如子

楊季安字懷忠江西安福人宣德中任邑地卑受水大潦壞城季安厚修護城隄至今賴之

顧行字正道江蘇江陰人正統間任修學校築塘垸利在士民

張繼宗字善永江蘇興化人成化十六年任豈弟有持守先時水決城圮宗復築秩滿致仕人有遺思

姜琯字玉卿江西弋陽人由進士成化庚子任青年英斷嚴毅難犯始至廉得滑掾剝膚黠捕買盜市豪欺販主訟關獄惡少競力一切以國憲制其狡舉邑肅然乃進秀士愿農良賈樸民導以忠孝之鵠墾闢之利物貴之平敦厖之習而大為興建完城隍浚濠溝繕黌宮修壇廟建倉廩設義學增隄防治道路通津梁其自陳友諒兵禍所蹂躪者至此始邑如其邑於是編邑乘以志之凡因故創新皆撰文以述其意分見諸記中蓋大有造於此邦也應城華清稱其六年政成百廢具舉非虛美矣尋欽取南臺終河南臬使去之日士民思之

周端字德莊江蘇高郵人由鄉貢弘治戊午任賦性剛介以整飭為事扶善鋤惡振作敢為廢弛之邑政賴修舉卒官民哀之如失怙恃

左輔安徽涇縣人由進士正德丙寅任政尚平恕不事表暴盡心撫字民服其化得古循吏風

陳良玉字德夫四川富順人由進士正德辛未任識度宏遠操履芳潔於事洞機而發摘决奇中人服其公明每單車行田間課農桑教親睦暇則與諸生講授經義日晏不倦邑城多圮築而完之期年畢工雉堞堅整民無勞役徵監察御史未幾卒邑人思之

來亨河南汲縣人由貢士正德乙亥任剛直不憚勢力是非無回護政務裕民上官有徵發下縣第入其牒需求一無所與坐此僅一年免去惜哉

卯宜字汝中江西新建人由舉人嘉靖三十八年任初至繕堡塍葺供億權郵遞修學校甦里役削囂濫諸廢悉舉時縣志久缺續修之殆與姜弋陽陳富順相後先也

陳席珍字君聘四川富順人由舉人萬歷七年任清丈土田復沔侵界編簽里甲征輸無逋時絕甲田産旁邑皆勒民代上珍毫無所問且興築堤垸使

民無水害福斯境者於富順得二陳公焉

程子諫安徽歙縣人由舉人萬歷十四年任有旨覈去虛糧釐定畫一子諫取邑田地頃畝會計之無浮額勒石儀門外椽不敢奸著能聲

梁從興廣東南海人由進士萬歷三十年任下車問俗極意拊循興學重士平圖均里修堤繕城鋤強剔奸吏服民愛在任三年卒官傷哉

劉繼禮字公立四川宜賓人由進士萬歷三十五年任惠愛清廉歲饑發帑賑困復捐俸三百代完逋賦襄郢水大墻欲曲防防曲則害景毅然爭之復

請漁稞下所司徵解忤監司免歸民攀轅號泣公亦揮涕而别因立生祠以誌去思

程維楧字簡子四川富順人由舉人萬歷四十七年任初至景地弊民凋水多於田賦多於戶漂沒者徙生逋課者逃歷又世廟南巡暫加之派協久亦例徵四方兵起軍需倥傯更增徭役賦有歲加而逃亡虛戶追呼不到歸併淼累維楧既重惜此瘡痍其時又縣郭圮頹倉庫坍塌隄垸不修水至則澤水退則縣維楧又莫何其廢墜於是先其近者曰日徵之櫃何所入先修庫俸在可鑰以舉事也

庫一足矣廒費廉曰常平之備何所貯次建倉倉必連楹比屋庇村廣矣例秋糧之入有整廒費不足則官給之曰倉庫既固何以防姦議修城興築之工巨矣然城不匝十雉且圮者完者各半完者不損資積累歲歲修之金可坐成矣曰城高池深遇崩潰則何勸築隄垸分力難文合功則易上垸下垸毋岐視也則可堤堤成水不壞我成功此時民聞惠政亦且歸矣曰民困重賦不為輕減奚以蘇則舉景昔年割入潞府四分之一其田去糧存者舉兵興來加派徭役者舉四千六百頃入水不

可耕者又舉河水湍急不可運荆州請改折色起解就近買補而民如釋負者半天啟二年入覲上疏請减楚省遼餉七十萬之半則惠及一方千里同謳不獨景之民矣其他吏治皆本經術觀其拙譜得其精心垂今百數十餘年人猶思慕

任贊化字參之山西聞喜人由進士天啟五年任初宰東陽稱循良調繁竟陵時積逋如山催檄雨集贊化聲色不動取册華攬納立里户許六櫃許輸者自完耗雜悉除去收漕戒掾胥不得為奸領解邊餉弗及里役續修邑志最第一擢北御史民立

五不朽碑於治前

陽一儁字又起四川隣水人由進士崇正二年任材力敏决勇敢有為修城池築隄防飭學校均里甲以卓異稱行取南漕御史抑何蜀賢之厚有造於此邦也

甯鳴玉字楚珍奉天遼陽人由貢士順治八年任吏治知本緩征减刑招徠流亡瘡痍漸復時尚未卹甲師行過境慰勞供給民若不知邑田輸粟向例一其直不視時貴賤鳴玉請得依直計以便輸又潛江患水欲决泗港壑隣力爭於監司乃止凡利

民善政畢舉尤注意學校培養士子科目蔚起陞知滁州民攀留不忍有去思碑

王紹貞字子箕浙江餘杭人以孝廉授推官康熙九年改選來此淹雅静鎮彈琴而治二年落職去民思之

魯可夔遼東人孝廉康熙十二年任廉聲惠問深悉民依先是竟陵里甲已奉文裁革不許排年掾曹頗嫌寂寞會吳逆叛亂方用師軍需孔亟狡黠思射利者慫恿之潛使人營幹得府檄仍飭循舊例舉行可夔知不便於民立召户掾責逐之出槖金

使能者詣府得寢凡有徵發皆身當之不以絲毫累民卒於官民記其政勣之石

錢永字子膺江蘇吳縣人康熙十九年任才優而事舉任久而澤深初下車三孽未靖軍旅疊經民氣凋敝又水旱頻仍流亡四散弛徵則供餉不給追急則蔀屋無貯酌劑安全噓以惠凱使隄防先築歲不為災訟獄不興耕方盡力期年招徠以慈父之聲而春多耒耜秋有倉囷矣黠吏在官里豪壓市悍民教鬬健訟喜紛甯人探槖皆取比户脂膏以快意者也令挾霜行洗蠹出蟄再期民有床寢

得安其卧民有玩志不見其羣此可教矣於是丹青黌序絃誦郊圻柔養秀民禮優彥士百年文獻還其故規三年而駸駸乎有日上之勢矣猶僾恤四窮振六行居安思危防微杜漸相與為維久計則十三年如一日也若暮夜之金非公之謁固卻之久矣最上擢部曹民生祀之平江書院勒碑為記

張特進字石齋江都人雍正甲辰舉人己酉年間任四涖天門惠行咸肅庚申襄河潰如弩射西堤啼走一縣買舟謀徙特進立雨堤上催築凡五夕城

門不閉往來不稍休新土橫波如篠帚掃滓舊身激動崩塊擊水似連礮鳴堤岌岌搖撼輿隸失色相顧散特進屹然止不變脫冠投湍中怒湍忽平乃除章服并投之水遽作趨瀨勢須臾讓堤出乃招萬夫下杵堤犟比城衆志爰定手加額曰張公生我因名曰張公堤志不朽也嗟乎狂瀾巨浸廹在頃刻此詎可智力免者而特進毅然身赴波臣無怖蓋其為百姓之心至死不渝而平日任億兆之性命於一身與安俱安與危俱危從可知矣

李飛雲字步月陝西華陰人壬子舉人丁巳以明通授靈州學正由光化尹移劇天門務以德化民故加意學校曰此政本也下車即修 文廟關帝祠一切忠孝節義文章凡係風教祠宇皆一新之立碑以示標準士有請業或操所著就政亟進而教之與剖析指畫務盡雖倥偬中未嘗謝去建天門書院於城西偏宏厰廣邃所以期士於為己之學者綱領條目甚悉所以經畫其資費俾可久遠者甚詳語在記石中其政簡而樸以愛民為主期於激勸有憎壻貧別字其女者訴至數曰民忍為薄政教不足感之也召使前以義喻之女父感泣願

終好因資其壻與女導以樂而歸之見者泣下悍民或難馴化曰愚耳曉以朝廷法貸其初犯往往銷桎梏以適胼胝無不怗然服其去官壺榼而送者自青門達於境上云

論曰朱邑有言子孫祀我不如桐鄉可見千古民情矣士君子伏處草茅竊願乘時得効大官大邑以及小試烹解皆有社稷人民之事足以行其安全教養之方一行作吏而清水平衡神君慈父竟有不可概稱者夫乃知及之而後知履之而後難而不極之人去名留不見也故曰志循良非僅其

民之情亦後來所覽之而慨然興起也

天門縣志卷之十一

儒林

古稱通天地人曰儒道在六經聖人之删定纂修非克明之固已備之學者之師承授受有其志之必思趨之儒也者自素王為宗凡大賢以下胥克躋焉兩漢儒林皆有功經傳一經之述必溯其源范班兩家揆成一氣然猶岐駁未醇也宋周子張子遠紹思孟程子朱子接軌師學有振於前史臣以為洙泗淵源逮於伊洛儒宗莫正焉凡其及門弟子盡臚道學蓋於天人性命之際同條共貫矣

故所造有淺深而修明無二理良有由耳至如聶崇義直接黃灝而不更為發端道學儒林所謂後先相望於途中也景邑自魯祭酒鐸近宗伊洛之傳遥企洙泗之脉跡其服官行政修己治人於聖賢之學豈徒慕焉亦庶幾是訓是行未敢隕越矣其後景懿徽而奮起令子克繩則有魯嘉門墻親炙有如程鴻而私淑之者如魯思劉錠程宗簡世稱三先生繼此又有熊湄鄒元芝湄以理學勝元芝以經學勝又有湄弟子譚孫遠遠友魏運昌並篤行力學能發明裨補於經傳使後之學者聞風

興起焉為難能矣志儒林

魯鐸字振之弘治壬戌禮闈以第一人捷選入中秘恬静端默於書靡弗治顧未嘗以才矜其教人亦然預修孝宗實錄武宗立使頒詔安南卻其饋而還尋擢司業至北雍祭酒進諸生務以行提其言不徒事誦習要於劘切有成病免復起用尚書林俊薦疏稱經師易得人師難得鐸清約渾晦志尚真純足以訂頑立懦鎮雅黜浮允為人師司成南雍一年力請致政自是累徵不起築已有園逍遥晚節清和之澤潤及閭中是時羣盜起揭竿亡命

所過一空獨相約無犯魯祭酒村依以免者衆矣而官翰林時過大學士李東陽生日至攜鮚魚之半以為壽視彼金尊玉斝駢填要路者又何如耶鐸文典則而軌於道幅簡意包神味自足年六十七卒諡文恪諭祭葬故事四品無諡鐸以清節得之異數也孝昌熊賜履編學統以鐸附曰附統今祀鄉賢所著書見經籍考

魯嘉字亨卿鐸子己卯舉人司成舊範得於趨庭矣口著身必愿於先型禮闈假第一人以三場失落置之徹棘主司悅惜再三京師嘩聲飛譽嘉持刺一謝泊如也內重者有所輕於此信矣

程鴻字子漸魯鐸弟子癸酉舉人授通江令民亢而士弛鴻馴之以禮張之以學二年變其俗薦剡上以內艱不詣覲起復補鹽城令會秋汛不馴颶風驅濤上瀆海一空露胔漓積為凋豕殘鴻坎地為二塚辨男女瘞之僚佐分贊鬼不夜啼擢判饒州署景鎮司馬監陶御窯虔潔供事往例弗還羨金鴻以三千兩歸藩庫遷知南通州政務樸質期在惠民不修赫赫譽薦剡又上以老乞休初魯司成在北雍懲弟子無稍貸一生跡弛被楚已而宦達

開府吳會或語鴻貴人方怨魯先生慎無自言出其門下也曰一脉淵源以苟且取容背之喪厥本矣不本何植吾豈漫然取仕哉已謁入開府問君竟陵亦識魯祭酒耶曰是業師終身佩之不敢忘豈但識耶開府嘿然鴻出即上郡求解綬居家亦不以棄官故語魯氏子弟蓋其大節卓然如此

魯思字睿甫嘉靖辛卯舉人嘗得其族人鐸闈發朱陸同異憬然有悟於知行合一內外交致之理晚年析理彌精從游日廣人稱淨潭先生與劉鋑程宗簡講學邑中三人相友善為劘切士林仰望之

比如山斗
劉銳字伯兼以明經任分宜令有古循吏風務以德化民内信諸己不阿狥人殊失當路意自念違道以獲上則難棄之歸隣里重之
程宗簡字叔可鴻仲子幼即岸然異諸稚長能世其舊學析田遜肥取磽課家先姪後子饑庠有年當歲薦以讓其友至再三主者竟從其志以明經訓導汴之永寧值京山李維楨觀察中州延以優禮曰鄉之望也敢以秩視於是藩臬皆矜式之宗簡曰嗟乎丈夫豈可因人以熱引老乞休居家一以

至性典型子弟其學富其才敏亦不以方頭畫盼域所著詞賦盡規諷得古人立言深旨年八旬燈下作秋蠅細書雙目炯炯邑宰以鄉飲大賓肅之具柬婉謝宰嘆曰又費先生一紙書矣其卒也李宗伯題所瘞曰程有道先生之墓
熊湄字子退母姙六月而父亡娩而愛之甚顧不以母愛自弛身如弓行如矢在脱抱時已然就傅悚然驚其先生恒兒顧之感約束手足及長讀吾道一以貫之慨然深思遂棄經生業獨尋性命之旨久之以為一貫者渾合無間之謂非兼收並存之謂並存則兩有兩則十百千萬未止焉乎一此即實顯虛非稽虛待實也稽之待之形神所未泯道器不相屬一且不可得焉乎貫且一貫者貫乎其所貫亦貫乎其所不必貫與不暇貫之謂也各安乎分之當然各止乎理之不得不然輕重詳畧自分明而要之無乎不貫也於是著聖學歸一宗旨益發明尊德性道問學為入德之門與雲夢彭魯岡李昌揚耻菴羅東山葉啟安邑黄于麻鄒元芝諸君子相講貫服習往返問答弟子之有志於聖賢之學者遠近數十人皆率之以為己自修鞭偪

向裏儒者尊之稱為虎嶺先生晚歲當秋暑過其族孫岱歎洽數日重九雨甚踉蹌塗泥堅欲歸請故再三慼額曰先慈棄不孝日也則其終身持服之心亦限於先王之禮不敢過耳湄於禮經最詳悉惜所著散佚有答門人問喪禮數章弟子劉洞梓之尚存
鄒元芝字殿生慧性自天日讀縹裝書一寸久之覺古籍有量我愛無窮把注之餘如釜熯物去其生如鼎俟丹鎔其質遂乃剗芟餘子在塾則出其塾在社則出其社在庠則出其庠新獲不窮益婪嗜

於古漸漬咸溪去家數百里讀書九峰山中凡六七年家人不知其所如音問不通蓋先之善取此之善棄也以為宇宙大文根柢六籍學者誦讀止循訓詁是讀漢儒之經浸失先師之意於是遵其讀之之法註五經經各一集又述其有得於經之所以作因而融會貫通之義註五經經各一集亦頗殘缺自易學古經正義外或名存書佚目載藝文其他天文地理聲音律呂辨訛正謬皆有成書而水火遺失獲見者鮮為可惜矣蓋其十行並下一覽無遺既贍其網羅囊括之姿掘井得泉升堂

嚌胾又有其抱照瑩疑之妙故語其學殆所謂河脉伏而莫窺山支遠而無際也與人平易而浩浩落落獨有其自得其酬酢也往往飲主人之酒忘問其姓名其出遊也往往任一衛所如不知其遠近甚而此身健在已有先二十年傳其物故者故知不妬才之難而能如元芝之善自韜晦者尤難也學者稱為三溠先生則信乎儒林之望矣

譚遜遠字志草理學熊湄弟子初以文章名於邑蜚英沃衆映發藝林已而嘆曰琢腎鏤肝於道奚補盡取五經四子諦觀之覺向之求速化於功名之途者說高則上於鵠說卑則下於鵠皆塵垢粃糠也於是將實而驗之身心意知以為無師承不可贄虎嶺而問仁積歲月有得乃著敬室語錄曰仁者生物之理人心一念不仁則一念已無生理積之念念不仁生理滅絕雖視息於世亦行尸矣四勿是求仁一條大路但窮理工夫不到恐辨非字不出故學者居敬窮理是實落下手處敬則身心收斂去欲有力窮理亦有力蓋理欲消長分數從一念敬怠而分此上達下達之判又云一敬足以勝百邪入門下手只在三一於是署其所處齋曰

敬室盛暑必正冠危坐如對神明閨閫朋友喪必為服出弔則終日不宴樂致書於人必拜而後發晚年故人多凋謝往往數年輟吉冠其教弟子自少儀始後進以大學曰後生小子自幼以為孺子不足校且需之成人不知需者事之賊也乃註小學習門人程彝梓之生平非聖之書不纂目在藝文人稱還齋先生具有古君子之風乎其同時相知者有魏運昌

魏運昌字賡伯選拔貢生平江教諭教士有法著有平江教述趙中丞申喬重其品與守師互勉謂惟

運昌不詭隨臚入彈章引証直聲聞於
天子矣運昌質直人也家貧力農童子時負薪驅犢必
挾書往以嵩出為業羣兒囁嚅跌青草坡上嘲
之不顧植禾鋤木棉率隨傭保取直惟胼胝盡日
塗不沾衣可異也生平得力於左氏内外傳屬文
縟而古清而腴康熙間汪份何焯擅制義選家言
賡伯入熊劉則秦視晉矣居鄉黨極謹厚遇里有
不平或邑中大利害輙挺身拯之極口為言即開
泗港一節奮然上書監司力陳不便事因得寢皆
此類也及教諭平江趙中丞令斅副案生名籍將

牒部盡削之運昌條陳其不可累千言乃止兩湖
獲全諸生千餘人其遇事當前但問義不義毅然
敢為與譚孫蓮最莫逆嘗共註小學兩人蓋以道
相交云

論曰不負所學魯祭酒君子哉貨賄瞀心宦達貶
志利之所入則損之名之所競則淡之皭然不滓
而君命師門兩無所辱文如惠風殆亦醇氣所流
耳程鴻肖之觀其對開府庶幾知本矣熊渭之說
一貫如出星月而見白日其為私淑者歟譚孫蓮
魏運昌所以奉厥遺言以善其俗也

天門縣志卷之十二

忠義列傳

君子懷真履素脂韋不狃即秦階平車甲鮮於奉
國立身豈不斷斷哉霜萎華而節勁士喋血而名
標適使然耳顧其夙昔所期豈相謬與而千載下
於竹素中起人歌泣莫此為烈風斯遠矣志忠義

忠臣

陳嘉言文行為鄉里推由辟舉任郡教授宋開禧二
年金兵陷景邑被執衆脅使降厲聲不屈自沉於
水同室八人俱死

祝松舉進士初調長水簿宋端平之亂誓死守城竟
以身殉民立祠祀之

胡懷宇公遠順化子性方嚴以孝廉主政度支值季
世冦難潰發所在飛芻挽粟羽書日數十至司農
告匱與倪尚書元璐拮据綢繆莫支傾厦坐署空
嘆以丹心相結監寶泉局催潞州中南倉軍需勤
敏廉幹考功錄之且彙上而闖逆犯闕得懷宗殉
社稷信朝臣紛紛異吉服投揭鴻臚懷嘆曰主辱
臣死何用生為書遺囑付妾俾善撫幼子身縗絰
哭臨梓宮內齊化門賊執之慰以好語使附不從

笞掠備五毒終不從死

胡恒字公占懷同母弟也以孝廉教諭會稽累遷至四川上南兵備道多惠政甲申賊張獻忠陷成都分兵掠郡縣時恒駐邛州兼攝建昌道聞變即提兵自鎮雅州遣偏將羅大爵救成都而使幕客汪光翰茂才鄢之駿持符調建昌兵援雅調海棠鎮及寧越兵援邛羅大爵戰死兵散九月朔獻忠兵大至援師未集恒與其子之驊及御史朱奉鉌指揮阮士奇合力禦之會奸吏王國臣内叛士卒皆走城陷恒與之驊戰死朱阮亦死之耗至邛恒妻

樊氏妾成氏馮氏之驊妾周氏僕吳京兒努來婢二女一門七口皆死之署中死者百口當時以爲臣死君子死父妻死夫僕死主就義成仁惟此爲烈而尤難者之驊妻朱氏存一綫於垂絶鞠子克成事具節孝傳若汪光翰鍾之綬艱難百死以保孤恤嫠皆義士於法得附書

汪光翰字文卿婺源人讀書任俠慕程嬰杵臼之爲人胡恒觀察川南辟爲幕僚畫策内贊兩人相善也鍾之綬字揩士與恒同鄉里不羈而善遊遇佳山水輒蟬聯不返常愛青城峨嵋得故人之官錦官資其輿馬逮恒秉節臨邛倥偬多故之綬遂辭光翰去已徵師失期遂傷輿尸光翰得恒死國信傳一家殉義之烈擗摽三躍於野招魂而哭之往往持亂軍潛詢使君後容有存者得朱氏前在嘉州拒大定狀嘆曰天不絶使君矣吾請以死護之間關阻梗跣穿胕潰始得峨生母子所在保護維持奉之甚謹而之綬倏從瓦屋山至見光翰泣且拜曰高義何獨讓君爲吾死無以見公占於是朱氏氷蘖凜然兩義士或傭書村鄙或小估薄營或爲采葛乞士能致珠桂使峨生一心聽慈母誨

以守其祖若父舊業垂二十餘年　大兵蕩蜀已峽路通光翰乃身送朱氏母子歸鄉楚蜀之人咸太息泣下高朱氏之節美汪光翰鍾之綬之義而惜乎之綬之已客死昆陽也

王應乾字玹初由明經授定番州州同甫抵任值安酋之變城陷被執不屈死

沈倫字彝士順治己丑進士

廷對稱旨超授梧州府奉符之官在道部檄赴長沙定藩王軍參謀議甚見敬禮奏疏悉屬焉比至梧梧兵變後傷殘未復以惠聲招來之而路達具遠畧

時天下初定邊陲皆宿重兵有戍卒奪良民妻者
控至倫自念即今文武未和兵民方尋隙滋事必
使自懲乃可語卒曰爾何敢然誣耳遣之去還婦
於民一郡傳咤羣聚相私語倫陰使人聞之帥帥
大慚服掠卒斃之狥於軍嗣是緹弁無醉市䐜閭
者民得高枕卧咤者乃嘆服又仇家舉某孝廉梗
化縉紳相株連倫以粤西甫靖宜示包容安反側
請於藩府而亟趣孝廉計偕大獄不起最入且遷
官適孫逆來襲梧倫與鎮將分攖一面城陷不屈
死梧之人立祠祀之有碑記乾隆二十九年奉

旨入功臣傳祀昭忠祠

盧僎字鴻仕順治己亥進士授商南尹商南山縣無
城郭以為国土地磽确而民阻險輕易竊發又流
寇煽逆來餘氣未恬僎至茅屋成聚窮市寥閴中
指稍敞數椽曰廨舍也牢聽斷處僎以措大素風
居之偃如九年地易户稠逋歸賦起民氣一馴惟
以度地相宜參用重典賞懲巨猾盡法而貸其生
竄入滇南附吳三桂為亂受偽弁引其狼心蠭目
之儔猖獗來犯邑僎文吏趣民削木為儲骨聚石
作壘堨蹶捍守民亦德其九年之養且教出死力
禦賊而巨猾固願得而甘心之僎力盡繼之以死
事聞
天子嘉其節贈按察使僉議至今商南人説其英烈猶
有垂涕以道者

義士

彭大翮字仲翔綺年多偉畧壬午冬賊破郢城同兄
生員修翮姪龍躍友劉振孫等倡義起兵兵敗俱
殁邑人義之京山鄭御史友煃作義烈傳畧曰彭
大翮諸生博學慷慨立身有品給諫郝仲輿聘為
子弟師誡曰汝曹師其學尤當師其人無何賊破

襄郢分黨據竟陵仲翔閉室中不食者三日著平
賊畧五十二策令其子謁獻執政執政唯唯不發
仲翔憤甚别妻子仗劍出曰男兒不殺賊如君父
何於是閭里和之須臾成一師賊肆劫邑中仲翔
引衆截戰殺傷甚多而青山為赴郢所經由蠭狼
每過仲翔輒衝出要殺賊受創者屢因謀襲之於
風雨夜由水陸兩路潛甲而出圍其宅數重仲翔
仗劍曰子孫陣亡盡焉用身獨完狂呼跳躍連斬
數人賊雲屯蟻集仲翔提劍太息吾安可授首若
曹遂赴河死嗟乎昔縣賁父御馬敗績非辠而死

莊公誅之司馬叔手劍父讐視死如歸明帝詠焉
仲翔報國亡家慷慨而死故綴其畧為作傳

劉振孫字麟似府學生磊落慷慨癸未闖賊陷城奮
不顧家與義士彭大翮等潛圖恢復謀洩為賊獲
身被數創不屈死

王日章字宣子邑庠生具文武畧年十六流賊陷荆
襄上書軍門請自効檄署部司令與故刺史董碩
儒副總楊珊田種玉收復竟陵尅期破西城門入
與大軍會是歲懷宗十六年癸未十月二十二日
之夕漏二下董刺史兵至青山請王將軍合營父

誼書生也送之曰兒年少兒審敵日章揖曰大人
無兒念以今獻陵一燼凡有血氣憤切同仇兒不
殺賊兒為賊殺俱未可知忠孝不兩全也顧父揖
弟合章曰以屬弟無使晚景悲傷揮淚疾出冠鍪
擐甲引所部馳赴中軍一軍咋舌曰王將軍差長
秦舞陽兩歲耳乃如是是夜駐三汊河楊珊軍左
田種玉軍右平明援師未至日且中日章皆裂髮
衝砰桴以進與賊遇大敗之其渠帥將退保諜者
曰孤軍也賊膽壯分兵三路而憑精銳攻我中軍
日章橫槊呼曰今日誓不與賊兩立矣君等勉之
衆諸山動皆奮勇百倍日章擊殺無算會日暮董
楊田殊戰死顧所部僅百人賈勇再入覩兵王章
王以言連殺賊賊來愈衆皆死之日章朱殷其介
下馬立河干其酋大呼將軍無死富貴至矣日章
瞋目曰所未副願者援後耳我死且訴天旦夕滅
汝肯從汝耶遂躍入河詰旦屍立厓上怒顏戟手
尚作搏賊勢其叔給事鳴玉曰日章神力天授五
歲就傳七歲能文十五補博士弟子十三齡讀烈
皇文武取士詔嗚咽淚數行下即擬致身殉國嗚
呼忠義之烈本於性生夫豈血氣用事者可同語

哉

魯宮魯宣兄弟也皆博士弟子而宮饒於庠李自成
陷襄郢所在練鄉勇禦賊宮宣同懷倡義與賊先
後凡八戰賊為却勇氣奪魄心怯二彪嘯衆叠集
相持青山湖救援不至宣戰死宮被四創舁歸亦
死

義僕

黃國士黑流渡人孝廉程世需僕也需窶而鰥身死
惟稚子弱女僕則拮据謀喪具及身及官耕其家
衰麻之色與孤同毀滅既葬奉幼主有嚴諫無褻

禮主女在室愼內外飭笑言孤嘗就傅晨送之塾不先行暮讀燈下必以其業侍或捆屨織布隨課長短孤稚或嬉戲則泣誦其先主人家聲世澤相勉有宛轉無呵叱不幸幼主又死呼天泣曰絕我主人矣已雪泣曰我何爲者乃治事不以殤也溥其斂凡數年積乃張具設醴延主之族人賢者身行酒而告之曰奴年有盡主祀無窮他日白楊樹下黍羹可東攜西挈耶敢以某日合窆主人主母以幼主祔在某原既葬又碣於墓其族聚而謀曰臧也士矣盍以嗣孝廉召而語之固不可曰奴也

其敢辱主以亂宗法已又嫁其室女奩從厚又歲時起居其主女之已適人者附以禮遺如其主在時無缺則信乎臧也士矣今國士七十五猶在側生者不傳以其人微不志恐遂失之且以告邑中之凡爲僕者

論曰天地以春氣出物態以秋氣入物情故霜雪白而本質昭有以凝之也楚風香草悼嘆江波死忠之先聲馨播天壤久矣此邦之士倘亦所謂九畹百畝者歟唐以前不可考自宋至今數公者不爲山川壯氣哉乃若王皓王嘉東嘗委贄漢廷而甘心一劍翼於青山諸義士有感焉而程家國士不愧日南李善矣

天門縣志卷之十三

孝友列傳

人百其姓行則一也門内之事門外人敬之從政者尤樂與聞此所以教也其境順則其事平發聲馨遠其所處變則其事彌烈繼響者憂絕矣刲肝以篤親也而聖賢無之棄子以爲弟也而宗子失祀不幸至是俎豆之不事至是俎豆之中庸不可能也其難在順志孝友

明

呂中字子正宣德時由辟舉授四川布政司照磨上

疏請免縣民歲造弓矢三之一邑人德之以母老致仕中性至孝父早喪奉母甚謹夙夜必衣冠而侍母亡廬墓三年朝夕號哭毀瘠而終知縣周端特表章之

唐寶字惟善邑庠生繼母張氏性奇嚴篤愛己生二子而仇寶寶備極苦辛不怨比長偕婦定省朔望肅冠拜父病革命取蓄金數千給諸子父歿張氏盡匿以私己子寶不爲意析居田地奴婢惟母所與弟與人訟母命寶代質問官誤褫之闔邑鳴冤乃免重其義加優禮焉念母老益用甘旨娛養且鬻己産課成兩弟弟治屋址隘母欲割寶地而不言寶予之無難色母病呼天請代衣不解帶數月母没形毁骨立哀號終身有司上其孝因表其里

蕭珣父死哀毀盡禮既葬哭於新封曰奈何蕭蕭遠風寂寂原野迫迫今夕而去我親以去乎呼兒兒諾猶傍榻以處也遂不歸家人爲築廬三年居此不入城

魏襄字子匡邑庠生性仁厚臨義利是非毅不可奪父綸伯父經孝友敦睦襄及弟稟克承之五世同居聚族數百口庭無間言人謂今之陳兢云

諶常九歲喪父家貧傭耕養母逮病躬侍湯藥嘗溲溺母卒廬墓三年

景運嘉年十六爲人傭書以供菽水母譚氏夏月病劇三嘗母糞每雨泣祈代死母思肉膾操稱參往市屠家笑揮之嘉搏臂掉臂歸懷刃登樓剜右胸乳間圍尺授妹熟而薦母母病以瘳醫謂嘉創巨必不救會其友舒以良藥敷之膚裂復完初嘉創劇恍惚一老父布袍緋履撫嘉相守質明遺麈尾而去

陶之肖字克踐少孤以克家自勗竭力殫勤卒能有

立由孝廉教諭歸安居身植品造士方嚴擢東鄉尹介然凜四知門絕苞苴井疆之澤歲月改觀轉袁州司馬免歸里中有兄弟罹盜誣者竟坐辟之肖力辯其冤盜辭絀主者出之居林下孝奉孀帷四十年有白鳩來巢庭樹人以為孝行所感云

江良構字我堂父潛指構與其弟穫曰我無堂有子構即我堂我無畝有子穫即予畝構與弟佩服不敢忘父沒哀毀骨立母構奇疾衣不解帶祈代顲天後登賢書人以為真不愧孝廉云

陳甚高字仰義乳臭失恃逾十年父亦沒貧無為禮

號泣悲痛而已後列庠授徒修脯所入稍拓墓田數畝樹楸茂材顏其堂曰瞻依奉親像於中出告反面如生時歲時享祭率子若孫拜哭如禮知縣程維楧聞而造廬表墓為文紀之

鄒聞孔字孺南父為德清廣文攜家往母以不安水土致疾疾劇聞孔方髫年刲肉藥母至性出於童子為尤難矣

余登瀛字幕阜邑庠生七歲能文十歲失怙孝事孀母終身無間撫育兩弟割產以給之

熊寅字國亮萬歷壬辰進士少客京師遇異人與語超然有出世志登第後疏請養母歸子舍感巢鶴之異（吳郡王穉登送歸詩已將三策對公車疏請還鄉慰倚閭顧以報劉同令伯非關諭蜀擬相如黃金正市燕臺駿白髮須供丙穴魚君出國門人共惜不知誰上治安書）逾十年母卒筮仕婺源惠愛洽民功績茂著亡何卒官自為偈曰我外原無我吾今卻見吾世間多少事曾了一些無識者知為蛻形輕舉云

鍾一貫號魯菴嚴毅而醇誠凡一理病痺進藥嘗食視其加減以為喜懼以明經授武進訓監司曾唯何應瑞皆同譜一貫慎不通名二人心重之告歸享年七十三

程以驥字季房邑庠生至性純篤父宗簡年五十生驥尤愛之三歲抱膝上授以音律即成吟每得句父見輒喜未十齡詩已成集年三十侍愛如嬰兒日一卷詩與八十老翁不離手口同里譚元春數輩唱酬甚夥有騷客非君不弟兄之句及遊燕齊吳越經涉萬里胸中筆下蕭然洒然著作散佚存者僅北遊兒戲二草北遊者求厥考墓銘單騎走數千里詩生於孝也兒戲誌兒時過庭指授詩有自來皆不忘孺慕云爾

程夢男字中男侍父疾五年摩挲為醫扶持為杖味

鼎火生熟為調和進則廢櫛廢沐廢寢纓亦廢笑廢言廢其讀書至於斂手足封諸白楊樹下而夢男亦齊矣家富藏書多歸火劫借抄能補其舊目遺業千金以不忍見人不得已事散去殊未見天與之以意中之獲也不為窘而讀書亦讀書而仍窘其人今死矣遺詩一卷文一卷性情在焉精血敝焉猶生也哉其不愛金亦傳曰管幼安之廉焉已矣

龔則敬字德輿原籍豫章生而有文在手曰孝九歲母姚氏病篤哀傷割股南昌令旌異焉從父至天

門補庠生事繼母胡氏克盡子道三十六年如一日胡沒廬墓三載大水地震弗離墓前學使旌以廪餼辭不受

藍絅字尚夫崇正丁丑進士天性孝友嘗贖其已嫁庶母遺腹子歸撫育如同胞割腴產予之筮仕順昌清謹愛民己卯分典闈試稱得士尋以疾卒

王綸字份緇邑庠生五歲喪父哭泣不絕哀感路人事孀母以孝聞異母弟搆侮多端終不校弟亦悔悟有八子年四十離家獨處曰身未能逮吾父一日養忍受諸兒養乎居恒燕坐喉中細聲如嬰兒語諸子竊聽之呼父母也性恬默且讀且鈔終老不倦與人交藹然可親學者呼為鍛村先生

章雲官父病閉結六朝已劇籲天一割其臂負痛為羹父咽三臠如去其室病間漸起

皇清

已旌孝子

陳應正　周鼎臣

金有嚴　孟文瑚

劉以驥　黃經甸

王　淇　戴璧顯

侍旌孝子

胡褎字嘉言承諸子少穎悟父許為讀書種子教以辨志學益進十六補郡庠壬子貢成均執父喪哀毀過常詩文俱屏祥後閱戴記一帙他書弗讀也因葬父被阻有上邑侯志感詩一章自序曰踰禮從權語具詩集中嘗錄父書八冊質之當代巨儒孝昌新城尤引重焉山左李周望量材鑑輔褎襄試事賞拔多名士當塗爭欲識褎褎恥借聲援概弗往歸里講學所造就多人聞族中鬻兒捐金贖之田產所入歲以給族人貧者年六十八卒崇祀

鄉賢

鄒紫宇對臣幼時靈穎慧抱唱驚其父兄母病泣而不聲去有頃覓之别院香烟在空人卧地血刲乜紫旁赫然股肉爇而熟之進之母病遂已

史琯字克章康熙戊子舉人性孝家貧父沒引裾盛土爲墳廬墓三年風雨霜露愴悽於心則哭教授里中裁成甚廣

熊烈宇建公祖威父性義逮養逮事服勞必豫將物以誠日月易邁由人子悱惻纏綿之意視之覺趨庭侍膳皆不可多得之事手舞足蹈太和春風自

其門内出矣忽失怙而居廬慮哭子之喪明恒以心持癰乃日積體吾親難瞑之懷護堂上搖風之燭維持左右蓋多方也逮及類山再覩戴禮重展麴蘗之戒房帷之安六年永謝可謂孝矣至於潦雨不虞隄堰永路猶籍津梁惠在里中碑存衆口信乎百行有原一以推之者耳

戴振宇亦厚應琦子康熙癸巳　恩貢振父庭訓極嚴有不豫輒扑之必磬折傴僂就撲巔毛種種當伏地作嬰兒啼翁大笑乃止每白頭簪花一枝播鼗以舞學老萊子之娛親過庭外則嚴氣正性莊敬自持博學善詩文邑名流多出其門下

王甘澍字蘇霖少失怙母周氏撫誨之成童補庠生後歲試值母病促往不赴幾落籍武尤之曰吾豈以一領襴移易病母耶從弟承祿壯未婚澍爲完之兼資贍養貴族人有緩急喪娶藉助者甚衆剛毅伉爽有乃祖給諫風

夏用和字咸萬廩生能文章俊傑廉厲試輒高等顧屢躓棘闈末貢卒和出爲人後同懷弟連夭生父有妾方娠得罪居外娩子和懇生父收之不可徧丐族戚乃得請生父病遺命中分剩產和全舉畀

弟其時廣文黄之卓將以優行舉以用和辭之乃止

譚大有字教容幼孤勤學其先世孝友令聞紹庭無墜刑于其妻歐陽氏以孝著三宗大有食餼貢成均例當得訓導不仕閉户如深山中貯書兩列日取一卷與子弟疑之信之生之死之油油然萬象在吾廬則以爲人生之樂無過於此得句而韵叶臨池而墨妙洋洋洒洒任其天倪而與爲變化持出户外人皆曰善什襲恐後大有亦聽之而已廣文黄之卓將以孝廉方正報學使則謝不敢當其

為人如此

金德忠字敏士侍父母疾抱持寢篋積瘁致一目眚終身不瘳事兄一山友愛彌摯隣火踰垣兄病方亟入火負兄出燎鬚及髮雍正丙午丁未積潦連村田禾無秋忠貸產設粥隣里以活者甚衆年八十有九猶好讀書手不釋卷

張世爵字尊一邑增生父母喪不舂不相皆自哀泣聲感之大小歛無假他人手曰恐遺悔他日也墓側一廬憔悴讀禮三年乃室處弟死水舉屍於身拊棺而哭之血殷其掌其至性有過人者矣邑有

興建率先倡捐以勸如崇聖祠尊經閣皆身任糾督不敢矜勞修張官畈石梁以便行人捐義田施義塚以澤枯骨皆足書者子聯登明經訓導實嗣其家聲

史大鵬字翔萬邑庠生年十七二親繼亡廬墓三載糲食屏酒醴痛身貧賤不能揚親銳志讀書造詣日上從遊甚衆修脯所入置產百餘畝弱弟四人勻田以授遠近嘉歎老而無子論者惜之

毛允言字敏人邑庠生六歲失母哀毀無異成人每忌日祭奠必哭父炳身染弱疾侍其湯藥時其飲

食不解帶安卧者九載父辭世茹素飲水不見齒者三年以歌舞宴會招者終其身未嘗赴也奉繼母錢氏孝謹不懈内外無間平居課生徒宴人不受其修脯東北一隅遊泮者半出其門甲辰賢書捷至賀者在門哭者仆地其至性過人有如此

周薪材字後來雍正癸卯舉人以明通授孝感教諭擢最入覲

賜章服薪材家世孝友母程氏孀居家事悉統於長兄庠生常清同炊數十口無間言薪材自諸生至廣文一錢不入私囊常清亦自甘菲薄友于甚篤有

義門之風

聶萱字黄中乾隆丙辰舉人隨州學正父沒事母至孝朝夕不離母側戚友有勸赴公車者曰母老安忍遠離尊意侍奉母年八十二而卒里黨稱其孝

胡繹旦生子也幼穎敏如月抱暉而明必滿如泉趨淵而清為深以經傳証其性情以日用求於天則師原在道示範不凡母喪父喪先後皆瘠推父之愛事庶母於父死之後成異母弟如同母之弟其天懷日茂矣夫人雖粹美難除者名心舉孝則辭舉友則辭感者在心而不敢為頌揭者各足而未

測其涯其德其學竟何如哉晚年自邑徙鄉尚絅
愛錦至於樵牧起敬傳聲蓋其入人者微矣
譚中世字鶴亭天賦別懷自造一境於父母克孝克
敬獨有見真之地純純常常求於此中得其愉悅
快足而後已性嗜酒侍父疾居母喪不飲酒不室
寢國人皆曰孝人與之處若在氷雪旁渼然漠然
各為爾我然與二三知己作性命交轍自始至終
茍可以以身死之期於有濟其事度其意亦無不
可者此外如無心之雲如流去之水懶不可振弛
不可張為諸生如是為孝廉如是居鄉里如是居
京華如是一歲計偕落第不遠歸或問南來人鶴
亭近似曰閉戶抄書耳晚年得安陸教諭使者斥
之罷歸忍寒餓者年餘作詩多可傳之句而不怨
不尤若自樂其寒餓者
江衕成五世共居男耕女織一遵規矩合食者數十
餘人友睦之誼里黨重之
高時俊字宅三庠籍沔陽幼失怙事母以孝與兄時
健出告入面晨昏定省至寢門必正衣冠不敢噫
噓跛倚他日兄出家遘隣人回祿俊倉皇奉母暨
嫂避火又攜三姪忘己子之在室也再入救火及

南榮忽風反無恙撲火者多人咸目睹咤嘆為不
可及俊文下筆有神不尚雕績自歸典則年僅五
十未竟厥志命也
孫之澤孝萃同氣順徵一門自順治戊子至今垂百
餘年凡五世子姪兄弟集七十餘人庭無詬誶人
無閒言草木同榮雞犬同食有江州義門之風鄂
城允映奎顏其堂曰庭溢太和
戴廷珪字信菴邑庠生父母早喪事祖母生養死葬
能盡禮弟四人勉之成立弟初未盡率教廷珪輒
不食自責同懷皆化之廷珪死諸弟哭盡哀葬之
如父母然竟無子鄉黨以為恨事
蔣天驥字襄赤邑庠生沉潛好學親沒廬墓三年
劉萬象醇謹端方素敦孝友父染怪疾醫藥莫瘳象
心香呼天割股以進父旋愈既而母死哀毀骨立
詎葬凡日用飲食猶以事生之禮事之
汪裕字崐玉早歲喪母每哭四隣為之輟食下淚父
病劇醫者曰不可為矣裕割股以進詭曰單方也
父唉已病漸起
曾國璋貧不聊生亦未知詩書名義而天性純孝住
岳口終日憂母不能生遂忘己之無以為生也市

井之中謹厚而愿不可得財知恥而廉不可得財飽其母一餐則外餓終日詒曰故人與食來母死國璋亦死矣殮者裸而易衣臂有刲痕如茗椀爲之淚下

劉追嚴初名大化多夙悟十一即能文父没長號嘔血其母慰止之更名追嚴誌不忘也廬墓三年及母疾進湯藥侍左右不稍委他人母時疾時愈凡數年不敢倦母逝哀慟如喪父葬日即露處墓側其兄爲草廬居之終夜有悲泣聲由此病血不已年三十而逝

江裕柱字子良以吏考於京得郡叅軍幼孤事母夏氏至孝母年八十餘孺慕之誠如一日母亡廬墓三載日夜泣血足不履市里黨至今傳之生平好義修縣北風波湖堤數百丈有碑記

梁騰璧天性惇摯不治生産家計遂落棄業而貫兄弟四人獨迎父母養之父母亦惟騰璧便騰鶴死哭之曰兄但瞑矣惟嫠與孤弟敢不爲之所三十年嫠抱孫以食其子曰嫂良苦籲

天語題之庠生延攬仲兄也病以授徒之館舁置於寢餌之藥之醫曰不可救也具衣冠身送之歸死於其室復經紀其喪事

劉上選字遴青事父母能孝行省大中丞褒之生平樂善好施是謂積而能散者於古之名人遺跡尤不惜重貲以新之其園後有陟陟亭上選所登以望父母墳故名此孝子於親雖曰死之不忍忘之

劉篤母患廢疾竭力事奉夜以髮係母臂而寢以便呼喚三十餘年現存

余顯道父患癱逮克盡孝養夜不入妻室者十一年現存

傅曰賢善事老父克盡孝養現存

論曰庸德庸言是謂天地不易之經以之立身以之事君以之治民皆孝也故曰孝者百行之先而能友斯以完其孝然而難言之矣夫豈無譖之言而弃之愛望之過而責之深無財不可以爲悅而此志難原有過不可以事親而求全務盡是故處變者格親而化之處常者養志而繼之視於無形聽於無聲精微之至通於神明詩書之載尚矣彼其一節之稱至性不易愚或傷過激或傷猛揆於中正之經聖賢之道有未脗合要不可爲非孝也唐實賢乎哉後母虐之而不怨孺慕之誠其奉教

於曾閔者與陶之肖陳甚高冀則敬皆能明其本
末者入我
朝而戴胡熊譚諸君子卓卓可記若夫推骨剖胸而
驚鬼神溪龍山虎以助哀聲割股廬墓一腔血誠
異物且感之烈哉偉矣抑思父母所以愛之者與
然而閭閻能此鳴梟當已化焉

天門縣志卷之十四

宦蹟列傳

鄉里無不愛其前人者崇秩於朝則以爲三尊之一尤艷稱之勢利盡公道出不可誣以諂也蘭陵二傳潁川四長關西四知平陵三異青史之芬桑梓之榮與翠綏鳴玉相比而居是曰鳴珂之里雖然中有重焉者矣志宦蹟

鬭穀於菟字子文伯比子生將不畜得虎乳而異焉乃收之長而代公子元爲令尹節身量食恭敬以勤官人則視其受恤下使樂其餘罄家紓難用竭公忠矣而蔽賢專利之戒實切乃心其族人干法廷理以令尹故不治召廷理責之欲自殺爲其不義自我階也成王以爲賢遂使及内政嗚呼身爲令尹朝夕之不謀罕所聞矣是故於其逃富知其廉於其讓賢知其退欲殺越椒知其識子文之忠其不易能也哉

劉焉字君琅漢魯恭王後章帝元和時徙竟陵至焉以宗室拜中郎歷官宗正太常獻帝時出領益州牧

張興世字文德少家貧白衣隨王元謨伐蠻又出梁

州有戰功尋進龍驤將軍領水軍拒南賊時賊屯鵲尾相持久不決興世建議以奇兵潛據上流過其糧道賊饑走遂平江陵遷右軍將軍封唐縣侯從光祿大夫　南史

黃回竟陵郡軍人隨藏質討元凶有功擢直隊主後太宗即位中書舍人戴明寶啓後假回征有功累遷至將校封葛陽縣男元徽初桂陽王休範為逆計斬之加輔師將軍進爵為聞喜侯遷冠軍將軍王景素據京口反遣回討之回忿蕭道成為逆乃先與景素通謀蕭道成知其異己及拔京口回軍

先入不覲殺景素事平道成釋不問增邑進爵餘官如故沈攸之起義以回為使持節督義陽諸軍事郢州刺史給鼓吹一部率衆出新亭為前鋒未發而袁粲據石頭謀誅道成回計應粲不果粲平道成撫之如舊回進軍未至郢攸之敗走回至鎮進鎮西將軍改號都督回不樂停郢州固求南兗遂率部曲輒還改封安陸郡公都督南兗加散騎常侍持節如故道成以回終不附乃表劾之詔付廷尉回時部曲甚衆道成欲收恐其為亂乃召入東府使桓康殺之子僧念尚書左民郎竟陵相未

發從死　南史

李廷琛竟陵人洪武初從鄧愈取江南定武昌遂擢竟陵衛指揮使奉旨攻南陽各屬克之後擊王保保有功命鎮守竟陵與知縣張天麟協力保守修築城堞有功於民累陞東勝右衛指揮使

李慶字積善弱冠補弟子員由南雍考擢建昌同知時民苦催科慶令緩期民樂輸恐後轉南戶部郎中南都糧餉多輸自浙慶於額外苛供悉罷之改禮部諸郡歲進表箋奸吏需索百端或摘點畫之訛以求賂慶皆禁絕陞浙江都轉運使兩浙鹽利

甲於他運前此支給多視商賕為後先慶至嚴簿書時出納絕請謁惟按券之歲月二年歲課三倍尋致仕歸卒於舟慶居官廉介祿俸所入輒以周族故之貧者身自疏布澹然也歷宦逾二十年田園不增尺寸茅屋數間而已

郭軒字文載官盧氏教諭凝整風度學遂養和所成就後進率以崇實敦本為先能變士浮氣其所教弟子員過楚者必紆道拜其墓

魯彭字壽卿鐸長子詩禮紹家克承舊學貴游習氣一掃除之尹樂會和平愷悌不為深刻稜厲去之

日民祠以祀之

劉世臣字致吾辛酉舉人授臨潁尹蒲萆積弊清徵收曰小民膏血也禁詞訟曰民氣凌競也定里甲曰毋滋根莠也一以和平慈惠與民休息移黔昌懋聲勿替致仕歸

吳文佳字士美天性孝友嘉靖乙丑進士司理徽州頎平礦賊有事功擢刑部主事移戶部司榷臨清以廉平著召入內垣嚴潔峻肅勳戚豪右皆斂迹不敢橫所上疏如請定國是立紀綱厚風俗皆主為治要體得立政之本轉都諫監昭陵工節浮費以萬計觀察河南有請賑疏數千言擢福建右布政著清軍儲餉議勒為成書凡所至皆有實惠逮百姓少宗伯江夏郭正域為之傳謂其孝謹似萬石君厚德似陳太邱深造似陳伯淳而不附江陵尤徵直節云

周芸字用馨毅直剛決嘉靖乙丑進士授桐城尹不事鉤距而聽斷如神疑獄立剖尤愛民多惠政去後桐人如思父母遲之數十年聞其退閒家居猶率老幼來祝週甲云其自桐內擢徧歷黃門青鎖侃侃霜明所彈劾不問勳戚嚴顯遇邪即觸身小而矬常躡高櫟履入朝人憚之聞履聲皆斂容曰矮周來矣顧遇黨人陷正危急須臾即飛章救之多迴天力曰吾為國體所關人才起見敢市德耶穆宗嘉其直稱周給事而不名奸人忌之謫知大名嗣是浮沉外僚至閩左叅議時方壯年念權臣枋國時事不可為乞休林下搆頤真館與弟昆怡樂其中遇邑大浸捐資築東隄里人誦之至今勿替

謝廷敬字宗文隆慶戊辰進士授行人陞刑部郎中事王母以孝聞推愛姻族分產給之有青衿僵卧雪中惻然覆之衣在官日江陵枋國奪情抗疏劾之直聲大振讞決江淮多所平反冊封齊晉一切餽遺卻不受卒之日崇祀鄉賢

徐成位字惟得六歲始能行就傅絕出儕輩二十五成進士尹舒城行條鞭投櫃法催科中寓撫字民便之移劇寶應其時民氣囂動窺隙伺釁有揭竿思逞意至則發帑代輸緩逋弗追反側安流亡集乃自劾專命罪臺臣以是識其能最入限於年不得予臺省進春官郎中守徽州歙篋蚖絲例獨貢少年瞋目語難曰新郡六邑誰不當供篚者太守

不繹我負有事攻剽已耳成位以歲羨易絲實篚
罷歛輸收倡者殺以狥郡中肅然秉節沂兖河渚
迫泗陵上怒罷河員以事屬成位曰惟有導淮分
河河穿陘出峽石齡磊砢不可鏟夢漢壽侯語以
火攻乃烱水伐木焚石煅以醯石解沕洪波不磯
水殺下趨會檇李民變朝議以成位名重移節弭
之外艱歸再起備兵登萊習戰海上礮車鼓角之
所震宕島夷莫敢駕帆窺境遷蜀藩伯病免詔以
都御史撫滇未赴卒成位性孝友喜興除利弊流
惠桑梓如置義田贍族增堤障衛邑人捐金皆以
千計其大者也若甃路成梁設塾置刹不可悉數
云

周嘉謨字明卿庠籍漢川世居天門隆慶辛未進士
除戶部主事歷韶州府遷四川副使分巡瀘州有
建武所兵燔鎮官廨譁起洶洶單騎按讞從容諭
定軍心以靖尋撫百草督兵邛州皆以方畧安反
側進按察使移疾歸起官榷稅中官邱乘雲播虐
嘉謨榜殺奸民助虐者乘雲戢巡撫雲南平隴川
宣撫多安民叛立其弟安靖又劾黔國公沐昌祚
侵民田八千餘頃其孫啓元怙侈罪狀節制兩廣

軍務粵西土酋引交阯內犯拒退之為增兵置戍
南交平南海高要等屬大水築圩繕岸多保障功
惠流威立霆厲風行名拜工部尚書尋改吏部神
宗崩光宗即位鄭貴妃據宮邀封嘉謨同言官楊
漣左光斗以大義責其從子養性動以利害乃移
宮邀封事亦寢初貴妃進侍姬四人致帝疾嘉謨
以寡欲進規及疾大漸受顧命而熹宗尚未嗣位
李選侍專制張甚廷臣入臨請皇長子文華殿受
朝送居慈慶宮嘉謨奏殿下身社稷是託出入不
宜輕脫大小殮朝暮臨須臣等至乃發皇長子領

之選侍之居乾清且挾皇長子同居冀仿垂簾事
嘉謨亟草疏率廷臣請移宮甚力五日移噦鸞宮
當大故頻仍國勢杌隉嘉謨正色立朝力持大議
中外倚以為重斬斬截截其秉銓惟才是任光熹
之際大起廢籍者碩滿庭中朝為清又請以六事
定官評曰守曰才曰心曰政曰年曰貌各注其實
毋飾虛詞帝稱善行之御史賈繼春得罪張慎言
高弘圖疏救帝並罪二人嘉謨力解奪俸而止會
霍維華希魏忠賢指嘉謨惡之出維華於外忠賢
怒嗾給事中孫杰劾嘉謨乃求退忠賢矯旨許之

其黨周維持復劾嘉謨曲庇王安遂削籍崇正元年起南京吏部尚書加太子太保明年卒官壽八十四贈少保

何器字汝玉博洽多聞令邱宜妻修邑志後授陳州丞署長葛有官聲擢判成都尋補夔州判攝大寧雲陽建始諸課商民德之

王曰然字侍溪神宗癸酉舉人授四川雙流縣喜興廢舉墜整理之下煥然一新地雜猺獞多方捍禦羈縻之有同氣相訟者入庭即稽首請改過化其偏心遷評大理以農部郎榷淮關璫靜商恬清風

入袖擢知臨洮府本誠立政爭於神明禱雨皆驗除副使挂冠歸

鄒昌言字師禹以明經任江夏訓導纂修古籍校閱兵法訂正經藝制策具有成書遷德清諭妻賑飢其胥徒曰是朝廷之惠窮民之命慎毋染指改忠州諭署孝豐期年以清慎聞擢成都丞歸年八十體健聲洪考終於家

夏良弼字夢巖乙卯舉人樂陵令生時有大星流屋之祥父尚冕自臨川徙景邑因携以自課二十補邑弟子員已有聲庠序鄉薦後鍵戶課徒不問外事邑令造之詢邑事深語而別次夕則鋃鐺凳戶示遠出以謝郡伯行縣就咨利弊亦盡言邑中隄垸形勢民情饑饉流亡狀送之門外一揖不詣謝也官樂陵不辟幕不留獄不牒拘不設控期判事無常所遇訟於途輿中作數語散去曰毋廢爾業也胥積歲月者罷之曰噹民也民游市壓者懲之曰盜根也命市司朔望評價以上署中給直同其消長命民入貲充賦免其轉易庭草綠滿則課農教士以寬休息之士稟其程度一變海隅風氣拔三雋曰張潑萬之齊史高咸登第至達官最上入

覲假歸不起居家則推惠同氣不念舊惡益明體達用備有本末者矣子時傅字獻叔升考成均懷宗賞其文擢光祿寺大官丞數近至尊天語優褒行且擢用以病免未年兵興多匪時憂國之懷李自成陷京師哭臨梓宮而歸

陳所學字正甫弱冠成進士父豪名歸使鍵戶力學三年再赴廷對授西曹主事移虞衡典試滇南復命即司榷浙之武林關璫視眈眈以廉見憚由新安守視學三晉能識士與其滇中所拔咸速售有名及分巡冀北籌邊事足邊食使畜戍不以空名

康餉武事不以宴安廢弛具有條欵會順義擁衆
窺邊抵城下知宿備尋盟而去彌纍請疆深得政
體由閣右司轉浙左司掟闗府雁門擁節江表時
天下擾擾旱蝗能備給餉多方皆稱職晉大司農
會楊給諫璉以糾璫忤上震怒赫然而厰衛皆奸
人黨中旨自魏忠賢標出上意不可知所學引諸
大臣上疏力救忠賢深嫉之適以篤視成均百官
習儀内殿閣邀執政卿貳議事至司農辭色穨厲
所學據理應之不能爲難遂連章乞休蓋自謟起
闈藩每轉必具疏力辭至此凡十二上矣其居鄉

也置隄到則惠一鄉置義田則惠一宗請除加派
則惠及一邑矣年八十二預道卒期遺命勿得請
祭葬亦尸諫之義云

彭萬里字惟翼以孝廉授合江令時擒因甫靖客師
調集以能輯驕兵補鄉寧回賊懼不入境尤善雪
疑獄陞漢中同知卒於任

陳所前字敬甫性方正明經任武康訓導規矩繩士
肅然丞變陞南雍典簿會計必晰判與化署篆甫
田大得民和然宦情不深屢乞休而兩竟有器識
端凝操術峻潔之薦卒致仕歸杜門卻掃不問生

產事尤弗吝解推

吳文企字幼如神宗戊戌進士幼孤伯兄文炳課之
學讀書三一菴與同邑李少叅純元相淬厲俱成
名至達官後進傳爲盛事初除南農部曹榷武林
關減稅三千伍璫苛商者知朝廷法擢守寧波再
守湖州以監司起官觀察秦中視學寧夏納欵塞
外乃卒官其威望多著西北則有招佛僧降銀定
而靈武綏寧斥墨吏去蠹胥均鹹宗人清餉畜戍
而平凉覊律此緹弁之釁杜則彊井之風惠可知
也其風采常聳東南則有發宿奸讋豪惡使相國

杜門監奴斂迹不敢以私恩護座主者釐積弊理
侵漁兵得按籍支給吏無因緣中飽而餽粮之務
取諸家母蘇之勿擾於外者此公私之義明斯綱
紀之維飭可知也或言其守湖州歸載片石爲宦
橐裝會繇園立石庭前對之吟嘯終日有終焉之
志與後之登受降臺叱咤風雲憑陵殺氣若出兩
人則信乎士君子出處之間不可拘墟觀也

夏敬承字象明神宗丁酉舉人授新鄭令取夏課秋
糧分四季投櫃民力紓而賦易集臺臣檄郡縣同
倣四徵時大學士高拱歿爭嗣奪產行賄萬金敬

承一直以理繼嗣遂定絲豪無染廉聲遠揚授南
臺奏疏侃侃皆國計民生建言有體多見採納以
忤璫免歸

謝奇舉字彥甫神州癸卯舉人授什邡令會奢崇明
亂蜀殺臺鎮所在攻城破邑什邡孤懸無援奇舉
登墉守捍軍令嚴明民氣堅固賊解去中丞上其
事擢御史巡按西陲至則白簡先彈貂璫寺人側
目再劾軍門官箴肅然以權奸當路直道難容乞
休歛取赴闕已疾篤不起歿數年以前勞加級賜
金

胡承詔字君麻早長子神宗甲辰進士授夾江令江
苦徭役半逋亡多方安集之三月移內江下車問
利病知鹽課最病民親歷諸井酌其平上之兩臺
以為允乃條馬價雜税皆飭為令擢南儀部主事
遷祠祭郎以提學副使銜文西蜀三年遷河南叅
議當去官會奢崇明叛警至慨然曰雖非守土叅
何目擊其事而去之自留禦賊分扞東城兜鍪擐
渠往來櫓堞間卒以謀畧取勝蜀人曰大叅往以
玉尺量才今乃龍韜決策信乎君子之器不易窺
也天啓末所在省會皆祠魏忠賢蜀撫尤其私人
以庇鳩餂藩臬承詔時為左轄毅然曰蜀苦兵燹
帑給餉不暇敢以公家財急私門役耶民亦蕭索
矣又忍歛諸踣諸乃止顧憾入髓將借假父吠劍
一吷耳承詔亦凝此蹶未審死所會璫敗仍以計
最陞南太僕駐節滁州尋致仕嗟乎媚璫者國若
狂一人從不旋踵糜其身其敢觥觥爭不可耶天
下皆祠而蜀無有不可謂頹波中一柱哉

魏士前字瞻之由進士授蕪湖令調吳江剔奸除弊
輕徭省刑遷南祠祭主事陞潁州兵備會龍華變
起不數月勘定之奸璫開屯江淮汝潁所在騷動

士前調停豁釋全活數萬人晉叅議轉浙江糧儲
道忤璫免歸崇正初補冀寧道改鎮潞州平渠賊
神一魁等轉川北道劾蜀藩御門僭制再遷榆林
道回籍終養癸未起東昌道推屯撫未任以艱歸
國朝兩徵乞骸骨家居劉思才等倡亂湖泊請於制
軍移師殲之里黨得安家食自甘卒年五十五

劉漸字於磐生而穎異讀書目數行下諸子姪輩親
承訓誨咸擬魏科漸孝友性成內外無閒九困棘
闈兩擬解額以明經分訓蘄水陞和平令邑苦山
寇嘯聚漸以靜鎮之不敢犯潔己愛民肅教示信

羣懷其德刊石紀馬里居杜門謝客娱情詩酒年八十終

羅士淳字彦白應泰子以孝廉任成都司馬轉州南兵備僉事明季内地擾動邊苗多因釁爲寇士淳至則礪器械簡兵壯羽檄旁午身坐橐鞬中治事甫兩月沙馬諸苗入寇肆焚掠攻城邑勢洶洶鎮將病不能介馳士淳貫甲挺戈率所教徤壯奮呼以出擊殺數十百人賊懼引却滇人謂其至性所激義能生勇信然後卒於官

王鳴玉字六瑞天啓壬戌進士入庶常改給事以直

節著魏閹憎其不附己出爲隴西觀察瀕行猶上疏數千言請遠僉壬乾綱獨斷奸人側目抵任會旱久所部獷悍驕然犯禁發礦衆議動師勦之鳴玉持不可馳諭云汝良民苦饑乃然毋恐官來生汝其速止否則誅汝乃披髮徒跣行赤日中吁嗟而禱之霖雨大沛嘯聚皆解散隴民相慶曰觀察生我不則罹鋒鏑久矣其不逞者皆感恩私泣懷宗即位特旨召還補刑科以失糾司寇逸囚降外尋遷膳部郎以疾引歸

譚元方字正則頎而美髯機警捷敏兄弟皆有雋聲元方尤亮於事以孝廉授高苑令時山左餉匱叛兵譁起羣不逞和之所過破城邑肆焚刼居民望風先徙元方以身鎮之曰宰在奚患激之以義結之以誠衆心成城矣賊薄墉下望青蓋飈起義冠朱衣當麗譙立者宰也方戟森竦橐鞬前後人有鬬心乃介而馳繞城一匝以去私謂曰使攖城者胥若是夫何從殘破移汶上擢河務司馬治淮黄首濬下流俾受水有處乃挽横流歸故道則金隄犖漕運通三閱月開河三百里鬚髮爲蒼最上錫金優奬擢刺廬州江北盜起蓮妖潛煽忿獷聖山

蔓不可翦元方鋤其首惡威惕餘黨而四郊憐大化爲清風所生活實多乃建節備兵官至副使會逢鼎革即乞身　興朝以孝友之氣型其桑梓過邑中利害不憚片言建白或值寃抑尤不惜爲昭雪嘗自粤西入覲旋里蝗嚙其秋四郊饑色即以金帛付質庫捐粟先之其好義類如此

熊開元字魚山在姓母爲嫡所逐依外家嘉魚以生遂籍嘉魚天啓五年進士授崇明尹移劇吳江懷宗朝召入爲諫垣爭中官王應期不應監關寧軍又駁張應時論救王化貞至身請代死皆由化貞

賄買宜即誅化真俾十萬無可通神直聲振中外
以前在江南催科不力罷臺省貶二秩調外不赴
久之補行人會京師被兵解嚴後詔臣民言事者
報名會極門即日召對閒元奏事文昭閣意攻周
延儒發其奸會延儒在上側第奏畢事而出他日
請對德政殿言朝廷近日延訪惟兵食禦寇計此
舍本逐末也元輔天子所資以理庶政今自臨御
來贊元化者至數十人其進皇工謀於左右而已
諸大夫國人未必皆賢之庸人站位繼踵為奸人
禍天殃迄無寧止遠事已敗壞諫臣發舉其罪雖

誅斥之何救於國是因目屬延儒延儒免冠謝閒
元又曰陛下令臣工奏事俱得盡言輔臣在側誰
敢速禍且昔日輔臣重刑斂棄忠良故攻者衆今
起廢賜環多借其引用凡所作奸私嘆而已攻之
者少則主上信之益堅請徧召廷臣問以輔臣賢
否輔臣賢否定諸臣流品亦定不此之察將吏狃
其情面賄賂以掩蓋失地喪師之戮誰為捐軀報
國者語極戇激帝命之退延儒於上前請令補牘
又使人陰沮之比奏上上震怒下鎮撫逮治訊其
主使備刑掠受拷不承而盡發延儒隱被廷杖下

獄既延儒去言官多救閒元者交章上不報刑部
擬贖不許已而戍杭州未幾京師陷唐王在閩起
用之甚見信任汀州破投入靈巖寺為僧
程以驄字龍岳以明經授肇慶訓導遷學正潼川先
後攝粤廣寧蜀樂至尹篆平情持法不少狥有
富人當對謂儒官橐餒丐庇行説千金以驄摽於
署敢箾干者坐曲民畏法行清風肅然貧懦者得
直又監税他邑掾白為奸者豪族宦橐匿蓋發之
蠹人以驄叱出掾亟逮誅之觀望者奪擄咸輸入
又黠盜數輩依林莽殺人取財官捕受買縱飭緹

卒從窮里縛之所指輒獲戮其首餘何校國門威
惠並施村落無夜呼以驄明斷敏給撫民則柔吏
用吏效文事文數嘗鑑歐仲蘇於蜀士中數為引
薦竟奪魁去藝蘭則馨刪荂務盡惜有明用資格
限人不能竟其施也奈何
毛一駿字翰如
國初以身言書判中選陛見賜宴授海鹽令請緩併
徵撤援兵建城樓修學校造營房築海塘舉政皆
得體要
朱一龍字虞言神宗壬辰進士司理蘇州材敏斷讞

決多所平反時太守朱燮元郡佐朱芹咸著卓異有一郡三朱之譽庚子分考南畿明年遷吏部終考功郎中

譚元亮字擬陶四歲喪父依伯兄元春教養成人懷宗庚午副榜漢川教諭嘗公事會城卧病向晚門隙人影徘徊嘆聲微渺蹤跡之則湖南秀才應鄉比者以同舍生病逝旅窮不能其殯癸月隘室勢不須臾素知景邑譚擬陶重義周急聞其送弟子試來云僦此住冀得一見元亮倒橐止八金悉畀之去或云盍留姓氏核其誠偽曰聲迫而慘以真告我矣士也而盜行疑之我則涼矣曾人之云觀此一節可以得其生平矣

龔輿字君路童年孤露母張氏艱難苦節涔涔血淚中視而長之厲而成之嘗貿書易米忍饑以歸母嘆曰書千金難買履一緉百錢售書盍售履食也登懷宗辛未進士釋褐除桃源令邑瀕洪河水汎激射居人岌岌不安散徙半盡去田留賦司農按籍程數弊吏率以催科而民凋膏血不堪再朘朝議以甲科領邑實以盤錯觀利器也輿未出京即上疏爲民請命乞勘地任課協濟供鄰卒從所奏起溝渠之脊而穀之將無甘雨隨車來者耶至則奪吏之漁懲胥之嚙戒期早輸後其摘比赤子餧啼得慈母來保遠聞馳聽在籍咸歸乃捍河固城建學啓塾養俊以教民知向方三年考績溫旨優褒朝臣贈詩云朝議資從甲民艱地配丁賢聲大著擢兵部主事轉天官典選毅然以得人事君爲己任甄拔所加廉稜劃然皆有爲有守之士内艱歸籍國事已非憂懷倍切以懷宗癸未正月九日卒先期爲酒招知戚而散之金前三日移櫬至兆肩輿後隨屆期沐浴端坐而逝其至壟上也所親環哭之從容道別了無怛化怖死者蓋具宿根人也

劉必壽字介眉明懷宗庚子舉人入
國朝任真陽令汴中亂後初定民散地荒必壽審編均役請行官徵官解法吏莫爲奸又請還協濟驛馬銀兩減濬河民夫百姓如釋重負流亡漸集乃使開荒地以贍食又清鹽筴以便流通閭閻起色矣則修城濬池以固其志繕學設塾以迪其良而政以成著真陽治蹟一卷名曰庸畧惜未之見

譚柾字子尚順治戊子舉人由通山監利教諭擢高

要令攝德慶州知州事以歸桓精於藻鑑辛丑分
校滇南所拔士皆具識度爲廣文繩諸生張弛合
則進造有成作民父母大要務德長民宏以惠利
而勤拂拭其秀穎以儲用於國家則已矣其在高
要得力請於上爲除丁錢三千兩而民困以蘇又
復昔年各户所捐濟公田畝三千餘爲豪猾所湮
没者而恤下有藉其在德慶仁聲所播致流民恐
以逋負累官去而復返皆足紀者而悦城一獄全
活甚多尤爲貽慶之本歸而建宗祠修族譜設義
塚則可謂親親仁民一以貫之矣

陳應善字穀詒誠樸篤信學裕多能以孝廉教諭麻
城邑之公事多分任焉麻城之人曰陳廣文治我
乃賢於宰西山兵駐以軍需紀功陞荆州教授修
郡志文事與吏能雙擅尤慷慨喜利濟於麻城建
西河橋七里橋皆非儒官薄俸所能辦者人以爲
難

李樸字子固性孝才敏慈訓兼成之弱冠受知督學
周鉉吉餼食郡庠由明經授如皋尹治績備舉至
如懲罡鏇勸渠冠其最著也詳見兵道李培真安
東碑畧中忌者議免歸囊中僅圖書數卷尋卒著
述見藝文考

涂雲步字青遠順治甲午舉人授廣平尹初至問民
所苦曰邑爲漳水故道流改淤爲涸磧土性不滋
秋穫遂他邑人户經亂後尚未歸而賦稅以補逋
亡加重檢年有菜色歉歲多殍曰苦攬户包差此
地西北之沖時當勦逆征師南下羽書郵檄馳騎
聯翩攬户初承圉牧乾沒中肥官既給直惟缺供
是責攬者忘其啜汁仍累窮簷非貿產鬻子不償
曰苦花麻運解司農未准折色廣平距京師數百
里舟車裝載費既繁重而花麻之直京價相同不

如就京採買雲步爲請於大吏力爲陳奏悉除所
苦民氣以蘇流亡乃聚艱歸再起順昌尹一如治
廣平者治之民悦服時以匀苗未允民控頻年雲
步畫六可久策平其邑之賦役士女謳之事具鶩
城紀畧及匀苗詳册中

程飛雲字培風七歲能文章入郡有江夏無雙之目
傾動其郡人父士傑恐穎脱髫齒傷先琢鍵户鋪
之經籍甲午冠賢書己亥成進士初觀承明綴行
以出
上目送之曰此甲午湖廣解元也蓋已簡在之矣以司

理改獲鹿尹歲祲四境啼號環至蘇以賑貸堿謀
迅機質行無所市流惠封外時梁益未平禁旅之
出司馬撒井陘大道給芻粟飛雲咄嗟籌足椎牛
為酒親勞之民免飛輓獲鹿俗悍輕為奸刼叟以
盜治盜狡黠椎埋宵聚窮里晨挍國門於是狐鼠
失憑弭首聽用及定讞入辟多原貫之佗佗之士
草為愿農考滿擢行人有萬人碑立故治若其桑
梓之頌則除里甲大差尤著明季獘叢奸胥分納
户色目曰收户歲易之曰排年徵一輸十不十則
仍逋一追呼海沸械繫屬路廹則竄亡流離居者

鬻妻售子吏朘其膏勿聽治發摘飛雲條其藪毒
萬言謁旌門上監司白太守裹糧上下曠日月罄
槖囊奸人忌之身幾殆主者以為誠乃奏除立石
杜後正供既無鈌人從知治產為生之樂此議其
族人一壁始之猶沿之十餘年飛雲遂成之也為
人本原孝友而寬和中有嚴毅喜獎進後生方親
喪在極隣人灾譆譆出出偪其寢飛雲籲天遽呼
風反燄滅孝思所激鬼神贊之亦足見其誠已擢
工部主事不赴以子大夏官封承德郎户部廣西
司主事

胡鼎生字元羹順治己亥進士授石泉尹邑巨奸營
充監司掾侵餉累民滯冤數載乃牒城隍會訊掾
就對雙燭下陰風肅然自出供狀袖中事得白邑
多虎噬人白日中鼎生取筆判云諭山神速驅去
孽孽惟爾懲是夕操渡者渡一叟不與錢從索之
見叟擊杖叱數十虎去民曰惟誠至者能通神明
也是歲饑請
旨蠲正賦四百兩內艱再起補進賢值吳三桂為逆發
師勦之　大兵至進賢梢駐軍需旁午游騎聯翩
鼎生供億裕如邑若無事及移屯去上寇竊發且

圍城義倡所屬悉力禦守請援圍解會大旱披髮
徒跣禱之不效自荷校烈日中雨如注遂大有年
已得閩逆蠟丸約鼎生糾合州郡期日為應鼎生
檻其使并書上旌門旌門部署以待之逆不敢進
江督董衛國奏入乃內擢建昌授監察御史尋卒
程大夏字禹奏水部飛雲長子自幼有聲庠序楚黃
方伯鷗湄愛其文俾讀書江漢書院旋拔明經登
順天賢書己未成進士授黎城尹事神治民一遵
鹿泉舊績不敲朴其民以徵賦而賦起不鄙褻其
士而士端邑有通神手特與之杖錢神不靈邑有

坐枉鬼力抗其符白胥再內最聲入行取主政會
父疾假歸欲遂侍養父以疾愈促之出補司農曹
外艱再起補本曹理運米事例剔除僞冒主鹽法
盡革陋規兩者皆足致賄賂以氷心鎮之遷膳部
即召對　瀛臺
上深加器重出察通州倉草宿弊新倉廒常嚴夜忍霜
風廵行四衢以勞致病差滿卒於京
龔銓字啟山康熙己酉舉人讀書如其風受卷卷皆
然志大言大童稚時已如山如海不苐作蕙茁蘭
芽觀五試南宮及壯而仕授即墨令以爲豪強者

善良之賊有通宮府者有倚掾曹者有恃財賄者
有據嵎其才力傾箴者其魚肉鄉居之愚民應門
之孤子遠方之單客置毒於門身爲調停噬嚙咀
嚼不盡不去則處之以法無稍貸以爲學校者善
化所歸詩書之氣入之虞詐消而訟息鬬狠平而
揖讓囂薄解而纏綿則士也優之以爲激勸一進
一退即墨以治清刑以簡賑災惟仁噓槁沃枯今
猶埀涕而道之最入內召由兵部主事洊至戶部
掌印即爲能於部務以病卒京
胡鳴皐字雲翥康熙庚戌進士歷知青縣汶川二縣

汶川有羌塞曰通山曰斜堡東連威州明隆萬間
與威搆隙二羌頗屠掠威民佔其土地威民城汶
川之邊鄙以居獻賊亂後未歸版圖
皇清大定柔遠以薄徭威民從羌徭羌人習焉汶民以
威實居汶而徭從羌訟久不休鳴皐諭二羌內附
羌抗不附乃掩其後拘羌妻孥於汶而厚撫之使
諭羌皆踵至稽首誓供汶役不敢叛至今無攜志
擢知代州歲編審代之役法丁口不隨田賦起科
奸吏得富人錢即移加貧耄者鳴皐嚴懲之弊盡
革移臨清州州有便民穀二千餘向充宰庾鳴皐

悉出之待賑會荒并勸富民得粟數千放賑三月
民以濟又核丁額羨餘立從輕減皆實心惠下云
徐尊顯字繩庸以明經授湖南永明教諭飭躬率士
如臬如防邊方風氣一整地距道州不遠縣側舊
有濂溪書院兵燹之後圮礫塲棘園中尊顯以爲
先賢之典型乃以矜式多士捐貲重建復置學田
三百餘畝延師講學其中俾東修膏火有所藉亦
以襄崇儒右學之化也擢永定教授遷太平尹大
吏察知其能以海洋三百餘案屬訊多所平反全
活萬人民有孔邇編紀其政康熙乙酉

上南巡嘉之　賜賚有差與晉一秩引年歸享壽九十三徵鄉飲大賓

周輝萼字西樓康熙辛酉舉人荼陵州學正時陳賊初平文物凋敝萼至誠訓廸人文漸起荼人士頌之至今先世居南昌歸里展墓哀思不忘手修家乘篤本收族益孝友其天性云

何自懋字晶侯庠籍潛江康熙庚午舉人授中書出知上海縣有挾仇以叛誣者大吏嚴檄下自懋鞫得仇陷實情脫係平民數百惠氣旁流庚子分校出闈得病乞休

歐陽炳歲貢生歷歸州應城訓導學有淵源師嚴道範飭躬先士弟子員率奉典型士習一變有崇祀錄載嘉績甚備

戴培翰字炎立康熙丙子舉人江陵教諭擢衡州教授以老乞休培翰榜姓黃生平以誠篤自矢事無大小皆有循名責實之思不取美言說動聽以廣文爲　朝廷儲養人材他日舟楫鹽梅即此菁莪樸棫心術人品所關爲大才華詞藻特以副之如防如臬歸士於經弟子曰異乎前聞而剛克柔克已受其矩改建學宮修觀音墻隄修荊南書院材直之出入夫土之盈虛人力之至不至斜者不膚切官役多詭消培翰率月親之檄下散賑荊州戒其胥徒曰是　朝廷赤子瀕危使吾持盂飯渰之不能益毋損之也聘至分校江右盟於神曰是　朝廷進賢揀金使臣披砂剖珠使臣剖蚌敢不精白一心益其循名責實皆如此而樹之碑而誌其績培翰弗知也

譚孫邁字端嗣性和厚鄉稱長者由歲貢訓導靖州刮磨士習敦尚實學俸入半貲貧士靖逼苗疆奸民王體旦得罪州守亡命入苗煽擾邊鄙孫邁請

於州守單騎從一僕涉險披棘往諭定之得其欵狀歸州請於大吏欲以
上聞邁力辭而止靖人稱之

程大復字環修倜儻豁達以遠大自期家學淵源詞翰名雋有奇氣初授慈利學博適楊少保宗仁爲邑令一養一教民兩頌之擢尹岷山視大邑如無事飭嫚儆偷節侈抑亢略示意嚮已折其稜則衣冠瞻視閒先肅之矣久而不悛法治一二尤者井里胥得恬愉內艱當去于中丞準以爲人與邑宜以

天子命留之異數也海濱一隅煮滷多獷夫潛引島人乘三孽騷動之餘欲肆剽刼訛言恐喝居者思徙大復靜鎮之民不流散小醜既戢水旱相仍疫癘又作轉籲賜復中揩時日則藥局糜廠多方調護民得甦康熙乙酉

上省方南土召見行殿上簡

帝心兩臺以為循良第一遷有日矣以被誣去職歸橐蕭然猶為伯兄大夏輸璐廠分賠衆生毋死哀毀致疾而卒

程方蕙字衡湘大濩嗣子以廩貢任孝感訓導遠晷

大度洒脫不羈視冷署中三百甕黃虀稱薪數粒不屑也稟其生考儀部郎家訓教士最有程度尤一意振拔孤寒諸生中敝衣折屐憔悴來謁者必飲食之曰士能無恒產然巧婦可炊空釜耶珠桂蕭蕭則妨讀書學博固以成爾材來也急則周之亦師弟誼耳其勿憚屢請吾能為爾謀於是士皆感奮讀書取上第至今其邑之縉紳猶能一一指而言也座上賓客常滿談詩說劍或挾弓抽矢蹀躞射圃指諸生比禮比樂以觀德或醉飲婆娑高歌擊壺不拘一轍總不蕩泯規矩見尊經閣毀立整而新之不取士助一錢揮霍慷慨嘗就竟陵囊資來笑曰吾寧食肉當鄙苜蓿盤瘦人不能堪也其豪舉如此

龔廷颺字庚咸康熙庚辰進士超異夙擅拔穎最先弱冠捷南宮未對策懷母思歸遂丁內艱具至性者感以神也除侯官尹會城尹強半臺司趨走判事又半礙鎖院徒吏挾勢抗長請囑不法廷颺先詣謝白大憲幸當親民不敢以承奉邀寵并不敢以縱吏亂法皆許之能聲大著妻決疑獄數十生十七人編審丁役豁無田窮戶三千二百七十二

丁漁稞岸賦丁水賦稞免其重賦邑大水勘詳籲復豁塌田萬三百餘畝仍免災邑本年租興學教士來業門牆第進士一人舉孝廉十五人補弟子員三十人擢知蒲州萬泉民怨其長譁衆毀署意且叵測廷颺單騎從兩隸行縣鎮定之嚴懲倡者生全甚多年大將軍羹堯有廐馬牧人不戒羣嚙民田禾黍收其馬告主者責償雖大將軍威嚴勿顧閭撫暮夜下片楮取四囚病狀力持不可曙而撫軍意解第職一人竟活三人廷颺遇事錚錚然孝友惇厚身嗣世父後取產均之諸弟同甘共苦

有古人風

張繼詠字次崖康熙乙未進士青浦尹調鎮洋未赴卒青浦濱海大邑賦廣事繁欲其催科畫一撫字整齊皆以爲病繼詠治邑三年兼攝華亭以青浦舊逋因公鐫級民間傳其去職兩邑之人如嬰兒脫抱置地匍匐驚啼暑月走汗扁舟破浪不敢勞苦遮擁旌門布牘如雪籲留慈母其何以入人隱微竦動踴躍如此哉祗此興學課農緩征急賑扶弱抑强豁枉出滯而文貌行之興精誠結之分嚮應耳事載扳留集按集可考

蕭友曹字敬一康熙辛卯舉人山西永和令取民愿撲不以緣飾開其先故政一務以實導讓則先士導士則先學導學則先鼓舞設塾五周四疆一月再試手自程之其三年比貧者無資爲資遣士氣一奮導本則裕農導農無廢時兩造置對袒証波及鞭朴傷肌膚皆廢時則訟勿措刑勿濫農力有餘具身所得盡之事如承辦木筏編戶以籍成梁除道修建庠序無枉無累感者有口皆尸祝之若是則可以爲宰矣爲宰不廢吟諷簿書鞅掌之餘課及寅屬子弟好整以暇抑何其優爲耶

熊奇生字遠度庠籍漢川康熙癸巳舉人天性純摯篤於所生於十際五常咸足式其鄉里爲文矩矱先民而摛藻攄華皆以清思卓識經緯出之於詩古文要於元氣爲主自然爲宗等身之撰並可垂也授衡山教諭未至諸生聞天門熊西江先生來鐸來皆色喜相告以慶得指南奇生以力行爲尚文藝附之本本原原皆於五經爲根柢而歸之以敎字收放心聞者意喻色受士氣蒸然一變掌教文峰書院多所成就補修之積於學宮建尊經閣蓋不欲私其有也十年解組衡山士沐其教不忍

忘請庠常曠敏本作碑稱仲子汝翔爲當克大其門奇生林下享大耋考正命卒葬東湖之蓮北莊

譚一豫字崇叔廩貢生長陽教諭工詩善畫王右丞沈石田流亞也而長陽倚山抱江山水秀發學署在鳳凰之麓戶檻嵐翠簾模雲烟吟情愼態正不須攜節遠索矣性洒洒與邑諸生不以束修爲禮但得文字洗出喬野相見便須把臂入林九年卒變其習改涇陽丞士勒碑誌思及抵涇陽以儒雅風流裏邑治搢紳先生袖文請政商摧可否不啻如在長陽時秩滿當遷尹子襄世將

覃恩至封刑部郎乃乞休
徐之珏字班五明經授羅山尹修城興學設塾延師
勵志有為民氣向化以病卒官舁柩出郭白衣冠
而送者傾邑之人慟聲濤翻潮湧立石紀績於既
死之後民情可知而之珏之所以感孚於平日者
益可知矣
崔氾邑庠生舉優入覲授黎平經歷以平苗功蔭一
子入監讀書以父死事母撫弟人稱其孝友
龔健飈字丙三雍正甲辰進士好經學沖懷若虛孜
孜恐不及為人公正不阿毅然有為釋褐除司空

曹殫心部事勇氣爭先日昃未休息擢御史昌言
讜論數數言事多報可允行天下且見施設以巡
漕疏漕弊甚悉不當重人意觭齕之被議鐫行人
上特授兵部主事益器之久矣行大用之健飈益感激
黽勉以勞卒官寠不能喪喪歸家徒四壁後數年
桐城方宗伯苞銘其外碣則次子光祿卿學海為
庶常時所請也方之銘叙其交情世誼甚惋惜謂
侍御入臺奏西直門外馳道宜甃石免潦塗奏稽
核門禁奏出太倉粟平市價人並稱之又云雍正
九年旱言官得直陳時政君建議奪情任職須急

停止同臺俱相視袖手不肯署名君拂袖出院具
疏獨奏竟付通政司適以闕門聽議不得上其巡
視南城有豪家以內主殺婢鬭說數十壽千金乞
勿治君持益力疏請乞弗以屬部臣自治卒論如
律碣如此其學優而志篤雅有秉正疾邪之思桓
驄馬趙鐵面其人也嚮用方殷天下與年惜哉
譚襄世字字初雍正丙午舉人用楊冢宰超曾薦授
中書擢刑部現審司主事用法平允與勵司寇廷
儀極契合稱其勤而明記名
御屏出知郴州府其高祖元方舊治也民思惠績允絡

前規厚農植士平反矜疑牧事畢舉朞年仍內召
補本部浙江司員外調四川司尋卒同官為經紀
後事惟布衾一具詩稿數卷而已
鄒如崙字角三乾隆丁巳進士臨淄尹實心撫字著
循聲初下車值歲歉捐廉俸賑饑搢紳感激相勸
集粟數千全活甚衆所治舊有溫泉涸久土諺溫
泉開清官來如崙至之明年泉溢民以為符尋罷
官貧不能歸授徒稷下弟子多成名者
熊世正字可仁自束修就傅就贄自邁若千里之駿
不可阻過遇試皆脫穎先出雍正乙卯登賢書丁

己壬戌乙丑三取明通榜初任宜城教諭陞常德
教授起黃州教授掌教鄢陵書院河東書院兩臺
課績上最當授邑令以疾致仕世正學有本原言
行蹈於實地謂儒師一席多以署冷官閒弗屑亦
思論定而官如器之受即使才優於任要當使布
之有餘何先不自循其職乃程經準史析脉分條
更覘行顧言期以踐履講於庠申於塾破石出玉
鎔冶成金出門墻者辨其為器無散材無卑趨益
廣文先生之以身教者矣居鄉並有坊表一朝無
疾而逝鄉里悼失型云

陳大經字和衷幼穎悟好學為文性靈自撰父以獨
子節其勤暑夜弗興膏常以香炷映字默識得鼻
衄疾弗顧也乙卯舉於鄉壬戌成進士尹分宜懲
澆風用嚴出枉獄用察有能聲有盜殺人道旁亡
去或以誣其壻捕爲者証器皆具大經覈詞辨貌
遽命釋之皆錯愕已獲真盜又一盜陷其仇家匿
奸名詰殊不類大經飾一胥進盜黨識之不能辨
乃脱誣者一邑以為神大吏常以自訪四案發鞫
皆奸人中之語無根為請辂與出械縶四年移浮
梁景德陶器所出商販彩聚胥小易藏力行保甲

閭井以安課最入　覲擢南康同知辛官大經才
優為吏而意度恢遠登賢書甫二十南宮一落鍵
户自礪其業五年再出名以成、
論曰葛洪有言潛靈俟慶雲以騰虬棲鴻階勁風
以凌虛士君子遭際盛時建樹勲業策其功名與
竹素垂馨豈不卓卓哉其自春秋至於有元志不
多見遐哉遠矣自明以來至我
皇清股肱心膂之托調和爕理之長是皆嶽降星垂關
於氣化亦有禮樂兵農才資所近民人社稷職寄
之專莫不為所得為發抒其學亦豈無盤根錯節

以見利器者耶少保周嘉謨際光熹之運四十年
頹廢之餘朝廷之事調停在骨肉之間而乃侃侃
不阿陰消禍患斯誠綱紀是飭者哉他若周吳諫
草臺省霜清徐陳邊圉海山風偃外此方州攸寄
錫福蒼生不可勝數而胡太僕不起生祠魏屯撫
簡彈帝胄與熊吏垣力攻延儒並足千古矣

天門縣志卷之十五

卓行列傳

古者風醇氣樸行弗求名而慕義懷仁若安其素尚矣自利競錙銖交成隔世集分枯菀視别雲泥所稽卓卓之行蓋難言之哉王少詠還金死友范仲淹貸麥三喪阮裕焚車延陵挂劍斯其光明磊落悱惻纏綿誠為推激頹波矣高規式關會有其人上下千年可同日語其亦節士之序名德先賢之讚所云扶義俶儻者耳志卓行

明

徐麟字仁卿明經金華訓導遷天台教諭倭亂後士貧落不振向學者藉麟衣食冷官薄俸半給矜人逮其歸養拓文廟左祠之麟辨於義利嘗還人遺金不較横逆袁學博旅櫬之歸呂道原貌孤之恤皆盛德事也

胡早字遲卿生而穎異父喜曰是兒生遲會見早成因名由明經除歸州訓導割俸餘贍左遷者贖貧士之子已鬻者資諸生胡寧艱食無水火炎凉居官嚴師範正士習攝篆置猾胥於理峻嶒有氣岸陞廣西養利州學正歸養

譚祜處士性葆真渾樸不受世損有文業有隱行亦不求人知閭里見其不侮不慢目之為善人長者訓家必及之大約以退為進以損為益以此率身以此報親以此引年數十年作黠妻子歸全矣子晚立字德父九歲而孤能讀父書未弱冠補博士弟子嘗客當陽於逆旅主人北壁所祀祿牌見湘涯字斌而讀之涕出主人問君亦識此人耶曰不知但與先君子同姓號不覺中觸以悲主人審音前日君竟陵譚氏是其後人矣亟呼婦出同泣且拜曰幾失之愚夫婦是即先公所完且垂白偕老

每食必祝公壽康自郎言則已下世矣因大慟晚立亦哭已而詢其詳主人雪涕指媪曰往不佞以誣坐繫歲晏須贖金無措鬻渠得辦不忍别哭於路岐郎先公踽踽荷囊來見而憐之倒橐以贈棄婦得留以此因為具飲相珍重晚立歸語其母曰誠有之是遘卒歲百道須之已而告我以罄囊吾以漚麻之積拮据佐之謂我無語兒曹也抑爾父一生何者不若此晚立瀟洒揮霍耻言蓄財慷慨頗似之生六子以大其家

鄒法孔字景南生善病五歲不言發聲童語已悚人

頗隨父江夏學署凡剞劂家鏤鐫古籍有脫誤必問鄒公子補之入門恂恂孝友勿尚驚俗行見後輩極肯為有試之譽獎成多人郭宗伯正域與談而咤嘆三日其建儲一疏實贊成之相國賀逢聖曰郭宗伯如齊桓克定襄王鄒景南比四皓卒安太子倪司農元璐推其行誼以尹公度比之皆極口佩服云

程子喬端方醇樸孝友傳家歲暮念異母弟因訟繫獄奔往皃市典衣完贖夜宿逆旅憂弗成眠步月下拾白鏹一錠既聞喧泣聲慘遽乃李屠婦覆灰

誤遺卬之數符出還之李夫婦感謝喬壽八旬後武疊振咸以為隱德之報云

徐同氣字伯倫成位孫以覃恩入北雍授光祿寺署丞生平為善於鄉慷慨好義邑有艱巨身任不辭

王穀字良工鳴玉子以明經貢太學有羸疾而好讀書父歿廬墓側叔憐之命歸不可妻周氏奩婢端好使薦寢穀先詰之閨名族也歲荒鬻周為媵堅謝不犯戒其內子善視無呵叱擇士厚資遣之真盛德事也嘗赴鄂鄉比渡江風惡有戒心乃鍵戶謝名場以著述自任尋卒

唐勝學住陶溪潭天性悱惻不忍見人遇不堪事每疫癘流行取驗方合良藥給力不能醫者輒濟至死施棺槥瘗之陶溪水勢一曲襄郢漲發流屍聚灣中至不可篙常於潦後重貲招隣近及其僮僕沿河撈屍買地作坎分男女瘞焉村居人秋雨見燐火起處曰唐善人所封無祀塚也其孫邑庠生朝奎猶能繼其志生建中振其家聲

夏時佳字惟正究心理學不樂仕進晚年家政付兒理遨遊山水漸引以達則經年忘歸家饒於財明季大旱斗米千錢時佳於里中散粟二千餘石給

薪價九百餘金里人以濟

馬非馬字喻非十歲能文既長遭家中落雙白在堂同奉祖母喜懼交并躬致孝養不以絲粟累諸弟中年遊漢南歸苦志下帷五十四入庠棘闈失利乃棄之為人呰笑不苟立身行已日用瑣細必焚香告天鄉黨稱善人嘗入市交易肆家悞以貴品受卑直即歸其物又脫人於危感者報之金拒弗受客襄陽買婢聞已聘毀券歸女不索價而旋隱德類如是

吳毓彥字隆休邑庠生士林推重屢奇弗售即謝業

養親終未賊變奉親遠徙每賊至輒心動先遁同
避者賴免其有至行遂佑自天者歟倉卒難途逢
業師王仲殊鶉衣鵠面相持而泣解衣推食雖顛
沛未嘗失禮遇同里播遷不克保具妝致餐歸舍
邀宿蓋天性排測又如此

殷惟哲精醫鄉人詹在前尹蜀偕之行蜀亂殷攜子
及詹子避亂爲賊所逼度不兩全泣曰吾與詹俱
獨子詹有民社責生死未保詹子無棄理捨己子
懷詹子以逃倉皇走村落忽白髮叟負其子至見
叟謝不見

周以勵字山如邑庠生試高等有名舉止端方先達
所敬後棄儒冠教授生徒貧不具束修者皆教之
成而後去兄子定鄗亂離失所老寄空門覓歸分
產養之其內行類如此年八十二卒

皇清

程一璧字文琰順治壬辰進士授安陽令調長蘆鹽
運司知事天門自明末軍興旁午如里甲均徭雜
泛一變催科成法奸吏因以婪取病民入
本朝永清大定
天子與民休息所在弊政革除民得自言疾苦大吏仍
不時稽覈法至美善而蠹掾匿利智生遷就名色
詭立收户排年乘其長初下車未諳土風指故尹
權宜舊欵倬上官未即糾彈陋規林列有益無裁
以爲如是則邑中易於率事官亦不至以催科入
下考遠方來長是土者未即舉正率已墮術中往
往民間置畝之值不足抵一歲之征嗷雁之哀即
在夢魚之歲喂膚者忍痛畏禍者袖觀一璧乃扼
腕憤懣毅然言之當事獨發其奸而魑魅善藏輒
爲其巧蓋奪聽未能竟已以赴部謁選擬叩
九重陳邑人所苦適族弟飛雲守制里門踵成其志言

於兩臺遂得禁止事詳永仁錄此一舉也桑梓無
窮之惠自二人溥之始之終之邑之人至今於二
賢猶尸祝云

熊策字方在既敦內行於利物濟人尤所殫心三原
韓國才娶婦苗氏賈而金盡十年羞歸婦覓至策
出三十金資歸橐窮途夫婦生返鄉邦不作楚國
旅魂也襄陽吳小江攜妻張氏投親不遇萍汎梗
漂凶年失所寓而食之病而藥之死而瘞之孤塚
壘然人猶能指也族子宴苦自鬻以生去鄉數舍
則貴金往贖俾之經業振起泥塗也至於譜修而

族收祠建而祭舉礬在其家岸埶而登降不踣於
積潦隄成而耕礬不憂於水旱礬在其邑也生平
利物濟人實表表有足傳述者
王遠字帶存學有操持不為威惕貨誘名動博觀羣
書必出其分際於古人可悲可喜往往設身其間
自証所進品詣超上初補武庠棄之高安朱相國
軾尹潛江入幕潛有大小二莫案制軍必辟大莫
高安義不誣人遠為具草上書與辯甚悉制軍穀
大莫究其事者頌朱必及王已贊胡克寬牧松江
理枉獄如神行省尚書攄因至海屘庭下百人皆

坐辟號曰幸付松江胡太守一平反死亦可矣尚
書以屬胡對獄遠出聽屏後皆得其情語胡為申
雪遂全百口比相國入政府禮益隆嘗以遠所著
書晉
御覽相國諷曰先生盍仕當為推轂遠力辭雍正年間
詔舉賢良方正大吏具徵書檄有司敦促上道全楚惟
遠一人遠又上書辭且曰人非聖賢四字不可當
也晚年名益重楊制軍宗仁李學使周望皆以千
金走使將書幣迓謝不赴家居祀先子弟肅肅聞
其告祖必自呼乳名未嘗以老憊弛禮卒之月先

赴死期至日瞑矣悠然續氣語其子曰安分為寶
永貽後人乃逝
陳廷錦字彥章從道上拾遺金一裹敗布重束畸零
夥碎歎曰窮人心事如見矣積此不易失其命脈
怛心何如將有憂患不可知之事亟覓其人還之
或曰廷錦生有積行多不與人言類此
吳鴻彥字方畧以厚道抑澆風有婢四人笄年遣去
不取資財具奩以嫁嘗過楊公廟拾遺金自午至
暮候覓金者還之行事類如此
蕭子著字體存父死慟久聲嘶骨出衣表事孀帷先

意承志尤酷喜施與以名諸生授經潛邑值歲歉
居停出四千緡散菽濟其閈中子著折聘書語主
人併勾當八十金可助數家活也主人稔其高義
不敢辭抑知其家人啜糜不足矣明年館邑中歲
晏附夜航歸舟中人相語傷寠嘆貧霜宵跼促則
張目詢之曰爾需綈袍耶爾需數斗粟耶爾需數
緡耶皆曰然探囊中緣手散之或曰先生罄矣曰
硯田不得荒也居家必整冠束帶不逞少年先或
笑之後乃化之語及體存皆正色曰有道君子也
又稱其父病劇子著刲臂和藥飲之父以活人問

子著曰無之嗚呼此雖聖賢所不取然今人所必暴者矣

郭玉麟字聖來恢宏濶達一室有千里之概一身有千人之量年二十獨身徒手走漢陽晝布計然之策夜刺蘇子之錐補博士弟子員治生亦漸饒裕乃迎二親徙漢鎮取故里田宅分界羣從曰幸守先人邱墓吾他日得志亦終當歸是時植產以萬計顧卮珍笥帛第奉二人身率妻妾以下皆糲食布素勿以有餘靡天物惟戚黨朋故以急相就則必度其足了此事者為優游任辦無煩更貸他人

而後已即與券亦姑受之受券時曾勿計後日為必償者而人亦稔其慷慨多弗償即無償亦竟聽之未嘗以此杜其再請市居多回祿災後繼粟繼肉必待三辭故里多水衝浸後寄粟寄金不謝屢屢庶幾澤及三宗河潤九里者矣有無賴子鬻女於北里得豐價幸尚幼也聞之立名其人以義責之其人泣謝顧金盡矣如所售數俾往贖北里不可至訟又出貲佐之牢判贖女得完璧以歸具奩擇壻遣去計費逾千不惜也嗟乎謂非偉人長德者能若是歟其倜儻經濟率又稱是惜乎其處而未出也

龔賡颺字阜言康熙丁酉舉人耿直爽慨務闢康莊自嚴徑竇義之所在邑之利弊所關不惜為邑人上書兩旌門及邑宰刺史陳其要害縣中有所興建往往多用其言利澤所及者廣

蔡夢梅字敬修居學西偏取給硯田敝廬不蔽風日嘗題門曰近聖人之居守先王之道貧必備養秘其艱難惟恐親知壯年失偶不更娶教誨飲食其姪如己子也與人交片言一諾終身不易學者式之

徐廷藻字鏡川授徒以養能悅後母工詩善屬文稜層負氣骨是非所在不肯隨人附和遇朋友有違行如繩之直如石之攻能取善者往往感悟以泣慨冠禮久廢矯俗行之以寒餓終身未嘗一言貧苦

甘進字唐秩國學生十歲失怙事霜帷常嬉戲博懽愛弟甚摯而規範肅秩凡五格六注家不育器以嚴正尊為鄉里祭酒如匀費乾鎮之隄鳩工澄湖之閘身不辭勞他若指囷粟以活饑民捐橐錢以全人品買僕而歸其聘女胠篋而置其事於不究

悉感德事也將行鄉飲公舉之進力辭不應

譚大象字用賓邑廩生於二親忌日則哭聞伯兄老病呻吟則哭蓋至性也嘗與蕭子著蔡夢梅善會新黌宮已又輒止子著居鄉捐二金授大象曰工興則授董事者已子著死大象且病轉以畀夢梅歲丙寅劉寅壹以邑侯命監修學夢梅持二金署函曰歲某日蕭子著捐授譚大象歲某日大象瀕危以授蔡夢梅寅壹嘆曰趣公者忘其身之貧賤諾者勿欺友之死是役也三君子傳矣子錦世善畫與修鄉賢祠鍾譚祠魁星閣

吳道行字盛周邑庠生善養親念二老高年力衰定多感傷則身左右視顏色進諧語以攄之父母恬焉友有襄者他日過之呻吟達戶外詢之曰恙噬心也亦旦夕隕不可瘳矣道行囊藥資使子問所苦曰新米適人券不勝折矣我有弱息鬻之責逋者去細君欲死我無家何以生乃翁故不忍見我不堪也我奚忍以不堪爲乃翁白也道行拮据十二金索女於鬻主不可毅然曰良也賤之坐不知耳若知之豈遂安之金還而女去子奚失又執耶乃聽女歸其友之妻曰願吳氏世世子孫無失富貴矣或又言其凶歲施粟與藥於里之人事多可傳

羅綬字紫臣邑附貢生三十而孤哀毀逾制廬墓三年事母魯氏以孝聞其於庶弟本臣自幼逮長二姊一妹俱寡且貧並篤友愛以慰母自一本以及里人婚娶藥療殮殯葬埋皆資以集事有負逋鬻妻者爲贖還又免佃者賣牛補欠一歲中破產與人每數百金不令子弟知姓名曰恐有德色且爲口實也有友負金欲償未逮綬曰友以輔德諭子佳言惠我此尚不足報奚云償其好周人急率如

此卒年五十九母九十四矣甫病戒弗聞於母昏且含杖請安寢門至嗽唾不可忍乃退將死遺命有母不能終養勿我殮已而闔棺蓋不可下其友臨柩曰幽明一理子職何在不可盡棺乃合周道尊作墓銘紀其事

吳安域字倚殿淡於財利嘗築墉借土於隣家劉氏得窖金以歸隣相讓未已劉請中分安域終不受安域固廉矣劉亦知讓也哉

王夢柱字石公父士淑廉靜好施柱克廣之幼觀書十行俱下以食指繁父命督家條條井井藹然秩

然父母沒毀瘠如禮喪祭如禮季父無出養之葬
之嗣以繼之田宅安之他如族戚之緩急鄉里之
饑寒薪米之交謫男女之怨曠死亡之賻恤朱提
白粲各罄於心各濟於事歲除盜入欵酒贈金佃
僕穴垣亦資其乏蓋慈惠慷慨有如此者且獨痒
心力致豐饒終身無尺寸入私槖是為難也至父
欲行義候顔順旨歡喜唯諾不少躊躇又徵之於
天性矣子文爍舉於鄉人曰積德之報云
齊復賢其父農者三千有田百畝母以娩復賢而死
父乞哺於鄭西池之妻鄭以為子無何鄭舉子紅

兒生父語兩兒無問復賢歸不歸以十畝資其生
會西池死紅兒幼復賢則在鄭鞠之紅兒婚復賢
乃歸紅兒死子幼復賢又之鄭鞠之紅兒子長矣
復賢又歸去以徒手歸以徒手十畝之外勿問也
則可謂義利明而報德厚矣
陳中山窶民也賣渡以活有客投之宿未旦而去拾
藉草得五十金詰旦客來夫語婦出金還客封識
宛然取與之義語及細民難矣矧微業耶此非延
陵季子所稱披裘公者耶
李用三字希文父正學邑庠生以文行重先業盡以

讓兩弟曰吾食硯田足矣盜入室乃素識者好語
資遣之泣拜去至死不言其姓名用三世其業弟
子貧難於學捐束脯資之俾有成陶氏子窶婦家
渝盟用三資之婚陶卒婦詣謝願傭身以報雪涕
不肯去勸歸時藉隣媪資之四隣災獨免用三宅
用三登賢書聘校秦闈得安陸教諭未任卒積厚
而償薄其後人或未艾也
夏東智字其旋邑增廣生家貧好義常為人貸金無
償主責逋甚急售田代償無怨無悔生平學文兼
醫蒲圻梓人貧目又盲矣引至家與治數月復明

資之還鄉
論曰天地之大有憾難平聖人維風厚俗即其傳
類之中示以矜式而相深以氣誼相結以纏綿相
型以坊表往往輔王化之大同焉天下大矣一鄉
一邑循是而推則比戶可封也廉者不名一錢公
者不私一物正者不墮一行豈不樹之風聲哉譚
祜之善恐人知也歲寒罄槖貧士為難棄婦重留
感深逾骨而其子不知也彼亦聊以慰吾意焉足
也偉哉維哲死生之際骨肉之恩一義難恕寧割
天親豈亦以愧夫安則依之難則棄之耶而報勝

鄧攸初亦不及料矣郭玉麟千金贖女所全實多夏時住千石為糜所活已衆他若遺金不拾艷色不迷其自命為何如者若程一壁程飛雲除邑大弊而其利溥矣

天門縣志卷之十六

文苑列傳

宋王剛中有言文字使人擊節嘆賞不如使人肅然起敬東坡見顏魯公書直如見其諍盧杞叱希烈時甚矣夫文藝中猶人蓋亦詳矣十五國無楚風而屈宋文章千古亦在三之義昭然天門自鴻漸先聲幽人貞吉鍾譚並駕名士風流考其自序與所前聞大都以忠孝為蘊矣結奇舒秀業有傳人關於川岳之氣截比經邦於董賈觀動俗於馬揚秋實春華庶幾益彰耳志文苑

李維楨字本寧庠籍京山隆慶二年進士由庶吉士授編修穆宗實錄成進修撰出為陝西右參議遷提學副使浮沉外僚三十年至布政家居七十餘矣召為南太僕改太常不就時修神宗實錄給事薛大中太常董其昌交薦之以南禮部右侍郎名三月進尚書維楨緣史事起用館中憚其前輩壓已不令入館但遷其官維楨亦以年衰乞骸骨去卒於家年八十贈太子太保維楨弱冠登朝博聞強記與同館許國齊名館中語曰記不得問老許做不得問小李為人樂易潤達愛賓客其文閎肆

負才氣求者能屈曲以副其所望碑版大篇照耀一代裒然成集若門下納富人大賈金錢代為匃乞卒意應酬格不高也京山郝敬有才名嘗殺人繫獄維楨以故人子援出之俾館於家折節讀書卒成進士為諫官多著述

李登字伯庸墮地負奇骨目過即不忘萬曆癸酉領解額庚辰成進士謁選得大理評事不二年卒於邸自孝廉至服官未嘗拓一椽舍增一田圃舊居北郊外吟嘯其中於書無不窺發為詩歌皆高岩飲酒數斗不亂射輒命中投壺能使矢躍文許里

中要害侃侃爭於上官退則蕭然不問家人生產人稱長者子純元進士陝西參議新野馬之駿曰伯庸先生高朗君子也文章見於世而功業未著於時兩載理官一貧如洗而清白吏子孫克振前武天道果真夢夢者哉

鍾惺字伯敬弱不勝衣而瑩徹如鑑使滓濁者自遠萬曆庚戌進士初通籍官行人雅有意於用世講求當時利弊孜孜矻矻至厭薄文章為經生業不屑逮閒官久抑始變計易慮力求南部銳秦淮一水閣居之放懷稽古以著述自娛中間一使蜀一使魯一典試貴州一視學福建皆皇華克稱銜鑿無差所經隩區名蹟或漢轉棹歌或山閒銅鼓見臺上雲生海中日出扶皆盪胸削膚存液領以冲神獨悟舉天下之物皆出其天倪之和消融頑冥死質機趣所到在最上一層因以御風冷然糟粕衆有與譚元春為忘年交兩人性命相許尤以至行相師不徒文字知也惺幼嗣伯父一理後生父一貫頗感繼妻言惺彌縫無間元春稱其性喜擇士而內行過人有以哉所評著書甚夥載藝文考子肆夏字樊倩五歲受書即矩行正席作字必敬

八歲疏省刑罰題有曰畫地為獄誓不入況真獄乎削木為吏期不對況真吏乎父異之十三就試持春拜學使董其昌絳帳曰童子未敢干進幸一識異人耳董訝之署取字出不言亦不色喜十六復為王岵雲所拔未幾殤方病劇父手疏籲神言兒生世淺罪輕惺自種孽請身當之勿毒其後時肆夏僅延一喘遽呼云昔周公以弟代兄何至以父代子耶請亟更之向壁飲泣而絕檢其篋多書寂寂不動烱烱常明八字昔林傑六歲能文十七而卒若王弼王延壽皆不逾五五天之生是而材

之又從而不永之其理殆不可解哉

李純元字長叔幼岐嶷不凡讀書日數千言萬歷庚子登賢書十年成進士宦情素淡初授工部主事督修皇極殿陞陝西叅議手疏乞休家居二十年興言高詠怡然自適也晚修淨業不預户外事㦤寶樹菴前構煙水囿濠上亭水光樹色鳥語蓮香有貞白出塵之意

黄問字伯素孝廉蘄水教諭資能任書靈能任筆氣能任奇皆佐其忠孝忠孝有夙根益滂沛發洩於儒官不足發洩於書益富於筆益靈於奇益有氣

循環無端則跌宕淋漓輪囷鬱勃精光浮於帋上鬼神泣其毫端若其無所感觸作惠風閒雲寫一邱一壑神理爍動生趣摶躍或秋江一碧人間無塵或苦月千里山河幽杳興不可極惟論事之文明目張胆不顧死活當計偕在京與其宗譜汝亨景昉悲歌燕市激昂慷慨一時相馳騁有海内三黄之目四方名士翕然景從時會客氏牝鳴魏閹虎噬皇社將屋朝賢半虛故問欲痛哭陳書一批逆鱗謂即血膏斧鉞有補於國尤足攄恨九泉卒以同人挽止然璫已耽耽將噬矣嗚呼若問者乃不負此邦山水之奇也哉

劉必達字士徵天啓壬戌會試第一由庶常歷官宮允器宏深受寧靜鎮定自其童子時識度已自不凡捷聞與同舍未第者無異斯為有養矣賀相國逢聖使覘馬喜曰是堪擔荷天下事及讀中秘書博識强記源長委行注起居講經筵以文學侍從承明特切励勷之志懷宗登極闢門求士分校得人預修神宗實錄告成錫金晋秩又典本科武闈方將大用以中忌免歸時國步艱難雖家食未嘗一日忘君也在翰林日以册封瀋藩渡河風作瀕

險而安誠至天孚若或相之理其然與至於敦本收族又士君子推祿及人之遺意矣

鄒枚字馬卿少負才名美儀表長髯飄飄有挺立塵外之姿亦善自拂拭聲氣通海内吳山越水間尤多素心交雙魚平頭來往不絶家饒於財揮霍如意園亭蔚脩圖史彝鼎金石舊本名香妙繪充牣其中而世業縹緗祖父子孫後先輝映門生弟子扶蓋承輪更難者萊婦齊眉賢書振起堦庭森竦和氣熏蒸為國之瑞為鄉之型殆天若於枚有私畀焉枚天資絶穎善讀善悟七歲屬詩為文童譽

最早既而學力充拓一氣奔放滔滔汩汩如海如潮如電如風不可阻遏雖不屑屑規矩而洋洋灑灑故為大觀至其跳躍生動原化育物纖夥細碎皆能舉而出之得於唐文粹為多七上棘闈兩中副車乃縱遊秦晉燕趙崇正末方以史學徵而國步改年亦衰矣益嗜讀書寒暑不間著述愈富藏家

譚元春字友夏奇懷倜儻不離孝友散璞發輝即以著述為己任與同邑鍾惺共持壇坫流心酌韻貞悟獨拔詩歸一選秀遠華深渟心自得回視公安

彼塵我仙矣未嘗絕物而許可獨難惟閩中蔡敬夫西蜀朱無易稱神交焉至如聲氣之廣傾動東南與所稱置郵以存問故人投轄而觴契友者奚翅焉若其隻字片言膠投漆契意喻色信倏更人天蓋亦有捷如轉環亟稱不置者耳以明經領丁卯解顏海內知名士彈冠相慶矣元春兄弟皆俊拔尤能承事二人與鍾氏通門世好里中以為人倫儀表乃稱鍾譚者率以文章傳豈但己哉所著書見藝文志

譚元禮字服膺崇正辛未進士授德清令水之在秋澄然照物山之見雪稜然露骨不免太瘦削矣然而曖昧消幽隱出官清而民服官瘦而民肥以是得聲於朝行取戶部主事未抵官卒元禮家庭以孝友相尚兄弟相勗勉位置清流讀書不取師傅於外自不肯隨時趨為嗜好遇題入手獨闢見解脫落恒蹊詮發精義渙渙冰釋融融春歸鈞天自奏金革皆喑人聞凡响詎復入其筆端哉

吳驥字既聞舉崇正庚午孝廉慕陸鴻漸之為人淡泊踈濶不求榮膴以七十老翁終於家驥家有典型造學深邃見十萬錦纏頭揮灑糞土醉臟歲月

輒深曠過之雖世好通門不屑也所交當世名士若挽薰鑪酒瓢墨瀋戢一方冣賂或千里相思新解之獨得戢籍之引伸性命以之於是名勝之區英華所萃山澤之逸括槁所沉八行蘭訊無不有一竟陵吳戢閣荷衣蕙帶墮屋梁落月間而驥居青門外面湖築室萬軸裝樓風酸雨楚吟嘯聲同其漸歷王漁洋士禎為作浮園詩序直以陸桑苧西湖千載相匹可謂餟得其倫矣鄉邦人言其持躬矜慎與物無爭與紈袴之稱翩翩公子者較其人不在百尺樓上耶

胡承諾字君信早季子稟氣清粹解識超邁有屹立不移之操而尤篤至性十三喪母哭泣常輟眠食骨起出膚倚桐以行邊人為之淚落懷宗丙子舉於鄉慨然有舉道易世之意欲取其平日所得於六籍貫於百史旁參於群書汎濫而有歸者以為他日致主澤民化行治定所敷施因以見儒者之道不徒美言悅聽已也及計偕入都覩權奸朋結國事日非而正人君子又復忘其投鼠忌器與齟齬為難將激成禍變恐不可測非一人之力所可支用是失其初心以為即使一第欲有所言必將

以草茅新進箝其口於是有鍵户讀書自老名山之願適會南宮試落買車南下經大明門下轅揮涕而過隱隱以遠方之臣長謝京華去矣及李闖陷京北望慟絕會入　熙朝人思磨濯求用自念壯盛精神憂患中消鑠殆盡前詣京師言於太宰少宰遂得乞身歸里鍵户著書以卒承諾讀書明理必求體於倫常事物日用動靜之間入其家子弟肅肅家人雍雍咸有自得之意而不紊於理人以為人倫之望焉

熊宗望字子牙生明之季以布衣行誼著於鄉交天下名士遊天下名山川得好風月好題目著為詩歌皆有淒淒切切愁苦之氣作有明二百七十年變風變雅嗚呼宗望可謂忠矣越郡李之儀有言儁傑廉悍雄深雅健之人立身千仞下視萬物在掌握間一跌不復振則失其所養也使宗望出身科名功業節操皆度量內不足道然以快貂璫一拍掌洩忿於烟瘴於水火於鋒鏑兵及曾何裨於明之天下而身已盡矣宗望之不出也以養也吾特怪其料事太明何不且為或不然而姑與拯之其不幸而與之同盡焉則亦時事之適然於吾心

可以無憾而宗望不為耶雖然宗望固隱者也宗望可謂忠矣

黄于麻字用草問子也家富藏書為名士後昆庭訓發硎幼歲從坐隅拜父挍篋笈滿四方書問皆偉人長德或倜儻風流發難往復得未曾有故不出户庭而蕙蘭蘅杜薰於其室藻德振詞先具條理廣文喜見頭角矣為廣文來者至忘分呼小友而去及庠為士太華秋削可望不可援出塵入天羣非墜地唯邑中鄒元芝為竹馬鳩車之友雋聲相伯仲明末亂離憂患之餘荒石舊業覺金穫珠船

悔其少作遂獨契無生究心於禪悦翛然自遠猿嘯空山鶴唳清露孤懷送之已又爲湫漓跌宕汗漫闊河東涉瓜步西上太行淮海維揚之風流俊麗雁門石嶺之雄傑駿駛山川之氣爲之軒豁呈露其胸次端倪與王西樵方爾止龔芝麓陳其年宋荔裳吳菌次諸人載酒徵歌選奇賞勝一時倡和詩篇清沁生活如幽谷泉聲海氣雲動高秋菊冷五古七絶尤佳及其倦而來歸幡然易調偕熊湄鄒元芝爲講學之會辨岐路歸志至道以秀出無窮之身没而東脩自好從遊子弟皆練要得歸

當時徵文獻者于麻黃先生之名在天下矣

劉渾孫字厚存性穎異爲文不起草援筆立就而分肌劈理鎔鑄天成要無卤莽之失成進士授永平司理剛直耿介鞫獄無冤其風裁振厲豪右斂跡蠹胥凜不敢犯出其所學以昭治蹟廉能之聲著畿輔尋以公出卒於行署時論深惜其未展底蘊也從弟臨孫少孤好學祖和平令漸甚器之俾從渾孫共筆硯切磋砥礪相期有成順治壬辰同捷南宮起家弋陽令公餘不廢吟咏惜其亦隕於任也

譚篆字玉章順治戊戌進士由庶常歷官侍講少年致身青雲濯濯如春月柳人望之爲神仙中人何平叔一流也嘗典試江南大邦學數歸焰冰輪淪棄者不敢作遺珠之嘆既而木天養度鼎軸須升忽焉卬墓動思乞身歸里可謂急流勇退者矣及其退身居鄉未嘗片楮入州邑惟里甲未復爲公言公一與其名閉户謝人縱懷詩酒兼愛聲音之娱遂以高蹈終

沈坦之字天路康熙癸卯舉人任華容教諭病歸寓居邑東白湖村稍樑養生家言以自調攝壽幾九

十而逝生平博學工詩善天文尤精書法

程世法字元楷性頴慧好學不知寒暑晝夜里中力作者戴星出入率聞程秀才書聲曰亦有是不疲者耶讀書江漢書院兩臺及監司例有課皆國士許之黄方伯揚森議尤見器重名噪甚以己酉孝廉授歸州學正諸生執經請業親爲指授俾人人冰釋隱疑霜明元旨春發生機皆泮涣去不肯爲名分師弟一贄終年不相見一文滿許不少訾一行偶疎不相直者以自曠其職司故去之日歸人德之爲立碑於學

胡泌字西表承詔孫由貢生授縣令　部檄屢下以母老病未赴母卒絕意仕進惟詩酒自娛著有西園詩集

程大馥字載亭飛雲次子由明經教諭竹溪傲博學鴻詞未及應試卒於官年二十七歲生五年能詩十年能賦得天地清粹之氣瑩淨而光輝父若兄摛藻金閶為開國彙征雋鳥紹庭舊學師友一門虎氣食牛龍文扛鼎不出家塾名區勝場以文請以詩請固已縱邁一時矣及遊鄴中上趙北抵金臺登臨弔

古慷慨激昂子長以遠歷而得奇長吉傾古錦囊以寫句風流跌宕擅絕一時其前輩夏時傳目曰才子蓋推服之至也天不永年蘊籍未罄惜哉

吳泰字嶽宗性敏而勤於學於書無不讀多多益善智能貯之凡覽於載籍蓄疑者多就發焉幾於造揚問字矣載祁字小宋丰致洒洒拔俗千尋生平哀喜悲愉一發之於筆墨工書及畫詩意清新兩人者俱邑庠生吳先戴後聲望相伯仲編纂不同時皆有事於邑乘者也惜其他作不甚經見戴之墨跡尚有存者

劉洵字繪水父臨孫卒弋陽署洵纔踰毀齒代者為孺子忽之洵從容出片語代者降堦握手引入為了其父未了事扶櫬歸四壁蕭然十四補弟子員讀書兼治生遂恢先業積學工詩文尤精書法當時里中以書名者洵與戴祁胡漢徐尊顯而洵為最得其隻字珙璧藏之

夏元觀字子光廩生少有文名海內操月旦者推之溫陵張夏鍾名宿也以郡別駕攝邑篆於文少許可顧重觀有加禮然浮沉諸生以老晚號留齋留未竟者遺子孫也家居孝友里居仁厚嘗與譚孫

遂魏運昌講明理學誘掖後來邑士多出其門皆有成就

熊際昌字於盛學者稱半軒先生云發憤讀書年二十七始補庠生宗工目之曰他日名宿也潘學使宗洛校楚士邈致宜興儲金壇王共閱卷得際昌文皆嘆服為文日數十藝往往孤迥幽異石細路古胭脂牡丹所不屑也或一題疊構機趣百出譬雲幻風頃刻千態後輩沾丐教澤親承私淑並獲裁成有聯翩去者而際昌潦倒麻衣中癸巳始授恩貢赴試會城病腸澼卒易簀之辰長吟曰蓋棺無

罪過入土有馨香於戲其人可知矣初際昌偕其孝廉姪文趾村行與口占詩文且步且誦了不經意明日文趾錄呈無一遺字際昌驚曰吾敏於作而子彊記竹林中新添一段佳話矣蓋其標致如此

龔松年字心房康熙癸巳正貢古懷恬退性學淵融慨邑中典禮廢弛春秋釋奠趨蹌奔走至以吏胥代諸生遂條八議上之宰嗣是入廟昭虔祀事有恪甲午大浸無禾黍殍者載道松年應比會城十五日條策投卷詭陳民間苦災狀於中丞中丞惻然撤棘即馳檄遇災所在發賑故曰仁者之言其利溥矣工書及詩畫遊閩至浙所過名勝多留翰墨晚年尤究心史學喜汲引後進洪濟蒼生訓子廷颺健飈皆著經濟學術在官蹟傳巽颺其第五子字汝時雍正己酉舉人遊方靈皋苞之門甚相契試春官不第將從受三禮未竟所學卒巽颺有至性父沒廬墓三年倜儻抱奇志工詩古文嘗西遊華嶽東陟岱宗發興題詩滿翠微此可想其為人矣中年棄其詞章業深求理學潛心究之至今弟子並見模楷

程翅字修齡康熙己丑進士以檢討致仕翰林故事自矜標致矯尾厲角以為文學侍從之臣非玉筍不班非瀛洲不處即白雲招隱青山退閒猶覺玉皇香案吏未泯胸中而操守自固者咸以軒冕氣遠之翅達門却掃座客常盈專以接引後學為事諄切往復不憚再三當其片言投契煮茗瀹脫粟欵欵竟日或繼燭見跋未嘗倦也初翅以孝廉任郴州學正擢施州教授進諸生各視其所能而教之准人為程不設我見人則剛柔互克文則庸奇交進要使各有以抵其成而後已趙中丞申喬深契之累薦剡晚年居鄉其鄉評曰在官不忘交接居鄉不履公庭嗚呼品斯崇矣

唐建中字赤子美丰儀如竹箭去籜秀出一林秋水涵清靜斂眉宇老蒼頭負以觀劇千人屬目舞場歌板至為之停方在塾門宿儒却步漸過諸社人人視為鸞停鵠峙矣依兄時模宦遊徐州以借籍不成受知學使許時菴人間寶出波斯辨名天下馬來伯樂被采投契之至傳入詞場懷穎握靈者無不兼葭一方有竟陵唐赤子横據胸中憐之惜之妬之罵之一時俱起而林將軍閨秀雅辨韻言

將軍招贅於家既而學使捐金助入成均偕之北
上人爭識面已得先聲王公大人豹班並見爭出
兼金白璧明珠買其筆墨蓋不待摛藻木天則已
踴騰聲價焉康熙癸巳聯捷選翰林紅雲玉樹望
若神仙儕輩皆慚形穢何況其他免官之後爰自
燕趙魯齊渡河涉江抵於吳會山川名勝古今遺
蹟岩穴畸人迸出離奇皇喬則以佐其晚景抹塗
而奸窮怪變已造平淡矣或曰竟陵自鍾譚後以
才子擅名奔走海內彥士惟建中一人良有然與
曾元邁字脩逸夙慧天禀有孝行脫穎早而晚成康

熙癸巳舉人戊戌進士選入庶常三年授編修讀
中秘書益演迤恣肆其所學久而得會歸有密友
在朱相國軾幕欲引元邁前謁門下東招之謝曰
相公國心如水僕又可以熱借釜耶固弗往尋充
會典館纂修丙午典試江南　賚賜疊及許事
竣省母復　命擢御史遇事敢言不避嚴顯其端
士習振吏治兩疏以為養蒙於豫敘官以能尤建
言得其體要云
陸士雲字非池耳目並用胸有智珠遷固之長兼擷
互採出筆鮮濯如五銖之帔霞緯雲經不受人間

刀尺發軔乙科除新安令念平居為秀才時讀古
循良傳一出四子書中經理布置當時嘉其能不
負所學今日得民而理務以前聞出政聽治其惠
大敷民氣樂生悅義惟化裁變通與時消息處未
免執信太過上官或迕之而一二喜媚悅承順者
乃短其經生不諳於治改錦州經歷攝篆寧遠州
部判廳事手一卷置案隅時瞪目神往吏抱牘跋
立目笑勿顧也士雲詩有子美之雄渾老脫實本
建安黃初曹氏父子而骨幹瘦硬間似韓吏部其
古文宕逸飄渺龍門之姿也至踈爽明淨又類子

瞻有明以來竟陵文章巨公不一而足而士雲俯
仰上下後先媲美殆亦異世同揆矣年八十二徵
鄉飲大賓不就卒
程都字邑郎竟陵老布衣也自命作第一流人物卒
亦不岐所期貌奇而古冠履稱之性情相印以出
居邑之馬陂綠樹為村清泉照野草堂穠植花木
課田灌圃以娛其老親以長其子女塾不延師子
弟能辨方名則坐之齋中教以循謹恭敬講說忠
孝以熟其耳演其性一開豁以詩書從樸愿中琢
出秀穎弗受囂氣而子方廣尤雋上都工吟善讀

遠市絶塵所著詩清微淡遠而歸於自然晚年自稱蟫叟以况其鑽研一生以至於死未得化脉望也而都遠矣曾孫琯敦行讀書詩派文脉悉矩高曾辛不遇以死猶見流風餘韵數世不替也

高時健字恒易康熙乙未歲貢蒲圻訓導典言選行本道為程修家而儀鄉教邑以化俗信乎學者之規範也生平讀書始能有之後能去之鎔液六籍自噓元氣滓雜澄清曠然廓然千里在目萬象在胸故其文不脛而走四國過庭習言在官恒訓以邑邑效以家家效則有若張開楙李標沈均親炙

門墻各破壁去則有若藩藻蒞奉其步武並登賢書若時健者其匆負人師哉仲子藻尤弟昆中白眉字南濵夙慧妙擅卓犖觀書理道之府詞章之林諸子之腴皆能綜貫以鑄於文例舉孝廉後下南宫謁詮部論定就官藻不就騐恐違老母養也家居授徒弟子多達者

程方廣字草石父都以古文詞擅名庭訓即羅經史子集縱之嗜不沾沾制舉業十年闢腹翕受於古無弗通尤愛莊騷亦習帖括而工之嘗鋭意思用世然為諸生屢困不敢尤莫知退而受徒傳業教以行先自其門者多佳品不徒文而身仍久困且老敝衣糲食在憒樂中不見其缺陷也生平不肯近要人重節操有氣概不負千里十年約信以此皆重之晚年兼學佛老自作墓銘祭文尋以壽終

陸語新字秋浦性嚴正擇地而蹈擇人而處擇詞而語擇術而立儒不易矣近市已囂近華已漓近名已浮皆毅然不為文稟程度要於理解粹精元氣醇茂大方家賞焉三冠其邑餼久貢成均得保康訓導弗以昔畊今穫弗以昔志今成若以茲事本無息肩者孜孜汲汲與諸生求一日一日有進步

卓犖觀書鑒躬試可尤於史學殫心温學使如玉按郡常懸榻待之加敬禮焉年八十四卒於家

程雅字公酌博學嗜古屬辭如鏤玉錯金善誘人來遊者具荷栽成其族兄水部飛雲鄒荻翁教互延為子弟師兩家世世彬郁多蜚英藝圃者雅之澤也每就試輒邀國士之賞李學使重其文懸轅門比呂氏書一時以為異數然僅以明經老可惜也晚修族譜宗人德之

王价修字子向青湘世胄夙擅文名介然辨於義利從舅氏譚孫遠學譚固邑理學醇儒价修風流跌

宕顧獨深契之曰是大德不踰閑者价修立品甚
高博聞强識其詩古文漢唐以下不屑也常除日
自郊歸須渡得遺金廹暮須之則寔人待償逋卒
歲者踪跡以至還其金感泣去此可見其概矣
譚一泰字啓三邑廪生有名自志學期向甚正手録
朱子全書儒先粹語及左氏春秋謹畫細字如見
其整冠危坐研精三餘時使與年以進詎可量哉
顧促其年不遇於身爲可哀已子卜世字鳳司郡
庠生己酉拔貢雍正壬子舉人乾隆丙辰進士授
户部山東司主事卒官卜世九歲而孤母蕭安人

課之學受經於從父大有大有故理學孫遂弟子
故其學相師承皆不失矩矱大有於子弟中尤愛
卜世謂頴異將造學剛方將受範也乃卜世卒慰
其孀帷畫荻之志嚴師贈策之期七年郎署以醇
謹稱詩文皆藉藉重都下又餘事矣天奪之年未
見施設命也夫
周士璵字東侯康熙丁丑進士除東安令慈惠以勤
致張麥魯蝗之異薦章上北行以内艱歸服闋不
赴卒生平嗜學能文汲引後進與龔松年唐建中
曾元邁善弟璋字達夫康熙戊戌進士除上高令
丙午同考三年罷歸閉户著述掌教蘭臺書院璋
與士璵皆藉兄提携以成璋復受業士璵相繼成
名名噪甚性恬無忤惟涉嫌疑介不可奪所善譚
一豫一經夏用臨諸子草書有懷素張旭遺法士
璵書亦工
蘇圻字志荃父國能廪生有文名郢鄂間從遊日衆
圻與弟均稟庭訓敏而力學故穎脱最早圻年二
十試冠軍入庠食餼弟均年十九繼之人以比眉
山父子亡何弟折父背圻獨承先業授徒又自課
勞弗節喀血升許猶力疾攻苦每試眉色軒舉拔

幟以登入棘闈輙踣未五旬將貢輿疾入試歸卒
平生輯録甚富丹黄校讐精整不苟善誘人多方
成就教澤所被没世思之
胡宏度字睿容由邑文學援例授中年令邑有虚户
糧捐俸代輸曰是不可累後人旋請豁免士民德
之致仕杜門績古寫懷詩詞皆工
譚一經字先澤弟一緯字象予皆之昌子以介行爲
邑所重經少從金壇王耘渠遊歷覽名勝所交遊
如邑唐建中湘潭張璟皆高流而緯晏坐深抑讀
書堂落穆淳泓學孳孳成後學從子福世寔而才

資以膏薪遂就良器嘗劃業塞垸堤之潰傾囊濟閭里之貧非徒踽凉者經十三補庠生登庚子賢書充江西同考晚掌鐸沅江教澤布於湖南緯年十九邑試冠軍老於庠生先經卒經自沅歸七十餘猶日誦韓文杜陸詩即事句云日共三公話誰知老子娱可以想其人矣

鄒遴高字重基歲貢生幼孤力學毋病與弟遴高侍共卧起者三年及卒葬祭合禮人咸則之生而好學老而彌篤兩月昏眊猶一卷窓前燈下吟諷不輟手錄古書數簏餘則端坐惡道人私閒語過戒

曰且道他好處屢薦不售壬子擬榜首又落主司李錦携其卷遍示京師無不嘆服孫翩宇振六未冠遊庠詩名頗見稱許食牛之氣已見一斑惜乎其年促也

夏用臨宇宜瞻歲貢生孝昌訓導自能言不解而悦人而背訕之自能履不解面承訓而背棄之嗜善若飴力追於聞見輒着想悟不旋踵而身著之所造於理制義雖末觀其達識勝而闕通所博為趣聲歌一節賡其天神全而致遠怡然獲其性始雖家人習處不見怒容凡所交接惠風茁芽長人意思使善者心識之而惡者心志之學其學者能化寒峻之氣平易近人以是稱於鄉其教於孝昌猶其居天門也有不學者曰廣文先生年若是勤若是吾可嬉諸庠以内庠以外皆率於學嫠婦泣之舉節却餽悍婦誦之化頑以理富士飽其德貧士飽其施名士佩其業於孝昌心交者二人太史夏力恕王廷鴻也學使主風教矜式之題其門曰行可為表

夏用咸字通瞻雍正癸卯以選拔貢成均考優等充正白旗教習丙午順天五經副榜准作舉人丁未

會試取明通用咸期向不凡嘗以為天下有書而誦讀不到則負我耳目書有精義而探索不到則負我性靈縱横讀之稱其敏亦長無書讀一過再過以意見標出之故評品最夥丹墨淋漓堆案落枕惟卷籍也徽州吳文煊令天門政暇則就用咸談語人曰夏通瞻乃不減董子其徒咸學有原本而行止端方如龔光海兄弟皆高弟也需次當得縣令年不副期卒同邑震悼之

程方蒲宇堯攸大復次子練要前修克繩舊學意度恢廓開展揚郡伯緣綬觀風州邑拔冠軍蘇圻次

之及行部到邑命二生入見於方蒲契心一識丹艧推挽不啻自口出其年試童子定以冠軍而蘇圻貧窶有學方蒲三讓乃首蘇然心識其器量逢人說項矣明年試童子復欲拔其弟謝曰辱公知銘當不朽願益以單寒為念同身被馬乃已而方蒲不永年以增生東棺慎獨軒著作甚富乾隆丁丑試童子予拔程體彰領業恂恂具儒者風人曰即其孫云

周道尊字敬止雍正丙午登賢書己酉分校江右能得士揀選知縣改黃安教諭嚴畏自律不苟偕俗

為文主風骨在官肅型範辛未南宮首薦以筆誤見遺弟道立字敬修乾隆甲子舉人揀選知縣天性沖澹不膺家累未仕卒

龔光海字接司健賜子出嗣廷賜後夙慧能文乾隆戊午舉人於理能見其大年十六歲隨侍御京邸南城有主母殺婢獄健賜廉得死者甚枉已奏請自治弗屬部其家計絀藉貴遊邀光海飲於家具張設飾歌舞進之欲亂其志酒酣從容及獄事獻金于光海抗如厠踰垣逸去告其父父喜曰真吾子也惜不永年而逝

論曰文章者載道以出者也而亦各見其性情性情即道也性情不衷諸道文亦浮而無根說而失正道取中行亦取狂狷文取正軌亦取偏師要其卓然成家自立於天地清寧山川秀發後先輝映間必有其不可磨滅之處足以傳世行遠所謂神明之壽也而此不朽之神明鬱結纏綿不必盡發之於著書立說亦必見於事君事親交友之間卓哉鍾譚以孝友為文章聲名馳於六合矣

天門縣志卷之十七

隱逸列傳

木材於世而壽於山珠耀於世而淪於海有其材之用於世不乏有其耀之施於世不匱而木可山而珠可海故君子有其類之為用則不妨不用且宜壽宜淪亦用也楚自接輿莊周文子之倫高踪遠遯風趣古矣昔人云名可聞而身不可見德可仰而形不可覩中亦有併名不可得聞者其視夫終南捷逕何如耶志隱逸

漢

漢濱父老者不知何姓氏桓帝延熹中幸竟陵過雲夢臨沔水百姓莫不觀者有老父獨耕不輟尚書郎張温異之使問曰人皆來觀老父獨不輟何也老父笑而不答温下道百步與言老父曰我野人耳不達斯語請問天下亂而立天子耶理而立天子耶立天子以安天下耶役天下以奉天子耶昔聖主宰世茅茨土階而萬人以寧今子之君勞人自縱逸遊無忌吾為子羞之子何忍欲人觀之乎温大慙問其姓名不告而去范蔚宗逸民傳無姓氏者四人竟陵得一也

唐

鄒夫子不知其名隱居火門山陸羽自傳云負書從之遊鄒之所造不可窺覩其弟可以知其師矣自昔山林枯槁之士姓名多不在人間世亦無從傳之其旁舉而及牽連得書或以業名或以地名使人誦讀遇之如山外山悠然神往而已

陸羽字鴻漸性介而情深雖獨行未嘗一日忘忠孝也觀其自序畫之矣羽自言慧而通其用功專而銳其立志窮而不變其為人果於自信勇於為人而慵於周旋有沈纖簾之好學阮東平之興致莊

漆園之解粘釋縛王長史之終為情死是殆庶乎狂狷者流耶當其養於積公之禪名蘭勝果以證無生何遽不若支道林之躅乃執儒典不屈至淪辱厮養不悔負書火門結廬苕溪自位於放人佚士同塵於伶人樂師一時名流達官如李齊物崔國輔鄒夫子諸人皆握手如平生終以文學徵於朝不赴遺文垂後其亦矯乎克自振拔者矣唐書謂其生三日而雁銜以來及長占於蹇之漸而得姓名即文學自傳亦曰不知何許人也後百餘年有希夷搏冒陳得姓蓋古之異人常有不可解於

造物如斯耆所著書目在經籍志自傳在餘編

明

徐惕字乾之太學生長於華族有畸人野容風如蘭氣推宜竹塢不可添檀齋敞軒開彝鼎千年老樹數百年圖籍一萬卷户外有乞書人紅牋束縑素一記室按名填籍受之書暇折小東散奚童徵客借一花一卉以飲客多寒瘦者鄉黨時聞其餘不解受恭亦不解索通浩浩天放一夕飲朱氏園歸無疾以終

吴贄字傳蒴文佳少子嗜學擅博雅名書法自出結

構不專取臨摹者對客談古今事間以雅謔娓娓可聽晚年葺茅湖上屏絕紛華與老友鄒五治賦詩鼓琴相樂年逾七十終五治名斯盛並有高躅

譚學住寒河鵠灣傳云隅寒河四五村有譚叟者教童子村中或邀其童子去不得館即行吟溝塢間稱詩里中里中人輒笑罵之曰牛亦自稱作詩耶叟聞之大笑常袖其詩過予予多外出叟即袖其詩去復數月復來又不值又去如是者三年無倦容怒色園丁問翁何事亦不告以袖中物一日逢舍弟搜袖中良久出一帙投之曰爾兄歸爲我示之舍弟手其本荒荒然無全紙笑而應之曰諾予客歸舍弟出其帙如叟旨予性不敢妄測人高下雖褐夫星卜必凝思窮幅度其所以筆起墨止故得詩即屏人深讀其蛩雌之音唖敗之習已了平帙予猶望其能佳而最後乃得老病起三詩如聞其呻吟如見其枯槁如持節待老友至如白髮妻在旁喃喃不已人固貴自量予雖年如叟病如叟不能爲此與語也自是與叟往來如三黨久之閱一詩復佳久之又閱一詩復佳積之得二十三首刻焉叟僵羸如柴舉止語氣如初不識字人聽予

去取其詩皆茫然非其初意叟名學來有字或呼爲訥庵譚居士曰安知古工詩者不盡如叟耶

徐善字徵休於翰墨無不能者而文爲最於書無不詮者而經爲最邑中無不服其該博者而考禮爲最與人處談言微中用詼諧出之婉而易入即戾者無忤也居東皋灌園自給無所求於世宗伯李維楨方伯徐成位與投分皆若布衣交將死自誌其墓曰髫齡諸生弱冠隱士書癖一生虛名半世

吴有耆一名邦彦字聖甫五歲通文選九歲畢羣書以孺子補青衿而冠一邑飛聲五華三溢閒闈玉

諸社邀入其名若山水之有華嶽洪河也中年棄
其舉業寫性於三百篇從漢魏訖三唐淡宗陶謝
復取三圖之中圖識圖形自鳥跡古文籀斯變篆
古畫畫意近畫畫形九鼓之存二宗之著靡不殫
究遂合王維李潮為一體以庶幾鄭虔之三絶片
楮遺落人寶其傳乃扁舟湖上與高士名僧長嘯
曼聲或無言默坐張志和泛宅作家趙孟堅以酒
晞髮風流跌宕為近之至今烟水一區猶想見琴
韻棋聲云
胡從化字内寧庠籍江夏諸生學帖括於理度足以

發揮為文章乃止紬繹體備輒以不可違化置之
從化獨追聖賢之事實求之性情身世之間理醇
而粹身約而莊恭敬奉持一意終始顧不在聞達
也其父富愛誦堯夫擊壤吟像而祀之題所居曰
邰窩從化克繼其志云
高則馴字季龍胸中自有山水得酒數石與素心人
縱飲之十指踴躍不知畫之為詩詩之為畫詩畫
之為則馴則馴之為詩畫也若其家無缾罍之貯
以為窮絶益喜
歐陽曜字著明一無機心人腹中書抵中人百年讀

或與語雖雋人不能罄其底蘊也不樂仕進故不
求名與湖山為緣
譚自善字楚珩行潔言芳不求聞達結茆深柳下題
曰半青堂秋深黄葉脱盡則愴然以悲柳葉綠詩
濯濯如沐出柳葉枯詩冷冷如空烟教授弟子曹
並高朗秀麗出塵十尋
胡永定一名晟字安卿世家華胄以淡泊栖襟故振
塵滌囂翛然自遠自其幼學傾倒宿儒揚烏九歲
而預太元李賀七歲而賦高軒不是過也冠而入
庠士為民鵠祥麟威鳳人以相期而坎坷棘闈發

憤棄去松依山徑竹粹泉姿無所羨於騂紅儷翠
矣以身善病折肱名家每奇疴劇症色沮良醫輒
以刀圭活之白骨再肉不尸其功不承其謝亦自
樂此不疲也晚年屢徵大賓不就蓋厚德儀鄉者
青璧百尋丹崖千丈永定有焉
鍾快字居易默如定僧莊嚴不可犯訪其家不遇則
湖上尋書畫舫中得之學書學畫談禪皆其所欲
者則與汝深語否亦淡淡而已
姜廸字伯阮八歲為文章能使人憶之常在口抄之
常在手就外傳問天下書鮮不讀者鍾伯敬自都

門寄家書云媿比十四歲姜郎五中副車以老明經卧白雲深處而没

王萌字遜宜童年觸口成詩機神天遂譚元春早識之事親至性不隨年踈檢束笑言不使志放諧俗而自矩不求名而讀書終其身貧窶着身皆韻也

李匡之字秋通號青房嗜學以典博稱晚以老書生入青油之幕藉爲山水遊資終弗愜也所著有南野堂集泰雅二十卷考核詳備可補五雅之不逮惜未有梓而傳之者

張公謂字讀霍孫露而好學讀書不拘於方隅心有

萬里覺青衿束身不遂遠遊乃棄之無妻無子如林和靖孤標著述滿行篋詩篇醇樸渾成不肯作六朝以下語客死泰中友人戴氏收而葬之公謂亦異人哉

鄢韵字谷音自位一卯一壑不可附益不可更改儒冠着之仍脱之傍漢水結廬題曰率舡草堂以授徒自給清磬滿邑中

譚元杰字萬青少年奮忠義尚意氣李賊焚獻陵慨然椎牛享里中士謀起義師章觀察曠聞名辟入幕叅軍事甲申以後折節讀書以謹愿號於鄉曲

魏士茂字卓如才名爲奕珠璣輝映驊騮開道路矣已而瑟居寂寥歛退循謹則學之進也著書華嚴山房不求仕進有獨行之風焉

皇清

凃始字修仁父估襄陽從童子塾中挈以俱四子書尚未竟讀觸類長之輒以意會聲諧自符六書原始清濁輕重唇吻齒牙覺句象叶止天機自動流暢和美宛轉關生則以天地萬物爲詩本後討漢魏六朝合之又以詩意點筆爲畫脩然如其詩一時老師宿儒詞壇執爵操牛耳者皆心儀氣應聲

名不翼而飛觀察使讀其詩美之引爲布衣交竟陵尹與築室青山下始出入無時不扃不鍵人或取所須去弗問也郢司馬禮爲上賓日從倡和司馬出婢持素縑鶴氅索畫將内主意始裂其縑愠語友曰司馬故不知人子奚語彼而客我從而謝馬弗顧去是時人人欲得始裏郢詞客家蒼頭奪得凃始卧具來則主人以爲能故始晚年竟弗歸邑亦無妻子終於襄陽社中人題其碣曰詩人凃始之墓始洒落放曠與鴻漸一轍鴻漸著四悲詩君臣契而始常宿旅舍聞婦人嘶夜疑爲産故苦

憶其亡母泣達旦詢之主人則高痛也破涕一笑以別故知天下能文章者未有不具至性不可以爲一切皆遺棄焉始先入庠後亦棄之

徐蟾步字尺千庠生年四十脫去名繮謝絲試業讀書求以自進終歲不出戶偶出則鄉中老幼爭覩之或問先生今日何事也

夏方熙字伯庸時傳長子少補諸生未壯即棄去書叢出銳所向無前鍵戶探精道腴自喻旁及醫術驗有神工施藥活人最多有貧而苦痨者須復書攻之授方並資之金獲痊迅起其平情恕物雖市

夫佃人或無禮非唯不校且曲體而原之子孫率令服食疏布無綠素風夜必叩所得於師者娓娓申論鼓三嚴始罷蘭楙芸馨繩繩繼繼有以也夫

戴應奇字少穎十歲補諸生讀書日數千言敦品勵行好學不倦生平抄經史子集凡千卷楷法工正信爲後學模楷

程履華字雪友少年爲諸生不肯作一隨俗語深矉苦吟鉤元索冥鑿出幽險使讀者顏色如死灰而後跳躍起舞與人常喜無怒不校橫逆不爭侵侮不計報施舟行遇暴客以談笑遣之竟還所掠物其動人有中於微者耶一夕宿逆旅有婦人奔來戶不爲啟則嚴氣正性矣本縣清丈田畝議論蠭起履華以十議東寧宰悉用之當時以爲允及郡別駕聞其名造訪不納此又留心於經世而不肯苟且以逢人者也中歲即棄去舉業專務讀書口讀手鈔遂遍四庫蓋數十年不入城市父母死後束身一齋妻孥罕獲其面所著詩古文辭富於等身尤愛頤養之術晚年能數月不食

譚篇字林表拔貢生好讀書試輒高等性不輕交接終身不見喜慍色恒曰我輩讀書自有實地徒襲

虛名何益身心嘗倡修學宮疏浚水求嶽歸堂遺集刻行授教諭不就蒔花種竹以筆墨自娛

邱三秀布衣也赴郡試在道拾遺趨宿俟其人還之不及試後遂不試居里中喜作詩有邑訥菴譚叟風詩之古奧亦如之

胡文炳字在中增貢生少雋穎超邁隨父兄宦遊無子弟之過王任琢而自潔月入懷而自清瑰麗侈靡弗愛也學邃養恬困棘闈者二十年已而棄去鍵戶著述花蓴生動竹栢幽貞機來神來現前指點若時雨化諸子聽受則皆靈通無滯乃曰天倪

須活本原敬固孝弟忠信失則蹶矣與交遊過或
面繩退無後言故胡氏家法人傳盛德之門

李鶴立字不羣邑庠生隱居教授古貌醇衷學優行
卓著有麟經藝松明齋詩草

譚一乾字健周年四十與弟大來棄諸生弟卒於世
情益淡題齋曰潛室題云易之首卦予名也卦之
初爻余字也雖不敢言有德在下而確乎不拔之
意庶幾近焉放懷詩酒日誦陶詩一則壽八十有
一終

論曰嵇康云并介之人或謂無之今乃信其真有

耳是故功名之士風雲入懷枯槁之倫冰雪在抱
聖人在上箕潁自扇清風非必有所感激然後遐
引高蹈也若乃閑泰其神冲綫其度是謂休影息
跡不絫塵褋容身而遊滿腹而去是謂内信堅確
謝緣人封亦有陸沉之士意興閒適托業怡生公
子高懷掘雲採月隱曜含華皆足矜其雅尚也千
載以上昔人論定久矣余始詩人予所深羨也哉
若李匡之之積學抑又進焉

天門縣志卷之十八

賓耆列傳

三公在朝三老在學蓋盛世之休風哉而引年之
義齒與德兼故香山九老祁國五公耆英堂十三
叟人望之如景星慶雲為國祥瑞足以乞言足以
為獻要其綿元氣留醇風型善里不盡以軒冕也
搢諸往載蓋有耆舊之書志賓耆

鄉賓

明

雙流縣教諭蕭鈺鄉飲大賓

武英殿中書唐堯舉鄉飲大賓

崇寧縣知縣鄒學孔鄉飲大賓

楚雄府教授高啟瑞鄉飲大賓

庠生李公望蕭旦鄉飲僎賓

皇清

太原府同知謝廷讚鄉飲大賓

兵馬司副戴元愷鄉飲大賓

廣德州知州沈應魁鄉飲大賓

香山澳都司劉植鄉飲大賓

太平縣知縣徐尊顯鄉飲大賓

庠生吳世彥鄉飲僎賓
庠生毛之藻鄉飲僎賓
胡岫蔣開運熊兆榮俱鄉飲介賓

耆年

皇清
許官祿順治六年生得歲踰百有七孝慈為式於鄉
耒耜自安其分太平之世祥瑞之門孫子如林引
年不老於乾隆乙亥無疾而逝
劉翊鶴字旦先乾隆元年生得歲踰百有三逝
三朝熙皞之宇率五世耕讀之風子茂孫蕃身康力健

連膺養老之典乾隆二十九年奏聞
賜秩建坊賚錫有差
張應祉字天瑞母壽百有一歲祉壽九十有六而弟
宗弟揚並及耄耋期頤洵
聖朝之人瑞也
熊純宇公粹淳氣完璞如見古初留先正之典型端
後進之步趨學淵而邃資裕能施晚年舉子目睹
成名享齡九十有三國書上瑞鄉滿令聞蓋得天
獨厚者葬縣西江家瑞
胡標淳樸自守四世同居門庭和順鄉里娛遊壽九
十三
田嗣武邑庠生學邃品端書法工楷壽九十二整衣
冠名子孫自題墓銘而終
毛之鼎剛直誠樸急公樂施里有十義之稱有司給
匾尚義可風壽九十二
焦思廸敦行樂善壽九十二
李鳳翼孝友淳質父母兄弟皆逾大耋翼現九十一
熊山賓閉戶著述博涉稽古壽九十
李沂淳樸自好為鄉里模壽九十
馬鳴皋戴袁篤志好學至老不懈俱七十餘補庠生

一壽八十九一壽八十七
萬昴附監生性友愛為兄售產償逋艱苦無怨壽八
十八衣冠辭祖危坐而逝
吳廸捷遲蘇泉以詩文自娛壽八十七
魏開科貧而癖詩爨冷煙寒吟嘯自如壽八十七
甘快嚴正自愛喜施濟人壽八十五
熊軫同孫熊登好學多聞詩文清滌壽俱八十五
許麟字宏馥善事孀帷合炊睦友粟施於凶年而千
家廷命惠周於枯骨而四窮有歸圯梁得渡者利
其仁災疫流行處資以活蓋本行敦而所施厚者

也壽八十五
吳廷璧樸以養真慈能撫姪藝花吟詩壽八十五
熊登先國學生端方自持篤學久淹壽八十二
艾士俊職吏性簡默好施與有澤及人杜門自守壽八十二
吳廷正閉門守拙壽八十三
周必選年八十七現存
郭遠占年八十二現存
喻琊年八十一現存
論曰器則惟新人惟求舊國之程才鄉之尚齒一

也鄉飲酒有四爵齒德三尊要以尚齒故六十坐五十侍若其黄髮鮐背笑言古處里中典型許劉以下皆可選矣而張應祉一門人瑞尤
聖世休和之徵故特傳之

天門縣志卷之十九

尚義列傳

龍門貨殖傳亟稱陶朱公三聚三散所謂富好行其德是以君子有取爾也大治之世水毀木饑方隅亦間值而深涉吟於匏葉良馬蹶於長楸雖有司以時補苴之美舉不禁其共襄矣乃有向方知義急公爭先一諾千金貽休奕世嗟乎朝有旌善之典俗以激勸相期是用集之以風同邑志尚義

皇清

邱旦邑庠生館於荊南歸途過故人鍾子見其宅燬

無栖罄束脩三十金昇之屋成鍾將售田以償旦堅持不可是貧而好義者

廖先詰字昔明性樂施予賣產措資濟之修石梁置義渡掩骼骨施凉漿遠邇義之中年棄舉業手摺嚴一菴觀空悟幻布金祇園號爲長者壽八十三終

謝名芳字溢中性癖如林處士小築河干梅繞其屋父好施芳能續之廣義塚造渡舟平陂陀之路歲荒恤隣指囷散穀不可勝數也芳入郡庠獨嘯傲梅花下至九袠終殆別有自得者矣

鍾元祚字體仁逮拜重慶色惟雍雍洽於弟昆情惟怡怡矩行規言文章有質有私鬻祭田羣起攻之祚燕集本支反覆葛藟芘根之義皆感泣罷散垸隄潰獨身任役傾囊募築同垸胥安讀書安命自爲始終而壯齡早蹶命矣夫

金德恕字坦夫邑庠生敦行募義篤於所生其兄弟早亡遺諸孤弱女婚嫁教養一力任之雍正丙午岳口火數十家成礫場德恕家給米薪三日大饑乞貸者悉應之困不能償則面焚其券里人德之

陳善旻字閔下能義濟人客有金盡不能歸者旻聞

其有母倚閭資之南還買僕詢爲良家子焚其券貲以遣之

吳昀字東曙試成均授職富好施與族黨仰給焉畫腴產貳拾餘畝專資嫁娶費至今德之

艾萬年字承緒慷慨喜施捐緡修皂市碼頭街口石路揚秀劉四河梁皆一身任貲嘗溺於溳水漩入復出如神援之

程大摸字相時以俊秀入成均饒貲而好施族有艱生計者與以田宅無殯殮者與以棺衾戊子己丑間歲大饑釜鍾所及白湖岐山一帶皆待之以炊

至若分田兩少弟此固義所宜者矣

龔賀飏字絅文例貢善承母志有利濟功建利涉埠橋知縣潘經世表其閭修風波湖口橋知縣張特進獎以詩凡歲暮囊錢以周貧戶潛投隙中暮夜不使人知是謂行善於冥冥者

熊國選字嗣皋優生也喜周人急貧不能存者疾病婚喪不能措者求之必遂見之必賙至田產畀於從弟衣食遍於三宗又分內事矣

吳遂好施與鬻子者捐貲贖之並完其室家癸亥春饑力施錢米所濟甚衆

劉維辟字應侯輕財好義歲饑則煮糜設飦或日給口糧建橋修衍則不惜多金襄成族隣之不能嫁娶者爲完之困逋鬻子者代贖之可謂好行其德矣

陳恪字毅亭考職州同敦行好義捐米十六石分賑南門捐銀二十兩資修學宮捐銀十五兩助建書院與交遊無忤無詐鄉黨號爲長者

程世謙字位中樂施自守乾隆八年春饑捐米百石擇鄉里急者周之

張必達字玉繩試成均授職積而能散饑則釜鍾及

於千家水則上工助於數垸至於學宮書院魁星閣一切興建不惜多金為率子藩及夔食餼早逝少子蔚克繼父志襄水漲決隄夫千名趨隄捍禦急公足多矣亦不幸繼亡天之報施善人竟何如耶

張必偉字傑士國學生必達弟也里中貸金者歸以田契券弗納散財好義稚與兄同三子蘇藎茂俱不壽惜哉

程朝瑞字賡南太學生素性慷慨乾隆七八年饑甚瑞捐囷活衆三黨貧乏者厭給其食死者殮葬之

邑西姜家河東岐山園俱置義塚

甘大元字東谷附貢品端心厚里之無力讀書者資膏火成就之藪之窪潭病涉者多設橋梁利濟之

程鐸字以振善治生家既饒雍正初里大饑發所貿木棉百包散給貧戶俾紡織資生歲稔歸直中多不能償卒焚券

夏元泰字子望邑庠生篤行樂善捐祭田十餘畝以置宗祠宅旁官巷甃之以便行旅歲饑賑窮不辭勞費

陳忭字咸和庠生舉優行佃有鬻子還逋者母子號泣難分忭捐穀十二石代償之有增出欲渝盟者出資令其覓還給奩具以嫁亦義矣

艾鐸字庶言與其弟鈞乾隆二十七年捐米一百石助賑現存

黄元亨讀書飭行喜施樂與現存

論曰靈臺之詩古民情可見矣邑有興作利不百不建也凡以為綱常名教而設以為宏奬風流而設以為禦災捍患而設豈不以物力維艱而勢有必不容已以其資之有餘成其事之易舉而爭先恐後因以著見義必為之勇是可風也若其緩急

人所時有豈必困頓窘辱哉水收禾黍疫作流年使涸轍枯魚濟邈升斗上池神水疾起顛冥則泛恤隣之舟脫館人之驂施榮陽之冢亦古道之在人心耳其視夫論著錢愚人稱瓮庫詎同日語哉夐哉邱旦貧而恤友其尤不可及也與

天門縣志卷之二十

節烈列傳

原夫兩間真氣得一以貞故道在中閨允稱全節
矣若其席豐厚膺榮命詩禮之誠喻保阿之罷勉
有所凜凜於平時畫閫爲盻指天日以自信良足
嘉矣乃有高門中落一線綿延貽之白髮以責養
望懷抱中物以血食其先卒用撫之有立此則百
鈞重任千里脩途難何如哉又若蔀屋荒墟風摧
樸質名義之不聞或瓜葛失依繫援四絶朝暮俱
不能保而心鐵不鎔操石莫轉其人殆非激勸所

成也至於御輪未屆徒重以一言自附於未亡人
之例入險出阻百折不回又有其劍錘不磨壁痕
宛在水寒千載爐冷三炎芳聞扇播萬人雨泣心
耿耿而弗靡名炳炳以長永嗚呼烈哉志節烈

已旌節婦

元

張楚林妻瞿氏年二十林死守節終身至正間旌（林一作材）
吳衍璋妻王氏年二十璋死守節終身至正間旌（璋一作瑋）

明

庠生陶中妻何氏中病篤氏禱天請代死哭幾絶姑
曰撫子成之夫猶生也乃名子曰之肖課讀辛苦
子領鄉薦氏痛夫不見泣喪明苦守四十年有白
鳩巢堂之異神宗時旌
庠生熊維妻陳氏年十九寡絶粒數日誓死姑以哺
子再四慰之始飲食三年子死立嗣撫以奉姑神
宗時旌

皇清

贈君龔則遂妻張氏歸龔實甚磬奩佐養贊夫勤業
生子二日卽起服勞夫善病試頻躓舅姑憂之氏
諫夫曰榮親而悴親耶盡資館穀養身且慰親乎

及夫沒年二十七撫孤奭仲升哭曰死易耳上公
姑下孤兒我死安托自是織履以養逮舅姑没哀
禮交至篝燈課子伴以夜紅奭通籍令桃源治譜
一本慈訓卒以最擢持觴壽母氏泫然曰樂事也
翻悲我後勿復然始終茹苦壽八十五終
饒震妻彭氏夫亡撫子宗濂補庠生
戴汝聽妻黄氏守節五十九年
戴衍綽妻沈氏守節四十八年
戴衍人妻姚氏守節三十四年沈姚俱黄氏媳
胡松齡妻譚氏候選教諭胡椿齡妻王氏一守節五

十四年一守節四十三年坊在西園曰娣姒同芳

教諭程大濩妻夏氏年二十三夫亡無子誓殉死已念姑恩難割夫祀無主寧爲其難立嗣方蕙撫之後蕙司鐸彝陵孝感並有官聲皆母教之力至族姓子姪嫁娶無力者氏除河灣垸田租充之數十年不替壽六十終

吳篤文妻鍾氏知書善吟詠年二十八夫亡守節壽七十三臨終賦詩九首

魯承然妻陸氏夫死守節撫姪春秋爲嗣殫心教育補邑庠生

羅孩妻曾氏年二十四夫亡縊以殉家人救解復蘇勉撫二子又相繼歿復立嗣苦撫之

梁騰鶴妻李氏孝敬雙親撫育二子茹荼自甘行孚閭里

吳車妻王氏截髮矢節割股救翁撫孫成璧蜚聲上舍

郭傳道妻孫氏夫二十四夫亡守節苦撫遺孫卒能有成

胡珍妻尹氏年二十六夫亡艱瘁冰霜爲其夫謀血食卒能下報所天信克爲其難者

揚遇春妻陳氏夫亡奉姑撫稚克盡孝慈

揚嗣炯妻鄧氏夫亡紡績辛勤撫二子成立

伍之奇妻鄒氏孝事公姑惟恐不當其意撫嗣枋養能兼教壽八十八終

錢鶴妻吳氏撫孫成立壽九十六終

錢紱妻汪氏撫孫應科成立守節三十二年應科復大與媳梅氏同撫其孫現年六十九

魯歸極妻凃氏夫死年二十二氏代夫養親以孝聞立嗣撫成之

劉世道妻劉氏守節三十年撫嗣聯翩成名

蔣開桐妻張氏守節三十二年

戴璧元妻歐陽氏孝養病姑撫遺腹子并及諸姪督之至嚴兼能禮備葬祭惠及貧乏而什襲其亡兄篋中書過於贏金尤卓然女士矣

庠生夏元升妻熊氏庠生夏之祜妻唐氏夏用謙妻唐氏人稱一門三節

王大賓妻劉氏王朝賓妻徐氏一門雙節

程志信妻李氏年二十夫亡苦守撫孫士璋成立

凃其湛妻廖氏夫亡年二十一孝姑嫜和娣姒撫嗣子周貧乏族黨賢之

郡增生崔洵妻别氏紡績奉姑撫孤楚元成名

唐國慕妻周氏年二十二慕贅其家甫兩月歿氏誓死殉賴母護得免歸養舅姑以孝聞後舅姑繼亡夫從兄弟憫氏將經紀喪事免其周章不可曰嫠代終子職而累伯叔耶訖葬依母氏紡績自活立嗣東陽撫而誨之

贈君譚之昌妻江氏年二十六夫亡誓死勵操而勤孝慈惠稱爲女宗教子一經一緯有方後俱成名足酬苦節矣壽六十終

楊光佑妻庳氏夫亡孝親撫孤守節四十四年

黄安仁妻彭氏年二十三夫亡勤紡績事公姑撫孤娶媳周氏孤夭與媳同守壽七十四終媳現年五十八

鍾序妻胡氏序爲惺姪孫一門三節式範流芬及於後嗣氏又以節孝顯坊建隱秀軒前壽八十餘無疾終

徐文猷妻章氏守節四十餘年教子成立

朱瓊妻沈氏年二十七夫亡貧苦中以節孝著鄉隣欽之合辭得請雪栢霜松磦砢多節矣現年八十二

郭毓祥妻李氏年二十二夫亡艱苦備嘗四十餘年

黄曉妻别氏紡績事姑撫兩子成立

蕭良翰妻胡氏撫孤方蕃守節五十三年

黄聲源妻劉氏撫遺腹子孝奉雙親守節四十餘年

彭溶妻史氏年二十二夫亡念夫遺言忍死耐貧撫遺腹子養葬舅姑守節四十六年

羅品賢妻劉氏年二十三夫亡撫孤成人以慈兼嚴守節三十五年

羅利泰妻潘氏年二十二夫亡守節三十四年

鮮宏義妻歐陽氏年二十四夫亡撫孤希文希進成

立守節五十五年

庠生張之棟妻魯氏年二十一夫亡孝事孀姑撫遺腹子順鼎成立守節五十九年

張道生妻易氏年二十五夫亡備歷艱辛撫孤友蒼娶媳周氏生二孫希載希栻友蒼死與媳周氏共撫孫成立守節五十五年知縣華陰李飛雲有傳

周維精妻尹氏守節五十餘年

龔必選妻李氏夫亡矢志從一戚黨以青年無子諷之氏截耳自誓撫嗣奉病姑守節三十二年

陳爲益妻徐氏撫孤賓鑑成立

陳爲選妻譚氏撫孤寶書成立
陳大正妻金氏年二十二夫亡誓死姑曰如孤兒何乃忍死撫孤成立
藍一禮妻錢氏姪藍斌妻劉氏夫亡年皆二十餘皆誓以死殉皆克孝養公姑而一撫嗣一撫孤皆得成立藍氏之門光於二節矣
黄祺妻蕭氏年二十七寡遵夫遺言養姑育子復廣愛於族子賢矣或勸鬻婢可獲多金氏不聽擇良家子遣之義利明於丈夫矣
邬可第妻盧氏夫亡甘貧苦節撫孤如嵩成立娶媳

趙氏而嵩夭月幃霜箔同辛共酸兩世清操卒以得請
陶必暹妻劉氏茹辛勤績事姑撫孤守節三十四年
鄢家正妻戴氏年二十二夫亡苦節六旬日烏頭棹楔與壽觥錦筵相輝邑優生陳應聘爲文壽之道其節孝後子亡復撫三孫成立
熊廷梅妻徐氏守節三十四年
劉其壽妻錢氏苦節撫子傳道補庠生
吴士筆妻戴氏守節四十一年
楊廷元妻田氏守節三十四年

羅廷芳妻嚴氏守節五十八年
張大勛妻于氏孫庠生用中具呈節孝得請
蕭正昇妻李氏守節三十二年
胡大淵妻向氏教子課孫甚嚴其家以謹厚著守節三十六年
石以進妻羅氏乾隆十九年孫儀具呈節孝得請
石鎮妻羅氏守節六十年
毛宁來妻盧氏守節三十八年
庠生江一楓妻馬氏守節四十四年
周時中妻王氏夫亡守節足不踰戶隣火四延氏號

泣籲天宅獨完
魯之崑妻孫氏守節三十二年
蔣珍妻王氏夫死停櫬中堂値襄水淹宅日夜號泣守而不去水爲之退守節三十年
張世傑妻鄒氏夫亡無子將殉翁姑曰忍二老無依乎乃不死翁姑念子成疾氏侍奉無倦容翁殁殯殮盡禮哀毁骨立寒食隨姑掃墓有烏環集如助其嗚咽也
高朗妻倪氏矢志氷霜甘心荼蓼事公姑以孝聞撫子以慈閭里黨欽之

童士毅妻別氏年二十寡守節六十二年
童達妻彭氏年二十二寡守節三十二年
樊本深妻胡氏
魯琮妻盧氏
監生徐德馨妻俞氏
饒際會妻黃氏
楊廷元妻田氏
馬相廷妻何氏
胡顯鎮妻徐氏
王曾哲妻徐氏

劉應紱妻何氏
沈正鵠妻黃氏
黃泌妻吳氏
黃峰妻程氏
周履義妻余氏
周德修妻魯氏
陳觀妻江氏
周忠國妻王氏
劉道選妻許氏
劉吉妻程氏

劉應鼎妻龔氏
楊鎮妻沈氏
張坤妻周氏
陳琦妻周氏
徐日恕妻楊氏

待旌節婦

明

蕭政妻王氏年十九寡無子與一嫗紡績自給居貧裕如邑富人聞其賢求婚詈媒氏去自是無敢言者年七十八壽終知縣周端題詩云自是松筠傲

霜雪肯隨花柳競春妍

魯倫妻蔣氏年二十寡耐貧持節寢處柩傍四十年

徐同芳妻唐氏孝子寶女孫適芳六月寡決意殉死姑朱亦嫠婦拊之始飲泣治喪姑歿哀毀骨立守節數十年知縣楊一儁表其閭

陳司徒所學子臧杭妻尹氏年十六寡足弗踰閾隣火延及其寢姑亟呼使避爲鑰弗啟天反風滅焰後卒司徒有文哭之

貢生鄒穀妻姚氏能詩初父使以詩擇壻遂適鄒及歸常喜誦鄒詩二年鄒卒守節更不作詩依嫡子

昌言會嫡孫法孔失母氏撫長之每舉穀詩口授一字無遺壽八十終

庠生樊伯妻吳氏伯亡氏誓死守元夜攜孤拜靈伏地長號遽絕閭里哀之

庠生熊士英妻高氏年二十二寡舅寅尹婺源卒官間關扶櫬歸撫三歲孤承序教誨成人享年七十餘廵按余應桂表其閭

胡東谷繼室戴氏年十六歸胡撫前室子如已出夫亡守志嘗病思雉膏不獲忽天雨有雉入室烹食即愈遠近傳異二十四而寡壽七十二終

鍾愫妻王氏愫卒擁四月孤貽夏守節五十餘年夫兄惺具題請表會卒未奏

鍾悌妻歐陽氏悌卒氏與其姒王同居食貧茹荼四十餘年子陔夏嗣惺

庠生鍾陔夏妻謝氏陔亡無子謝鐵石自矢築室墓側撫嗣子凫成立人稱一門三節云

吏部郎官朱一龍繼室戴氏年二十封宜人而孀內言不出維績自若知縣程維楧表曰栢汎態和後撫按疑會題宜人謝曰命婦為朝廷守禮豈煩表揚命其子泰寧懇辭年六十七無疾終

庠生胡之驊妻朱氏驊隨父川南道恒守雅州逆獻之亂父子殊戰死家隨節駐百口在邛凶問入門闔恒妻妾子婦皆引及自裁樊夫人雪泣曰止止忠魂勿餒黃口可哀也以三月幼孫峨生屬朱氏而遣之曰一脈之寄願以身任其難者為孝矣朱氏泣領以出得士驊母舅陳君美左右之倉皇匿民間轉徙榮經縣降賊武大定在嘉州聞朱殊色刼致之朱劈面毀容堅操不可奪又為某貴人所偪朱乘間負峨生上書南安平西兩王府始得全節會歲饑斗粟十金朱紉鞾取直得食以食其孤

忍餓瀕死幸恒幕客汪光翰故人鍾之綬相資以生母子乃克存活流離辛苦二十餘年峨生讀書明忠孝大義能為文章於榮經補博士弟子勿墜其家蜀平道通朱氏乃引峨生歸於景邑先人之廬設主招魂而祭之呼曰天乎先姑未亡人後一死者植此孤耳身羅百艱瘏且悴矣死者有知其相慰於九京耶已而峨生能孝其母朱氏有子矣

庠生李廷楧妻譚氏十九而寡誓殉翁姑曰幸汝方娠毋絕吾兒祀乃稍安生兒之華補邑庠不幸先殂氏以憂卒

劉芳聲妻吳氏年三十無子夫溺死漁泛泽氏河干
七日泣屍浮出誓守撫其女長適人而寡母女相
依守節以終
儒士譚允年妻吳氏年二十餘夫亡守節四十餘年
殁撫李本晟題墓曰貞淑吏部余開熙有序
庠生熊承序妻謝曰姑即節婦高氏氏年二十六夫
亡痛姑孀老同幃守節姑被賊獲請同飲及賊義
之得釋孫名學詩補庠生甲申侍御李贊元撈門
曰雙節齊芳
庠生程一模妻樊氏年二十六夫亡繼姑稱其孝弱

子憚其嚴大哉巾幗之識矣以情感性用義持恩
是禮宗也族有指壁為瑕者意在逐嫠殺孫分財
絶户白日青天七朝而自滅氏亦何必明心哉癸
未賊入郢蹦竟氏從隣婦隱節舍間游騎如織隅
若層雲匿者安無事神語夢中曰天為樊節婦施
障獲免若而人一誠之感如此哉
庠生劉必愱妻李氏必愱隨父漸官粵東和平令瘴
卒越月訃至氏年二十四斷髮剔面其姑指兩孤
强起之孀節孝聲生死盡禮兩孤迨成次子臨孫
撥科令弋陽封孺人壽七十終

章奏表妻程氏名匪石歸未期賊起奏表以奇男子
自許犯陣喪軀氏年十九念舅姑齒頹忍死奉養
惟勤歸寧必遥饋飲膳如膝下舅殂與姑苦節相
依守逾三十年
劉霽妻熊氏名德貞甫旬勸夫就塾霽苦志疾生奄
然不起氏誓以死守舅終殮殯如禮孝養老姑足
不踰閾者三十餘年郢城龔扶萬紀其事
庠生王乾繼室吳氏年十八適王撫前妻子如已出
夫亡遺腹生子守節自矢盡孝盡慈以壽終邑吏部龔
吏翰林譚篆俱歌詠之

庠生李佐妻王氏年二十四夫亡斷指自矢曰所不
終節視此指夫修族譜未成則成之置義田有諸
則踐之孀姑年九十病甚氏届六十矣日夜祈禱
姑感泣以瞑歐陽鼎有雙節傳
劉振孫妻龔氏年十六歸振知書曉大義壬午冬李
賊犯顯陵振孫起義討賊弗克濟殉之氏携九歲
孤瀾匿山中獲全苦志教育至成立且抱孫年五
十五無疾終
歐陽同光妻曾氏年二十三夫亡遺二子應著應方
氏守志營家子有成諸孫林立壽七十五終

杜有黄妻熊氏年十六歸黄三載寡撫遺腹子偉而教之孝事舅姑義睦族黨隣子貧病囑妻氏資其生婦以全隣女壻出不歸父議再嫁氏止之畀之食適年夫還璧合其好義類如此壽六十九終

王穀妻周氏年二十八寡艱苦操持翁給諫門風賴以無墜壽六十九終

皇清

庠生蔣位妻張氏年十八適位踰年寡遺腹生子宗玉值明季兵燹後以一嫠婦支撑門戶備極艱辛俾子有成壽六十一終

庠生張維正妻萬氏年二十六守節壽八十終

汪文耀妻余氏年二十歸耀生子未週耀遊學亡新安氏痛不欲生念翁姑需養孤需撫勉作未亡人多歷盤錯金石不渝鄉里稱之現年七十一

黄文壽妻段氏年二十四夫亡撫嗣孝養公姑左右隣被焚氏居獨免乾隆五年潰決隣室遭冲氏家竟全現年六十五

吳之賓妻嚴氏年二十八夫亡守節撫二幼子鵬早殤仕成立生二孫氏壽六十八歲終鵬聘胡氏苦全貞孝現年七十九

胡彬妻程氏年十九適彬甫期彬亡立嗣嗣卒復立嗣孫操守嚴正甘為雪松合庠謀呈請涕泣固辭曰我詩禮家知從一終耳豈為名乎衆愧歎而止壽六十四終

吳士旻妻汪氏年十九夫亡撫孤念修成立孝事翁姑三黨稱之年五十二終

徐光陽妻朱氏年十九適陽陽夭無嗣四壁蕭然父母謀改適氏誓死不奪立夫弟子為嗣露杵鷄絲樵爨不繼恬如也現年五十三

熊麟妻汪氏年二十四夫亡遺二子誓殉念公姑無

兒孫雖無怙代子兼父盡孝盡慈現年五十三

夏以梁妻黄氏年二十四夫亡絶粒誓死孀姑抱五月孫痛曰此一綫何恃乎乃強飲食後其父母以子幼年少微諷之氏不為動窮居蕭然養葬孀姑哀禮兼盡現年六十五

李蘭妻蕭氏年十八歸蘭三歲夫亡撫其嗣以紡車養姑嗣夭與孀媳唐相依守節壽六十終

程如道妻陳氏年二十五寡家貧奉翁姑二十年無倦容隣火延燒氏家獨存人謂節孝之報壽五十七終

李作仁妻唐氏年二十三夫亡撫嗣子養葬其姑溫學使如玉匾旌曰貞筠孝笋現年六十

吳榮妻周氏年三十夫亡守節四十五年中遭丧亂教孫覆域東中家魁俱庠生吳泰稱其婦職妻道母儀俱可傳云

程錫妻范氏生子方俊甫三歲夫亡氏年二十八矢志撫孤長有文名娶媳范氏生孫女孤殞氏腸再斷矣侍媳共礪氷雪以保西山現年七十五祟門葺績不廢烝嘗節根於孝有以哉

程方俊妻范氏年二十四夫亡念孀姑靡依誓代夫

職春鋤冬績力瘁滑甘姑病篤倚氏扶持無恙兩世霜絲肅對白屋中可敬也已現年五十四

劉如梅妻陳氏姑病氏丸股肉食之愈夫病又剮股進亦愈夫亡投環守之七宵乃止

郭調燮妻程氏年二十四寡無子立嗣慈嚴備至資紡績養孀姑現年五十七

徐德元妻張氏夫亡甘茹氷蘗撫孤奉姑知縣李飛雲廣文郝守訓黄之選俱表之壽八十七終

王恂妻譚氏年二十四寡無子夫窆畢夜投環女使救解得襟藏血書細載服飾請變賣為翁置側室續祀翁後聯舉五子感而稱之氏現年六十

許海妻王氏年二十四寡勤紡績奉翁姑撫二稚子壽七十終

孫廷選妻廖氏年二十七寡雍正三年壽八十孫庠生正邦請於知縣吳文煊匾曰筠節松年

孟文煥妻陳氏年二十三寡事姑盡孝教子乃武領武解壽八十五終

張正妻孟氏年二十二夫亡子甫三朝氏矢志無他事親撫孤現年七十三

高莅妻童氏年二十夫亡足不踰閾康熙庚子大水

猝至氏以死守保姆二人急扛出水歷時始甦壽五十一終

王法妻張氏年二十七寡守節教子化補邑庠壽六十二終

向殿邦妻陳氏年十九歸殿邦迨年夫亡娠方三月歸寧父母欲奪其志氏痛哭嚙指狂奔而返逮次生子乳名路生家益貧節益堅仰事俯育率倚紡績現年七十一

劉昌言妻金氏年二十三寡現年六十八

戴述聖妻曾氏太史元邁女年二十一寡守節不渝

年五十六終
朱賢妻金氏適賢九月而寡時年十九辛勤紡績之
死靡他現年八十四
蕭鍾妻吳氏年二十寡矢死全節現年五十二
曾晥妻陸氏年二十五夫亡家貧守節撫孫成立現
年六十三
譚恩膏妻廖氏年二十一寡無子立姪珍絳爲嗣家
浸薄氏事兩代孀姑生死盡禮里黨憐之現年五
十七
彭桐妻王氏年二十七夫亡艱辛度日孤長貿易僅

餬口而已現年六十三
曾玉箱妻殷氏年二十五寡撫孤孤死又育其孫壽
八十終
郭大臣妻吳氏年二十一生子四月夫亡紡績奉舅
姑撫孤現年七十
彭殿正妻劉氏年二十三夫亡遺腹生子未三十又
亡同媳戴氏鞠孫有成現年七十三
程如鎭妻洪氏年二十夫亡家計日薄嗣子又亡現
年六十二
蔣朋妻程氏年二十五寡無歸依於母家族憐之爲

立嗣氏還撫之年五十九終
徐樂佳妻張氏年二十二夫亡守節二十八年卒張
氏衡州富人女瓊瑶在抱明珠入握多方珍重矣
以徐德晉官於其土子樂佳驥步初開父母之心
豈不慎擇耶不意千金一諾二親雙殞雖女子之
有歸已嘆天涯去國况良人之不禄遽焉早歲分
鸞兼以徐德晉結客傾家冷官無積蕭然囊盡忽
爾椿凋孀姑煢媳形影相依張氏曰有女無兒未
亡人可死而繫援皆絶垂白母難生賣珠侍婢借
燭隣姬一朝散盡一絲一粟淚血斑斑讓飽推温

饑寒身受嗟乎目前凋瘵回首榮華何以爲心也
積勞致疾有命不延而節苦矣金石之貞何以喻
此
劉逵妻楊氏年十九歸逵逾二年逵郢試溺死遺孤
週歲氏誓死夫側姑指孤大慟是咻咻者誰哺之
死則俱死耳氏强起視殮從此撤粧屏飾數十年
不見其笑子幼羸病及冠氏淚始乾現年六十七
謝學中妻易氏年二十七寡旁無期功孀姑一人忍
死事之十餘年姑没扃户紡績屬隣嫗易米以餐
里人歎服現年七十六

涂正榮妻劉氏年二十三夫亡無子矢死靡他為夫立嗣嗣又亡乾隆十四年宋學使邦綏旌之壽七十五終

黄正訓妻萬氏年二十三寡家甚貧以紡績供其事育現年五十五

李國祥妻程氏年二十歸祥越二載夫亡生子一歲寠極不堪以紡績資生撫孤有成壽六十五終

萬為則妻蔡氏年十八歸則越二載夫亡孤子一歲萬宗數支賴之又多疾氏撫之備極艱辛年五十一終

陳位元妻何氏年二十歸元生一子一女夫亡二年子殤氏且殉弱女牽衣日夜啼乃强止女嫁三日氏顧侍女曰今日可以報郎地下部署家事如他適然沐浴端坐而逝

庠生鄒王畯妻黄氏生一子夫亡家貧竭力課子學成而夭氏長齋禮佛數十年疊遭回祿窘益甚撫孫曾光毓於庠壽八十終

徐廷臣妻楊氏年二十二夫亡極貧無依紡績奉姑居市井中足不踰閾聲不出户現年五十九

甘大亨妻鄢氏年二十五寡孤潔端嚴娣姒及姪相見必以禮深閨肅穆不聞語笑聲現年六十

庠生戴淳繼妻陳氏年二十夫亡初夫疾革深恨不克終養氏為守節奉姑姑性嚴哭子喪明益嚴婦縱處同室曲揣意旨嚴姑解頤數曰吾以爾目視以爾足行直吾子也姑劇卧床氏呼天丐代卒以勞過繼姑而亡

陳任妻金氏歸任六載而寡舅姑老叔與子俱幼甘茶讓飴舅姑安焉及歿喪祭盡禮現年七十

陳先治妻魯氏年十八歸治四月夫亡父母以其少微諷之氏誓死由是母家非故不往翁疾衣不解

帶者月餘夫弟庠生先修欲請旌氏曰守節分耳名非所計也現年五十八

魯建庸妻程氏年十九子甫六月夫亡忍死守節教老鞠幼孤素多疾孤不食不食孤不寢不寢艱辛備嘗壽八十四終

鄒維治妻鄭氏年十九寡撫九月孤鳳文成名艱苦備嘗公姑年俱九十老病氏生死養葬盡哀盡禮現年六十

盧廷魁妻張氏年二十寡奉孀姑目常若旌旗眭之婦侍即不見人曰當雷擊祀竈則免氏稽顙司命

七日夜額墳一包若錢許至老不散姑竟無恙現
年六十
李宗綱妻蕭氏年二十五夫亡立嗣守義戚里共欽
現年六十六
李宗晟妻譚氏年二十三夫亡欲自經爲姑阻止立
嗣守節孝事翁姑撫嗣成立百苦備嘗現年七十
三
陳上棟妻楊氏年二十三寡艱苦異常事姑之孝鞠
子之哀閭里欽服現年六十三知縣曾曰琇表其
門

庠生李撝謙妻陳氏年二十五寡紡織灌園酸辛萬
狀撫孫有成壽六十終
庠生楊道儒妻王氏年二十七寡引環者再事舅姑
以孝聞撫姪庠生之春爲子慈嚴兼至壽七十終
嚴大緘妻羅氏年二十七寡家貧厲操辛苦紡績撫
子興家現年六十五
庠生鄒承宣妻周氏年二十七寡撫三歲孫成立復
以孝聞壽五十八終
鍾鐸妻王氏年二十七寡孝事哀姑撫孫元祚娶媳
高氏生二孫如紱如紳孫夭復與孀媳共撫其孫

氏讀書明大義嘗抱孫口授之紱登賢書
李佑康妻袁氏年二十寡茹荼櫱課事育年五十八
終
江傳誥妻李氏年十八歸誥歲餘而寡酸辛紡維撫
嗣又歿霜重影孤松操彌厲現年五十
張景嶧妻汪氏年十八歸嶧甫九月寡育遺孕又殤
繼以歲歉舅喪竭力營厝奉孀姑十餘年養葬盡
禮撫嗣有成現年七十
江本垣妻盧氏年二十六寡家貧紡績奉親孝敬不
衰撫孫有成現年六十八江洪氏無夫名附

陳堡妻張氏年二十四寡鞠孤納婦婦張氏亦二十
四寡鞠孤未立隣不戒火焚及孀家姑病不能興
婦潰衾絮擁姑以出灼面燎髮憊已不堪呻吟越
宿而絕姑與子無恙嗚呼竭孝殫慈苟利於夫一
以身殉其心不與日月爭光哉
譚慕元妻陳氏年二十三寡痛欲捐身爲親與孤忍
死剪髮納棺以殉或以青年諷盡剪餘髮誓於夫
靈益堅有盜入姑室驚起往衛遭擊墮坑幾斃翁
姑歿後老猶勤績助子就學現年五十二
李千長妻張氏年二十寡撫遺八月孤序東長有文

名試冠軍赴郢死遺孕曰琦三齡失恃復賴祖母
鞠成老而益貧積紡績錢製衣襯盜劫去三日夜
潛攀還之壽八十四終
賈之蕙妻周氏年二十夫死赤貧舅將奪其志氏抱
夫木主號拜三日攜孤大歸舅感悟往迎馬扃户
績綿撫孤養舅不櫛沐不接戚隣壽七十八終
夏世毅妻蕭氏年二十一寡苦志勵操撫子嶶烈補
庠生現年五十二
李廷柯妻夏氏年十九寡與娌蕭同守現年五十
馬騶妻李氏年二十六寡茹苦守節壽六十七終

楊大佐妻馬氏年二十七寡酸辛備嘗九十四終
胡浩妻江氏年二十三寡家貧守節五十四終
夏東和妻黄氏年二十寡撫孤娶媳生孫兒媳繼亡
又撫孫孫現年五十四
庠生楊春林妻張氏年二十寡矢志守節七十八終
余珆妻胡氏年二十三寡家貧守節現年五十四
鄢正榮妻張氏年二十寡孝養舅姑立嗣娶媳嗣媳
俱亡再立嗣撫之現年五十五
羅如瑾妻金氏年二十五寡斷指誓守孝事舅姑撫
孫成名現年五十

庠生熊士修妻王氏年二十七寡孝事孀姑並孝事
祖翁撫孤志館補庠生現年六十八
李渭妻陳氏年二十九寡撫孤成立壽七十二終
曾正智妻傅氏年二十寡矢志誓守現年六十
戴慎妻王氏年二十五寡奉事祖姑及姑孝敬備至
現年六十
嚴大璋妻程氏生子甫三月夫亡年二十二姑病足
氏侍養床簀閒鄉里稱孝姑亡舅又病年餘侍養
如其姑舅亡遺孤甚衆氏教養備至現年五十五
朱瓚妻金氏于歸九月夫亡氏年少家貧姑微示意

輒誓死姑悔慰之乃强起勤績奉養姑病日夜祈
禱卒無恙後姑亡變產以葬為夫續祀壽八十四
終
庠生金文魁妻鄭氏年十九歸魁孀姑病風痺氏晝
夜抑搔年餘爪為秃後族人辱魁飲恨卒氏抱三
歲孫涉長途犯風雪控於上憲五載冤白宴甚勤
績課耕訓子成名壽八十終
謝自嶽妻程氏年二十三寡守節不渝子孫成名壽
七十三終
庠生汪昇妻余氏年二十六寡撫孤如潮登賢書孫

爲霖亦補庠生壽八十四終
沈永升妻夏氏年二十寡撫遺腹子乾一成立奉親以孝聞壽七十終
戴聖名妻李氏年二十五寡撫孤子悦成名司鐸鄖西現年五十八
熊鏡妻宋氏年二十五寡撫二孫孝奉雙親現年七十一
謝芳馥妻程氏年二十寡撫遺腹子成立現年六十四
劉簡若妻謝氏年二十一寡遺孫稚弱誓死完操現

年六十
金作梓妻文氏年二十七寡孤旋殤立嗣誓守翁姑俱逝祖姑老而盲氏晨夕舐之復明又病足氏負持床第垢汙躬浣卒復竭蹶營葬族黨敬之現年七十二
蔣開仕妻穆氏年二十四寡翁姑憫其少無子諭改適氏誓死苦績撫嗣承祧現年六十四
張士進妻鄢氏年二十一寡耐貧撫孤家居湖濱苦潦斷炊不乞不匄即給之不妄受現年五十三
龔必第妻榮氏年十九寡守節頗涉書史志尚端嚴

遺孫夭依姪績紡勤必以禮壽七十終
庠生譚一同妻陶氏年二十四寡孝奉尊嫜撫二孤子謹守寒河家範壽六十一終
吳尚德妻歐陽氏年二十六寡立嗣撫之紡織養親現年六十二
閔士鳳妻張氏年二十寡守節自持現年七十九
陳上達妻榮氏公姑老病佐達孝養無怠年二十四寡立嗣守節現年五十五
劉士華妻黃氏年二十五寡矢志守節現年六十四
楊孟祥妻朱氏年二十七寡辛苦耕績撫孤娶媳生

孫孫又夭與媳姚氏撫孤孫成立産曾孫壽八十四終姚現年六十
熊彩廷妻楊氏年二十三寡家貧無子氏本楊朱氏次女師母勵操甘心耕績撫嗣有成壽六十三終
甘大材妻熊氏年二十八寡將殉念立孫難於死撫育有成現年六十四
甘大學妻林氏年十七歸學學攻苦致病調侍數月祈代不獲竟歿氏誓殉之念姑老病强起服家政延續苦撑持撫成嗣子現年五十七
黃廷極妻徐氏年十六歸極未期而寡撫遺腹子孝

奉公姑勤績持家現年四十七

吳得元妻龔氏年二十寡遺腹僅得女又殤事奉公姑姑亡繼姑陳久病孝養彌加數月與翁後先亡中叠遭期功喪家窘甚資紡績撫嗣現年六十六

侍御龔健颺側室盧氏年二十四寡撫幼孫文海旋里守節長途乏費脫簪珥資舟車抵家以紡績佐飧教子讀書十四齡補庠生現年五十五

楊俊遠妻戴氏年二十四寡無子決意身殉或曰獨不念若敖鬼餒乎爰立姪希周為嗣生孫儀鴻姑沒哀禮交盡凶年鄉里乏者濟之現年六十八

陳遵言妻張氏年二十寡撫遺腹子事公姑現年七十三

庠生王大章妻魯氏年二十歸章為繼室半月夫亡同婦周紡績撫孫備歷艱辛年五十八終

王大靜妻周氏年二十寡同姒魯撫孫姪現年七十

庠生龔宏勲妻周氏年二十四寡撫遺腹子以薄田奉公姑養葬盡禮洊歷水旱窘甚或因欲奪其志氏以死殉卒能俾孫有成現年五十四

沈殿颺妻彭氏年二十二寡撫孫養親現年七十

程昌言妻王氏年二十寡無子勺水不入口者六晝夜姑婉諭百番乃不死殯夫柩於室朝夕哭奠隣火延及家人避盡獨守柩長號風廻火滅姑暴病死氏哀禱而蘇述神語曰爾命盡矣以爾媳節孝延十年後撫嗣鶴鳴補庠生壽六十三終

張景啟妻余氏年十七歸啟生子三月而寡矢志嚴正姑老病足扶護辛勤數罹水災人多逃亡氏力以紡績供事育現年五十三

盛定統妻吳氏年二十四寡撫孫娶媳陳氏將五載而夭遺腹生孫氏同鞠之壽七十三終

盛儀妻陳氏年二十寡孀姑吳善病氏艱辛孝養卒無倦容再世冰操撫子成立現年六十五

周鈺妻張氏年二十三寡事孀姑撫子歷紀餘子夭立嗣娶媳嗣媳復亡再立嗣撫育有成壽六十四終

汪必魁妻蕭氏年二十五寡毀容茹素壽八十六終

劉繼崐妻魯氏年二十九寡矢志守節壽八十九終

劉明侯妻王氏年二十八寡奉姑撫孫現年七十二

劉能舉妻張氏年十八寡無嗣矢志守節現年五十五三世孀嫠傳操金石

何大勳妻樊氏勳宦遊越中氏孝養其姑無怠姑沒

勳繼亡氏年二十五撫孤娶媳任氏生孫孫夭與
媳共鞠之現年六十二
李之崙妻江氏崙京山籍贅氏家夭亡無子遺一女
宴甚有勸別適者氏曰吾豈惜死為此襁褓耳及
女長適程氏曰吾事畢矣遂自經死
庠生黃方衷妻鍾氏年二十六寡子甫二齡矢志奉
舅姑姑亡佐舅為夫兩弟婚娶後皆夭亡各遺孤
兒氏皆鞠之如已子年五十八終
吳廷璧妻榮氏年二十八寡誓死守節現年八十六
張友蒼妻周氏年二十九寡撫二孫希栻希載有成

竭力奉孀姑為請建坊現年六十四
萬為信妻張氏年二十四寡家道中落以婦功養姑
孫善病多方憫育娶媳生孫壽六十二終
何利淑妻李氏年十九寡遺孤旋殤忍死奉舅姑舅
亡餘紡績錢廼葬姑賴以養現年五十五
伍必名妻曹氏年二十二寡矢志撫孤現年六十二
伍德宣妻錢氏年二十八寡矢志撫孤勤績成家現
年六十八
德慶刺史譚桓側室周氏生子用縉桓宦歸沒氏年
二十四煢冷韓孤長齋自守以先業課子登賢書

壽七十八終
伍必秀妻徐氏年二十四寡翁及夫弟繼亡氏勵節
撫孤叅林補庠生嘗歲歉貸食於餓者人甚德之
現年五十九
周富垌妻余氏年二十九寡無子立嗣貴璉撫之壽
七十終
劉曰來妻熊氏年二十一寡撫嗣孝奉舅姑歲大疫
舅姑嗣子相繼亡氏無所歸依母家紡績現年五
十四
譚隆世妻尹氏年十九寡撫遺孤紡績養親翁亡姑

哭喪明氏扶持無倦壽七十一終
萬王言妻程氏年二十七寡矢節不渝現年七十六
楊經世妻白氏年二十一寡伯叔覬產將奪其志氏
懼不免悉分予之售奩具為紡績資撫兩孤成立
並頭又撫其孫壽七十二終
楊必名妻黃氏年二十七寡守節自矢現年六十九
陳正綬妻張氏年二十寡矢志守節舅姑病扶持祈
禱沒號泣喪明撫嗣有成現年五十三
饒楝妻劉氏年二十六寡性素孝恐泣事公姑視楝
生時加謹焉課子耕讀現年六十六

杜必達妻徐氏年二十四寡秉禮嚴謹孝親撫孤姑
後翁亡殯門首晨夕奠有鳥下上助悲啼馬隣大
熾氏屋獨不焚孤殁室而夭與媳盧氏同守現年
五十九
吳夢駒妻榮氏年二十八寡矢志守節紡績奉翁姑
翁姑没營葬不苟甘貧茹淡教子成家現年七十
三
宋佺妻趙氏年十七寡撫孤痛曰殉夫義也奈若穉
舅姑且老何勤績事育哀感四隣壽六十終
唐大喆妻宋氏年十九歸喆未彌月而寡其公因喆
夭無嗣娶妾生子而公姑及妾俱逝氏為撫之又
殤乃呼搶成疾年五十七終
熊顯邦妻程氏年二十四寡甘貧守節壽七十七終
徐仲鼎妻郭氏年二十七寡勤苦撫孤有富人慕其
勤淑倩人以婉言諷氏峻拒之現年七十五
李之華妻譚氏年二十五寡子殤孤苦零丁績紡度
日現年六十三
徐文浩妻唐氏年二十一寡地僅立錐養葬公姑全
資紡績後售屋基為翁姑夫遷厝錐也無矣苦撫
孤嗣至老無怨現年七十一

袁上舉妻杜氏年二十三寡矢志守節現年五十九
歐陽笠妻江氏年二十三夫病篤指老母弱女語之
夫亡念垂絕語遂不死茹苦食貧卒全夫志現年
六十六
徐少平妻魯氏年二十二寡奉親立嗣壽六十六終
歐陽一仕妻陳氏年十八寡翁姑繼亡子身營葬撫
子成家現年七十
胡梓妻李氏年二十六寡孝侍病姑祈以身代撫孤
有成壽七十六終胡呂氏無夫名附
劉士豪妻戴氏年二十三寡食貧耐艱養葬其親撫
育諸孫長子業竹補庠生現年九十二
鄢凝丞妻彭氏年二十三寡事姑課子壽七十三終
崔寀元妻吳氏年二十一寡立嗣苦守孝養其姑現
年五十三
楊朔君妻張氏年二十三寡子女俱夭悍族威逼他
適剪髮誓死得完節現年五十六
鄭大效妻徐氏年二十一寡矢志守節現年五十一
王榮渾妻蔡氏年二十四寡矢志守節現年六十八
倪濤妻李氏年二十三寡勤績奉姑撫二孫子雖釜
塵烟斷甘心無怨現年六十

郭宏遠妻明氏年二十二寡無子遠疾革以母老需
養爲念遠没氏忍死苦節卒能代盡子職現年五
十八
胡世城妻劉氏年二十五寡奉養舅姑生死盡禮撫
姪光前有成現年六十一
史維世妻汪氏年十八寡公姑早逝撫孤茹荼家道
日興現年五十七
張仁鷟妻周氏十年無出勸夫娶妾王氏踰期夫亡
氏年二十九王年二十同心守節撫嗣承宗周現
年七十二王現年六十四

陳希貴妻李氏年二十八寡撫孤生孫孫夭復撫其
孫現年六十七
鄭嗣喬妻謝氏年十九寡食貧守節壽六十三終
蕭昌覺妻葉氏年二十四寡撫遺腹成立壽七十終
史宗儒妻熊氏年二十寡守節撫孤孝事公姑壽七
十終
監生史宏範妻于氏年二十七寡矢志守節且繪公
姑像朝夕供奉老而不解現年七十二
陶恂妻周氏年二十五寡撫孤璋學娶媳劉氏無出
璋學夭劉年二十三奉氏同守周壽八十二終劉

現年六十七
蕭進賢妻丁氏年二十七寡遺孤三歲初賢由漢川
銅塚徙邑金塘家屬尊卑相繼亡營葬託無立錐
地至是賢亡氏衣丐富家始得厝遭荒不給寧甘
乞食或咍曰不聊生若是奚以節爲氏斷髮誓守
撫孫成室現年六十六
王克政妻朱氏年二十三寡公姑謀改適投繯幾斃
後獲反風滅火之應現年五十七
黄藻妻侯氏年二十寡矢志奉公姑公姑死夫弟僅
六歲與襁褓孤兒皆氏撫成現年五十七

丁如獅妻歐陽氏年十九寡以節孝聞里中現年五
十
胡演妻夏氏年二十九寡家貧遺五孤辛勤憫鬻孝
事公姑甘旨無匱現年八十三媳吴氏二十三矢
志奉姑現年六十
傅大蓮妻萬氏年十六歸蓮屢生不育姑年老憂不
獲抱孫氏勸蓮置側室張氏連舉子蓮亡氏與張
奉姑撫子後其子均得成立萬現年六十八張現
年六十一
進士曾道亨妻傅氏年二十二道亨卒於京邸聞訃

哭幾死其父賡文大英多方開譬乃抑情盡孝代
子供職姑嘗病篤日夜禱竈神請代姑没拯盡哀
禮夫弟時亨官於浙來迎氏氏戀祖靈夫墓屢辭
不赴後時以獨子嗣兄請往鞠乃勉就道現年六
十四
閔紹衣妻鄢氏年二十九寡唯遺一女贅壻鄭符九
數年壻亡女年二十五母女相依守志壽八十八
終
田如次妻倪氏年二十五寡撫遺孫又亮娶媳蔣氏
四載孫亡蔣年二十四遺腹生子奉姑矢志同鞠

育之氏壽六十四終蔣現年六十三
葉天秀妻喻氏年二十四寡誓奉孀姑苦節勤績現
年七十二
劉四科妻陳氏年二十七寡苦志守節現年七十九
李承耀妻馬氏年二十一寡茹苦守節現年五十四
程大材妻王氏年二十七寡遺孤四歲督課謹嚴事
姑孝㳟備至壽七十三終
李大璞妻吳氏年二十一生子而寡矢志守節現年
五十三
魏開慧妻蕭氏年二十七寡無子矢志守節現年六
十二
陳情妻李氏年二十四寡遺腹生子舅姑繼亡夫弟
五人俱幼皆氏耐貧撫成現年六十七
溫正乾妻何氏年二十寡苦志守節年五十三終
蕭正錢妻歐陽氏年二十四寡孝事孀姑同厲冰操
姑没哀毀盡禮現年六十八
蕭正鈞妻史氏年二十六寡與姒歐陽氏同以節顯
現年五十八
劉其亨妻李氏年二十三寡遺孤五齡數罹水灾耐
貧苦守養葬撫育克盡孝慈現年五十八

李士傑妻程氏年二十三寡矢志守節年五十六終
庠生蔣之翊妻陳氏年二十三寡矢志撫孤開伯長
補庠生娶魯氏開伯年二十四没魯奉孀姑同守
學使蔣旌曰節孝傳芳陳壽八十四終魯七十六
終
蔣逵妻曹氏年二十寡撫孤開正娶媳陳生二子開
正没姑婦同守俱壽終開正子克承娶李氏克承
没李復守節撫孤歷四十年學使溫旌曰節孝貽
芬
李本茂妻蔣氏年二十寡生子甫週誓死撫之現年

七十
蔣克類妻彭氏年二十二寡立嗣守節現年七十三
周得義妻蔡氏年二十五寡子女產業俱無或勸其改適則曰夫以孀姑付我矣竭力孝養喪葬盡禮備歷艱辛矢志不渝現年七十一
楊同妻張氏年十九夫亡欲以身殉念孤幼衣食無倚乃止剔左手食指納夫手中以殉矢志不渝現年四十九
夏元進妻劉氏年二十七寡矢志自勵比鄰被災數次氏室獨留壽六十八終

李之濂妻楊氏年十九寡撫嗣守節現年五十六
彭珙妻劉氏年二十二寡遺一女奉姑守節現年八十六其女適李光明年二十三寡窶甚無依與母同守現年六十五
庠生劉郁成妻陳氏年二十五寡遺孤八月公姑老病矢志守節子孫均列膠庠壽八十四終
監生王臨妻張氏年二十寡無子立嗣撫之以奉孀姑嗣夭復撫其孫壽六十三終
馬廷極妻李氏年二十五寡苦志堅操現年七十
馬應智妻詹氏年二十四寡矢志冰霜養葬公姑置田畝供宗祠祭費族黨賢之現年七十一
李國震妻曾氏年二十六寡家貧苦節現年六十一
張士錡妻馬氏年二十二寡遺腹生子撫之孝奉祖姑及姑終始不替壽六十一終
張福吉妻楊氏年二十三寡其父强之改適氏遂不歸寧後夫兄又欲奪其志乃自刺右目誓死守奉孀姑以孝聞現年六十
章東山妻程氏年二十四寡備嘗荼蓼撫子有成子亡更撫其孫現年七十二
蔣侗妻沈氏年十六歸侗數月而寡家無立錐娠方

三月後生女矢志守節族祖庠生開經予田五斗得以存活現年四十八
庠生程愷妻黃氏年二十九寡孝養舅姑舅姑亡二孤幼族子悍者凌之衆不平與為難氏引以自責反資給之以厭其欲悍者感愧有僕挾子女以遁追獲或曰售其子女可獲善價氏謝之聽僕以女適人僕死子來歸謝罪氏待如初現年六十四
帥揩妻盧氏年二十四寡食貧守苦壽七十六終
歐陽壇妻羅氏年二十四寡孫幼親老力盡孝慈壽七十七終

庠生張大正妻沈氏年二十七寡洊值饑饉竭力養
葬翁姑壽七十七終
李之漢妻余氏年二十寡撫遺腹子授室子亡孫苦
自矢年五十五終
夏愉妻黄氏年二十寡矢志苦守現年五十二
榮湘妻周氏年二十六寡矢志守節現年六十八
孝廉譚之蘭妻徐氏年二十四寡翁耄日夜含淚代
夫終養秉禮撫孤鄉黨至今稱頌壽七十七終
萬斛泉妻李氏年二十七寡耐貧撫二遺孤與兄居
天門山誘氏往謀另嫁自縊幾斃逃歸苦守壽六
十終

夏紹前妻艾氏年二十寡苦志守節現年七十二
劉子滔妻左氏年二十二寡矢志苦守年五十二終
蕭昌廸妻甘氏年十八歸廸七月寡苦志厲操壽六
十三終
吳魯唐妻李氏年二十一寡撫孤孤亡秉節彌堅現
年五十三
胡衍妻涂氏年二十一寡苦守不渝現年六十一
彭卿楠妻蕭氏年十九寡矢志守節現年五十五
熊庠妻吳氏年十九寡立嗣撫之年五十八終

王于勳妻徐氏年二十寡苦志守節現年五十九
周懷綱妻李氏年十七歸綱甫七月寡苦節堅操現
年五十七
蕭之棫妻戴氏年二十一寡矢志苦守現年六十一
蕭士軒妻黄氏年二十三寡屢經荒疫力奉翁姑撫
孤成立孫曾如林壽八十二終
蕭信儲妻郭氏年二十六寡撫子光鰲娶媳尹氏生
二孫鰲殂尹年二十八氏與尹同撫其孫郭壽八
十二終尹現年六十一
蕭成九妻嚴氏年二十五寡苦撫二子成立皆殂氏

悲泣成疾壽六十五終
蕭鈖妻卲氏年二十一寡苦績得餘錢置田畝分畀
諸姪供夫祀壽六十二終
戴昌村妻高氏年二十四寡孝翁姑教子以儉勤持
家歲給族姪裕智薪米勸之力學補庠生鄉里賢
之現年六十一
徐之珍妻李氏年二十五寡矢志苦守子姪欲為請
旌氏曰若等不力學以起家乃倚寡婦榮門戶耶
遂止壽八十三終
魏光明妻焦氏年二十六寡家貧苦守現年六十三

熊士英妻陳氏年二十寡矢志守節現年五十三

程方仲妻嚴氏年二十三寡矢志苦守現年五十七

徐廷擒妻魯氏年二十二寡遺腹生女苦節盡孝壽六十二終

張之鏜妻蔡氏年二十四寡孝養公姑撫遺腹子有成年五十四終

趙右年妻隆氏年二十五寡撫孫希鼎娶媳劉氏無出鼎沒劉年二十四請於氏立嗣共撫之隆現年七十四劉年五十四

鄭承寧妻汪氏年二十九寡誓死苦守現年七十八

魯端俊妻楊氏年二十三寡矢死守節殯夫宅旁晨夕哀奠或謀奪其志輒引刃甘心勤績孝敬周悉姑病禱天請代獲愈後其嗣良鐸欲廢書謀養不許曰我自安粗淡柰何忍廢先司成舊業耶

金宏智妻熊氏年二十六寡立嗣屢殤舅姑積憂病廢賴氏盡力扶持得壽終治葬訖憑戶長畀産於從姪使主祀族黨賢之年五十七終

庠生廖國健妻熊氏年二十三寡孤弱翁姑繼殂所居濱河隄潰田荒賴氏績苦撑持孤得成家壽六十三終

黃正文妻方氏年十九寡撫遺腹孫楚玉娶媳生孫楚玉又沒與媳共撫其孫現年五十一

沈能一妻楊氏一家貧攜弟遠出父母議改聘氏不可久之歸生女而沒氏矢志守節養葬翁姑撫嗣子成立現年七十五

張炳妻周氏年十八歸炳甫半月炳患風夭氏誓死念翁姑老病乃強起任養葬事後其兄詳憫氏窮苦劃產畀之氏耕織自活現年五十

監生方宏昇妻張氏年二十三寡矢志苦節現年五十三

張乾元妻劉氏年二十五寡矢志苦節現年六十七

方坦妻戴氏年二十四寡苦節撫嗣現年六十四

王文燿妻袁氏年二十八寡事親孝敬備至撫孤成名家不甚饒性好施歲計田租所入辦饔飧外概以給族戚之乏者閭里賢之現年六十

張俊妻劉氏年二十六夫亡家貧親老子弱而病痛絶復甦勉力為其難卒俾老有終少有長依依與老年姑同卧起弄諸孫以娛之賢矣哉現年六十二

顏學元妻熊氏年二十二寡矢志苦守壽六十三終

顏環妻何氏年二十一寡苦節不渝年五十五終
顏學㮚妻朱氏年二十一寡苦志守節現年六十三
鄒君仁妻梁氏年二十五寡苦志守節現年六十一
張士詮妻董氏年二十二寡撫孫仁鑑既長教以善
行命糾首修邑北利涉橋鄉黨德之壽七十二終
楊俊璉妻魏氏年十八寡撫姪弼治為嗣長補庠生
旋夭復立嗣孫儀文與孀媳共鞠之現年五十三
庠生熊作善妻陳氏年二十寡苦志勵節撫孫貞勝
成名壽六十二終
庠生熊貞勝妻陳氏年二十五寡撫遺腹子湄教育

有方卒成名儒壽七十一終
庠生熊志遴妻陳氏年二十九寡矢志苦節孝事孀
姑壽七十五終
鄢家鋭妻楊氏年二十三寡矢志苦節壽六十四終
邱任祖妻黄氏年二十六寡守節不渝現年七十三
劉士鵬妻羅氏年二十六寡矢志勵節現年六十七
黄鳴佩妻姜氏年二十六寡勵志苦守壽七十六終
李於賢妻周氏年二十六寡矢志苦守現年五十七
魯宏經妻田氏年二十七寡勵志苦節壽七十三終
熊先成妻于氏年二十八寡撫孫國上娶媳伍氏歲
餘國上歿媳年二十二遺腹得孫朝棟姑媳共鞠
之有成于現年八十四伍現年五十四
熊佳仕妻張氏年二十六寡苦節撫孫壽七十五終
歐陽朝班妻范氏年二十四寡立嗣苦守現年五十
六
鄢誠保妻陳氏年二十寡苦節撫孫現年五十三
艾曰貴妻歐陽氏年二十二寡矢志苦節壽八十五
終
喻洪閏妻許氏年二十五寡撫孫成立年五十六終
錢知義妻胡氏年二十寡撫孤時泰娶媳蕭氏生孫

時泰歿蕭年二十七氏與共撫其孫壽七十七終
張昌齡妻錢氏年二十寡子夭苦節不渝現年六十
六
錢應昌妻周氏年二十五寡苦節撫孫現年五十八
張開先妻彭氏值年荒開先挈往湖南客死氏年二
十二剪髮剌面以防强暴逾年攜孤歸佃田力耕
稍積餘錙偕其弟再往湖南負夫骸歸葬壽八十
六終
陳嵋妻歐陽氏年二十七寡苦節撫嗣壽七十三終
倪宏鑑妻胡氏年二十一寡苦節撫孤現年五十三

譚充世妻倪氏年二十八寡與孀姑夏氏同揭紡績待奉姑亡慟幾絕立嗣夫族戚傷之現年六十六

郭懋德妻歐陽氏年二十二寡慟幾絕善事翁姑家貧雖菽水供養有餘懽姑沒事繼姑克順承之現年五十一

馬可傳妻譚氏年二十寡苦節撫嗣現年六十六

汪於選妻曹氏年二十二寡阨窮屢遭石金彌固現年七十六

羅緒妻焦氏年二十七寡矢志苦節壽八十終

白志芳妻熊氏年二十四寡矢志苦節年五十九終

黎如松妻劉氏年二十寡節操不渝現年五十四

李啟明妻倪氏年二十三寡苦志守節現年五十六

魯志道妻歐陽氏年二十三寡苦節堅操壽六十一終魯圩妻無氏姓附

童世權妻周氏年二十五寡矢志苦節現年六十七

程杏堦妻范氏年二十生子八月而寡家貧勤績奉哀姑廬於河干水漲隄潰負姑逃竄得免現年五十七

張玉湘妻涂氏年二十一寡家貧撫孤罹火災益窘勤績養姑現年五十九

熊履麒妻彭氏年十九寡無子次年夫弟度生子氏據大宗大義請於公姑立而撫之纔數歲即令就傅曰教當豫也有女適張家頗饒請氏就養氏曰禮婦人不下堂況我寡也即女家可常住耶壽七十九終

庠生胡大澤側室張氏年二十五寡堅志守節壽七十終

傅道琦妻李氏知書嫻禮教年二十二夫亡田瘠歲荒紡聲不輟教孫得有成孫鳳翼補庠生族黨賢之壽六十終

夏用紀妻譚氏年二十四寡矢志守節至親無見其笑容者現年六十

朱虛妻夏氏虛貧失怙恃雙櫬久停氏歸虛儲紡績錢資之始克成葬年二十二夫亡遺二月孤撫之壽六十四終

李元學妻劉氏年二十一寡矢志守節夫弟元贊教養婚娶悉賴氏力元贊生子又亡與弟婦黎同撫孤現年五十四

王三錫妻劉氏年二十四寡撫孤甸補庠生壽七十五終

王甸妻李氏年二十三寡奉姑撫孫現年七十
陳洪妻馬氏年二十寡矢志苦節現年六十二
別播妻吳氏年二十六寡苦節自矢壽六十四終
榮本禮妻羅氏年二十六寡矢志苦節壽六十四終
劉尚閒妻楊氏年二十四寡矢志守節現年六十八
王傑妻趙氏年二十四寡苦節撫孫壽八十終
張芸妻魯氏年二十五寡苦節自矢壽七十三終
程於清妻史氏年二十八寡撫遺孤殤以姪行越嗣
壽六十終
程於陵妻譚氏年二十七寡無子矢志苦守艱辛備

嘗壽六十四終
汪宗綸妻錢氏年二十三寡舅以其少寡強再醮誓
死不可現年六十八
蕭次周妻雷氏年二十二寡族黨逼嫁不從現年六
十一
吳華仕妻劉氏年二十四寡奉親撫孫現年六十一
胡文高妻陳氏年二十五寡夫弟十齡子月餘賴氏
撫育之後姪失怙恃撫之如子現年六十五
張蘇妻彭氏年二十寡撫子養姑姑病癱竭力扶持
凡家事以身先夫弟庠生茂修沒氏與婦吳氏同

守現年五十二
庠生張藩妻崔氏年十九寡事繼姑以孝閭里有乏
者妻曲稟命於繼姑以濟之秉禮嚴肅現年五十
二
周和衷妻王氏年二十寡撫孫殤堅操不渝以奉其
翁惟允允病篤書遺囑付弟姪稱其節孝血淚濡
墨氏之為人可見矣現年五十八
庠生張夔妻熊氏年二十一寡撫孤飭家具有規度
痛翁連喪令子哭過哀妻曲承順以孝聞現年五
十五

馬可大妻于氏年二十二寡撫遺腹子奉翁姑備嘗
荼蓼現年六十
馬則光妻周氏年二十七寡孝事兩代翁姑撫孫成
立現年六十一
金垣少妻闞氏年十九寡無子家貧立嗣撫之以勤
績養翁姑翁終營葬如禮後姑得噎疾氏事奉不
倦閭者賢之壽六十一終
李之揆妻程氏年二十九寡苦節撫二孫兼推愛夫
弟并得成立其長女適庠生蕭中璜璜暴卒女年
二十四誓死守義程年五十二終李現年五十

揚吉妻蕭氏年十九歸吉甫八月而寡無嗣耕績度
日香烈操堅現年七十二
涂尚志妻董氏年十九寡遺腹生女育姪爲嗣勤苦
憫鬻孝奉孀姑現年五十八
劉主忠妻金氏年二十二寡苦撫二孤成立現年五
十九
尹三傑妻金氏年二十六寡勤儉撫子家日以裕壽
八十終
李相瓚妻金氏年二十八寡撫孤有成壽七十二終
金書思妻謝氏年十七歸思六月夫亡無子公姑俱

老氏撫嗣養之年饑族衆多受氏惠現年五十九
劉鶴妻王氏年二十六寡兩晝夜却食不進姑指二
孫哭諭乃止卒能撫育有成現年五十九
陳以貫妻金氏年二十五寡撫孫成名壽七十三終
陳以仁妻龔氏年二十五寡矢志苦節現年七十二
譚之英妻歐陽氏年二十二寡撫孤一鎬娶張氏生
三孫孫夭媳年二十六矢志守節奉姑撫子壽俱
七十終
庠生譚之蔚妻胡氏年二十五寡苦節撫孤成立壽
八十一終

王作賓妻毛氏年二十八寡孝養孀姑撫子仁榮成
立現年六十七
鍾元祚妻高氏年二十七寡上遺兩孀姑下遺兩稺
子旁無朞功扶持而能殫心事畜嘗值火起冒死
從烈焰中負龍鍾祖姑出遵夫遺言擇師教子極
盡供奉孤如綫登賢書氏年五十四終
劉弼妻彭氏年二十一寡撫孫成立孫行道明經報
苦節也壽八十九終
邱天佑妻曾氏年二十四寡矢志守節現年七十一
邱自榮妻張氏年二十寡立嗣苦守嗣子夭氏節彌

堅現年七十四
胡文芝妻郭氏年二十八寡矢志苦節知縣吳文煊
以節孝純全表其門年五十九終
劉士仁妻彭氏年二十四寡守節撫子子亡又育其
孫現年七十五
庠生彭志大妻金氏年二十二寡家貧鍼黹自活父
母欲奪其志終身遂不歸寧現年六十三
劉必仁妻金氏年二十五寡撫遺腹子成立現年七
十
胡智亨妻金氏年二十二寡二子皆亡依其姪以居

節苦而堅現年五十九
胡榮祖妻劉氏年二十六寡毋欲奪其志氏以死殉節終得完現年七十
王攸賓妻羅氏年十五婚一月而寡矢志苦節壽七十六終
凃其誠妻王氏年二十四寡矢志守節壽七十終
監生成江妻凃氏年二十二寡現年五十六
吳起妻黄氏年二十一寡矢志守節現年五十二
廖泳妻程氏年二十五寡誓從地下姑曰我老兩藐孤在而徒死乎乃毀容耐貧盡孝盡慈族黨欽之

年五十六終
夏用贊妻周氏年二十四寡以勤績撫孤族戚咸憐而周之辭不受年五十五終
吳士昌妻夏氏年十九寡遺腹生子漢章撫之孝養孀姑現年四十九
庠生程方華妾向氏歸華時嫡胡已没撫嫡幼子幸勤如已出年二十一而寡子曉甫五月氏勤機杼撑門户以禮自閑力撫藐孤成立現年五十四
金文章妻蕭氏年二十八寡無子忍死事舅姑舅姑繼亡遺夫弟三歲氏鞠養之克俾有成壽五十一終
洪承浩妻蕭氏年二十八寡號慟欲殉念公姑稚孺死則誰依於焉飲泣含酸殫心事畜現年五十四
程必元妻揚氏年二十寡遺腹生子焉酸心績苦撫之成立現年五十六
監生鄢修禮妾夏氏年二十一寡遺孤正源甫十月與嫡同撫之奉姑孝敬治家儉勤現年七十二
李之嵊妻夏氏之嵊家貧館於外氏終歲紡車作伴及年二十七寡隣嫗憐其貧也諷使再醮氏訶拒之益勤於績以撫其孫現年五十九

尹邠妻張氏年二十寡欲以身殉賴救而免遺腹生子任棣母欲令改適探其意輒怒曰是欲兒與懷抱中物俱斃乎卒以節孝著聞現年五十七
吳崧妻李氏年二十一寡忍死撫孤將成而夭慘矣事繼姑孝敬倍至族黨賢之現年五十一
譚澤洪妻龔氏年十七歸洪時舅柳州守襄世遠宦京邸姑在堂氏孝敬倍至夫亡氏年二十四撫孤永齡補庠生年四十五終
庠生譚一緒妻吳氏年二十五寡地無立錐賴氏一身茶苦拮据事畜現年五十六

蘇揆一妻汪氏年二十寡矢志苦節撫孤國璋成立
壽七十五終
胡兆綸妻凃氏年二十寡撫遺孤澤鮮事繼姑孝敬
備至年五十二終
伍必陞妻楊氏年二十一寡苦節撫孤現年五十三
全有年妻胡氏年二十七寡卒年五十初有年死遺
孤光銓方幼舅姑皆老矣家無恒産罌無貯粟二
親具旨甘弱子具脩脯以十指供朝夕而百費取
足焉一身勞不可息病不可養落月鳴機霜風送
紡夜缸之側屏子伏書連欠泣而撫之指其業曰

予憩少許晨炊弗辦祖衰孫窺誰可餧者汝良苦
然汝弗立先聲墮矣小子勉之孤抆淚拜起又讀
後亦不倦誨矣舅姑沒憶父孤處逆養之每饌魚
去其骨父曰勞苦曰往奉舅姑皆然年高齒脫富
祝哽耳銓舉孝廉乃震悼曰吾母竟不及聞也嗚
呼已而教諭漢川又震悼曰吾母竟不及養也嗚
呼
程光洛妻蕭氏年二十六寡與孀姑王氏同撫遺孤
年五十六終
吳大觀妻黃氏年二十四寡誓死殉夫念姑老病子
幼乃止竭力事畜之年四十四終
監生尹經妻劉氏年二十八寡矢志苦節撫孤廸元
成立現年五十九
白玲妻鄭氏年二十八寡矢志苦節壽五十九終
廖昌盛妻周氏年二十八寡撫孤子海成立壽八十
終
伍帝佐妻楊氏年二十五寡苦節撫孤致書致賢稍
長恒指架上籤帙示之曰此乃祖乃父好讀書所
購而積者往隣家火焚獨奔持此出若等體此意
自勿墮先業也年五十一終

秦邦彥妻別氏年二十三寡子夭立嗣子銓疊遇奇
荒辛勤憫鬻壽七十一終
庠生蕭銓妻張氏年二十六寡飲冰茹蘗撫孤事親
始終不渝壽七十七終
蕭大川妻方氏年二十寡子幼堅貞自矢姑病刲股
和湯以進得瘥鄉黨稱之壽五十終
易陳綬妻葉氏年二十三寡苦守學使温有節先彤
史之褒姑呂氏病危割股啖之立愈年四十九終
楊仕墅妻程氏年十八寡苦節撫孤壽八十終
蔣朝升妻孔氏年二十寡獨力撑持撫子有成現年

六十
樊恭正妻汪氏年二十寡矢志苦節撫孤渠萬成立
現年七十
王必遇妻楊氏年二十一寡矢志苦節撫孤漢章成
立現年七十一
王遵妻彭氏年二十三寡家貧無子竭力奉姑養葬
如禮現年六十二
徐相妻傅氏年二十七寡無子家貧苦節現年六十
五
魏光魁妻何氏年二十九寡撫孤成立孝事病姑現

年六十
齊棟元妻燕氏年二十七寡撫孤成立孝奉庶姑年
五十五終
周彥芳妻涂氏年二十八寡欲以身殉念事畜無人
乃日夜抱孤子勤紡績供菽水公姑卒營葬如禮
撫子成立且有孫矣現年六十三
陳子寡妻劉氏年二十一寡家貧紡績撫子現年六
十五
高經妻胡氏年十八寡苦節撫子矢志不渝現年六
十一

何顯妻姚氏年二十六寡苦節撫嗣成立現年七十
一
榮本友妻胡氏年二十一寡苦節撫孤上事祖翁及
翁姑并克經營養葬年五十三終
吳光祖妻王氏年二十二寡苦節撫孤姑老而喪明
氏二十年同卧起姑卒氏哀毀成禮年五十二終
程嘉瑛妻李氏年二十寡苦節撫孤年五十一終
吳之綱妻榮氏年二十三寡遺腹產女立嗣承祧女
長適朱承修三載朱殂母女相依守志不渝現年
五十六

劉文灝妻蕭氏年二十八寡苦節撫嗣孝敬仁慈族
黨賢之壽六十終
曹曰省妻張氏年二十一寡矢志苦節撫子瑜娶張
氏亦二十一寡氏與媳撫孫以紡績度日姑張
現年八十一媳張現年六十一
監生程鐘妾李氏陳氏鐘亡李年二十五陳二十一
同撫一子李年五十終陳現年四十八
庠生方文明妻金氏年二十五寡苦撫遺孤不幸又
夭紡績事姑壽六十五終
譚恩臨妻涂氏年二十一寡苦節撫孤詰絳娶程氏

不三載孤亡程孝奉孀姑矢志守節凃現年七十
程現年五十
凃嗣潔妻胡氏曉書史年十九寡飛逢其首潔清自
矢鄉人敬之現年四十五
凃其貞妻胡氏年二十一寡苦節撫嗣壽六十三終
陳以忠妻鄧氏年二十五寡家貧業履市者雖童穉
不親授松筠勁節廣文陳釗匾旌其門翁得哽疾
不治氏焚香禱神割股以進獲延壽紀餘里人競
傳之壽六十終
左岱妻周氏年二十九寡守節撫孤現年七十

劉泰妻譚氏其父由閭徙荊門死無嗣氏年十一自
鬻其身於州牧婁景春家得治喪婁以此善視之
長配泰年二十五泰亡無出依主母黃守節甚謹
時景春有孫女方幼黃以託於氏而卒氏撫女長
為邑庠胡大澤繼室生子八月死氏復辛苦撫其
子壽七十五終

孝婦

皇清

陳顯祖妻胡氏家貧至孝姑病篤醫云非參桂不生
婦嘆曰割肉易得參桂難泣隨言下不數日姑病
稍減而婦瘁甚然操作如故娣姒輩見其澣衣血
密探之則股上刀痕未合也
田時茂妻張氏康熙丁酉歲大疫其姑病劇割左股
進之獲愈後又割右股療夫病亦愈
段世臣之媳汪氏姑患癆需肉汁家寒無辦則焚香
告祖龔股肉而進之姑延壽數家邑人咸贈以詩
周常禮妻魏氏年十七適周以孝聞姑病篤已而忽
愈夫察其故則由氏割股以進也事聞於縣知縣
潘經世旌其閭曰孝行可嘉
胡如旦妻張氏其公病篤氏禱於神割股進公病立

愈

孝女

皇清

周氏女以女代子者也父庠生以揚無子語其母曰
鬼餒則聽之矣晚而蕭蕭為懽抑少矣女聞而泫
然以泣也有間曰請終身不字以代子父母相笑
而罷他日賽修為說女謂母兒諾於前矣曷為戲
耶不予諒而屬人則有死耳母以語父三諭之益
堅謂其幼姑俟之女乃綜核簿籍酌劑出入稽督
臧獲示可倚狀父母難其志益憐之顧未忍錮其

終也女十二刲臂活父病已刲臂活母病十九父喪母單毋不忍錮其終女不忍字人去白髮朱顏相慰相恤春秋冉冉去矣逮母以天年終女飲泣血請於宗之長擇諸從之賢者以主喪而弟之既葬終服三年鶬宗人出所遺產籍而授之弟曰從此淄剃空門以栖吾素今稱童女為老尼者法名月清菴名却塵是也昔羊緝之女佩在母亡不飲食而死隣里號曰女表抑何必死若周氏女其不為女表乎而伍大姑者父廷祚以秀才應比死會城母哀過得痿疾臥不起床大姑事母以天年終則三十二矣遂不嫁今年七旬將不與周女媲美乎哉

烈婦

明

蕭瑞蛟妻沈氏三月夫亡誓殉屢救得甦逾年隣嫗諜勸他適未敢言氏覺其意閉戶經死遺詩云十一八歲嫁蕭郎誰知蕭郎命不長願與蕭郎同生死死同蕭郎草木香

庠生徐同寅妻鄒氏寅病氏割股救甦知縣任贊化旌曰捐軀全義後寅病割股再進禱神願代竟長逝氏矢守壬午冬闖左營兵下不食死有秋日薦亡夫詩伏雨暗耕秋岑居添悶惱苗未為水沒終日傷懷抱兒女累人心嗟君離別早但見流螢飛紛紛出腐草蟋蟀吟床頭雙雙任自保惟我與薄命陰陽信怎討反眼天朦朧和淚連涕道杜鵑血未乾颯飆壯哭鶴

庠生徐維妻唐氏年二十七寡苦節自守癸未賊至竟避亂譚家垸賊欲逼之厲聲罵賊遂見殺子壻庠生譚簡收葬焉

徐伯榮妻程氏名夢瑤廣文程以驄女也壬午冬左營兵下氏仰天大哭攜女三姑赴水死媳熊氏復號泣從之越五日屍逆流浮出面如生邑人鄒山曰邑有任氏三烈祠任公蜀人彰教吾邑而三烈者於楚程公邑人彰教蜀中而三烈者於邑何事之相符也任氏享祀不絕而程氏無人表彰予自漢署歸聞其事為發慨嘆

蕭士章妻張氏生子棣甫三歲值明季為左兵所逼義不受辱而死

庠生艾縉妻王氏庠生艾綬妻魏氏艾紳妻傅氏明末闖賊之難縉等被獲不屈死三婦並縊以殉亂定弟經歸里覓屍葬焉

皇清

張山輝妻王氏年十六歸輝生一女輝病篤語氏曰善撫吾女則涕泣不應矢從地下輝卒屢就死家人救免不數月女死氏拒戶自經時年三十六

孟華修妻朱氏年二十修病慮改節對氏泣氏覺其意謂之曰如君不起當效死已而夫病篤沐浴具衣服先夫經死

蔣峻烈妻李氏烈沒無子氏歸寧父母勸之改適氏遽反哭奠夫墓夜沐浴焚香經死時年二十一

庠生郭昌妻蔣氏年十九歸昌昌疾篤不可救氏廼預製襯及衣衾斂具皆二復脫簪珥贈娣姒及夫卒視殮訖痛哭再拜夜分闔戶經死雙棺並出觀者如堵僉曰烈哉理學魏運昌感其事爲立傳

烈女

明

譚氏女許聘徐夔夔死誓不再適壬午冬左營兵下逼辱不從延頸受戮

涂氏女父黃喈治家嚴肅明季賊氛滿野鄉人爭出避女及其二嫂獨不出曰與出而遇賊寧處耳比賊至將犯以非禮女及二嫂共詈之賊怒先殺其二嫂而後及女死尤慘

皇清

萬二姑幼字馬尚仁仁死訃至二姑雨泣潛去其紅粧父母前不敢縞有媒氏至父母相私語偵之將別許家故貿藥知砒石得酒益烈預匿酒然後服砒往訴父母如許守也藥則解之不許守也藥則酒之父母固不知也及訴不許二姑哭入室盡飲所匿酒毒得酒性鑽灼五衷拳曲顛撲蜿蜒瞋呻問之不語曰負父母而已須臾遂絕邑庠生吳道行聞之曰烈哉慘矣使其從父而適誰則非之顧不欲以違盟生者此志不當旌耶急白三老聞之官

皇恩賁於泉壤

王三姑住西湖隄節茨淺從人罕見其面里中賽社

其幼弟竊所服履予人飾粧女恚不食夜投湖死

陳氏兩烈女邑西南馬家月人父瞽無子薄田數畝兩女躬耕供職年俱二十餘壻家亦貧不克娶一日父出強暴入室欲辱之兩女詬詈號泣隣人集強暴遁相對悲憤夜深挽手投河死

陳大姑二姑周家垸民維新女家貧值潦乞食遠方誤附賊船賊佯善遇之越宿令維新上集急移船僻處強辱二女二女挽衣同赴水死維新歸沿河覓不得數日有屍浮水面交結如生者二女也聚觀千人皆淚下

彭氏女許字王經經死女矢志守正越二十五日有
媒來議別字女叱去之竟日對父母號泣曰不諒
兒如是兒初心侍養今無怪兒矣夜大風雨投池
死

貞女

明

程氏女許聘劉斌年及笄未字而斌死女聞訃矢節
請於父母往奠謁舅姑歸霜簾月帷獨弔孤影每
歲時使問餽遺相繼於道舅姑病奔往侍湯藥飲
膳維謹及舅姑之喪哀禮兼盡族黨莫不嘉其貞

孝推為女宗應城陳太守士元聞之為特立傳女
年六十餘卒家故貧不克成葬乃知前所以奉舅
姑者皆篝燈辟紡之私積也族弟鴻賻之櫬殮乃
得葬

劉氏女許字王某未適而王沒女聞訃悲哀毀瘠矢
志有媒氏來示之白刃曰久拚死矣而必相廹乎
媒氏悚然退鄉里嘖嘖傳劉女性烈不可犯也乃
女復孝甚其事父也安則致孝養病則奉湯藥死
則隆祭葬鄉里嘖嘖傳劉氏女性孝不可及也乃
女復才甚阿父見背諸弟方少財鑰獨筦家日以

饒弟世耀得一意於芸編補博士弟子員鄉里嘖
嘖又傳劉女才略不可匹也時劇賊胡大巳據澄
湖作亂聞女賢將掠之女預知其謀以智免晚結
茆禮佛壽終方其在室弟病氣已絕女為宣揚佛
號復蘇蓋誠氣能通幽冥如此

皇清

劉氏女許聘李宗伯維貞之裔鎬鎬貧依女家年十
五忽出亡不歸女誓待之及艾族親同立鎬兄子
瓚山為女嗣撫以成家壽八十四終

鄢二姑許字錢凌霄年十四聞凌霄訃往弔誓死繼

念翁姑白頭守貞養葬訖投繯再三皆被救解母
家強迎之歸紡績度日年七十三無疾終

沈氏女許聘蕭士宏宏外出不歸父母將改聘女覺
剪髮自誓逕投舅姑所服勞不懈以終其身壽七
十二終

黄貞女父赤堂以字蔣某笄而蔣死未合璧也過門
弔之視送死薄甚不言而傷之歸守於室倍勤女
紅寒女之積日有杪分守三十年買高阜二分取
避蟻水買木二具取堅緻曰匹夫匹婦敢希不朽
骨耶柏下藏魄犁鋤弗及則已矣買屋址四分誅

節穿逕籬落宛然立蔣某主燃香北龕魂有依矣買田八畝曰耕之者祀之鬼無餒矣惟比邱尼與處女宜捨宅為庵法子法孫當我後人庶以不絶既具從其蒙葬適我幽城拾骨一慟經死相從其母舅蔣天驥為合龍馬此一舉也需時既久部署從容經畫盡善戉曰可以無死嗚呼往哭之門當有心許者其以失諾耶

熊氏女許聘蔣開訂年十七將歸訃至女聞奔哭遂不歸數年請族長為立嗣知縣吳文煊以貞孝性成旌之壽八十七終

熊四姑歲貢際昌女許聘周英英故女年十六矢正守義截髮自誓鄉里族戚咸欽其操得請建坊

胡小姑許聘吳大生未婚生亡往弔靈前立誓守志不渝金石越數十年如一日

陳氏女許字彭某某故女矢志守義翁家甚貧勸改字不從轉依母家及翁亡仍歸為營葬立嗣若節年老依其族之賢者以終

彭四姑許聘章必富富夭氏年十七往弔剪髮誓以死守乾隆十六年族人舉其事得食

恩卹十餘年現年七十五

楊大姑許聘庠生歐陽瑔子未婚瑔子訃至女臥床飲泣誓死父母謂吾老無子若獨忍乎防之密乃强起飲食自是匿迹矢操養葬其親年四十九終

黄大姑監生大義女許聘楊弼聖年十九弼亡女聞訃往弔剪髮附棺守貞奉姑三十四載姑嘗病篤女號痛次有道人療以丸藥頓愈道人忽不見歲大疫女所至則無恙族黨稱異爭延至家隣火起女宅獨完乾隆十五年得請建坊

金貞女許聘洪景綽年二十二未字綽亡女往弔遂留守志孝親撫嗣嗣又没家道中落女竭力養葬

悉如禮現年五十八

王五姑臨洮守曰然六世女孫父秩崇嘗教以大義許聘鄭尊榮未婚鄭夭女聞訃哭臨欲引決姑防護甚密卒以不食成疾一號而絶

吳二姑許聘嚴世俊俊亡女年二十二適嚴守節家極貧鄉里欽之現年五十三

魯氏女許聘熊大中熊窶甚女二十五未嫁大中卒女守義安命誓不改字依其老母紡績現年五十三

王二姑許聘漢川李某五歲病癱父母促李別締女

年十七霍然病已父母議改字不可强之輒引刃
現年六十
吳二姑許聘周爲仁未嫁仁亡吳年十七誓死守節
勤績奉養現年四十七
金四姑許聘白時冕冕亡金年十六誓守奉姑知縣
李褒之曰志懷冰潔現年四十二
鄒小姑進士如崙女許聘蔣光頫頫夭鄒年十七聞
訃誓殉父母百番勸慰乃徃奠留守志十九年撫
嗣成人族黨重之
戴氏女許聘朱承偉未歸偉亡女年十九徃奠哭留

守志現年三十八
樊大姑許聘孝廉彭正光子大綬即貞女彭四姑姪
也早失怙恃四姑撫之年十八出亡無踪樊矢以
死待斷髮毁形師事四姑每歲必隨姑祭掃彭姓
塋墓父病噎哀泣祈身代得愈現年五十二
羅氏女節婦程夏氏婢初其父丐主放女字某及婚
期某以非匹棄去久之父議改字女誓不可曰人
賤我矣又自賤乎夏夫人兒師也由是食子收子
紡績任之其父嘗得危疾哀禱獲愈壽六十三終
附出嫁外縣節婦

工部主事程飛雲女適漢川方拱極年二十七夫亡
一女二歲越六月生遺腹子作霖氏痛夫負才早
逝兒幼即勉以學曰惟冀汝成就報地下耳訓女
以大義閨門之内肅如也事舅姑備極孝謹舅姑
卒益勤家政冰霜自持者三十七年後霖補庠生
乾隆年間呈於漢川知縣得請建坊
監生鄒遴高女適漢川熊之璧年二十一寡嫡姑汪
性烈善病氏能先意承志力潔滫瀡姑感而轉憐
之苦守三十三年漢川知縣表其門
貢生鄒遴高女適漢川蕭行堦而寡苦節孝姑夫弟

及婦繼没氏鞠其遺女姑八旬餘卒治喪盡禮知
縣上其事得請因卜地二畝於華嚴湖葬夫建坊
墓門以待同穴
庠生魏廣廉女適漢川成文球生子六月而寡苦節
養葬其祖姑及舅姑撫子方冠夭亡復立嗣以守
熟於内則家訓每爲女姪輩講説大義家人奉爲
女師漢川知縣得請建坊
庠生程彩雲次女適鍾祥史齊賢年二十四寡撫孤
食貧歷六十二年
程彩雲第七女適河南蕭紹楚年二十七夫亡撫孫

守義四十二年孤死無歸依母家紡績以老

淑善袁五姑

邑歲貢吳祖綱傳曰袁五姑名瑞蘭太學生士揚少女也幼穎異性篤孝受業胞兄國學全仁訓書讀易親疾嘗藥衣不解帶許字胡未笄聞公姑繼亡即素飾泣血幾絶宅旁有古隘巷晴雨難行瑞蘭積女工歛貲財謀諸父兄裁捐已基計潤五尺長三十丈有奇通鋪以石庶便往來又欲修巷下河岸以疾卒未果危時囑云笥篋有金可贈工逾月啟篋父兄如其言不閱月而工成計東西墻三十

丈石磉二十六級衆姓不忍没善即以瑞蘭之名顔其巷里人江漢有記厥父士揚有碑並於巷側建立女祠孝廉曾時亨銘其墓曰淑善於戲敦倫好施鬚眉尚難廼弱齡閨媛大節堪欽兼克利濟紳士以女卒在邑志告竣後悽而惜之爰請續載以勵風化誰云不宜

論曰婦人之義從一而終死易立孤難則又有巾幗功臣之日胡朱氏保峨生於干戈饑餓之餘風吹雨洗出真色歸塗萬里白璧無瑕忠魂血食何其懋哉龔張氏奉嚴姑而畢荼草茹膺榮命而舊事悽心克孝克勤有始有卒賢矣至如黄氏未賦夭桃周氏止稱孤鳳或遲之數十年而從容就義或躬完子舍事而投老空門不傷於經動必以正可謂有識有養非一朝一夕所能者其以附於劉向仁智之編豈有忝與若其天日可誓一死完貞凜大義於兩間愧二心之臣子是亦千秋之閨則也

天門縣志卷之二十一

方伎列傳

葢九流出於議官七略稱為術數專門名家殆亦有絕人焉小道必有可觀此之謂矣莊生云用志不分乃凝於神庖丁之奏刀匠石之運斤深觴之操舟或習或智與道相幾豈可苟焉亦有因緣遇合授受既非徒然成名不可再見此則不關智慧不事研窮感於一遇神則相之亦若生是使獨耳雖然君身仙骨世人豈知詰其致此之由要必以孝友忠信為本志方伎

唐

王超善醫鍼灸如神居人有所苦皆就之取效頃刻一日午睡忽瞑經夜乃甦云始至一城殿宇莊嚴似王者居召入一人卧榻上令前視左肱瘡起如盃為鍼出膿血升餘顧黃衣吏領出遂蘇

明

歐陽植字叔堅邑庠生精醫著靈臺問要邑人胡懋忠刻於固始易簡奇方熊寅刻於婺源金生四要王曰然刻於臨洮而四要尤醒人嗜慾邑李宗伯維楨序見太泌山房集

張廷臣精醫術視病應手而痊知縣程維楧贈詩云越人楚產擅秦方誰與龍門傳頡頏爾欲長桑曾半匀予知素問可全章門前百樹初栽杏肘後千金合共囊莫道煙霞醫不得衰然今已具冠裳

皇清

曾同軌讀書精醫理蓺究元學丹膚白髮視履不衰譚篆贈詩云老隱西江曲仙源白鶴隣人天窮草木寒煖識君臣三世相公澤千金葛氏春外臺成秘要期以壽吾親

趙璧字連城邑庠生精醫理求治者投匕輒愈不計值好錄古書學者欲之即以贈

張暹字進也醫術奇中嘗以事逮郡胡作梅子病危甚急延之一藥而起胡為釋其事且善遁甲康熙戊辰武昌小醜竊發聞者懼暹以指布算曰某日必滅果如其言

李乃文業儒善卜受異傳學使淩如煥召使決疑能於繇詞中知其二子名與狀淩嘆異詢之事曰無憂公即遷矣果驗

論曰王超荒而不可信也歐陽植能以其說起天下之疴彼鍼播之者同仁矣趙璧可以勸慳張暹

李乃文可以破惑借彼有力之口吹噓上天抑猶是我古遺芳者耶

天門縣志卷之二十二

流寓列傳

古云遷客騷人豈遷客以騷人重耶王子思歸之歌楚人而秦住公子之登樓慷慨秦川天末不已怨起瀟湘哉故男子壯遊或借靈山岳或一水相思或足跡依人無論高歌雪白拂壁題名即具經過而洒掃庭除假宅而栽培修竹雅人深致往往指流風餘韻以起渺思嗟乎觀此而突不黔席未暖又何如耶志流寓

宋

張耒字文潛楚州淮陰人年十七作函關賦蘇軾愛之弱冠第進士屢遷起居舍人紹聖初謫監黃州酒稅熙寧中徙復州搆鴻軒古城內階下盡植薔薇及起倅黃州題詩單車又向黃州去風月相望一嘆嗟益為此

皇清

段陟雲字郇五潛江人厭所棲喧華寓居天門山讀書樂道與俗無忤山中稱為天門丈人而不名陟雲因以自號朱長青為刻其詩

唐薪禪晉陵人工詩落拓不羈嘗登北固陟金焦海

天空曠憑弔千秋遂湖大江入蘄黃便遊竟陵訪陸鴻漸出處與邑尹錢永舊籍爲主人授館西塔寺竟陵詩人皆與之遊時復扁舟放雨湖中荷花夜風凉月高樹酒政吟聲驚動隄上人尹亦籃輿從一隸攔入剡筵語諸名士無起洗盞更酌疊和互唱天曙乃散有消夏詞三十章膾炙人口同作者錢永唐薪禪吳驥譚篆涂始王遠戴祁

劉浦黃岡舊家子高才豪邁有康樂風流携一妾一徒遨遊至沔陽適有劉勷者以謔逃弗獲而浦勷音近誤繫獄時邑人陸雲客沔素知浦爲白其誣

遂館之家雲卒移榻城中詩人競訪之雄辯驚筵賦詩立就書法亦孤別有數

論曰小杜詩一年人住豈無情不獨行者山川滿目即居者亦感事傷神古今同此懷也如數子者雲踪鴻迹洒洒出塵山明水秀閒益呼之欲出矣矧其翰墨猶有存者耶

天門縣志卷之二十三

仙釋列傳

玉格貝編君子弗道而劉向列仙傳半見佛經傑冠撰編曰西方聖者隋志云史官必廣其所記要不遺末事也若其步虛高遠管寫青天金碧横波塔流江上亦頗見靈異縱上清淪謫云翳紅塵震且東遊以爲度世是其喬作大言亦往往藥病以興拯陷而出語有之顛蹶之請豈謂無裨於俗也志仙釋

仙籍

唐

劉梓相傳唐時修道於此丹成跨鶴去今丹臺觀有丹井縣東有飛昇臺義河岸有白鶴觀皆遺跡也

明

劉邋遢邑東北養馬嘴人修道仙去鍾惺傳畧邋遢姓劉名方衢字天亨少讀書信口成句及聞邵堯夫子半天心之説遂棄舉業遊鄂渚寄鳳凰山麓五聖祠倚牆爲席編葦爲蓬布石於地坚卧其上無冬無夏三十年往往拾瓜皮梨核食之非人棄者不取寒至敗絮敝縷補綴遮體人初厭之既稍

異之先生悟道前知四方士大夫過楚以得一語為快先生口皆怒罵遇其喜談終日旨本性道任育孝弟誠明自云吾非黃冠衲子對權貴每呼名發其隱或引譬經文證故實初若河漢終如符契禍福輒中漢陽孝廉孫公世恪事不倦故三十年語録孫氏備載郢人壽其像於剞劂焉

皇清

甘貞分其名曰卜貝子年二十餘讀書華嚴湖遇道人授以元學期同往峨嵋遂辟穀鍊氣數年其人應期至與俱去甘有子奔往尋之隔垣一面戒曰

後無復來畀一囊金至家化為白石

殷風仙不知何許人寒暑一綿襖一蒲箑日佯狂市中飲大酒啖犬肉醉或潑墨亂塗酒家於其來鋪紙研瀋須之飲盡以草履漬瀋一灑徑去如點點跡星夜有光明然須聽其自作求之決不可得每攔入酒席如詈如譫休咎輒驗柳守譚襄世與羣從俱在襁褓指襄曰此子貴餘殤子耳悉如言詩人田野治詢前途弗應隨至東門外朗吟曰也無煩惱也無愁更何求田果蕭然物外以老風仙今不知所之

逸道人不傳姓名能祈雨常旬餘不食食則兼人善懷素書飄飄有仙致後尸解於黑市之野廣文聶萱瘞之

釋録

晉

支遁字道林姓關氏陳留人任心獨往風期高亮駐錫西塔寺今邑西有支公臺性愛馬嘗云賞其神駿明時瀋城北官池得石柱鐫支公字今東西走馬嶺猶存又東北六十里地名養馬嶺相傳俱云遺跡

唐

積公西塔寺僧收養陸羽者詳羽自傳及寺觀

宋

機聰乾明寺僧語録云定水不曾離著岸紅塵怎敢入波來

無念禪師聖壽寺僧寺前池植白蓮實圓而黑春夏無鳴蛙邑孝廉張永潔詩白蓮異實原無種青草同春不吽蛙是無念遺蹟

破竈墮公青山普濟寺僧宋時山湧七泉寺圮於水有黑蛇為害破竈堙泉驅蛇復振山寺前甃一井

水清洌至今盛暑飲之齒寒

元

機峰乾明寺僧本寺鐘銘載元至治年住持法徒鐵峰重興語録云東寺水迎天上月是也

明

雲菴白龍寺僧應城人貌奇古左趾長尺餘人稱大脚和尚精内典能詩常坐暗室彌月不食不語年七十餘晨起念佛坐化觀音閣室香七日面如生塲在寺後里有丹山道人題云瞿曇瑰異白頭大足咄咄雲菴另禀孤躅說是三千胡甘刺促左蹋

須彌右藏金粟香國去來肯呼丹山而鶴飛不

眞清西塔寺僧歙縣人嗜茶梓陸羽茶經自題詩云十載傳衣缽沙門寄此身種蓮開白社屏跡謝紅塵定起雲生衲經残月滿津却憐桑苧老千古憶風神

無岸西塔寺僧募置藏經謀建閣歷辰沅采木卒斃於彼譚鵠灣銘其壙云足目皆飛志氣不止汝是沙門人曰客死何其謬哉各觸悲喜取或傷廉與或傷惠死或傷勇思汝憒憒

照眞寄一如結社匡廬歸建西林塔請全藏胡太僕承詔爲之序

性定寒河柳菴僧譚鵠灣訪空上人詩深溪淺溪寒事足老僧呼門聲如木冲雲踏雪凡幾重昨夜風便偶聞鐘覩聽已遠靈心退向僧問禪僧不對但言今年老去年去年别我兩雪邊欲邀一飯常無期正值村家飯熟時飯罷自渡綠溪去行到夕陽僧歸處

皇清

柴僧不知其所自樵採資生纔取給餘錢置道旁聽人拾去夜卧柴藪中蚊蚋皆避人以是奇之初不

識字邑人鄒荻翁館之讀書閣日懸金經一卷計字爲拜數年了悟有僧石林闢壇柴作偈示之末云請歸無縫塔石林竟下座無縫塔梵言不開口也後不知所之

超凡名寂宗邑北青龍菴僧明末流賊残虐僧每當賊至端坐山門誦經稱佛號賊自慚退匿菴中者全數百人又募修笑城河石橋大利行者年九十六自積薪化盤坐敲木魚誦佛而去

性慧字智海幼未學長習静頓悟嘗掌歸元寺語録精徹内典工詩文晚投白竹寺句云問路樵人指

轉灣流水東小橋紅樹下古寺白雲中鳥語如吟
客山蹲似醉翁主賓相揖罷新月到梧桐
璽旨郭氏子母孕即忌腥葷及產不食腥乳長爲僧
住滴露庵面壁趺坐數十年出門雲遊歸里黠壇
說戒疫興僧率衆行淨所過皆無恙晨起一盜前
拜曰夜入大師室有天王崢嶸護法畏而出願從
此爲良民矣璽旨自製木龕沐浴坐化越十餘年
啟視之形貌如生
古鏊蒲陽胡氏子薙髮邑東香雨庵閉修二十餘年
注金剛法華楞嚴三解終日昏昏如著魔者詩畫

各妙興至伸紙迅掃尋碎之必伺其訖急掠之乃
得行坐懷一布袋貯寸金佛香爐木魚各一陶詩
數卷嘗題門云青牛東去白馬西來問牛馬奔走
忙些甚麼東西金烏早照玉兔晚明與烏兔盤桓
混到這等早晚年七十餘入涅槃
松影邑人入城趣渡不及於彼岸見船覆感悟投西
塔寺爲僧受持華山昧公印法天界浪公修復南
藏隆寒繙撿瘒手凍足弗疲也資辯才遨遊搢紳
間藏函莊嚴旋成精舍晚入都門過舊老故帥出
入若逢户狎處如法侶豎佛訣笑莫不歛聽亦一

時畸人
海藏乾明寺僧精持釋典通詩文四方名宿多訪之
習拙東園禪林僧苦志薰修通慧說法募建禪林遍
歷衡岳德山黔陽粵西入深林窮巖趺坐誦經虎
豹遠跡募巨木數百建殿宇或曰習拙乞疏於邑
紳譚籍時籍感白象之夢疑爲普賢化身
別雲水西庵僧參學天界晚而了悟歸里靜修爲時
所重知縣李念慈贈詩云老僧靜裏看人忙百日
期圓倚佛光學子講餘春共得禪心滿處月將望
三間屋逈清江上一塢雲深近郭旁慧照禪燈十

二里只教花雨落金牀
源長字遠存滁州人受戒華山能詩及書善蘭草淡
墨數筆如聞幽谷吹香來謁西塔知縣錢永李建
輔爲建笑月庵於古雁橋後歸老江南
樵止喬氏子爲僧於文昌閣嘗募建板港茶庵寒暑
施茶不輟數十年收字紙甚敬初不識字晚通文
義常浹旬不食惟靜室默坐年七十西歸命徒用
瓷龕貯之三年啟視如生
論曰二氏之學彼說中亦自有其至者而相循以
無端倪老氏以爲獨與天地精神相往來佛氏乃

云不生不滅即其津跡人中神奇朽腐朽腐神奇常有景光使狎者回照悔生故曰真人不相也雖然即以為真人其又將舍學而從之哉

天門縣志卷二十四

餘編

數欲其成則歸奇於扐歲欲其成則歸餘於閏一邑之事綱紀畢陳大小具舉亦已成矣乃有其說似鈐其言似卮以為是駢拇枝指而削之又傷其天之全者是不可以已也志餘編

正本堂記　姜綰

竟陵縣治仍衛之舊自廳事外無一宇可蔽風雨為退思所成化甲辰春始以廳北隙地為堂堂垂成匠氏左抱丈尺右執繩墨環棟四顧棟正而後東西為牕南北為門盎隨方廣狹以折中於棟堂成賴於棟之正邑治顧不係於令之正乎然令之正亦惟正身焉耳正身以正人而遠近大小如繩墨之準丈尺之量莫不歸於正猶棟之正而堂以成也嗚呼堂成於棟棟為堂之本也邑治於令令為邑之本也居是堂者皆思所以正其本乎

仕學堂銘　姜綰

歲月如流忽焉一春仕無餘力學未日新面牆日偪心茅日深嗚呼聖賢尚惜寸陰綰也何人可以因循格物致知誠意正心以窮乎理以修乎身稽

之於古驗之於今主之惟敬進之惟勤誅茅之銍去牆之斥牆平茅盡庶幾乎成

鄰里亭記　姜綰

古之人一夫受宅五畝二畝半在野為廬二畝半在邑為里春則出廬井無不耕之家冬則聚里塾無不學之人自授宅制壞之義不講耕與學遂為故事焉綰承命來竟乃五家為鄰五鄰為里使家屬於鄰各事一業鄰聯於里共立一塾則四民之志以定而五品之倫以明閭有不率教者鄰里會衆諭之不悛而聞官以懲之庶幾綱維有道俗可善也作亭者所以記鄰里姓名云

塘垸亭記　姜綰

景邑古竟陵言陵至此而竟也故高地之泉下土瀕水之泉易旱瀕水易澇而景邑旱澇常半故事救旱有塘防澇有垸因循歲久日就堙圮綰詢而得之擇有行義者為塘垸長統其里人戮力焉圮者築之堙者鑿之以正經界勸耕稼時督月視歲終則論功加懲勸四五年來農事修衣食足然始勤終怠人情之常安保其不廢於是為亭於治西刻塘垸丈尺與垸長姓名於石便及時趨事可以久存庶幾逸能思初安能惟始也

兩便倉記　姜綰

兑運者賦於民而兑於軍也竟陵收於縣倉河隘且淺運船不能入則出米於乾灘採蘆為蓬而貯之軍以米濕為辭未免賂之科斂如常綰乃度地作倉曰兩便賦入於倉民不勞焉兑出於倉軍無辭焉謂之兩便不亦宜乎

廣運倉記　張崇德

禹貢任土制賦惟達於河以河者運道出入之會也後世法之因資水利專設漕政則河運於是興矣然儲備之法莫先於倉詩云乃積乃倉蓋惟積貯者天下之大命思為裕國足民計其政顧不重與予奉

簡書蒞郢已及七載苟有可利地方者整釐調劑不遺餘力丁未夏以清積逋至竟陵持籌殫瘁藪南漕二糧壓欠尤甚詢厥繇則以前此軍興旁午癸青迭告加以水道紆迴輸輓維艱而追呼不時死徙遂至大半嗚呼如之何其弗匱絀也哉按竟南漕二糧約九千石有奇邇年軍需難綫井煙俱空次山舂陵之歎介夫流民之圖能不惻然於衷乎為

蘇恤之義須拯疲以養力乃召署縣李馨集闔邑紳衿里耆商酌權宜僉曰欲甦困憊建倉為急景邑村落四散多隔水次每出米義河必紆折數百里出鄖口達漢江中閒風濤之險盤淺之艱已百倍他邑前明知縣姜綰設兩便倉於乾鎮又廢弛有年今欲謀蓄儲首梯航則莫如岳口便予聞斯議如痌瘝釋懷者爰捐俸資擇吉舉事命署縣李同范丞等擇基創廩築土庀材鳩工於季秋落成於仲冬為廳三楹廒十二間樹以門屏繚以周垣遂巍然如茨可觀矣令府胥一人經理之凡徵收

發運俱遵　司頒京斗出入平量一切淋尖踢斛加耗折乾諸弊政剔除殆盡至於起批迴銷詳江催艘撥淺換囤等事悉係印官自為總理遴委佐貳廉能者督運之不以累里户也因念古來政績如鄭侯運粟關中劉晏轉餉河內耿壽昌之常平朱子之社倉志專拯民並以體國予目擊竟艱亟為興除已革收户當年嚴禁補庫私派復置櫃設筧賑饑鋤奸輕傜薄稅而於正供糧儲俱經官辦與民休息期無負

朝廷簡牧斯民之意而欲方諸古人竊自視歉然矣

抑予猶有誡焉靡不有初鮮克有終守而勿失載以寧壹凡我親民吏所當共勉者也特為述其始末永勒堅珉冀以自勵兼勗諸有司並告夫後之繼起為循吏者

常平倉記　　程大夏

國家財賦悉領度支故古稱司農為天倉蓋國以民為本民以食為天其在周禮廩人掌九穀之數以待國之匪頒倉人掌粟入之藏辨九穀之物以待邦用是倉者存救之要術也故孟冬謹蓋藏務積聚季春發倉廩賑貧窮漢唐以來如耿壽昌之

常平開皇之義倉貞觀之義倉皆有裨於當時取則於後世焉吾邑自西山進勦飛芻輓粟悉徵求於收户當年民老於獄田荒於野而户日以減賦日以逋官斯土者視為傳舍其於廨舍倉庫之類委之頹垣荒礦概不復問曩時有預備稅糧國命廣儲等倉兵燹後不克舉其一每至輓輸之期羽檄交馳不得已而借貯祇園往往收兌難稽乾沒錯出無論地非其地且有傷國體焉歲己未吳門錢公膺

簡命來令是邦始至之日詢民疾苦以興利除害為己

侄寬徵比郄苞苴蠲贖鍰革羨餘杜爭訟懲姦胥
清士籍興學校謹隄防期年之後民之逃者歸居
者說而賦日以供地日以闢政通人和百廢具舉
公於是建倉於署西以貯漕其後
天子從科臣請令天下郡縣官紳士民皆量力捐輸以
備荒比者歲不登又從臺臣請開納粟之例以備
賑公於是復建倉於署東以貯穀顏曰常平凡十
廒不動衆不擾民不請於上以為己功不數月而
工竣屹然與西倉並峙邑之相望者莫不指以為
所天在焉噫是非向之竟陵哉顧何以得此柳子

曰德及故信孚信孚故人和人和故政多暇蓋公
之德及而政簡為之也歐陽子曰理繁而得其要
則簡簡則易行而不違惟簡與易然後其力不勞
而有餘蓋公簡且易故其力不勞而餘也且夫南
與漕有定者也穀則無定者也有定者下所以事
上其常也公既為廪焉以安其常無定者上所以
惠下其變也公又為藏焉以濟其變上下常變之
際公之區畫至矣將見自茲以往蓄積多而具先
備天無水旱之災人無損瘠之苦景之粟且陳陳
相因紅腐不可食雖亞夫之細柳建興之郿閣紹

興之豐儲莫有踰是者又不啻蘇章之活三千餘
人王韶之活萬餘戶已也昔耿壽昌請建常平於
邊郡賜爵關內侯公固即今日之漢司農矣余有
司度之責者於不涸之倉是不可以無記

初申改折南糧詳文　　程維楧

看得竟陵居漢下流漢水廣永入竟陵因沙洋禁
隄水不西泛而東溢潛鬧泗港河不曲走而直冲
豈獨浸没田廬抑亦壅淤運道洪濤小舸十船九
覆而南糧積逋猶多半是災疲之難辦半是糧艘
之濟沉耳卑縣初入其境首恫災眚次虞運路淒

然寒心續奉催檄如雨而逃民多無從督即欲勉
强徵解恐湖險難冒陸輓難肩亦竟付之無可奈
何耳今據舉監生員耆甲人等合詞請乞改折藕
見彼處不乏本色南運實禍竟民與其以徵而常
久之本色困國儲曷若以便而輕齎之折色實南
帑若官民之剥病則姑不敢置辨也伏乞轉題永
改南運萬世永賴矣

覆議改折南糧詳上請題文　　程維楧

竟陵非饒邑也水災頻仍相率逃亡誠有如上臺
所云不徵不解以為常習今豈敢謂改折之後遂

急公爭先至不逋分毫而止乎然弦急而柱促必改弦更張乃可鼓也伐木而析薪必傍顛尋理乃可斤也蓋卑縣膚闇書生而求牧與芻一念萬不容已竊從旁斟酌之改折有八便焉前是南糧倏議徵忽而改折倏議折忽而改徵規則無常遵守不便永改則民之耳目一一便也且民爭利秋毫耳彼見夫輸者不免狼戾而時或擲回欠者從容觀望而反無捐損轉相眄顧專相推延永改則民之趨向速二便也況民避害何不至風波淪胥之苦寄候刁難之厄鋪墊賚發之費卧批貸貼之難

種種名色動破身家永改則民之氣力蘇三便也乃其平日而積之一旦而輸之始可如期竣事有如銀米未決便覺手足難展永改則民之措辦豫四便也南糧縱更尚有漕舟然漕規既赴省城制原畫一南中遞年更議甲乙參差豈惟民不識役亦且官不識征永改則縣之號令肅五便也此縣不獨水鄉苦決山鄉苦蝗而水鄉有米去江苦迂山鄉無米買納苦倍一概督責究號延梗永改則縣之撫字寓六便也而又民多積玩胥多舞文皆緣本折不常因而上下其手以致尺籍漫漶莫可

殫詰賄況賕塌未即期會永改則吏之奸孔絶七便也此中最患包攬總緣南運破家民不樂就故奸民得而乘之認收認解幫貼肥己銀米花消卒之起運則攬頭匿而正戶併逃即正戶出而重輸安措延捱囂競幾成難問永改則下之壟斷絶八便也為民上者利不百不興害不十不除今害已極於剝膚而利可圖於更決此非窮變而通之會乎況京山竟陵事多一體京山二運俱改而竟陵獨請改難所當曲念民艱力為申諮者也聞南中不甚需米又何必以不急之征困民於無窮之壑

乎哉伏乞俯賜題准景之黎民子孫實萬世所永賴矣按竟陵南漕二糧舊例漕糧賦於民而兑於軍成化年知縣姜綰設兩便倉里甲於乾鎮交遞其後於漢口交遞謂兑軍米不累民亦不累官也惟南糧或長運撥運或本色折色以致節年拖欠卧批賠累悞運偶遭風浪舟覆糧飄里戶逃死官吏參罰為害極矣程令首詢民疾苦無如南糧於是集里甲公議申詳請題具咨南戶部議確覆北戶部合疏上聞時冢宰周家謨在京關所司為竟請命奉旨依擬下湖廣撫按藩司永改折官民兩

便國計攸裕矣

請議遼餉詳　程維楧

看得竟陵止有此土田無分民漁也自萬歷十八年撥入潞府實劃四分之一而糧額猶留民間今節年奉文新增照畝加派既明稱竟陵一萬八千餘頃矣民且按畝而詰有司曰此一萬三千餘頃民地也而民敢不輸此四千六百餘頃漁田也其問之水濱有司誠不能應也且查竟派者全民田則倡議稱屈全漁田則掉臂不管此間苦樂何啻天壤牧民者敢坐不問哉況部文司檄必全量而

議畝臣慮邑有拔閣之畝則必有偏累之糧無非所以恫民隱而宣民鬱也伏乞洪恩轉達除竟邑劃去之畝只以見畝起派則民得寬一分之賜而有司亦得執法於萬姓矣按萬歷之末以遼議增餉我楚乃至六十萬知縣程維楧以覲得伏闕爭詔下戶部議持不報時光祿署丞徐同氣為言於同里劉太史必達王黃門鳴玉曰邑令蜀人為全楚事爭太史清而要黃門要而清奈何不出一言以張楚二公合詞告哀值部長楊嗣昌亦楚人遂議減楚餉之半由是竟得寬賦夫程令上疏身受

民牧為竟請命然竟邑歷來入告者匪獨良牧然也如宣德中照磨呂中奏請免歲造弓矢三之一嘉靖中主簿殷文翼奏請革協濟徭役諸弊政蓋當時縉紳先生頗能言之故任斯士者咸得願見天子而言其情夫宣上德達下情良有司職也興大利除大弊賢大夫事也然則後之君子其亦思所以福斯邑已夫

請均加餉疏　程維楧

謹奏為全楚派額非常下邑艱危特甚懇乞聖明軫念窮宇亟賜裁處惠一方以綏四國事臣本賤

儒備員下吏在班行不過么麼論事寄止於邑臣分何敢言職何足言屬者聖天子龍興之都考績者以歲事辟臣追隨羣宰附於載見求章之誼仰覲日表鳳姿幾幸有躍躍欲吐者然古計吏或對便殿或賜筆札俱釐清問陳疾苦今皇上千載一時正小臣可言之會也抑臣竊聞明主可與為忠言臣舍其職即何言溺其職固非忠也則亦就臣所居之地述臣所營之艱請得盡言而無誅耳臣所領竟陵為獻帝剪桐之邦世廟潛龍之邸其間民瘼二祖精靈實式憑之竟陵地處漢濱適當陵

阜竟處桑滄輙成窪瀦而自荆築沙洋河不西泛
而東從潛闢泗港河不曲走而直衝遂無不災之
年半是不耕之土今城西南縈環百里閭萑苻如
菁沙蹟如邊凄然可念凡河伯所割據函千百年
賦區也欲攝而問其額租一葉隨風者猶是順民
羣聚嘯呼者大有逆志積抗藪奸非一旦暮矣亦
緣世廟南巡時派協良多事已而例仍不減既一
困之乃至田已賠潞糧不盡隨苦攤民畝已重又
重且二困之於是逃亡浸衆影射無算實三困之
所以年來逋案如山逋檄如雨考成之吏寥寥交

阨而窘此耳奈何四十八年之加餉派至一萬七
千哉夫一萬八千之正供尚多畫餅若一萬七千
之加餉祗問石田耳臣於受事以來所追之糧不
止寅欠而卯曳所追之期每以辰出而戌停所追
之民多是趙甲而錢乙籍無主名市無層輓桎梏
充衢究號徹旦臣既負所學而甘為催科之臣民
實輕厥生而甘為胥讒之民正徵帶徵左折右折
而餉數又逼矣剜民之肉擢民之筋斷難應此倍
蓰褫令之官馘令之項亦何濟於運需況前年半
災去年全災粒救不收請蠲未報即恐有怒目而

蠕動者大可隱也臣非不知東訌西斁此乾坤何
等時皇上其不以黑子區變法為海內倡也亦明
矣然他省餉盈十萬而楚省七十萬豈謂楚地廣
哉重湖二瀆潛囓暗侵者難結矣豈謂楚民殷哉
誅茅依渚風雨不蔽者彌望矣豈謂楚民好義哉
其風壯烈其俗健訟士噪民噪兵噪屢見告矣若
楚賦之原重臣不及詳而據現在之加餉竟陵特
其最耳臣愚妄意廟堂主計第當依糧起例通計
楚額而均榷之五燕六萑適得其平而又不虧於
成數此狂瞽之勦說計無出此若堅持稅畝之說

楚畝除淵況而外有菰膝沙埸不值一文錢者有
售連阡陌不償一歲派者將能得之鬼輸而神運
乎哉勝國二奸皆浮籍而竟產萬一遊釜之魚盜
弄於潢池令一身耳所不遑恤後來當大費手也
臣痌瘝二載苟愚死全謬謂加餉一節本國家萬
不得已之權而昨日募兵今日促餉胥矣饒鄉哀
此瘠里立見全楚之蕭條而竟之無孑遺也縱未
至蜩螗羹沸繹騷陵寢使喻箕揭斗之衆[illegible]象名
都銷況王氣二祖於昭之神安乎不安乎睿衷念
此必有測然而洞其隱者臣愚闇不識忌諱昧死

上聞倘蒙光明燭照亟下所司通融分數顯示均
役無畸重輕酌議楚餉大纔竟餉則陵宮安而楚
安楚安而天下舉安臣雖斥去猶惜其茍是謹有
餘榮也臣不勝惶悚待命之至

上大司農汪公請減加餉書　程維楫

屬者砮簇傳響狼烟颺至老師閣下主惟幄而運
籌無暇談餉事矣然餉事正今日之急著也門生
封疆小吏具疏叩閽縱談餉事恃老師臺主國命
也當蒙亟諭鑒其有心憐其無他知楚派有大減
之機楚民有更生之望老師照屋烈烜回天神手

定有一番經濟念楚億萬生靈望此以日為歲而
彈丸疲邑么麼疲令目更承睫而不得下也門生
前程不足惜即頭顱亦不足惜惟老師臺為蒼生
造福惜民因以惜令全在茲刻也以門生杞人嫠
婦淺衷料此日元老籌邊別搆一樣乾坤其題覆
小疏抹竟陵以及全楚不俟職言之畢矣

上錢按臺築泗港書　周嘉謨

某原非公正不發憤者也泗港一隄奉旨築塞老
台臺公祖聽潛令王生言妄為開掘無論田屋宅
第盡受其害即先人遺骸亦遭其沒而敝邑若陳

所學若徐成位素以名義自重昨廹切相告皆出
於不得已而祖臺乃以公子為名動加喝叱皆起
於潛令一偏之所致也昨聞兑車之改永鎮觀之
作亦望風承惠矣但泗港一節還望再為築塞倘
其堅執不倭與敝邑諸君子他有舉動豈不更煩
台慮乎

復周敬松先生書　錢春

某以幼冲之年當茲巡方大任事多有謬取罪大
方泗港起自貴縣印官不以一字相聞而諸父老
又止赴撫臺告理故加開掘惟取其有利於潛而

豈知其有害於竟一至此極也昨捧華翰愧赧無
地永鎮觀之作捐俸三千將功贖罪而兑折之改
竟與潛同某曾無成心也惟俟永鎮觀功完後即
加築塞泗港不煩台下過慮也

上冀道尊水災書　周嘉謨

郡屬七城敝邑最稱污邪頻年河伯為虐民不聊
生久矣然有水災未及之處尚有移民移粟緩須
臾無死廼今歲四郊一望目彌天際匪直野無青
草且無寸土矣匪直室如懸磬且十室九付東流
矣匪直轉死溝壑且泥齒朽骨委之魚腹無隙地

可收瘗矣父老相傳為百年異常之變地方未有之災哀哀寡婦痛哭秋原郎呼天呼父母乎恐當事公祖雖有如天好生之仁亦病博施濟衆之艱伏乞老公祖轉達兩台公祖速賜題請即南兑為軍國之需漁課為親藩之膳亦須大破常格特為減免少可攝衆志毋令死徙來年國課稱有賴焉否則人民離散土地荒蕪遂成烏有寧止國非其國耶

上李道尊弭盜書　劉必達

敝邑當襄漢下流河伯為虐比歲不登茲復連年

苦旱金沙焦爛禾黍槁立間有桔槔得水者食心食根之蟲又從蠭起昔與魚鱉争居今與蝗蝨奪食矣而大盜嘯聚草澤猖狂江河稱干比戈樹幟揚蓋肆然公行白晝不伏雖赤子弄兵潢池實巨魁發縱指示此時沿江一帶商旅罕至舟楫不通各鎮幾於罷市仰祈年臺老公祖念災疲下邑民不堪命亟檄潛沔蒐乘簡卒及時剪滅寧此萬姓若復遷延便有滋蔓難圖之勢其所關國計民生非小者萬望垂察

周侯禱雨詩序 侯諱端高郵人　曾鐸

旱而禱者古桑林之事尚矣仲夏大雩見於月令國大旱率巫舞雩見於周禮春秋以降凡有事乎雨者則左氏諸史又往往書之其間暴巫焚尫一或致雨者史必盛稱豈不以天人之際感通為難哉乃若旱而禱禱而輒雨者乃親見於我周侯也侯膺選來竟陵興廢舉新早作晏食惟吾民是憂越明年春不雨人共憂之侯曰過其予在乎乃遷坐變食禱於神職雲雨者二月壬寅片雲亭晝有頃而雨民得舉趾焉晴餘旬侯復曰東作方殷得無已涸乎禱如初三月壬戌又雨田毛大興侯猶

少之乙亥復雨晡而雨夜以達旦者三日畛遂汎流防水多决相與歌且忭者實皆有之邑大夫士書於册命鐸序焉鐸曰初侯之下車也至誠無厲而靡彌裒即墨之云者不無有則吾民未必知當路未必知而惟天知之也應期雨至意者天以彰侯之誠乎侯以瓣香拜禱俄頃致雨至再至三如引瓢挹諸甕中無不得者是固所謂出自誠然而天實彰之以至於此也古民德其上者必歌謠以明不忘今也獲臻有年皆侯之贈則是頌誠不可無作也他日觀風之使或有采焉侯將大用以澤於

天下雖由此垂百世不易矣

程侯拙譜序　侯諱維楧富順人　謝奇舉

吾邑水旱之災與水火之政並作踵至而民困極矣會有天幸江陽程侯來治邑事豈弟君子民之父母既三年以誼行高等薦聞疏爵勳榮如甲令矣維三年中為邑人解倒懸而厝枕席者不遺餘力故其披肝瀝膽數陳奏記者情見乎辭曰請曰議曰申曰報曰辯曰詳曰回曰復則取裁於上者也為事若干條為文若干通曰諭曰約曰示曰牒曰勘則渙汗於下者也為事若干條為文若干通

大都以慈祥之心為興革之謀以負荷之力為轉移之舉以宏博之學為討論之實以莊嚴之氣為正大之語其減餉一疏上大司農三書不憚以身為民請命自非視民饑溺由己者何克臻此纚纚娓娓哀而輯之名拙譜昔南齊傅翽與父琰祖祐孫岐皆為縣令著能名孔平仲謂諸傳有理縣譜劉鉉明令山陰政為天下最翽代之劉言我有奇術卿家譜所不載侯尊公嘗令歸化復令上元而侯為邑長於斯也譜之義或本此諸生素沐德教者固請益力乃出於示焉是譜者侯精心籌畫邑之受賜無疆固宜尸祝於畏壘流傳於邑乘於是謀授諸梓而使不佞序之不佞承乏什邡侯屬於敝邑以蜀人令楚以楚人令蜀易民而治之顧不佞越在侯旁郡雖鞭之長不及馬腹侯所造福不佞父母之邦可久可大以此感侯淪心銘膂以此愧侯汗顏泚額讀侯之譜有不躍然奮者非夫也

學基牒　程維楧

夫學宫之地所謂聖域賢關士無不履斯境者脫方幅不整尚思拓訟佐之未聞有公行割據者有之自生何某始本縣聞而駭繼而疑今而信公議

出於學校以學校之人談學校之事孰公於此者業已親臨勘視見其椽頭屋角實與齋舍相錯如繡而堂左西隙皆庖湢廄廁之類在渠高垣堅墉外固相識一班矣縣固不能密訪訪亦生端又不能下問問亦怯對煩貴學虛心曲詢勘酌分疏三日內回復本縣不難提三尺從其後也古請考工地益宅者致蒙天子震怒學圃非朝廷之禁地而有司非天子之命吏哉坐視不理溺職謂何用滋懼耳嗟乎夫子之牆數仞得其門者或寡實逼處此以爭此土於汝安乎豈折柳樊圃狂夫瞿瞿生

未昔誦耶夫飛鴉集泮林則懷好音實貴學事也本縣且籍手以復諸生矣

張節婦傳

李飛雲

張節婦者書院肄業生張希栻祖母希栻初入塾持其王母狀泣且拜丐余為之傳於是作張節婦傳張節婦者姓易氏天門人年十九適同邑張道生道生劬於書善病歷六載氏年二十五道生死孤友蒼方四月氏誓死從地下翁姑指友蒼諭之而獨不念而夫綫續耶氏悟泫然流涕陰盟道生以立孤自任閟處闔寘雖姻親絕往來曰孀也當

如是友蒼稍長織紝佐之學訓飭維謹友蒼亦不負氏苦志歷年所公姑相繼病氏早夜焚香冀以身代病遂復里閈稱為神感無何友蒼又繼公姑亡氏與子媳周氏撫孤孫乾隆丁巳郡伯封學使開獎其門歲丙寅氏年七旬得請

旌表今丙子年八十云論曰端嚴貞慎之操在巾幗不尤難哉張節婦金堅玉瑩六十年其視夫衣冠文物擔荷名教者奚翅焉希栻弟兄其親承之也其報大母者必有在也

陸文學自傳

陸子名羽字鴻漸不知何許人也或云字羽名鴻漸未知孰是有仲宣孟陽之貌陋而有相如子雲之口吃而為人才辯為性褊躁多自用意朋友規諫豁然不惑凡與人宴處意有所適（一作擇）不言而去人或疑之謂生多瞋又與人為信縱冰雪千里虎狼當道而不愆也上元初結廬於苕溪之湄閉關讀書不雜非類名僧高士談讌永日常扁舟往來山寺隨身唯紗巾藤鞵短褐犢鼻往往獨行野中誦佛經吟古詩杖擊林木手弄流水夷猶徘徊自曙達暮至日黑興盡號泣而歸故楚人相謂陸

子蓋今之接輿也始三歲（一作載）惸露育於竟陵太師積公之禪院自九歲學屬文積公示以佛書出世之業予答曰終鮮兄弟無復後嗣染衣削髮號為釋氏使儒者聞之得稱為孝乎羽將授孔聖之文公曰善哉子為孝殊不知西方染削之道其名大矣公執釋典不屈子執儒典不屈公因矯憐撫愛歷試賤務掃寺地潔僧廁踐泥圬牆負瓦施屋牧牛一百二十蹄竟陵西湖無紙學書以竹畫牛背為字他日於學者得張衡兩都賦不識其字但於牧所做青衿小兒危坐展卷口動而已公知之

恐漸漬外典去道日曠又東於寺中令芟翦卉莽以門人之伯主焉或時心記文字懵然若有所遺灰心未立過日不作主者以為慵惰鞭之因嘆云恐歲月往矣不知其書嗚呼不自勝主者以為蓄怒又鞭其背折其楚乃釋因倦所役捨主者而去卷衣詣伶黨著謔談三篇以身為伶正弄木人假吏藏珠之戲公追之曰念爾道喪惜哉吾本師有言我弟子十二時中許一時外學令降伏外道也以吾門人衆多今從爾所欲可捐樂工書天寶中郢人酺於滄浪邑吏召子為伶正之師時河南尹

李公齊物黜守見異提手撫背親授詩集於是漢沔之俗亦異焉後負書於火門山鄒夫子別墅屬禮部郎中崔公國輔出竟陵因與之遊處凡三年贈白驢烏犎（音封一作犁下同）牛一頭文槐書函一枚白驢烏犎襄陽太守李憕（一云澄一云棖）見遺文槐函故盧黃門侍郎所與此物皆己之所惜也宜野人乘蓄故特以相贈泊至德初泰（一作秦）人過江子亦過江與吳興釋皎然為緇素忘年之交少好屬文多所諷諭見人為善若己有之見人不善若己羞之忠言逆耳無所迴避繇是俗人多忌之自祿山亂中

原為四悲詩劉展窺江淮作天之未明賦皆見感激當時行哭涕泗著君臣契三卷源解三十卷江表四姓譜八卷南北人物志十卷吳興歷官記三卷湖州刺史記一卷茶經三卷占夢上中下三卷並貯於褐布囊上元年辛丑歲子陽秋二十有九日

品水記　　陸羽

唐代宗朝李季卿刺湖州至維揚逢陸處士鴻漸因之赴郡抵揚子驛李曰陸君善於茶天下聞名矣況揚子南零水又殊絕今日二妙千載一遇可

試之乎命軍士謹信者挈瓶操舟詣南零俄水至陸以杓揚水曰江則江矣非南零者似臨岸之水使曰某櫂舟深入見者累百敢虛紿乎陸不言既而傾諸盆至半陸遽止又以杓揚水曰此自南零矣使蹶然馳下曰某自南零齎至岸舟蕩覆半懼其尠挹岸水增之處士神鑒也其敢隱焉李與賓從皆大駭李因問陸所經歷處水優劣可判矣陸曰楚水第一晉水最下因命筆口授次第之廬州康王谷水簾水第一無錫惠山寺石泉水第二蘄州蘭溪石下水第三峽州扇子山下有石洩水清

泠狀如龜形俗云蝦蟆口水第四萊州虎邱寺石
泉水第五廬山招賢寺下方橋潭水第六楊子江
南零水第七洪州西山西東瀑布水第八唐州柏
巖縣淮水源第九廬州龍池山顧水第十丹陽縣
觀音寺水第十一揚州大明寺水第十二漢江金
州上遊中零水第十三歸州玉虛洞下香溪水第
十四商州武關西洛水第十五吳松江水第十六
天台山西南峯千丈瀑布水第十七郴州圓泉水
第十八桐廬嚴陵灘水第十九雪水第二十（用雪不可太泠）
按陸稱楚水第一則竟陵西江水當居第一矣

今品水論不及此故宋歐陽修謂此記為張又新
詭作非出羽書者益疑之也錄此備考

陸羽祠記　李維貞

唐處士陸鴻漸者邑人也嘗自作傳宋子京唐書
本之其生類子文畜於積公禪院院故名龍華寺
或曰龍蓋今西湖禪寺相傳為遺址趙璘因話錄
竟陵龍蓋寺僧姓陸於堤上得一初生兒育之遂
陸姓聰俊多能學贍詞逸詼諧縱横東方曼倩之
儔也其遺文獨茶經行世又嘗為歌千羨萬羨西
江水獨向竟陵城下來故有覆釜洲有陸子泉又
曰文學泉嘗品水烹茶處嘉靖間邑人魯孝廉刻
茶經以沔陽童庶子傳附之其後沔陽陳廷尉吏
刻豫章為王山程光祿書邑人徐茂才復臨刻之
校童傳更宋傳者十六字增者十二字後有童讚
逐傳童作或仿漢書用史記文耳泉久沒湖中隆
慶間治湖堤得之搆亭其上邑人周藩伯始為祠
曰寺因鴻漸名至今庇身無地何耶昔鬻茶者尚
陶其形煬突間吾黨俎豆之奚不可於是就寺後
為堂有臺有廡有庖福遂成勝地落成使余記之
余曰舊唐書傳隱逸者二十人新唐書傳亦二十

人附傳者不與焉新書合於舊者五人增於舊者
九人鴻漸所增之一也此數十人或仕而隱或隱
而仕即不仕或徵聘至朝或辟至公府或取科名
不偶去或不就職猶食朝祿其人羽流方士非吾
儔伍若鴻漸不卓卓哉子京論隱有三上者身藏
而德不晦名往從之次挈治世具弗得伸其於爵
祿汎然受悠然辭泰焉者內審其才不可當取舍
故逃邱園而不返由斯以談鴻漸非子京所深取
也然子京謂終南少室仕途捷徑奈何於鴻漸輩
不取今起鴻漸祠之可矣一統志載裴廸茶泉詩

竟陵西塔寺曾經陸羽居鴻漸天寳中為縣伶師其時名未著如與皇甫曾權德輿李季卿遊是大歷元和時人王摩詰與廸酬倡爲盛唐時人廸即年少晚或及締交今其詩似詠鴻漸故居則不相應豈名氏偶同或後人僞撰耶志又言陸子泉在沔陽州治西廣教院竟陵故沔屬邑鴻漸所往來人或慕而為之名或誤以縣為州與二事無足深辨然論世亦不可不審也

陸公祠墓疏　李馨

唐處士陸鴻漸嗜茶著經發明利用傳法後世后

稷教稼穡天下知粒食羽品水泉天下知有飲功當不在稷下昔人有為此語者嗟嗟以匹夫而至欲與聖人同俎豆信乎飲食之於人大矣哉處士生竟陵育於積公禪院今西塔寺實處士當年牛背學書與讀兩都賦憤悅不能成句所朝夕寢處地也唐裴廸詩竟陵西塔寺曾經陸羽居詎鴻闕鴻橋流光州里竺宮梵闕亦得人增重耶有邑以來文章聲譽禄位富厚烜然當時者何限得與處士千載弗朽者幾人處士不愈動人長思耶今之竟陵遠不逮昔閱兵燹後久不補葺使處士生今

日其亦將汎汎莅溪不返耶予署吏也代備是邦入國聞其無人夜宿官舍蕭然行腳曉坐堂上對諸疲氓撫字催科二念相戰餘息靡寧安能代闡發募人營不急之土木也客曰使君何見隘竟大夫孟康喜作韻事處士竟產也昔人至欲配后稷李宗伯謂其足以廉頑立懦烏可聽其祠與西湖之秋菱霜荷共剝落也予遂書以付寺僧心常

陸公祠記　吳驥

祀前賢令德之人所以為民質也祀於瞽宗祀於社又即其生長居游之地而祀之所以志不忘也

先賢唐處士陸公古之振奇人也公讀書精博知慮通達自然神解茶與水其寄托也品水論茶其所自評也予少讀茶經及公所自傳久而迴環反復而知公之所以不同於流俗者有數端焉惟翼虎乳惟楚有才前有鬬穀後則桑苧生民之遺也天誕異人氏族名字語默出處準乎大易義畫之用也木人假吏藏珠之戲身為伶師兼著其說簡兮之韻也粉槍末旗蘇蘭薪桂伊芙陸茶自待不薄爾鼎之意也作書牛背揣摩形聲鑄器勒銘一用古文蒼籀之則也依隱晦跡蟬蛻軒冕著書立

言動關理亂忠愛之極也且其得力在於讀書之大小互見偏全互出奇正互生無往而不得讀書之用惜其著書不盡顯於世而見之乎品水與論茶者令千載而下之人欣慕徬徨而不能已也孔子曰不得中行而與之必也狂狷乎狂者進取狷者有所不為也進取者進而取古人以為法式有所不為者人為之而我獨否古之降志辱身則亦靡所不為矣靡所不為而其所不為者則亦斷斷乎其不為也公狂狷之流也世無中行不取狂狷然則取鄉愿乎誠公者曰藝德成而下者之事也周

公曰多才藝孔子曰吾不試故藝公不為振驚而為鴻漸藝何足以累公病公者曰僧經揚氏之擬易王氏之擬春秋皆僭也自有作述以來鋪陳終始者史之屬言簡意盡者經之屬水與山海是也公之微指或有在乎寺故有祠以祀公萬歷中創於先輩周公德符經亂燬於大寺僧大麟復新之未加堊茨歲丁未隴西李侯以京山丞來署吾邑事修舉廢墜迺崇修公祠以風示邑人顧予曰不可以無記予既諾侯為記而又為侯誦王元之詩甃石封苔百尺深如今嘗味少知音惟餘夜半泉中月留得先生一片心誦已復誦近王元美詩康王谷瀑中冷水不及山僧座後泉客至試採禪悅味月團初碾浪花圓相與汲泉煮茗感歎移時而去他日得請於侯精較茶經刻諸祠中及諸篇詠搜採收羅片楮隻字有與陸公高風逸軌相映發自唐宋金元以及於明鉅公魁士高僧畸人常在天壤者刻之或從梨棗或託貞珉與草堂茶井同附竟陵西塔故事侯名某字某遇物觿决有理煩治劇才又性好讀書留心經史有用之學出而經世識者猶不以王半山之丞京川者比擬之予學

殖荒落無所短長於世將抱公遺書供祠中洒掃之役焉其許之否也是為記

三烈祠文　楊一儁

今天子勵精宵旰闡幽搜隱時加意焉予承乏茲土蜀楚相距歷九折而穿三峽百里見封煥然一新矣然黙陟表揚有司之職一日任生經元謁予出其手冊則諸君子旌表遺文在焉夷考任君生於蜀宦於楚妻淪素波女汎清流宣尼以殺身成仁而子輿以舍生取義是一世鬚眉男子反不如孱弱婦女也生於蜀為蜀重死於楚為楚重文王

之化自西而南劍門岷山之間漢廣江永之上關雎興歌道女雅化惡能不蜀而楚乎以故巴江元女清臺寡婦三千年一輒語曰慷慨以見志從容而就義兩者並高天壤又如湘女峙重於九嶷貞姜沉泪於水濱此猶夫一人事耳何如婦從其夫女從其母視死如歸者之猶烈乎劉向列女傳凡一言一行具述之孔子曰殷有三仁焉是可以旌任氏三烈歟任生長跪謝曰且比化者將與草木同腐非附青雲之士烏能施於後世乎予答曰曹娥之碑重以邯鄲饒娥之碑重以宗元予愧不文

也介在錦里有桑梓誼三烈葬而藏左祠而祝焉二子因家焉其在竟如在蜀也顧使予飾俎豆而擴檄楔其魂氣無所不至異時述歲時入告舉此為竟陵一大節云

三烈祠記　劉必達

聖人南面治天下必自人道始夫人道者死生之交轉盼之頃有確乎其不可拔者也此在綦笄尤難之不侵髮未燥時習聞吾鄉有三烈云當時聞於朝立坊顏廬就蜀里祀未已也又表其墓祠於吾邑至今祀春秋不衰楊侯聞其事嘉之庀材鳩工拓故宇新之又廣其祭田增其公費請於學使者衣冠其子孫以供駿奔之役祠事犁然大備矣於是委不佞曰斯三烈也余僉憲碑之郭司馬青螺辭之李宗伯本寧記之今者起故維新太史其碑焉不佞瞿然曰我侯風教之旨得推而行之可乎易風自大出曰家人利女貞家道正而天下定矣古者公宮之教後世無聞乃任氏一家婦從夫子從母弟從兄矢死靡他各率其貞處變而不失常若此哉蓋其光祿廷尉皆言物行恒刑于率先即猝然時敬其身不顧其死若此也觀者謂為奇

慘而三烈甘之行其心所安也至今骨冷門單直令滯者哀笑者戚行者佳坐者起豈非人心慕義無窮而斯道有關教化者哉侯加意斯舉其從人心所不容已提撥而軌物之哉蜀楚之間庶幾其有漢廣之風乎子張問政子曰君子明於禮樂舉而措之已禮樂人道出也實與我侯風教之旨互相發焉祠田若干孫某奉祀得備書諸石

西塔寺記　楊一儁

竟陵西水背陸其瀠然抱城流者東西湖也湖中各有古刹東曰乾明所來靡考西曰西塔唐裴迪

詩竟陵西塔寺是也寺在唐興於積公傳稱陸處士鴻漸育於積公是也余令茲土暇日過梵宮弔陸蹟汲井烹茶登高望遠已而梵唄聲聞鐘鼓新爽見重門靜悄朱欄閒開者律堂前扉也妙閣雲留龍華充牣者藏經樓也虛敞宏濶几筵盛設者齋僧堂也再度重門為桑苧居其正北則香積廚也正西律堂高衲居之東臨滄波蓮葉千叢香遠法界者闍思閣下也下則律主靜室焉喬木巃嵸上干碧落回廊縹遶四達松房鉢演宗風偈奏仙響自今以前寺果若此乎曰寺僧真公謁匡廬東

大戒寧官長者發大願布金置田大衆既集宇舍建立真公復提衲走白下請藏歸延白足翻閱演說妙法無虛日余乃嘆師行勤矣後數與真相晤談中要領語盡超悟因與給諫王公諸檀輩粟土伐石疊為鴈橋構亭其上額曰茶酔夫真公將隱於廬者也廬東遠公種蓮處安知真非再來乎他日余登廬山當與真笑於虎溪橋畔是為記

律堂碑文　王鳴玉

真公在西塔始為堂為閣次為藏為房為田為庫又次為橋為亭為路為山門於此可謂勞而功矣

真公曰再少一碑予曰又多乎哉真公曰再得一碑而去吾願畢矣予曰汝以身去以碑守予以衆守抑以律守乎汝為衆望佛則以律守律吾為佛寬衆何如以不守守心堂猶夫公庭也良者誓不入姦者詎難出藏猶夫經史也勤者市肆可學媮者父書可焚房猶夫大宅也賢者世守之不肖者鄙傳之田猶夫農畝也義者耦耕而食黠者越畔而芸庫猶夫私橐也廉者一錢不選貪者萬貫非多橋梁亭榭猶夫輞川金谷也韻者以之邀風月俗者以之繫馬牛汝未能保汝之身如此一片石

安能必此西塔之堂之藏之房之田之橋梁亭榭如汝之四大五蘊也哉迺亟呼曰真公真公真乎否也此足以碑矣亦足以守矣

全生四要序　李維貞

里歐陽叔堅氏以經術為諸生而晚節彌精醫理人延致日不暇給愈益精其道所居成市學士大夫叩之叔堅出一編曰全生四要不佞三復而嘆曰子之道非醫也儒也儒者雅言詩書而壹執禮子言四要節飲食寡色欲調精血慎方術皆禮也禮有之飲食男女人之大欲故制禮必先焉三十

而室七十而夫婦無間晝居於内則問其疾月令十二戒容止禁嗜欲至男女行則道左右言則閾内外所以別嫌明微不勝舉矣飲食則割烹煎和之事死生鱻薨之物香燥腥臊之宜醴漿醯粥之品業習之最纖悉矣而更輔之以醫藥必貢食醫食羹醬飲之齊眡四時而君子之食恒放焉以五味五穀五藥養其病以五氣五聲五色眡其死生兩之以九竅之變參之以九藏之動故曰子之道非醫也禮也子婦於舅姑問疾痛而敬抑搔之奉袵席請嚮趾而又升降上下周旋趨蹌各有差次

鄉飲酒而終日百拜以固肌膚之會筋骸之束則醫之折股導引從此乎出夫安往而非禮而奈何以醫小之周禮莫要於天官自膳夫以下凡十職醫師以下凡五職酒正以下凡十職内宰以下凡十八職有司皆飲食男女藥物以此思重重可知己孔子與子夏論無體之禮極於清明在躬志氣如神吾以為醫足當之請繹四要而力行之修身齊家治國平天下有一不合者哉曾起家入蜀攜授華陽令張版行之詩不云乎人而無禮胡不遄死知之則不宜鄙薄醫不鄙薄醫則知歐陽子之書非駢拇枝指矣

六羨歌　陸羽

不羨黃金罍不羨白玉杯不羨朝入省不羨暮入臺千羨萬羨西江水曾向竟陵城下來

經陸羽祠　裴廸

竟陵西塔寺蹤跡尚空虛不獨支公住曾經陸羽居草堂荒產蛤茶井冷生魚一汲清冷水高風味有餘

別竟陵諸同寅　姜綰

一束圖書載去舟別懷無限水東流鳴琴堂下還

留鶴帶劍村中盡買牛醉散未知何日會夢來仍似舊時遊行行莫道都中樂心為蒼生進亦憂

別竟陵諸父老　姜綰

官守霄城已六霜廬居常愧頌循良勞心自為分陰惜為政都無一事長莫嘆行囊只書劍要知生計在農桑相留何用重遮道杜母來時意或忘

紀俗詩　李濂

蟹郭瀟湘曲風流自昔稱家家住水閣日日下魚罾雲逕常垂雨湖寒未見冰風微鷗戲藻沙靜鷺吽菱翎羽充王貢魚蝦入歲徵蓮舠秋共泛竹檻

晚堪凭陸羽風如在靈均恨不勝漢唐兵豈到吳楚勢相乘地僻逢迎少江清賞宴仍羔羊懷漢詠琴瑟對漁燈放舫初猶怯垂綸近亦能疎狂叨守牧高興亦峻嶒

倪太史元璐曰竟陵大門山蓋陸羽師鄒夫子故地徃時王侍御鳴玉黄孝廉問言里中張氏夢一叟告之曰予唐人鄒姓名坤字户郎陸羽時稱鄒夫子者是也葬於邑白竹臺邊將與景南子同穴也夫鄒先生隱名藏用於生之日而忽告名字於千百歲以後之人斯亦奇矣景南子邑人鄒姓

禹貢三澨水據蔡沈註以磨石山發源者為澨蓋源出山蒲圻寺又南為夏洋港逕陽家滏合長灘小河此一澨也一以馬溪河者為澨馬溪河在竟陵蓋馬溪河發源趙横寺黑龍洞廻而東流南逕馬頭山又東南為官橋又東為馬溪此一澨也一以石家河者為澨石家河在竟陵蓋石家河發源空山峒如意寺甘家冲為夔河口為雷公潭逕白土苑又東南為石家河而以石家為巾水馬溪為揚水以證水經龍陂逕郢此又一澨也前山川志未詳今附見於此

邑東南與沔交界處水村曰泊江泊字義不詳所自近有從開元閣下掘得斷碑云此地為明藩楚府養鶴所名鶴江蓋俗呼之訛也

西廟在城西五里廟神失考聞徃者頗著靈應今在祀典祝版曰忠以捍國武以勘亂其有功烈於社稷者矣州志云洪武辛亥欽祀竟陵土地之神明太祖初載釐定天下祀典最合禮經當無貿貿然瀆祀者永樂甲辰李廷琛建廟宏治己未知縣周端修廟雖以不得神出處為疑其循例歲事不之廢也舊志云嘉靖己未知縣卯宜詢父老謂客有功於此故祀之說不經卯亦闕疑存之春秋遣

祭按洪武二年命州郡城隍皆加封爵三年詔去封號止以郡邑稱不聞取郡縣之土地而封之則竟陵土地之封無據或元末明初友諒割據分攻城邑或元或明之臣其為社稷死鋒鏑因以封之而記傳失載者耶俟再考

史記秦昭王使白起攻楚拔郢燒夷陵遂東至竟陵則邑遭其荼毒久矣白起廟因何祀之耶按元時白公景亮知沔陽濬竟便河掘土得石有白公溝三字民異之或以有德於竟後人遂俎豆之耶則進景亮黜起宜矣狄道董卓祠唐高適毀之蔡

州吳元濟祠宋王濟毀之狄仁傑采訪江南檄境内毀淫祠十數處存者季札子游二祠蓋非祭之鬼故不當赫然祠之也

邑東南竹林寺創自唐明正統間江西泰和閣老文貞公楊士奇之曾孫琚請乩乩曰竹林寺裏鳴鐘鼓黄獐起處闌相府後琚登景泰甲戌第爲楚藩伯舟泊竟陵便河夜聞鐘鼓詢土人曰竹林寺也晨起謁之鐃吹喧處黄獐突出琚因憶昔年乩筆欣然購之留其子幡居焉因名楊恬垸居屋仿大第從祖爵也遂重建此寺

寒河觀音寺相傳唐貞觀間每夕有好女子珊珊來丱童提篝燭前導至寺址即隱居人異之就掘得金像一軀纓絡莊嚴宛然大士範也童子善才侍並得金盥盤二遂銘盤建寺

劉邋遢學仙居武昌其子追饑寒從之求生活與敗衲一黍升許戒曰衣抵裹黍一粒可數人食也歸檢其衲臭惡而多蟣虱焚之落珠璣瑟瑟無數異香藹空子婦盡炊其黍飯溢充棟狼籍離落今養馬嶺有地名飯臺

唐進士劉虛白與盧坦交入試坦主文虛白遂獻一絶云二十年前此夜中一般燈燭一般風不知歲月能多少猶着麻衣待至公

南宋時何文度知復州得蘭亭石刻於民間胡儼記定武蘭亭石刻鐫損天流帶石四字然又有肥瘦二本而鐫損者乃瘦本爲真定武後復州以此本重摸亦鐫損四字其字極瘦王順伯尤延之爭辯如聚訟然復州風韻更勝復州裂本首六行斜裂第一行闕會字又永字與二行會字三行畢字四行脩字五行爲流二字六行弦字正當裂處十三行因字内改筆作小仲字十七行向之字差大

二十五行視昔下二字作園夫字上露初也字永行文字稍重乃竟陵郡齋故物湮沒民間何文度搜訪得之蘭亭諸本當以復州本爲勝次潒章本次劉無言本次北京本其他不及也

魯癸酒嘗以一童自隨寒宿逆旅即引之共被賦詩云半破青衫弱稚兒馬前怎得浪驅馳凡由父母皆言子小異閻閭我郤誰事在世情都可笑思從吾幼未能推泥途還借來朝力伸縮相加莫漫疑

明進士熊寅客長安從道人遊已而道人出赫蹏

書授寅曰異日有阨發此當相助我郡月賓也他年芙蓉嶺上復與子期耳言訖而去後任婺源行彭澤颶風大作檣折帆摧取道人緘發視之有奇汝婺源數字其餘仍秘語也居官以公事入郡於峻嶺高峰忽見月賓空中相與道故如平生寅攀嶺也寅乃爲詩曰回首長安已十年相逢嶺上雨中舉袖揖之從者屬目良久乃罷問其地則芙蓉茫然愧予俗骨還爲吏羨爾丹容合是仙世事無憑蕉鹿夢元談空墮野狐禪漁郎不久風波裏烟雨桃花一釣船壬寅元日夢道人來曰龍華會還

覺而與徐劉兩學博言是年遂卒

庠生程一模娶婦樊氏程夭樊且殉程語其婦曾中勿悲無死吾數盡顧後當昌孤未立倚卿立之卿第無死吾佐卿理家嗣是樊卧起恍惚見程習久弗怪也他日炊婢取鹽未白婦入手甕中不可出號樊爲語而解之有盜其禾者且刈且束辛苦一夜曉不離塍間家人見而奪之盜方醒曰爲郎牽我手慚謝去三年程復語其婦夢中甚視孤鄭重以別翌晨簾捲一大鳥沖霄去孤嵡時後尹南豐孫翅官翰林皆如所言

青山涂布衣始在襄陽未知名襄有雨詩人談月夕於江濱見大匏從上流汎汎而來近岸躍起宛然美少年論詩頗洽聲鍾嶸之評殫司空之品語及時輩極爲推轂布衣夜分仍赴流水去布衣名一時騰踔而起

邑令張特進剛正不撓城北民家有女爲妖所祟攻之輒擲刃吹大閭里不得休息張爲文牒城隍當夕帖然無事矣又岳口水死者假神惑民走遠近祈禱皆驗以香楮牲醴至者不絕張燒字燬像神遂不靈

李璠者邑庠生以試赴郡經大田垸垸民蔡雲升妾高氏被祟攝妖大時作居隣不寧蔡控郡檄縣逐之縣牒未至會李過其居先夕祟語妾翌日李秀才來此其人不可犯與汝別矣明日李求漿蔡舍蔡出高氏見李祟絕

魯彭尹樂會邑濱海漁者獻生玳命縱之比官歸航海風雨波濤中水紋有線如墨舟師扶舵依之海蝶如車輪停於桅上浪如城崩舟不爲動抵岸見前所釋玳俯首三入水以去初舟在險中有冠舟偪前見船旂題字大呼曰某等生涯在海面先

疑賈船尾以來實欲肆刼今乃知廉吏袖清風以去某等不敢前矣

徐中丞成位弱冠舟經瓜步夢羽士白衣引謁真武廟而江上風濤癘甚舟鮮完者獨徐舟得渡及制節新安陟齊雲巖見聖像金身披髮儼舊夢宛然逮治淮疏河又獲神助故歸林下建菴名感恩志不忘今衆因舊址建衆善寺

魏友玉妻許氏不妬初以艱子鬻奩置妾舉一女許曰是不宜子再買妾遂蕃子孫是謂知大體者矣

論曰古者史官必廣其所記遺百世之利則有萬言之書摟兩大之奇不盡九郢之說而海志山經或類齊諧之述子虛亡是不少淩雲之篇他若陳處生新小中見大所謂可採不遺芻蕘寓言以動莊聽也